四川省省属学校民族预科统编教材
高等学校民族预科（一类模式）教材

语 文（第2版）

主 编 马史火

副主编 邓宇萍 王领妹 马洋龙

参 编 马 婷 杨甲甲 麦吉作体 罗妞牛

西南交通大学出版社
·成 都·

图书在版编目（CIP）数据

语文 / 马史火主编. —2 版. —成都：西南交通大学出版社，2023.5

ISBN 978-7-5643-9286-4

Ⅰ. ①语… Ⅱ. ①马… Ⅲ. ①大学语文课－高等学校－教材 Ⅳ. ①H19

中国国家版本馆 CIP 数据核字（2023）第 085782 号

Yuwen (Di-er Ban)

语文（第 2 版）

主编　马史火

责任编辑	吴　迪
封面设计	墨创文化
出版发行	西南交通大学出版社 （四川省成都市二环路北一段 111 号 西南交通大学创新大厦 21 楼）
发行部电话	028-87600564　028-87600533
邮政编码	610031
网　　址	http://www.xnjdcbs.com
印　　刷	四川煤田地质制图印务有限责任公司
成品尺寸	185 mm × 260 mm
印　　张	17.75
字　　数	433 千
版　　次	2015 年 8 月第 1 版　　2023 年 5 月第 2 版
印　　次	2023 年 5 月第 5 次
书　　号	ISBN 978-7-5643-9286-4
定　　价	53.00 元

课件咨询电话：028-81435775

图书如有印装质量问题　本社负责退换

教材编写说明

本书是按照2013年3月召开的首届四川省属高校民族预科教育研讨会（即西昌学院、四川民族学院、阿坝师范学院三所院校就预科教材编写、统一考试大纲、统一考试及预科教学和学生管理工作研讨会）的精神，由几位长期从事本省高校藏文、彝文“一类模式”预科语文教学的教师，针对这一特殊层次的学生编写的高校预科语文教材。

我省自2005年开始招收藏文、彝文“一类模式”预科学生，至今共招收了十八届，先后培养输送了两千多名学生到各级各类高校学习。这些学生在中小学阶段以学习本民族语言为主，汉语基础差、底子薄，进入预科后需要系统地学习汉语文有关知识，需要多接触了解、掌握这方面的内容，为今后本科课程的学习打牢基础。本着这个目的，本教材在编写中注重了以下几点。

一、本教材内容分为上编和下编两部分：上编为汉语基础知识，包括现代汉语基础知识和古代汉语基础知识；下编为阅读与写作，包括作品阅读与作文写作指要。

二、选文文体：下编前半部分为实用文体，包括记叙文、议论文、说明文、应用文。这部分是阅读与写作的基础课文，侧重于语言实践，使学生具有独立阅读与写作记叙文、议论文、说明文、应用文的能力。后半部分为文学作品，包括诗歌、散文、小说、戏剧与影视文学。这部分在第一部分学习的基础上，侧重于赏析，使学生具有初步的文学鉴赏能力，具备一定的文学审美素养。

三、选文标准：选文以中国现代文为主，兼选一定数量的文言作品和外国文学作品；选文在阅读理解上难易适度，既考虑“一类模式”学生实情，又兼顾积累与提高；选文自觉融入课程思政元素，对学生有多方面教育意义，尤其突出了爱国主义、中华民族优秀传统文化、爱中国特色社会主义和民族团结的内容；选文既兼顾思想内容与艺术手法，又体现了国别、民族、时代、风格、流派的差异。

四、每篇课文前有“阅读提示”，便于学生从整体上理解课文；其后有“思考与练习”，突出课文重点，便于检测与复习。每课的注释都尽可能详尽，不仅便于学生理解作品词句的意思，也让学生多了解其他知识、常识，便于积累。为了认读方便，除古典诗歌外生字注音在正文中。注释采用三种方式编排：现代文的注释采用脚注，诗歌采用尾注，文言文采用段后注释。

在学校应用型人才模式改革的大背景下，“一类模式”的语文教学在实践中不断催生新思路、新理念、新面貌，也催生了这本《语文》教材的改编再版。本次修订，我们在原版的基础上完成了以下任务：一是订正了使用过程中发现的错漏之处；二是增加选文出处和完善部分练习题，适量增加了一些能够与课文形成拓展性、链接性思考的内容，以及对培养方启发学生在人生、自然、社会情感体验的厚度与深度方面具有积极意义的其他内容；三是更换了一部分课文，注意突出少数民族优秀作家的优秀作品选编，增加了一批思想上、内容上与时俱进的、能拓展学生思维和视野、实现预科教育综合型、素质型人才培养目标的优秀作品。

该书旨在把握时代脉搏、紧扣时代精神，认真落实立德树人根本任务，充分贯彻“自觉型”的预科语文教学改革理念，引导学生站在一定高度来解读人类、人性、社会生活世态，潜移默化对其进行文化熏陶，从而使学生健全心智、开阔心胸、涵养高尚的人文情怀和健康的文化性格。

此次修订再版的任务分工：统稿为马史火、邓宇萍；旧版勘误为邓宇萍、马洋龙；篇目增减、变换、编写，上编为王领妹，下编的记叙文、议论文、说明文为马史火，应用文为杨甲甲，诗歌为罗妞牛，散文为邓宇萍，小说为麦吉作体，戏剧与影视文学为马婷。

时间仓促，匆匆付印，书中存在疏误缺失在所难免，望广大师生给予批评指正。

四川省属高校民族预科“一类模式”语文教材编写组

2022年10月

目　录

上编　语文基础知识

下编　阅读与写作

上　编

语文基础知识

第一单元　现代汉语基础知识

语　音

语言是声音和意义的结合体。人类所要表达的思想感情通常要借助声音体现出来，这种语言的声音称为语音，通常被喻为语言的物质外壳。现代汉语语音以北京语音为标准音。汉语方言与普通话的差异最为明显的是语音；其他民族学习现代汉语，困难最大的也是语音。因此必须重视对现代汉语语音的学习。

一、《汉语拼音方案》

《汉语拼音方案》是给普通话注音的一套符号。它采用国际普遍使用的拉丁字母，又根据现代汉语语音系统的特点进行了调整和加工，准确、灵活、妥善地反映了现代汉语的语音系统，是一个比较完善的记录现代汉语语音系统的拼音方案。

《汉语拼音方案》有五个部分：字母表（26 个）、声母表（21 个）、韵母表（35）、声调符号以及隔音符号。

二、普通话的声母和韵母

普通话的音节习惯上划分为声母、韵母和声调三大部分。

（一）声　母

声母按发音部位的不同可分为七类：

（1）双唇音：b，p，m；

（2）唇齿音：f；

（3）舌尖中音：d，t，n，l；

（4）舌根中音：g，k，h；

（5）舌面音：j，q，x；

（6）舌尖后音（也称翘舌音或卷舌音）：zh，ch，sh，r；

（7）舌尖前音（也称平舌音）：z，c，s。

（二）韵　母

韵母主要由元音构成，有的由元音加鼻辅音构成。按照结构，韵母可分为三类：

（1）单韵母：i，u，ü，a，o，e；

（2）复韵母：ai，ei，ao，ou，ia，ie，ua，uo，üe，iao，iou，uai，uei；

（3）鼻韵母：an，ian，uan，üan，en，in，uen，ün，ang，iang，uang，eng，ing，ong，ueng，iong。

按照开头元音发音口型，可分为四类，简称“四呼”：

（1）开口呼：韵母不是 i，u，ü，又没有 i，u，ü 介音；

（2）齐齿呼：韵母是 i 或有 i 介音；

（3）合口呼：韵母是 u 或有 u 介音；

（4）撮口呼：韵母是 ü 或有 ü 介音。

韵母音素的省写情况：

（1）韵母“iou，uei，uen”前面加声母时，写为“iu，ui，un”，如 niú（牛）、guī（归）、lùn（论）。

（2）韵母“er”用作韵尾时写成 r，如“花儿”写作“huār”。

语音学中所说的韵母与文学中所说的韵文“押韵”中的“韵”不同。所谓押韵，指的是在韵文的同一位置上用同“韵”的字，即凡韵腹相同或者相近的（如果有韵尾，韵尾也要相同），都属于同“韵”。而语音学中的韵母则包括韵头、韵腹和韵尾三个部分，三个部分都相同才算同韵母。

三、音素和音节

音素是从音色的角度划分出来的最小的语音单位，即普通话中一个个的汉语拼音字母。音素有辅音和元音之分。音节是语音结构的基本单位。汉语的音节除儿化词外，通常一个汉字代表一个音节。

在普通话中，单韵母“er”不能与声母相拼。但它可自成音节，还可以与其他韵母结合成一个音节，并使这个韵母转变为卷舌韵母。这种现象叫“儿化”，儿化了的韵母便叫作“儿化韵”。带儿化韵母的音节，一般用两个汉字来表示，而拼写时在音节之后加上“r”合成一个音节。例如：“门儿”（ménr）、“馅儿”（xiànr）。

四、声　调

声调是汉语音节中普遍存在的具有区别意义作用的音高。汉语普通话中有四个声调，即一声（阴平或平调“ˉ”），二声（阳平或升调“ˊ”），三声（上声或上音“ˇ”），四声（去声或去音“ˋ”）。

汉语中还有一种特殊声调，在拼音中也不标调，这叫轻声。这种音节读得短而轻，没有明显的高低升降变化。

五、朗读与语调

朗读时，一方面要深刻透彻地把握作品的内容；另一方面要合理地运用各种技巧，在准确表达作品含义的同时，使语言更具表现力和音乐性。常用的朗读技巧有停顿、重音、语速、句调。

（一）停　顿

停顿是指语句或词语之间声音上的间歇。停顿有语法停顿，反映一句话里面的语法关系，在书面语言里反映为标点。一般来说，语法停顿时间的长短同标点大致相关。停顿由长到短如：段落停顿>句号、问号、叹号>分号、冒号>逗号>顿号。但有时，为了强调某一事物，突出某个语义或某种感情，而在书面上没有标点、在生理上也可不做停顿的地方做了停顿，或者在书面上没有标点的地方做了较大的停顿。这样的停顿称为强调停顿，又叫逻辑停顿。强调停顿主要是靠仔细揣摩作品，深刻体会其内在含义来安排的。例如：“自古被称作天堑的长江，被我们/征服了！”在“被我们”的后面做较长时间的停顿，可以突出征服长江的英雄气概。

（二）重　音

重音是指朗读、朗诵、说话时句子里某些词语念得比较重的现象。重音有语法重音和强调重音两种。

语法重音是在不表示什么特殊的思想和感情的情况下，根据语法结构的特点，把句子的某些部分重读。语法重音的位置比较固定，常见的重音规律是：一般短句子里的谓语部分；动词或形容词前的状语；动词后面由形容词、动词及部分词组充当的补语；名词前的定语；有些代词也常重读。如果一句话里成分较多，重读也就不止一处，往往优先重读定语、状语、补语等连带成分。值得注意的是，语法重音的强度只是比语句的其他部分稍微重一点就行。

强调重音指的是为了表示某种特殊的感情或强调某种特殊意义而故意说得重一些的音。语句在什么地方该用强调重音是受说话的环境、内容和感情支配的。同一句话，强调重音不同，表达的意思也往往不同。例如：“**我**去过上海。”（回答：“谁去过上海？”）“我**去过**上海。”（回答：“你去没去过上海？”）“我去过**上海**。”（回答：“北京、上海等地，你去过哪儿？”）

因而在朗读、朗诵时，如果两种重音出现在不同的位置上，强调重音的音量要盖过语法重音的音量。要通过声音的强弱、高低、虚实以及语速的快慢等变化来体现重音。总的来说，重音的表达方式应该服从于语言目的和所要表达的感情色彩的要求。

（三）语　速

语速是指说话或朗读、朗诵时每个音节的长短及音节之间连接的快慢。说话的速度是由说话人的感情决定的，朗读、朗诵的速度则与文章的思想内容相联系。一般说来，热烈、欢快、兴奋、紧张的内容语速快一些；平静、庄重、悲伤、沉重、追忆的内容语速慢一些；而一般的叙述、说明、议论则用中速。

（四）语　调

语调即句调，指语句的高低升降。根据表示的语气和感情态度的不同，可分为升调、降调、平调、曲调四种。

升调（↑）：前低后高，语势上升。一般用来表示疑问、反问、惊异等语气。

降调（↓）：前高后低，语势渐降。一般用于陈述句、感叹句、祈使句，表示肯定、坚决、赞美、祝福等感情。

平调（→）：语势平稳舒缓，没有明显的升降变化，用于不带特殊感情的陈述和说明，还可表示庄严、悲痛、冷淡等感情。

曲调（↗）：全句语调弯曲，或先升后降，或先降后升，往往把句中需要突出的词语拖长着念，这种句调常用来表示讽刺、厌恶、反语、意在言外等语气。

朗诵与朗读有所不同，朗读重在清晰响亮，朗诵则要求把作品的感情表达出来，且朗诵的内容往往是诗或散文。因此，作为一种语言艺术，朗诵不仅需要多种语言手段，而且还要借助眼神、手势等体态语帮助表达情感，引起共鸣。

试朗诵叶挺将军的《囚歌》，注意停顿、重音、语速、句调的处理。

为人／进出的门／紧锁着，（→平调）（冷眼相看）
为狗／爬出的洞／敞开着。（→平调）
一个声音／高叫着：（↗曲调）（嘲讽）
爬出来吧，给你自由！（↘曲调）（诱惑）
我／渴望／自由，（→平调）（庄严）
但我／深深地知道——（→平调）
人的身躯／怎能／从狗洞子里爬出！（↑升调）（蔑视、愤慨、反击）
我希望／有一天，（→平调）
地下的烈火，（稍向上扬）（语意未完）
将我／连这活棺材／一齐烧掉，（↓降调）（毫不犹豫）
我／应该／在烈火与热血中／得到永生！（↓降调）（沉着、坚毅、充满自信）

字　形

文字是人类用来记录语言的书写符号系统。汉字亦称中文字、中国字、国字，属于表意文字的词素音节文字。中华人民共和国成立后有了“简体字”，简体字在中国大陆、新加坡、马来西亚、印度尼西亚等东南亚地区使用，中国港澳台等地区仍使用“繁体字”。

一、汉字的构造

汉字总体是属于表意体系的文字，字形和字义有着密切的关系。倘若我们能对汉字的形体结构作出正确的分析，那么对于我们了解和掌握汉字的本义和引申义，特别是对于我们阅读古代文化典籍有着极大的帮助。

汉字结构有“六书”之说，就是六种造字方法：

象形：描绘事物形状的一种造字法，“日”“月”就属于这一类字。

指事：用象征性的符号，或以象形字为基础加上指示性的符号来表示某个字的造字法。例如“上”“下”二字则是在“一”的上方或下方画上标示符号。

会意：把两个或多个字或偏旁组合起来表示一个意思的造字法。例如“鸣”指鸟的叫声，由“口”和“鸟”组合而成。

形声：由两部分组成，即形旁（又称“意符”）和声旁（又称“声符”）组成的新字。“江”“河”是这种类型的字，绝大多数的汉字属于这类。

转注：实际上属于用字法，就是指几个部首相同的同义字可以互相解释，“老”与“考”就是一对转注字，它们都属“老”部。

假借：也属于用字法，是指当某个新事物出现之后，在口语里已经有了这个词，但在书面里却没有代表它的字，需要借用和它读音相同的字。例如“自”本来是“鼻”的象形字，后来借作“自己”的“自”。

汉字的构造法是由表意朝着表音的方向发展的。象形字、指事字、会意字是纯表意字，形声字是半表意、半表音的，是表意汉字向表音方向发展的重要表现。

二、现行汉字的形体

现行汉字的常规形体是楷书和行书；非常规形体包括草书、隶书、篆书和甲骨文，主要见于印章、对联、匾额及书法作品中。从书写方式看，现行汉字则有印刷体和手写体。印刷体习惯上只指楷书的各种变体：宋体（老宋体、古宋体）、仿宋体（真宋体）、楷体（大宋体）、黑体（黑头字、方头字）等。印刷体按字体大小分为不同的字号。汉字的手写体一般不超出楷书、行书和草书三种，以行书为主，楷书为辅，草书主要见于书法作品。

（一）笔　画

写汉字的时候，由落笔到抬笔一次叫“一笔”或“一画”。笔画是指构成汉字字形的各种点和线，是汉字的最小构成单位。正确计算笔画数目，对汉字书写、查字典和索引等都是必要的。基本笔画有八种，即点、横、竖、撇、捺、提、折、钩和它们的变形（如“横”有“横勾”“横折”等）。

（二）偏旁与部首

偏旁是指合体字的构字部件。古代人把左右结构的合体字的左方称为“偏”，右方称为“旁”，现在合体字各部位的部件统称为偏旁。部首是给同一偏旁的汉字所立的类目，把形旁相同的字归在一起称为部，每部把共同所从属的形旁字列在开头，这个字就称为部首。如木、杜、李等字都属木部，“木”就是部首。部首是汉字中具有字形归类作用的表意偏旁，而偏旁除部分表意外，更多的是表声。如“扛”“构”，其左边表意的偏旁是部首，而右边表声的偏旁不是部首。部首查字法与音节查字法、四角号码查字法是文字工具书采用的主要查字法。

（三）笔　顺

笔顺即汉字书写顺序。书写汉字时，笔画的走向和出现的先后次序为“笔顺”，是比较固定的。基本规则是：先横后竖，先撇后捺，从上到下，从左到右，先外后内，先外后内再封口，先中间后两边。

三、汉字形体的演变

汉字从产生以来，不断地演变和简化，出现过甲骨文、金文、大篆、小篆、隶书、楷书、草书和行书等八种各具特点的形体。把大篆、小篆合为篆书（或只指小篆）称为汉字“七体”，是汉字独有的七种结体方式。

语　汇

语汇，又称词汇，是一种语言里所有的（或特定范围的）词和固定短语的总和。语汇是词的集合体，语汇和词的关系是集体与个体的关系。本节也包括词的构成和变化的规则，如词类。

一、语　素

语素也称词素，是造词的最小的意义单位，即语言中有意义的造词成分。语素有单音节语素和复音节语素。复音节语素指两个或两个以上音节构成的语素，例如：双声联绵词“琵琶”，叠韵联绵词“缥缈”，非双声叠韵联绵词“蓊郁”“蚯蚓”，外来词“干部”“芭蕾”，专用名词“北京”“孔子”“萝卜”，多音节语素“珠穆朗玛”“奥林匹克”“噼里啪啦”“马克思主义”“中华人民共和国”。

二、词和词的构成方式

词是由一个或几个语素构成的、能够独立运用的最小语言单位。语素是构词单位，词是造句单位。

根据音节的多少，词可以分为单音词和复音词。由一个音节构成的词叫单音词，如“天”

"地";由两个或两个以上的音节构成的词叫复音词,如"艺术""共产主义"。

根据内部结构形式,词可以分为单纯词和合成词。由一个语素构成的词叫单纯词。单纯词以单音节的为主,如"水""马";也有双音节和多音节的,如"橄榄""乌托邦""稀里哗啦"。双音节和多音节的单纯词,整个词只能表示一个意思,不能拆开。由两个或两个以上的语素构成的词叫合成词。其中由词根和词根合成的叫复合词,如"朋友""火车";由词根加词缀合成的叫派生词,如"桌子""阿姨"。

三、词　义

词包含语音和意义两个方面。词的意义就是词义。根据词的语音形式和意义内容的关系,可分为单义词和多义词、同义词和反义词。

(一)单义词和多义词

单义词包括两类:一类是常见的事物的名称,如"汽车""西红柿"等;另一类是专有名称和科学术语,如"马克思""元素""克隆"等。

多义词是具有几个彼此不同而又相互关联的意义的词。这些意义是同属一个本义(基本意义)的转义、引申、派生或衍生意义。例如,单音词"海",其基本义是"大洋靠近陆地的部分",如"东海";引申义是"大的",如"你真是海量";比喻义是"连成一大片的很多同类事物",如"人海茫茫""一片火海"。双音词"算账",其基本义是"计算账目",引申义是"吃亏或失败后与人较量",如"以后找你算账"。多音词"开小差",其基本义是"军人私自脱离队伍逃跑",比喻义是"思想不集中",如"用心听讲,思想就不会开小差"。

(二)同义词和反义词

这是根据不同词的意义的关系而划分的。

1. 同义词

同义词就是意义相同或相近的词。有的同义词表示的意义完全相同,只不过在风格、色彩方面存在差异,如"诞辰"和"生日",意义完全相同,但前者用于书面语,显得非常庄重,后者用于口语,更加随意。大多数同义词只是意义相近或者有某种关联,一般不能任意替代,如"顽强"和"顽固"、"迎合"和"奉承"等。因此,学习同义词,不仅要弄清这些词之间的相同点,更要弄清它们之间的不同点,以便正确使用。

辨别同义词的依据:词义的轻重;范围的大小;个体与集体的不同(诸如"信件"和"信"、"树木"和"树"、"书籍"和"书"等,前者表示概括的、集体的,后者是指具体的,个别的);搭配的习惯(如"坚定"和"坚强",前者常和"立场、方向"等词语配合,后者常和"性格、意志"等词语配合);词性和句法功能不同(如"突然"和"猛然",都有动作变化快、出人意料的意思,但前者是形容词,可作状语、谓语、定语;后者是副词,只能作状语）；词的色彩意义的不同：词的色彩意义，主要是指词义中的感情色彩（贬义词、褒义词和中性词）、语体色彩（书面语和口语）（指表示具有事物形象的词。这类词往往在形态、动态、颜色、声音等方面具有形象色彩，能够使人产生某种生动具体的形象感。如形态方面的“蝴蝶结”“笔直”，动态方面的如“蜂拥”“狼吞虎咽”，颜色方面的如“绿洲”“彩带”，声音方面的如“哗哗”“噼里啪啦”）。

同义词的大量存在，为我们准确地反映客观事物，细致地表达思想感情，使文句生动活泼提供了有利的条件。

2. 反义词

反义词就是意义相反或相对的词。有的反义词表示的意义完全相反，如“对”和“错”，有的反义词表示的意义是相对的，如“黑”和“白”、“大”和“小”。

如果一个词有几个不同的意义（多义词），它就可能有几个不同的反义词。如“反对”的反义词有“拥护”“赞成”“支持”等，“清淡”的反义词有“浓郁”“油腻”等。

恰当使用反义词，可以形成鲜明的对比，把事物的特点表达得更充分、深刻有力，给人留下深刻的印象。

四、词　类

词类是指词的语法分类，即把词划分为若干类。现代汉语中的词可以粗略分为实词和虚词两大类。

（一）实　词

实词是表示实在意义、能够独立充当句子成分的词。主要有名词、动词、形容词、数词、量词、代词。

1. 名　词

名词是表示人和事物的词。主要有指人的、指物的、表示抽象事物名称的、表示时间的、表示处所的、表示方位的。名词一般不受副词和“不”的修饰。句子中名词通常当作主语和宾语，也可作定语，如“牛吃山上的嫩草”。

2. 动　词

动词是表示人或事物的动作、行为、心理活动，或存在、变化的词。表示动作行为的，如“打”“认识”；表示存在、变化、消失的，如“有”“演变”；表示心理活动的，如“爱”“怕”“重视”“了解”；表示能够、愿意的（能愿动词）的，如“能”“肯”“必须”；表示趋向的（趋向动词），如“上”“进”“起来”；表示判断的，如“是”“属于”“等于”。

动词中有一小部分不能带宾语，这种动词称为不及物动词，如“游行”“休息”“生气”“苏醒”等。除表示心理活动的动词和能愿动词外，一般动词不能同程度副词组合。“是”一般是判断词，但有时也表示存在，相当于“有”，如：“遍地是鲜花”；有时也用作暗喻词，如："生活是一首诗"；有时也表示肯定，如："这花纹是好看"；或者表示强调，这时往往与"的"连用，如："他的为人是忠厚老实的""是谁告诉他的"。

3. 形容词

形容词是表示事物的形状、性质、颜色、状态等的词。状态形容词"通红""雪白""红通通""黑不溜秋"等已含有程度，所以前面不能再加程度副词。一部分形容词可以重叠，重叠后一般表示程度加深。

4. 数 词

数词是表示事物数目和序数的词。数词包括以下两类：

一是基数，是表示数目多少的数词，如"一""千""半"等。基数可以组成倍数、分数、概数的短语。分数常用固定词组表示，如"几分之几"；概数是基数后面加上"多""来""左右"，或者两个基数连用，如"三十来斤""三五个""十七八岁"。

二是序数，是表示次序先后的数词。一般在基数前加"第"或"初"组成，有时也可用"甲、乙、丙、丁"或"子丑寅卯"等表示序数。

一些数词有固定的用法，如：倍数只能用来表示数目的增加；数词"俩"（liǎ）是"两个"的意思，仨（sā）是"三个"的意思，后面都不再加量词。

数量增减有一套习惯用语：表示数目增加的，如："增加（了）""增长（了）""上升（了）"，不包括底数，只指净增数；"增加到（为）""增长到（为）""上升（为）"，则包括底数，指增加后的总数。表示数目减少的，如："减少（了）""降低（了）""下降（了）"，是指差额；"减少到（为）""降低到（为）""下降到（为）"，则指减少后的余数。

汉字数词书写有小写、大写数码两种。"一、二、三……"是汉字小写数码，"壹、贰、叁……"是大写数码。小写数字的一些倍数的简写："二十"写为"廿"（niàn），"三十"写为"卅"（sà），"四十"写为"卌"（xì），"二百"写为"皕"（bì）。

5. 量 词

量词是表示计算单位的词，分为名量词、动量词和复合量词。名量词表示人和事物的单位，又可以分为单位量词和度量量词。单位量词如"个""张""扇"；度量量词表示事物的度量，如"寸""斤""元""欧姆""立方米"。动量词表示动作行为的单位，如"次""回""场"。复合量词即量词的连用，如"人次""架次""秒立方米"。除专用量词外，也有借用名词和动词作量词的，如"天""盒""笔""捆""挑"等。

多音节量词一般可以重叠。重叠后作定语、主语，一般表示"每一"或"许多"的意思，如"条条大道通北京""个个都是好样的"；重叠后作谓语表示"多"，如"歌声阵阵""繁星点点"。有的数量词组也可重叠，作定语表示数量多，如"一对一对的人"；作状语表示分组按次序地进行，如"一项一项地做"。

6. 代 词

代词是指具有替代、指示作用的词。分为三类：

一是人称代词，如“我”“咱们”“别人”“大伙”等。第二人称代词敬称单数用“您”，复数用“您几位”“您诸位”等。

二是疑问代词，是用来提出问题的词。如“谁”“什么”“哪”，表示问人或事物；“哪儿”“哪里”表示问处所；“几”“多少”表示问数量；“怎么”“怎么样”，表示问性质状态；“什么”“怎样”表示问行动方式。

三是指示代词，用来区别人或事物。如“这”“那”，指代人或事物；“这儿”“这里”“那儿”“那里”，指代处所；“这会儿”“那会儿”，指代时间；“这么”“这样”“这么样”“那么”“那样”“那么样”，指代性质、状态、方式、行动、程度；“这些”“那些”“这么些”“那么些”，指代数量；“每”“各”，指代所有的或全体中任何一个；“某”是不定指，“另”“别”是旁指；有“这”的是近指，有“那”的是远指，不能混用。

（二）虚　词

虚词是指一般不表示实在意义、不能充当句子成分、只有语法意义的词。主要有副词、介词、连词、助词、语气词、叹词、拟声词。

1. 副　词

副词是限制、修饰动词和形容词表示程度、范围、时间等的虚词。表示程度的，如：“很”“十分”“越发”“稍”“几乎”“过于”；表示范围的，如：“都”“单”“光”“仅仅”“一概”“统统”；表示时间、频率的，如：“已”“正”“将”“永”“再”“也”“往往”“始终”“重新”；表示肯定、否定的，如：“必”“没”“莫”“勿”“当然”“何必”“不妨”；表示语气的，如：“岂”“究竟”“偏偏”“也许”“难怪”“反正”“果然”“何尝”“未免”；表示情态、方式的，如：“大肆”“特意”“猛然”“暗暗”“大力”。

有些副词（如：就、也、刚、又、再、总、才、正在等），只能放在主语后面，如：“那个地方我再也不去了。”有些副词（如：才、从来、忽然、本来、简直、根本等）加否定词时，须放在否定词前，如：“他的样子简直不像个学生。”

2. 介　词

介词是既用在名词、代词或短语前面，共同组成介词短语；又作动词、形容词的附加成分，表示时间、处所、方式、条件、对象等的虚词。表示时间、处所、方向的，如：“从”“到”“当”“顺着”；表示方式、方法、依据、比较的，如：“按”“本着”“经过”“以”“比”；表示原因、目的，如：“因”“为”“为着”；表示对象、关联、排除的，如：“对”“把”“同”“替”“关于”“除了”；表示被动的，如：“被”“叫”“让”“给”。

“对”和“对于”的用法不同。二者都表示指出动作行为所涉及的对象，在一般情况下，能用“对于”的地方都能改用“对”。但是“对”所保留的动词性较强，当“对”引进动作行为的方向、目标或者含有“对待”“向”等意思时，“对”不能换成“对于”，如：“他对老人很尊重”“对他笑了笑”“对人民负责”，这里的“对”就不能换成“对于”。

“对于”和“关于”的用法不同。指出明确的对象便用“对于”，不用“关于”，如：“对于文化遗产，我们必须研究分析”；而表示关涉则用“关于”，不用“对于”，如：“关于牵牛织女星，民间有个美丽的传说“。“对于”可用在句首，也可以用在句中，而“关于”只用在句首；“关于”有提示性质，用“关于”组成的介宾短语，可以单独做文章的题目，“对于”组成的介宾短语则不能。

有些介词结构（关于、至于、对……来说、随着等）作状语时须放在句首。有些介词结构（于、在、给、往等）可放在动词后作补语。例如：“鲁迅生于1881年。”“我把书包放在桌上。”“这封信是写给英语老师的。”“他登上了飞往广州的班机。”

“把”字结构、“被”字结构和“给”字结构作状语时，能愿动词或否定词要放在前面。例如，“我没有把这件事告诉他。”“他不愿意被别人强迫干这种事。”“你别给他们添麻烦了。”

3. 连　词

连词是连接词、短语、分句、句子乃至段落的虚词，表示并列、选择、递进、转折、条件、因果、假设等关系。如“和”“于是”“然而”“既然”“或者”“倘若”“即使”“不仅”“只要”“以便”“与其……不如”。

4. 助　词

助词是附加在实词、短语、句子上表示结构关系或时态等语法意义的虚词。主要有三类：一是结构助词，如：“的”“地”“得”。在普通话里这三个字都读轻声，而在书面语里习惯写成三个字：在定语后面写成“的”，在状语后面写成“地”，在补语前面写成“得”。二是比况助词，如“似的”“一样”，这两个助词常和动词“像”配合使用。“着”“了”“过”是表示时态的助词。其他助词，还有“所”“连”等。三是语气助词，是表示语气的虚词，常用在句尾或句中停顿处表示不同语气。陈述语气，如“了”“吧”“罢了”（而已）“啦”；疑问语气，如“吗”“呢”“吧”“啊”；祈使语气，如“吧”“了”“啊”；感叹语气，如“啊”。

5. 叹　词

叹词是表示感叹（惊讶、赞美、埋怨、叹息等感情）、呼唤、应答的虚词。叹词的独立性很强，常作独立成分或独语句。表示惊讶、赞叹的，如“啊”（阴平）、“嗨”（阴平）、“原来如此”；表示喜悦、讥讽的，如“哈哈”“嘻嘻”“呵呵”；表示悲伤、惋惜的，如“唉”（去声）、“哎呀”；表示愤怒、鄙视的，如“呸”“哼”；表示不满、异议的，有“唉”（ěi）、“吓”（hè）；表示醒悟、明了的，有“噢”（ō）、“喔”（ō）。

有时同一叹词读不同的音调，便表示不同的意义。例如，“啊（ā）！真好哇！”（表赞叹），“啊（á）？这么快呀？”（表惊讶或不知道），“不要哭了，啊（á）！”（表追问），“啊（ǎ）！这么回事啊！”（表特别惊讶或醒悟）。

6. 拟声词

拟声词又称为象声词、摹声词、状声词，是模拟自然界声音的一种语汇。拟声词的重叠形式是纯表音的，不产生任何附加意义。单音节，如“唰”“哗”“嘘”“飕”“叮”“吱”；多音节，如“汪汪”“吁吁”（xū）“扑通”“滴答”“嗡嗡嗡”“沙沙沙”“叮叮当”“哗啦啦”“当当当当”“叽叽喳喳”“咕咚咕咚”“噼里啪啦”“叽里呱啦”“淅淅沥沥”等。

（三）词的兼类

词的兼类指少数词经常具备两类或几类词的主要语法功能，且词汇意义密切相关。例如："党和人民的关系很密切。""密切了党和人民的关系。"前句中的"密切"是形容词，后句中的"密切"是动词。又如："他已向领导报告了此事。""他给领导写了一份报告。"前句中的"报告"是动词，后句中的"报告"是名词。

常见的兼类词的情况有：兼动、名词的，如："病""决定""领导""工作""代表"；兼名、形词的，如："锈""科学""精神""经济""道德"；兼形、动词的，如："丰富""明确""端正""明白"。

兼类词不是词类活用。活用是临时的用法，而兼类是较固定的用法。词类活用的词既保留了原来的意义，又增加了新的意义。现代汉语的词类活用与古代汉语的词类活用是相似的。例如："他穿着很青春。""我也'阿 Q'了一把。""他俏皮了他们一顿。"第一句中的"青春"是名词活用为形容词，第二句中的"阿 Q"是名词活用为动词，第三句中的"俏皮"是形容词活用为动词。

兼类词也不是兼词。兼词一般指古代汉语的一种语言现象。如"穆公访诸蹇叔"这句中，"诸"兼有代词"之"（这件事）和介词"于"（向）两词的意义。

五、短语及固定短语

（一）短　语

短语也称词组，是词和词的语法组合，是大于词而又不成句的语法单位。根据不同的语法关系，短语可分为多种类型：

1. 主谓短语

主谓短语是由陈述与被陈述的两部分组成的短语。被陈述的部分叫主语，一般由名词、名词性短语、代词等充当；陈述的部分叫谓语，一般由动词、形容词、动词性短语、形容词性短语充当。如"会议结束""他教数学""我国的土地十分辽阔""阳光明媚"。

主谓短语在句子中可以充当主语、谓语、宾语、定语、补语，有的主谓短语还可以充当状语。如"菊花开放是在秋天"（充当主语），"年轻人精力充沛"（充当谓语），"大家看到白菜大丰收"（充当宾语），"这是人人关心的问题"（充当定语），"屋里乱得什么也听不见"（充当补语），"老尼姑两眼通红地说"（充当状语）。

2. 动宾短语

动宾短语是由两个成分以"支配、关涉"的关系组成的短语。短语前面的部分是述语，后面的部分是宾语。宾语是述语所表示的动作或现象所支配或关涉到的对象。也称为述宾短语、谓宾短语。

3. 偏正短语

偏正短语是由修饰语和中心语组成，结构成分之间有修饰与被修饰关系的短语。按语法功能，偏正短语可以分为三大类，即：名词性偏正短语、动词性偏正短语、形容词性偏正短语。

名词性偏正短语的构成形式为定语 + 中心语（名词）。定语是名词性中心语的修饰语，对中心语起描写或限制作用。例如："晶莹的露珠""呢子外衣""一根又粗又直的木头棒子"等。

动词性偏正短语的构成形式为状语 + 中心语（动词）。状语表示动作行为的方式、情态、时间、处所、对象等。例如"轻轻地飘""完全赞成"。状语和中心语（动词）之间有时用结构助词"地"连接，例如"曾经感激地对她说"。

形容词性偏正短语的构成形式为状语 + 中心语（形容词）。状语可以由副词、代词充当，对中心语起修饰作用，说明事物的性质、状态和程度。例如"非常灵敏""这样善良"。状语也可以由介宾短语充当，表示比较的对象。例如"和雪一样白""比昨天冷"。

4. 后补短语

后补短语又称为动补短语、中补短语、谓补短语、述补短语。补语是用来补充说明述语的动作行为的情况、结果、处所、数量、时间等。结构助词"得"是述补短语的标志，然而不是所有述补短语都要使用这个标志。后补短语包括动补和形补两种类型：

"你跑得太慢了。"其中动词"跑"作述语，"太慢"作补语。

"脸色苍白得很。"其中形容词"苍白"作述语，"很"作补语。

动词、形容词、代词等是补语构成的主体：

"把钱放进钱箱里。"其中动词"进"作补语。

"所有材料都预备齐全了。"其中形容词"齐全"作补语。

"你的外语学得怎么样？"其中代词"怎么样"作补语。

"唱得这么动听。"其中状中短语"这么动听"作补语。

名词性词语作补语的情况，只有表示时间长度的数量补语，例如："哭了十分钟。""在这里住两三天就走了。"

5. 并列短语

并列短语由两个或两个以上的名词、动词、形容词、代词或数量词组合而成，中间没有支配、修饰、限制等关系，词和词之间没有轻重主次之分，彼此地位平等。并列部分之间有时用顿号或逗号隔开，有时用一些连词或副词连接。例如：

名词 + 名词：思想感情、文化教育、工人和农民；

动词 + 动词：调查研究、关心支持、讨论并通过；

形容词 + 形容词：光辉灿烂、庄严肃穆、雄伟壮丽；

代词 + 代词：我和他、这样那样；

数量词 + 数量词：四面八方、千秋万代、半斤八两。

另外还有几种结构较特殊的短语类型：连动短语，如"上街买菜"；兼语短语，如"让对方注意"；复指短语，如"作家鲁迅"；方位短语，如"教室里"；量词短语，如"一大块"；介宾短语，如"从现在起"；助词短语，如"的"字短语、"所"字短语；双宾短语，如"告诉他这事"，等等。

有些短语在特定的语言环境里才能明确其意思，否则有歧义。例如，"学习文件"，可以同时理解为动宾关系和定语与中心语的关系；"读好书"，可以同时理解为"读//好书"和"读好//书”。运用中要注意这类短语，避免产生歧义。

另外，“见面、唱歌、跳舞、游泳、洗澡”等这类动宾性的词，不能再带宾语，如不能说“见面小王”；要加入助词、量词时，须加在中间，如“见了一次面”“唱着歌”。

（二）固定短语

固定短语是词与词的固定组合，一般不能任意增减、改换其中的词语。固定短语又可分为专名（专有名称）和熟语两类。

1. 专　名

专名就是专有名词，如“中国人民政治协商会议”“联合国世界卫生组织”。召集会议，举办活动，也可以用固定短语作专名，如“世界妇女和平大会”“北京国际女子马拉松赛”。一般短语一旦用作书名、篇名、杂志名、电影电视剧片名也是固定短语，如《鲁迅全集》《新华月报》《红高粱》；如果不是书名、杂志名、电影电视剧片名等，便只是一般短语。

2. 熟　语

熟语包括成语、谚语、格言、惯用语、歇后语等。

成语是汉语词汇中特有的一种长期习用的、意义上整体化的、结构上定型化的固定短语。来自于古代经典或著作、历史故事和人们的口头故事等，意思精辟，往往隐含于字面意义之中。其形式以四字居多，如“破釜沉舟”“萍水相逢”；也有一些三字和多字的，如“闭门羹”“百闻不如一见”“心有余而力不足”。成语是现代汉语中极富有生命力的语言，是我国传统文化的结晶。

谚语是流传于民间较为定性的言简意赅的话语。它多是口语形式的通俗易懂的短句或韵语。例如：“朝霞不出门，晚霞行千里。”“冬吃萝卜夏吃姜，不用医生开药方。”“师父领进门，修行在个人。”

格言是指简练而含义深刻且具有教育意义的警句。格言主要来自名人名言。例如：“生命，那是自然付给人类去雕琢的宝石。”（诺贝尔）“聪明的人造就机会多于碰到机会。”（培根）“与朋友交，言而有信。”（《论语》）

惯用语是一种习用的比较短小的短语，既有固定格式，又有比较灵活的结构和强烈的修辞色彩。它一般通过比喻等方法而获得修辞转义。例如，“饱汉不知饿汉饥”“不管黑猫白猫，捉住老鼠就是好猫”“唱高调”“吃不了兜着走”“闯红灯”“打退堂鼓”“过五关斩六将”。

歇后语是一种具有独特艺术结构形式的民间谚语。它由两部分组成，前面是假托语，是比喻，近似于“谜面”；后面是目的语，是说明，近似于“谜底”。分为寓意和谐音的两种。寓意歇后语的前一个部分是一个比喻，后一部分是对前一部分的解释。有的解释部分的意义是其字面意义，如“肉包子打狗——有去无回”“飞蛾扑火——自取灭亡”；有的解释部分的意义是它的转义，如“快刀切豆腐——两面光”“木头眼镜——看不透”。谐音歇后语的后一部分是借助音同或音近现象表达意思，是一种“言在此而意在彼”、妙语双关的现象。

例如，“孔夫子搬家——净是书（输）”“打破沙锅——纹（问）到底”“外甥打灯笼——照舅（旧）”“炒咸菜不放酱油——有盐（言）在先”“耗子掉到水缸里——湿毛（时髦）”“秃子打伞——无发（法）无天”。

说话写文章能恰当地运用各类熟语，可使语言含义深刻，丰富多彩，生动活泼，饶有趣味，达到良好的表达效果。

六、略　语

略语指语言中经过压缩和省略的词语。为了称说方便，人们常在形式较长的名称或并列的短语中选取有代表性的语素或词将其化为简称，成为略语。分为简称和数字略语两类。

简称是较复杂的名称的简化形式，与全称相对而言的。简称本来是全称的临时替代，在正式场合往往要用全称。但是有些简称经长期使用，形式和内容都固定化了，便转化为一般的词，全称反而很少使用了，如“地铁”“空调”“高校”“家电”“待业”“奥运会”“理工科”“人大”“共青团”“发改委”。

还有一些习用的联合短语，选择其中各项的共同语加上短语包含的项数作为简称，即构成数字略语。例如：“双百”（百花齐放、百家争鸣）、“三军”（陆军、海军、空军）、“五金”（金银铜铁锡），还有诸如“四化”“四有”“三个代表”“八荣八耻”等。

句　子

句子是有语调的能够表达一个相对完整的意思的语言单位。这一部分主要简介句子的结构规律。

根据句子的用途和语气，可以划分为陈述句、疑问句、祈使句和感叹句；根据句子结构特点，可以划分为单句和复句。单句又分为主谓句和非主谓句两类，复句又分为单重复句和多重复句两类。

一、单　句

单句是由短语或单个的词构成的句子。根据词或短语在句子中的结构关系，划分为不同的句子成分。主要成分（中心成分）是主语、谓语、宾语，附加成分是定语、状语、补语。主语部分一般包括定语和主语（中心语）；谓语部分一般包括状语、谓语（中心语）、补语、宾语；宾语部分一般包括定语、宾语（中心语）。附加成分是句子中起修饰、限制、补充作用的成分，在丰富句子的表意上有很重要的作用。

单句的句型主要有主谓句和非主谓句，另外还有较特殊的省略句和约定俗成的正反说法。

（一）主谓句

主谓句是由主谓短语带上一定的语气语调构成的句子，是最常见的句型。例如，“她走了。”“他从北京带回来了一套非常精美的小孩玩具。”非主谓句是由主谓短语以外的其他短语或单个词构成。例如：“飞机！”“有人敲门。”

1. 主谓句的几种特殊句型

主谓句中动词谓语复杂多样，有些句式在结构和表达上较特殊，例如：主谓谓语句、双宾语句、连动句、兼语句、存现句、比较句、“把”字句、“被”字句。

主谓谓语句是由主谓短语充当谓语的句子。例如：“这件事大家都赞成。”“解放前，他一个字都不认识。”“咱俩谁也别忘了谁。”

双宾语句是谓语动词所表示的动作既涉及人又涉及物的句子。例如：“他的话给了我很大的启示。”“他问我哪个办法最好。”能带双宾语的动词一般含有授受、交换的意义，如“取”“给”“送”“赠”“奖”“教”“问”“教导”“告诉”“通知”等。

连动句的谓语是两个或两个以上动词短语连用，每个都能与同一主语发生主谓关系，谓语之间没有语音停顿，也没有关联词语，在语义上有目的和方式、原因和结果、先和后的关系。例如：“他搜集着一片片的干苔藓烧水喝。”（目的） “凭着他的求生的意志，他还是挣扎着蠕动爬行。”（方式）“由于长期的劳累过度，李老师终于生病住院了。”（因果）

兼语句的谓语是由一个动宾结构和一个主谓结构套在一起形成的，其中动宾结构的宾语同时兼做后边主谓结构的主语。如“父亲叫闰土坐在椅子上”。这句里“闰土”既作“叫”的宾语，又作“坐”的主语。句中前一个谓语（第一个动词）一般由表示使令、阻止或赞许、责怪意义的动词或“有”字充当。例如：“老师鼓励大家记笔记。”“我有个弟弟今年考大学。”兼语句中第二个谓语（第二个动词）是前边动作所要表达的目的或产生的结果。例如：“护士叫他快去请大夫。”（“去请大夫”是“叫他”的目的）“这不由得使我们想起松树的风格。”（“想起”是前一个动词“使”的结果）

存现句的特点是地点和场所作句子的主语，谓语动词表示存在、出现或消失，人和物作句子的宾语。这种句子常用来描述静态的环境和场景，或叙述人物的出现或离开。例如：“桌子在窗户旁边。”（表存在）“前面开过来一辆汽车。”（表出现）“教室里空无一人。”（表消失）“墙上挂满了奖状。”（表存在）

比较句是一种人们生活中常用句。例如：“我的个子跟他一样高。”“头上的包有鸡蛋那么大。”“他的性格比我开朗得多。”“妹妹没有姐姐漂亮。”

“把”字句，是由介词“把”（或“将”）将谓语后的动作对象（受事）移到谓语之前的一种句型。例如：“医生把病人治好了”，将谓语“治”的对象“病人”移到“治”前。这种句型一般都表示一种处置作用，主要突出、强调动词谓语。

“被”字句即被动句。被动句中的主语是受事者，由介词“被”引进施事者（主动者），或将“被”字直接附于谓语前以表示被动。例如：“敌人被我们消灭了。”“敌人被消灭了。”口语中常用“叫”“让”“给”来代替“被”；而书面语中，还用“被……所”“为……所”的格式来表示被动。被动句一般是突出、强调动作结果的宾语（受事主语），有时是为了兼顾与上文语意连贯，如“青黛崭削的石壁，夹江高矗，被夕阳烘炙成为一个五彩的屏障”。后一个分句变为被动句，使两个分句的主语同一，语意连贯。

2. **单句的复杂形式**

一个单句如果由复杂短语充当某一个或几个成分，单句就复杂了。

单句的主语或宾语由短语或复杂短语来充当。例如：“白求恩同志毫不利己专门利人的精神鼓舞着我们。”（主语由偏正短语充当）“一对夫妇只生一个孩子好。”（主语由主谓短语充当）“他们是世界上一切伟大人民的优秀之花。”（宾语由偏正短语充当）

复句结构充当句子成分。例如：“我相信，雷锋的榜样不仅给我们指出了正确的生活道路，而且加强了我们同一切旧思想、旧习惯坚决斗争的勇气。”（宾语由递进复句结构充当）

（二）非主谓句

非主谓句是由单个词或主谓短语以外的其他短语构成的单句，不可能分析出主语和谓语。主要有以下三种类型：

名词性非主谓句。例如：“证件！”“多好的孩子！”“老张和老李。”

动词性非主谓句。例如：“听！”“到点了。”“吃完！”“祝你健康！”“开窗户通风。”

形容词性非主谓句。例如：“好！”“好极了！”

另外还有一些特殊非主谓句。例如：“不！”“哎哟！”“砰！”“怎么啦？”

（三）省略句

省略句指为了语言简洁，说话或写文章时，常常省去一些不说自明的成分的句子。省略句常常出现在对话或上下文里。

1. 对话中的省略句。例如：

——小刚上哪儿了？——上公园了（答语中省略了主语“他”）。

——谁来了？——小刚。（答语中省略了谓语“来了”）。

——小刚吃过饭了吗？——吃过了（答语中省略了主语“小刚”和宾语“饭”）。

2. 行文中的省略句。有的成分上文已经有了，或下文马上就要出现，也往往省略。例如：“粉色荷花箭高高挺出来，是监视白洋淀的哨兵吧。”（后一个分句的主语“荷花箭”承前省略了）“回顾过去，展望未来，我们对实现四个现代化充满了信心。”（前两个分句的主语“我们”蒙后省了）“这一条紫藤萝瀑布不只在我眼前，也在我心上缓缓流过。”（前一分句的谓语“缓缓流过”蒙后省）

（四）约定俗成的一个意思的正反句式

例如：

今天，这里好热闹。——今天，这里好不热闹。

我好容易才办成这件事。——我好不容易才办成这件事。

今天开会的事，差点儿忘了。——今天开会的事，差点儿没忘了。

你要拿紧，小心撒了。——你要拿紧，小心别撒了。

二、复　句

复句由两个或两个以上意义相关，结构上互不作句子成分的分句组成。分句间一般用逗号或分号。根据不同的分类标准，复句可以分为不同的类型。

（一）根据复句组合方式的不同，分为两大类

由单句直接组合而成的复句。例如：“老师走进教室，来到讲台前，认真地讲起课来。”这样的复句靠分句间的语序来联系，没有明显的逻辑关系。

借助虚词组合而成的复句。例如“只要坚持锻炼身体，就能增强体质”这种复句，分句之间的联系靠虚词，而主要的虚词是连词和副词，还有部分起关联作用的短语，统称关联词语。

（二）根据分句间的意义关系，可分为联合复句和偏正复句两大类

联合复句各分句之间的意义关系是平等的，没有主次和从属关系；偏正复句各分句间意义关系是有偏有正，有主有从，正句是主要意思所在，偏句是陪衬的、从属的。复句多用关联词，所以要注意把握关联词的关联情况和意义。

1. 联合复句

（1）并列关系。各分句间所表示的意思、事件或动作是并列平行关系。例如：“单丝不成线，独木不成林。”“不是意识决定存在，而是存在决定意识。”

（2）承接关系。几个分句间所表示的事件或动作连续发生，一般有先后顺序。例如，“他们俩手拉着手，穿过树林，翻过山头，回到草房。”“过了那树林，船便弯进了叉港，于是赵庄便真在眼前了。”

（3）递进关系。表示后一分句比前一分句的意思更进一层。例如：“他不仅学习好，而且工作好，尤其是思想好。”“他连小手术都做不好，何况是这么大的手术。”

（4）选择关系。表示分句所说的事情不能同时并存，而是要从中选择一项。例如：“要么我们被困难吓倒，要么我们把困难克服。” “与其花那么多钱看病吃药，不如平时多注意锻炼身体。” “宁吃鲜桃一口，不吃烂杏一筐。”前句表示任意选择，后两句表示限定选择。

（5）解说关系。一部分分句对另一部分分句进行解释、说明或概括。一般不使用关联词语，而是直接连接。例如：“这次出席会议的人多，有校本部各机关的负责人，有二级学院的正副院长。”后两个分句是对前一个分句解释说明。

2. 偏正复句

（1）转折关系。后一分句（正句）表述的意思同前一分句（偏句）的意思相反或相对。例如：“自然是伟大的，然而人类更伟大。”“尽管风刮得呼呼地响，我也不觉得冷。”

（2）假设关系。表示偏句提出假设，正句说明在这种假设情况下可能产生的结果。例如：“假如产品质量不好，数量再多，也没有使用价值。”“即使没有完全听懂，至少能熟悉熟悉英语语音。”“要不是你告诉我，我还不知道今天下午要开会呢。”

（3）条件关系。偏句提出一个条件，正句说明在这种条件下产生的结果。例如："只有党风正，才能事业兴。""不管什么天气，他总是六点半起床锻炼。"前句表示有特定条件，后句表示在任何条件下都产生相同的结果。

（4）因果关系。偏句说明原因，正句表示结果。例如："修辞既是选择的过程，就得有选择标准。""他相信迷信，以致耽误了病情。"

（5）目的关系。偏句表示一种行为，正句表示这种行为的目的。例如："为了尽快挣够自己的学费，他每天下课后都去打工。""你快让他进去，以免闹情绪。"

（6）连锁关系。前后分句有某个相同的关联词语相呼应，在意义上互相牵连。例如："我弹得越响，他吼得越凶。""哪里有压迫，哪里就有反抗。""领导怎么说，他就怎么做。"

（三）还有一种较特殊的紧缩复句

由复句紧缩而成，精练明快，分句间没有语音停顿，是一种以类似单句的结构表达了复句内容的特殊句子。

紧缩句往往成对使用或单用一个关联词语表示分句间的关系，也可以没有关联词语。例如："他一有空就看书。""他越说越高兴。""你非去不可。""再累我们也要坚持。""你不想去也得去。"以上句子用的是成对的关联词。"他想要又不好意思开口。""无私才能无畏。"这两句是单用一个关联词。"你不说我替你说。""他走了怎么办？"这两句没用关联词。紧缩句常用于口语。

句群

句群又叫句组，是几个在意义和结构上有密切联系的各自独立的句子组成的言语交际单位，即由前后连贯共同表示一个中心意思的几个句子组成，是最大的一级语法单位。

句群由单句、复句构成。句群的每个句子以句号、叹号或问号等句末标点为标志。一个句群至少要有两个句子。句群的几个句子靠一定的语法手段（或靠语序，或靠关联词语）组合起来。如："就在雪的群峰的围绕中，一片奇丽的千里牧场展现在你的眼前。墨绿的原始森林和鲜艳的野花，给这辽阔的千里牧场镶上了双重富丽的花边。牧场上长着青翠的酥油草，清清的溪水齐着两岸的草丛在漫流。无边的草原是这样平展，就像风平浪静的海洋。"这四个句子描写天山雪峰中的千里牧场，是靠语序组合的。

一个句群，有一个中心语义，各个句子从不同的角度表达中心语义。有的句群有表达中心语义的句子，叫中心句，如例中的第一句。

一、句群的分类

句群根据用途和作用，可分为叙述句群、描写句群、抒情句群、议论句群、说明句群等五种。根据层次多少，可分为简单句群和多重句群两类。根据句与句之间的结构关系，可分为并列、承接、选择、递进、转折、假设、条件、因果、目的、解说（包含总分式、注解式、问答式等）句群。句群的这种类型大致与复句类型相同。

二、句群与段落的关系

句群是语法概念，指共同表示一个中心语义的一组句子；段落是从文章结构的角度讲的，它是组成文章的一部分。

有的句群和文章的段落重合。但有的小于段落。如：①当那连绵的山雾将要来临的时候，卷云在聚集着，天上渐渐出现一层薄云，仿佛蒙上了白色的绸幕。②这种云叫卷层云。③卷层云慢慢地向前推进，天气就将要转阴。④接着，云越来越低。越来越厚，隔了云看太阳和月亮，就像隔一层毛玻璃，朦胧不清。⑤这时卷层云已经改名换姓，该叫它高层云。⑥出现了高层云，往往在几个钟头内是要下雨或者下雪。⑦最后云压得更低，变化更厚，太阳和月亮都躲藏了起来，天空被暗灰色的云密密层层地布满了。⑧这种新的云叫雨层云。⑨雨层云一形成，连绵不断的雨雪也就开始下降。这一段文字有三个句群。①②③是一个句群，讲卷层云；④⑤⑥是第二个句群，讲高层云；第三个句群是⑦⑧⑨，讲雨层云。三个句群之间的关联词语有“接着”“最后”。

也有大于段落的。这是一种特殊情况。一般来说，段落大于句群，但有时为了修辞上的某种需要，比如为了强调、突出，或者为了表达强烈的感情，常常把意义上密切相关的几句话分行写成几个段落。这时，便会出现几个段落组成一个句群。例如：

春天像刚落地的娃娃，从头到脚都是新的，它生长着。

春天像小姑娘，花枝招展的，笑着，走着。

春天像健壮的青年，有铁一般的胳膊和腰脚，领着我们向前去。

这个句群由三个自然段组成，通过比喻、拟人和排比，描绘了春天的蓬勃生机与迷人的魅力。

三、句群分析

多重句群的分析，可以从两个方面来进行：一是分析句群的中心句。句群是一组有明晰的中心意思的前后衔接连贯的句子。分析句群有无中心句，中心句是始发句，是后续句，还是终止句，有助于理解句群的语义。二是分析句群中句子与句子间的逻辑关系。这跟分析多重复句中分句与分句间的逻辑关系一样。

掌握句群有关知识，有助于文章语言表达清楚、完整，内容丰富、集中，层次清晰。在阅读和写作时，特别要注意两点：一个句群要有一个明确的中心，所有的句子都要紧紧围绕着这个中心意思来发挥；句与句之间必须是前后衔接连贯，彼此有一定的逻辑事理关系，避免前言不搭后语、前后矛盾、前后脱节和把句子杂乱无章地随意堆砌在一起。

词语锤炼

词语锤炼是语言修辞的一大内容，关系到语言的准确性和表现力。修辞学上的词语锤炼，又称炼字，是指词语的选择和使用。词语是意义内容和声音形式的结合体。因此选用词语也就包括意义的锤炼和声音的锤炼。一般说来，词语意义的锤炼是最重要的，因为词语的意义是词语的灵魂。

一、词语意义的锤炼

词语意义的锤炼就是在深刻理解词义的基础上，根据表达的目的、对象、内容等选择恰当的词语，力求准确鲜明、精当妥帖、前后呼应、整体和谐、色彩鲜明。

词语意义的锤炼要注意以下几点：注意多义词语、同义词语、反义词语等的选用；注意一般词语的推敲；注意词语的活用；要特别注意词语前后意义的配合关系。

词语意义的锤炼要做到：

寓繁于简，即内容要有高度的概括性与联想性，选择运用最富于表现力和能发人深思的词语。

寓静于动，选择最传神的动态的词语去表现静态的东西。

寓抽象于具体，即选择含义具体、色彩鲜明的词语去代替意思比较抽象的词语。

词类活用，赋予词语新的生命力，从而使词语的选择和使用既准确简洁，又形象生动。

二、词语声音的锤炼

词语声音配合得好，念起来顺口，听起来悦耳，不仅可以给人以美感，而且可以给人更深刻的印象。声音的锤炼可以从以下几个方面入手：

注意音节整齐匀称。一句话的音节整齐匀称就可以形成节奏，节奏是汉语语音美的一个重要内容。节奏感不仅可以突出音节之美，运用恰当还可以有利于情感的表达。

注意声调平仄相间。汉语平声高昂平直，仄声婉转低沉，平仄交错搭配，可以使声音形成抑扬顿挫的变化美。

说话作文适当地注意声调上的高低、缓急、轻重和长短的变化，做到有扬有抑，有顿有挫，可以增强语言的感染力。

力求韵脚和谐。押韵的句子和谐悦耳，朗朗上口，易懂易记。不仅诗歌，谚语、谜语甚至一些抒情散文也都讲究押韵。

力求双声、叠韵和叠音的自然。双声、叠韵及叠音词语的恰当运用能够增强语言的音乐美，渲染气氛，突出思想内容。

句式的选择与调整

句式指句子的结构方式。不同的内容可以用不同的句式来表达，一个意思也可以用几种句式来表达。句式不同，语气和情调也不同，所表现出来的语言风格和修辞效果也就不一样。常见句式的选择和调整，这是修辞的又一个内容，关系到语言表达的准确、得体、丰富。

一、句式选择

在社会交际中，为了更好地表情达意，就需要精心选择句式。选择句式的主要依据是句式特点、语气、语境等。

（一）句式特点与句式选择

下面介绍几种常见句式的特点和作用：

1. 主动句和被动句

主动句（包括“把”字句）在表达效果上的特点是直接、简洁，强调施事者；被动句则可以强调受事者。平时用主动句的时候较多，但有时也需要选用被动句，尤其是在下列情况下：第一，为了突出、强调被动者，而主动者不需要说出，或不愿说出，或无从说出。例如：“猴子被耍了一顿。”“孩子被逗乐了。”“小刚被调走了。”第二，为了强调不如意或不希望发生的事。例如：“教室的玻璃被风刮掉了。”“钱被偷走了。”“本市许多道路被洪水冲垮。”有时为了使前后叙述角度一致，保持话题集中、语意连贯、语气流畅，也会选择使用被动句。

2. 肯定句和否定句

一般来说，肯定句语气重，比较果断，直截了当；否定句所表示的语气要轻一些，比较委婉、缓和，而双重否定表示的却是肯定的意思，而且比一般的肯定句语气更强，更加肯定。

3. 常式句和变式句

所谓常式句，是指句法成分或分句按正常次序排列的句子；所谓变式句，是指句法成分或分句按特殊次序排列（即倒装排列次序）的句子。在特定的语言环境里，为了表达的需要，把常式句换成变式句，往往可以达到特殊的修辞效果。变式句常见的有主谓倒置，宾语前置，定语、状语后置，复句的偏正倒置等。

（1）主谓倒置可以突出强调谓语，更好地抒发感情，同时也可以反映急促的心情等。主谓倒置常见于疑问句、祈使句、感叹句中。倒装的主语和谓语之间，在口头表达上有明显的停顿，书面上常用逗号表示。例如：“出什么事了，妈妈？”“多么壮丽呀，祖国的河山！”

（2）宾语前置是指宾语置于支配它的动词或介词之前的语言现象。这种现象在文言文中比较常见，现代汉语中的“唯利是图”“唯命是从”“何罪之有”等仍然保留着这个用法。

（3）把定语、状语放到中心语后边，可以起到突出强调、语气舒缓的作用。例如：“房后河边上有许多好看的石子儿，红的，黄的，粉的。”“她关上门，轻轻地。”

（4）在因果复句、条件复句、目的复句、假设复句和转折复句等偏正复句中，表示语意中心的正句往往在前，偏句在后。倒装后，正句置于偏句后面，整个复句的语义重心移到偏句上。例如：

“六姑婆七岁那年是辛亥年，辛亥年没有了皇帝。对于六姑婆来说没有皇帝是件小事，因为在这一年，六姑婆的母亲父亲相继而亡，撇手丢下六姑婆和四岁的妹妹、一岁的弟弟。”（李锐《传说之死》）“对于六姑婆来说……一岁的弟弟”是一个表示因果关系的偏正复句。一般情况因在前，果在后，但此例却将表示原因的分句放在后面，使偏正移位。这样写是为了突出“因”，强调说明对于一个七岁的小姑娘来说，毕竟父母的死亡要比皇帝的被推翻重要得多，现实得多。

“总之，倘是咬人之狗，我觉得都在可打之列，无论它在岸上或在水中。”鲁迅《论“费厄泼赖”应该缓行》）这是一个多重复句。第一层（第3个分句与第1、2个分句之间）是表示无条件关系。第二层（第1个分句与第2个分句之间）是假设关系。在第一层关系里，表示条件的偏句放在表示结果的正句之后，形成偏正倒装，强调了打咬人之狗是不能讲条件的，突出表现了鲁迅先生的不妥协的彻底的战斗精神。

“消灭自己是多么困难。他在他一个人的深夜里，吞噬着四十来年的自己，一点一点地，这是一个秘密的工作，谁也帮不了他。”（王安忆《叔叔的故事》）“一点一点地”修饰动词谓语“吞噬”，作状语。移位后强调了动作的方式，突出表现了“吞噬”的苦涩，着力刻画人物的内心世界。

是突出正句，还是突出偏句，应从文章的结构和具体的题旨、情景去考虑，要结合交际领域和交际目的的需要，恰当地选择。

4. 口语句式和书面语句式

经常出现在口语中的句式叫口语句式。它的特点是比较短小，结构也简单，少用关联词语；它的修辞作用主要是活泼、自然、通俗。经常出现在书面语里的句式，叫书面句式。它的特点是多用长句，结构较复杂，关联词语用得较多；它的修辞作用主要是严谨、周密、文雅。

5. 引述句变为转述句

引述句是直接引用他人说的话，例如：王宁说：“我要像李勇那样关心集体。”转述句是把他人说的话间接地转述给别人听，例如：王宁说，他要像李勇那样关心集体。

（二）句子语气与句式选择

意思相同而语气不同的各种句式的变换选择。根据语气的不同，句子可分为陈述句、祈使句、疑问句和感叹句。语气的不同也可带来表达效果的差异。例如：

“他的心情十分激动。”“他的心情多么激动啊！”显然，后者感叹句的语气强于前者陈述句。

“到时，你通知我一下。”“到时，你通知我一下好吗？”后者疑问句的语气弱于前者祈使句，表达更为委婉、客气、礼貌、易被对方接受。

“独立自由最可贵。”“什么最可贵？独立自由最可贵。”通过设问，语气更强烈、肯定，观点也更突出。

“同学之间应该互相帮助。”“难道同学之间不应互相帮助吗？”反问句比陈述句语意更重，语气更强。

二、句式变换

因为变换句式是在同义句式中进行的，所以变换了句式的句子一定要保留原意，原有文字变动不要太多。每一种句式都有相对应的同义句式，如长句和短句相对应、主动句和被动句相对应，要按照相对应的关系去变换句式，避免张冠李戴。变换句式要注意通顺和合理，防止顾此失彼。在一定的语言环境下讲求句式的选择是为了达到理想的修辞效果，修辞活动必须在合乎语法和逻辑的基础上进行。变换句式应注意以下几种情况：

（一）“把”字句和“被”字句的变换

“把”或“被”前后两个词语调换位置，其余的照写。例如：

我被老师表扬了一番。→老师把我表扬了一番。

（二）陈述句变反问句

例如：

美丽的草原让人陶醉。→美丽的草原怎能不让人陶醉呢？

真正的力量是人民群众。→真正的力量难道不是人民群众吗？

变换时，前例是把陈述句末尾的句号改成问号，在中间关键词前面加“怎能不……”，末尾加“呢”；后例是变为“难道不……吗”的格式。

需要注意的是，反问句式是表示否定的，要表示肯定就需要与单个否定词配合。另外，“无时无刻”这类词只表示一重否定，要表示肯定也需要与单个否定词配合，如：“老一辈革命家无时无刻不在关心着青年人的成长”。

（三）常式句变换为变式句

例如：

你怎么啦？→怎么啦，你？

荷塘四面长着许多蓊蓊郁郁的树。→荷塘四面，长着许多树，蓊蓊郁郁的。

今天下午两点在礼堂开会。→今天下午两点开会，在礼堂。

以上三个句子分别是谓语前置、定语和状语后置，其作用一般是对它们的强调、补充，看具体语境而定。

三、句子的扩充和压缩

（一）句子的扩充

句子可以扩充的五个地方是：“谁”的前面，“是”和“动作”的前面，“什么”的前面，

“怎么样”的前面，“怎么样”的后面。例如：

战士打击敌人。→英勇的战士狠狠地打击来犯的敌人。（“谁”之前，“什么”之前，动作之前）

刘胡兰是英雄。→刘胡兰的确是一位了不起的英雄。（“是”之前，“什么”之前）

海娃高兴。→海娃非常高兴（“怎么样”之前）。海娃高兴极了（“怎么样”之后）。

一个地方可以加上不止一个词语。例如，“刘胡兰是一位了不起的英雄”。在“英雄”的前面加上了“一位”和“了不起”。

扩句应注意：不能违背原意，不能改变结构，必须搭配恰当，力求内容丰富。例如，“禾苗点头”扩为“田里绿油油的禾苗在微风中频频点头”。

（二）句子的压缩

缩句有两种情况：第一，去掉全部枝叶，只保留主干。例如：“精彩的表演在一片热烈的掌声中结束。”缩为：“表演结束。”第二，去掉大部分枝叶，保留主干和小部分枝叶。哪些枝叶必须保留呢？一是否定句中否定词。例如：“我绝对不同意你的这种无理要求。”缩为：“我不同意你的要求。”二是“把”字句和“被”字句中的“把”和“被”以及它们连带的重要词语。

辞格的运用

一、辞格的含义

辞格即修辞手法，就是运用特定的表达形式以提高语言表达作用的方式和方法。不同辞格的运用，能使语言表达准确、形象、生动、传神。

二、辞格的用法

（一）常用的辞格

下面简要介绍十八种常用的辞格。

1. 比　喻

描写事物或说明道理时，用同它有相似点的事物或道理来打比方，以使被描写对象的特点更加形象、易于接受。根据本体、喻体和连接两者的喻词这三个方面的情况，将比喻分为三种：明喻：用“像、如、似、仿佛”等比喻词通俗明白地打比方，本体、喻体、比喻词一般都出现，如“露似真珠月似弓”。暗喻：用“是、成为”等喻词直接将本体当做喻体的方法，如“春天是一只快乐的小鸟，让世界充满活力”。借喻：不出现本体和喻词，直接用喻体代指本体的方法，如“一旦把敌人消灭干净，鲜红的太阳照遍全球”。这里“鲜红的太阳”喻指新生的社会制度。用一连串的喻体描绘同一个本体，或者用一连串相关的喻体描绘一连串相关的本体就叫博喻。

2. 比　拟

直接将乙事物所具有的特征、属性加在甲事物上，对甲进行跨类式的描写。比拟能启发读者想象，使语句生动、传神。根据本体与拟体的关系，一般将比拟分为拟人和拟物。拟人是将非人类的事物当做人来写，如“油蛉在这里低唱，蟋蟀们在这里弹琴”。拟物则是将人直接当做物，或将此物当作彼物来写，如，“咱老实，才有恶霸，咱们敢动刀，恶霸就得夹着尾巴跑。”这里把“恶霸”当作狗来写。“歌声从这儿冲破滚滚尘沙，飞过黄河，飞过长江，战火闪烁，战鼓雷鸣，人们用自己的鲜血与生命染红了我们英雄战斗的年代。”。把“歌声”当作鸟飞，把“鲜血与生命”当作颜料，把抽象的“年代”当作具体可染的东西。

3. 借　代

说话或写文章时不直接说出所要表达的人或事物，而是借用与它密切相关的人或事物来代替。被替代的叫“本体”，替代的叫“借体”，“本体”不出现用“借体”来代替。借代的方法很多，主要有以下几种：部分代整体，如“两岸青山相对出，孤帆一片日边来”，用船的一部分“帆”代替船。特征代本体，如用“红领巾”代替少先队员。具体代抽象，例如“南国烽烟正”，“烽烟”，原是古代边境用以报警的烟火，这里代指战争，把战争这个抽象的概念具体化、形象化了。工具代本体，例如“等到惊蛰——犁地的季节，十家已有八户亮了囤底，揭不开锅”，“囤”是装粮食的工具，用“亮了囤底”代指缺了粮；“锅”是做饭的工具，用“揭不开锅”代指没饭吃。专名代泛称，用具有典型性的人或事物的专用名称代替本体事物的名称，例如“你们杀死一个李公朴，会有千百万个李公朴站起来”，第二个“李公朴”，代指不怕流血牺牲，为争取民主和平而战斗的人们。

借代能突出事物的本质特征，增强语言的形象性，使文笔简洁精练，语言富于变化和幽默感；能引人联想，使表达收到形象突出、特点鲜明、具体生动的效果。

4. 夸　张

为了表达强烈的思想感情，突出某种事物的本质特征，运用丰富的想象力，对事物或行为作超越事实的描述。有三种类型：扩大夸张，如“飞流直下三千尺，疑是银河落九天”。缩小夸张，如“教室里静得连根针掉在地上也听得到”。超前夸张，也叫时间夸张，如“李医生给人看病，药方没开，病就好了三分”。强调了李医生的医术高明。夸张能鲜明地表达作者对事物的情感和态度，突出事物的本质特征，烘托气氛，增强感染力，增强语言生动性。

5. 对　偶

对偶又名对仗、排偶，是指用字数相同、意义相关、形式整齐的两个句子并列起来进行表达的语言形式。对偶句能够高度概括所要表达的内容，使之凝练集中，能够增强节奏感，使语言整齐匀称，朗朗上口，便于记忆和背诵。其形式有单句对偶、偶句对偶，多句对偶等。根据两句之间的语义关系，将它分为三类：正对，上下句从不同的侧面说明同一事理，意义上互相补充。如“风声雨声读书声，声声入耳；家事国事天下事，事事关心”。反对，上下句从正反两个方面加以叙述，意义上相反相成，以突出事物的本质，如“横眉冷对千夫指，俯首甘为孺子牛”。串对，也叫流水对，上下句意义相承，表达因果、条件等关系，如“发展体育运动，增强人民体质”。

6. 对 比

对比也叫对照，把两种不同的事物或者同一事物的两个方面放在一起相互比较。运用这种手法，有利于充分显示事物的矛盾，突出事物的本质特征，加强文章的艺术效果和感染力。对比有两体对比和一体两面对比两种基本类型。如鲁迅先生说，“有缺点的战士终究是战士，完美的苍蝇终究不过是苍蝇”，就是“战士”和“苍蝇”两体对比。“横眉冷对千夫指，俯首甘为孺子牛”，是一体两面对比。

7. 衬 托

衬托也称映衬，是为了突出主体事物，用类似的、相反的或相异的事物作陪衬。俗话说“红花还须绿叶扶”，有了陪衬，被陪衬的事物会显得更加突出，得到更加充分的说明。衬托可分为两类：正衬，用类似的事物衬托所描绘的事物，如用“高的”衬托“更高的”，用“好的”衬托“更好的”。如“桃花潭水深千尺，不及汪伦送我情”，以桃花潭的水深衬托出跟汪伦的友情更深。反衬，用相反或相异的事物衬托所描绘的事物，如用“矮的”衬托“高的”，用“坏的”衬托“好的”。如“海鸥在大海上飞窜，轰隆隆的雷声把海鸭吓坏了，企鹅胆怯地把肥胖的身躯躲藏在悬崖底下……只有那高傲的海燕，勇敢地、自由自在地在泛起白沫的大海上飞翔”。这里以海鸭及企鹅的懦弱衬托出海燕的勇敢。衬托的内容最常见的形式有：以“景”衬“情”。写景的文章都是情景交融的，如“昔我往矣，杨柳依依。今我来思，雨雪霏霏”。以“明”衬“暗”，如“走进森林，远处抽烟人的烟头一闪一闪的”。以“声”衬“静”，如“蝉噪林愈静，鸟鸣山更幽”。以“喜”衬“悲”，如：《阿 Q 正传》是喜剧故事，表现的却是悲剧情怀，悲喜相衬，意味无穷。运用衬托要爱憎分明，要宾主有别，不要喧宾夺主，冲淡被衬托的事物。

8. 排 比

用一组（三句及以上）结构相似的语句，表达相关的内容，如“理想是石，敲出星星之火；理想是火，点燃熄灭的灯；理想是灯，照亮夜行的路”。恰当地运用排比，能表达强烈奔放的感情，周密地说明复杂的事理，增强语言的气势和感染力。

9. 层 递

根据事物的逻辑关系，连用结构相似的语句，在内容上层层递增或递减，表达层层递进的事理的一种修辞技巧。层递分为两类：递增（升）式，按照由小到大，由轻到重，由浅到深，由低到高，层层递增。例如，“社会理想信仰，对政党而言，构成政党的奋斗纲领；对国家而言，它构成特定意识形态的核心；对民族而言，它构成凝聚国民心智的民族精神”。递减（降）式，按照由大到小，由重到轻，由深到浅，由高到低，层层递减。例如，孙子曰：“凡用兵之法，全国为上，破国次之；全军为上，破军次之；全旅为上，破旅次之；全卒为上，破卒次之；全伍为上，破伍次之。”这里的“国”“军”“旅”“卒”“伍”，是依照由大到小的、由多到少的比例进行论说，是递降层递。层递手法借步步推进，使人们的思想认识层层深化，使人对所表达的事理产生强烈深刻的印象。

10. 反　复

有意重复一个词语或句子，以达到突出某种感情、强调某个意思、加深读者印象等目的。可分为两类：连续反复，连续出现同一个词语或句子，中间没有间隔叫连续反复，如“沉默呵，沉默！不在沉默中爆发，就在沉默中灭亡”。间隔反复，同一个词语或句子在文中反复出现，但是不是连续地出现，而是有其他词语或句子间隔在中间，这种反复叫间隔反复。如高尔基的《时钟》，每一节的开头都是“滴答，滴答”，全文反复了八次，以警醒人们时间在不停地流逝，不要浪费生命，要让生命有意义、有价值。反复具有突出思想感情、分清层次、加强节奏感的修辞效果，因此它被运用于各种文体中。在说理文、记叙文中运用反复，能起到加强论点、分清条理的作用；在文艺作品，特别是诗歌中运用反复，能体现强烈真挚的思想感情，起到强调主题思想，增强旋律美的作用。

11. 设　问

无疑而问，自问自答，以引导读者注意和思考问题。它的作用是提醒注意，引导思考；突出某些内容，使文章起波澜，有变化。例如，“什么是路？就是从没有路的地方踏出来的，从有荆棘的地方开辟出来的”（鲁迅《生命的路》）。设问可以做文章的标题，能吸引读者，启发读者思考，更好地领会文章的中心思想；可以用在一段或一节文章的开头或结尾，能起到承上启下的过渡作用。在说理文章中，为了使论证深入，在关键性的内容上，往往设问说理。

12. 反　问

反问也叫反诘、诘问，无疑而问，明知故问，是用疑问的形式表达确定的意思，以加重语气。反问只问不答，答案暗含在反问句中。否定句用反问的语气说出来，就表达肯定的内容，如：“池水涟漪，莺花乱飞，谁能说它不美呢？”肯定句用反问的语气说出来，就表达否定的语气，如：“太阳会从西边出来吗？”反问能加强语气，发人深思，激发读者感情，加深读者印象，增强文章的气势和说服力。

13. 双　关

让词句具有表面上一个意义，实则表达另外一个意义，即言在此而意在彼。有两种类型：谐音双关，利用词的同音，有意使语句具有双重意义。如“东边日出西边雨，道是无晴却有晴”中的“晴”表面上是晴天的晴，内含感情的“情”。又如“旗杆上插鸡毛，好大的掸子”，“掸子”即“胆子”。意义双关：利用词的同义，有意使语句具有双重意义。如《红楼梦》中“将那三春看破，桃红柳绿待如何”，“三春”表面指暮春，内含元春、迎春、探春三人的境遇。又如“夜正长，路也正长，我不如忘却，不说的好罢”。这里的“夜正长”“路正长”实指黑暗的社会、艰苦斗争的漫长。双关可使语言表达得含蓄、幽默，而且能加深寓意，给人以深刻印象。

14. 顶　真

顶真也叫蝉联，把上一句末尾的词作为下一句的开头，使首尾相重，在形式上成为一种链式的结构，在表达上前后意思紧扣，气势连贯而下。如“低头弄莲子，莲子清如水”。“茵茵牧草绿山坡，山坡畜群似云朵，云朵游动笛声起，笛声悠扬卷浪波”。有时单用重复前句的方法，也能取得蝉联的效用，如“返咸阳，过宫墙；过宫墙，绕回廊；绕回廊，近椒房；近椒房，月昏黄；月昏黄，夜生凉；夜生凉，泣寒螿；泣寒螿，绿纱窗；绿纱窗，不思量。呀！不思量，除是铁心肠；铁心肠，也愁泪滴千行”（马致远《汉宫秋》）。这是顶真的另一种形式。顶真的方法可以用于前后各句之间，也可用在章节和章节的衔接之处，取得相类的表达效果。

15. 通　感

通感又叫“移觉”，就是在描述客观事物时，用形象的语言使感觉转移，让人的听觉、视觉、嗅觉、味觉、触觉等不同感觉互相沟通、交错，彼此挪移转换，使意象更为活泼、新奇。如朱自清《荷塘月色》里的“微风过处送来缕缕清香，仿佛远处高楼上渺茫的歌声似的”，“清香”乃是嗅觉，“歌声”乃是听觉，作者将两种感觉互通，即为通感。通感技巧的运用，能突破语言的局限，丰富表情达意的审美情趣，起到增强文采的艺术效果。

16. 反　语

运用跟本意相反的词语来表达本意，含有嘲弄、讽刺的意思。反语的作用是产生幽默感与讽刺性，有时比正说更有力量，能更好地包含深刻的思想和激昂的感情，如“看完艾奇逊信件的全文，就可以证实这一项高明的逻辑”。

17. 互　文

互文也叫互辞，是古诗文中常采用的一种修辞方法。它的特点是上下两句或一句话中的两个部分，看似各说两件事，实则是互相呼应、互相阐发、互相交错、互相渗透、互相补充来表达一个完整的意思。有三种形式：单句互文，指在一个句子中的互文，例如“烟笼寒水月笼沙”，意思是烟和月笼罩着水和沙。“秦时明月汉时关”，意思是秦汉时的明月秦汉时的关。隔句互文，是指有其他句子相隔的互文句式。例如，“十旬休假，胜友如云；千里逢迎，高朋满座”。“胜友如云”和“高朋满座”是互文，意思是，胜友高朋如云满座。排句互文，是说互文的句子在两句以上。如《木兰辞》中的“东市买骏马，西市买鞍鞯，南市买辔头，北市买长鞭”，就是排句互文。

18. 移　情

将人的主观感情移到客观的事物上，反过来又用被感染了的客观事物衬托主观情绪，使物人一体，能够更好地表达人的强烈感情。如杜甫诗“感时花溅泪，恨别鸟惊心”，两句意思是：感叹国家遭逢丧乱，花朵溅滴悲伤的泪；痛恨一家流离失所，鸟儿叫唤惊动忧愁的心。花开鸟叫是自然界的现象，是没有人的情感的，诗人将自己对世事的情感移到客观事物花鸟之上，物我为一体，更强烈地表达了自己的感情。这种手法常用于抒情诗文中。移情与拟人的区别是：前者是“移人情及事物”，后者是“将物当作人来写”。

（二）辞格的综合运用

辞格是可以综合运用的，常见的综合形式有：

1. 辞格兼用

辞格兼用即一句话中同时运用两个辞格，两者无法分开。如“此时，积压在心底的仇恨，就像沉埋在地下几千年的火山一样喷发出来，一泻千里”。该例使用了比喻和夸张辞格。

2. 辞格套用

辞格套用即整个句子由两个以上的分句构成，整个句子用了一种辞格，其中某个分句也用了一个辞格，形成套式表达。如“激情，你是灵感的火花，你是创作的动力，你又是爱情的试金石”。该例整个句子构成了排比辞格，但其中三个分句，又各是一个比喻。

3. 辞格连用

辞格连用指几个连续的分句分别使用了一种或一种以上的辞格。如“家是幸福的摇篮，家也是渔船远航归来的港湾”，连用了两个比喻。

4. 修辞格之间还有交互作用

比如夸张也可以用比喻、借代或比拟来表现，如“无耻的狞笑，骄傲的狂叫，就像是一万把刀扎在她的心上”，就是用比喻来表现夸张的。这种交互作用是有积极意义的，它使某些修辞格有了更多的变化，从而更丰富、更生动形象地表达效果。

标点符号

标点符号，是辅助文字记录语言的符号，是书面语的有机组成部分，用来表示停顿、语气以及词语的性质和作用。它帮助人们准确地表达思想感情、理解书面语言。

一、标点符号的分类

标点符号分为点号、标号、符号三大类。

点号：其作用在于点断，主要表示说话时的停顿和语气。点号又分为句末点号和句内点号。句末点号用在句末，有句号、问号、感叹号，表示句末的停顿，同时表示句子的语气。句内点号用在句内，有逗号、顿号、分号、冒号，表示句内的各种不同性质的停顿。

标号：其作用在于标明，主要标明语句的性质和作用。包括引号（“” ‘’）、括号（（）[]{}【】）、破折号（——）、省略号（……）、着重号（·）、书名号（《》〈〉）、间隔号（·）、连接号（—），等等。

符号：包括注释号（*）、虚缺号（□）、斜线号（/）、代替号（~）、连珠号（……………）、标识号（▲或●）、箭头号（→）、隐讳号（×）、示亡号（▭），等等。

二、标点符号的用法

（一）常见的点号、标号及其用法

1. 冒　号

冒号用在称呼语后边，表示提起下文。有时用在“说、想、是、证明、宣布、指出、透露、例如、如下”等词语后边，表示提起下文。用在总说性话语的后边，表示引起下文的分说，如“北京紫禁城有四座城门：午门、神武门、东华门和西华门”。用在需要解释的词语后边，表示引出解释或说明，如“外文图书展销会日期：10月20日至11月10日”。总括性话语的前边，也可以用冒号，以总结上文，如“张华在北京大学化学系学习，李萍在中等技术学校读机械制造专业，我在百货公司当售货员：我们都有光明的前途”。

2. 引　号

行文中直接引用的话，用引号标示。需要着重论述的对象，用引号标示。例如：古人对于写文章有个基本要求，叫作“有物有序”。具有特殊含义的词语，也用引号标示。例如，这样的“聪明人”还是少一点好。引号里面还要用引号时，外面一层用双引号，里面一层用单引号。例如，他站起来问：“老师，‘有条不紊’的‘紊’是什么意思？”

3. 括　号

行文中注释性的文字，用括号标明。注释句子里某词语的，括注紧贴在被注释词语之后；注释整个句子的，括注放在句末标点之后。例如，中国猿人（全名为“中国猿人北京种”，或简称“北京人”）在我国的发现，是对古人类学的一个重大贡献。写研究性文章跟文学创作不同，不能摊开稿纸“即兴”（其实文学创作也要有素养才能有“即兴”）。

4. 破折号

破折号一般占两个字的位置。① 行文中解释说明的语句，用破折号标明。例如，“迈进金黄色的大门，穿过宽阔的风门厅和衣帽厅，就到了大会堂建筑的枢纽部分——中央大厅”。② 话题突然转变，用破折号标明。例如，“今天好热啊！——你什么时候去上海？”张强对刚刚进门的小王说。③ 声音延长，象声词后用破折号。例如：“呜——”火车开动了。④ 事项列举分承，各项之前用破折号。例如，根据研究对象的不同，环境物理学分为以下五个分支学科：

——环境声学

——环境光学

——环境热学

——环境电磁学

——环境空气动力学

5. 省略号

省略号是六个小圆点，占两个字的位置。引文的省略，用省略号标明。例如，她轻轻地哼起了《摇篮曲》：“月儿明，风儿静，树叶儿遮窗棂啊……”列举的省略，用省略号标明。例如，在广州的花市上，牡丹、吊钟、水仙、梅花、菊花、山茶、墨兰……春秋冬三季的鲜花都挤到一起啦！说话断断续续，可以用省略号标示。例如：“我……对不起……大家，我……没有……完成……任务。”

6. 着重号

要求读者特别注意的字、词、句，用着重号标明。例如，事业是干出来的，不是吹出来的。

7. 连接号

一般占一个字的位置。① 两个相关的名词构成一个意义单位，中间用连接号，如“我国秦岭—淮河以北地区”。② 相关的时间、地点或数目之间用连接号，表示起止。例如，“鲁迅（1881—1936）”“北京—广州”直达快车、“亩产1000公斤—1500公斤”。③ 相关的字母和阿拉伯数字等之间，用连接号，表示产品型号，如“HAW—4和TPC—3海底光缆”。④ 几个相关的项目表示递进式发展，中间用连接号，如“人类的发展可以分为古猿—猿人—古人—新人这四个阶段”。

8. 间隔号

外国人和某些少数民族人名内各部分的分界，用间隔号标示。如“列奥纳多·达·芬奇”；书名与篇（章、卷）名之间的分界，用间隔号标示，如《诗经·卫风》。

（二）常见的符号及用法

1. 注释号

注释号用于对标题或者语句的注释，用在需要注释的题目或语句的右上角。其用法与括号、破折号的解释不同。注释号可分为三种类别：

（1）星号（*）。它是标注在文章标题或语句后面，用以标明标题或字词另有注释或说明在本页下面或全文的后面。例如：

反对党八股*

*这是毛泽东同志在延安干部会上的讲演。

（2）圆圈号。例如：

《红楼梦》就写过，恨谁，就把谁的名字写在某处，给符咒一整治，天天用针刺这个名字，代表这个姓名的那个人就会被一种超人的神力所折磨①。可见旧时代语言灵物崇拜，是很厉害的，它还严重地影响到现在。

①《红楼梦》第二十五回写赵姨娘要马道婆替她作法整治贾宝玉和王熙凤。

（3）括号内写上数字。例如：

古人所谓“运用之妙，存乎一心”〔37〕，这个“妙”，我们叫做灵活性，这是聪明的指挥员的出产品。

〔37〕见《宋史·岳飞传》。

2. 虚缺号

虚缺号的形式为方框“□”，标明文字有缺漏，无法查明或无法辨认的字。其形式为一个方框代替一个汉字，用时所占位置要和原字数相等。例如：

还发现了“单于天降”、“四夷□服”以及“单于和亲”、“千秋万岁”、“长乐未央”等文字的瓦当残片。（翦伯赞《内蒙访古》）

3. 斜线号

斜线号（/）的用法很丰富：

（1）分隔某种组成一对的两项间的并列关系，相当于“和”。例：“47/48 次特别快车。”“羽毛球女双决赛中国组合杜婧/于洋两局完胜韩国名将李孝贞/李敬元。”

（2）分隔供选择或可转换的两项，表示“或”。例如：“动词短语中除了作为主体成分的述语动词之外，还包括述语动词所带的宾语和/或补语。”

（3）诗歌接排时分隔诗行。例如：“春眠不觉晓/处处闻啼鸟/夜来风雨声/花落知多少。”“岁月是一条狭长的山谷/人生是一串不停的脚步/脚下是先祖凿好的石阶/拾级而上/踩着大山的筋骨/……”也可以标示诗文中的音节节拍。例如：“横眉/冷对/千夫指，俯首/甘为/孺子牛。”

（4）分隔层级或类别。例如：“我国的行政区划分为：省（直辖市、自治区）/省辖市（地级市）/县（县级市、区、自治州）/乡（镇）/村（居委会）。”

（5）隔开月日。例如：“今天是 23/1（即 1 月 23 日）。”

（6）表示分数。例如：“这次参加校教代会的代表有 1/3（即三分之一）。”

（7）表示间隔两种不同计量单位，相当于“每”。例如：汽车最大车速为 120 公里/小时。

斜线号也有用来隔开标题与标题，或用在标题和署名之间。

4. 标识号

标示号（●▲■△◇○□）用在可以分条列举的短文、简讯、条目、内容提要或其他文字前面或篇末，表示标志、提示或分列等意义，以引起读者的注意。其形式较多，因人而异。以放在文章标题的前面为例：

● 国家自然科学奖蒙羞？（八版）

● 人大预算监督的三大难题（三版）

● “冷落”抗生素（十八版）

● 谁埋葬了北洋水师？（十四版）

5. 代替号

代替号（～）是用来表示代替重复的字和词的一种符号，占一个字的位置。代替号多见于词典和字典当中。例如：“信：从人，从言。本义是言语真实。《老子》：‘美言不～，～言不美。’”

6. 连珠号

连珠号的用法主要有两种，根据用法的不同，形式也不同。一是用于整句或整段的删节的符号，用不少于十二个小黑点（…………）表示，书写时占四个字的位置；二是用于目录的标题和页码之间，书写时小黑点的数量视间隔距离而定。

7. 箭头号

箭头号又称趋向号，表示事物的方位、发展趋势、主次（从属）关系或事件的排列顺序。常用的箭头号有五种：“→”是右箭头符号，用来表示映射、转化关系、溶液浓度、趋近、表情符号等。“←”是左箭头，表示往左方向。“↑”叫作上箭头或者上方向键，也可做化学符号。“↓”是下箭头符号，是一个常用于网络用语、化学方程式、指示标记等方面的符号。“⇔”

是等价符号，即符号左边可以推导到右边，符号右边也可以推导到左边，符号两边完全相等。

8. 隐讳号

隐讳号的书写形式是“×”，一个叉代替一个汉字，用于代表不便写出来的文字。被代替的往往是长辈的名字、单位的名称、日期、数字及特殊的字眼，常常是为了回避或保密。隐讳号可以读为“某”。

9. 示亡号

示亡号（ □ ）的形式为黑体长方框，用于标示框内姓名所表示的人物已经去世。其长短视方框内姓名的长短而定。

三、标点符号的位置

在实际使用中，标点符号的位置有一定的规定。主要包括：

句号、问号、叹号、逗号、顿号、分号和冒号一般占一个字的位置，居左偏下，不出现在一行之首。

引号、括号、书名号的前一半不出现在一行之末，后一半不出现在一行之首。

破折号和省略号都占两个字的位置，中间不能断开，且上下居中。

连接号和间隔号一般占一个字的位置，且上下居中。

着重号、专名号和浪线式书名号标在字的下边，可以随字移行。

第二单元　古代汉语基础知识

古代汉语包括口语和书面语。这里讲的是古代汉语中的书面语。由古代汉语书写的文章即平时所称的文言文，是传承中华民族博大精深的文化和文明的载体。学习文言文有助于了解我国传统文化，丰富精神世界，提升文化素养。很多文言作品文字简练，布局严谨，气韵生动，文采斐然。因此诵读一定数量的文言文还有助于提高文学鉴赏能力和写作水平。

学好文言文在于积累、诵读、领悟，三者是相辅相成的。作为基础，要背诵一定数量的优秀的文言文段落或篇章，掌握一定数量的文言实词和常见的文言虚词，熟悉文言特殊句式，了解文言文的行文特点，懂得一些古代文化知识和文体知识。

文言文的诵读

学习文言文的重要方法是诵读。诵读能培养语感，加深对内容的理解，有助于提高阅读能力。诵读的基本要领是读准字音，读清句读，读出语气。

一、读准字音

要特别注意以下几种情况的字音：

通假异读：古音通假在文言文中是常见的。凡是通假字，借作什么字，就读什么音。如，“学而时习之，不亦说乎”中，“说”通“悦”，就读“悦”的音。

古音异读：古文中有些专用名词，如人名、姓氏、地名、官名、族名、器物名等，因为专有而保留了古音，一般应该依照传统的音去读。人名，如皋陶（yáo）（传说中的夏初人），春秋时期的伍子胥，又称伍员（yún）。地名，如燕（yān）国、会（kuài）稽。官名，如可汗（kèhán）、单（chán）于。器物名，如无射（yì）钟、羽扇纶（guān）巾。姓氏，如召（shào）、区（ōu）。

破音异读：这是用改变字（词）的通常读音来表示不同词性和意义的一种办法。如“王天下”，“王”作动词，读作“wàng”；“衣锦还乡”，“衣”作动词，读作“yì”。

二、分清句读

就是要注意句中停顿，千万不可读破句。

在古代是两个单音词，而现代汉语中恰巧是一个复音词，词义也发生变化时，要分开来读，如“鼎足之形／成／矣”，“地／方数千里”。

较长句子的句中读音停顿要和语意结构一致，不可凭主观臆断。如“其一/犬坐于前”，不可误读为“其一犬/坐于前”。

有一些虚词（如“夫”“盖”“若夫”“至若”等）放在句子开头，有领起全句乃至全段的作用，我们在诵读时必须单独停顿，如“盖/儒者所争，尤在于名实”。

三、读出语气

诵读时要注意文章的语气，读出文章中的感情和气势，表现出文章中抑扬顿挫、跌宕起伏的节奏感。如“菊之爱，陶后鲜有闻；莲之爱，同予者何人；牡丹之爱，宜乎众矣”。既有对世人爱慕荣华富贵的鄙弃，又有对爱莲人少有了的无限感叹，在诵读时一定要注意把这种复杂的内心情感传达出来。

文言实词

在文言文中，实词的数量比虚词多得多，学习文言文，最应该下功夫的是多掌握文言实词，才能比较顺利地阅读文言文。与现代汉语一样，文言实词包括名词、动词、形容词、数词、量词。但是文言实词在文言文中往往有不同于现代汉语实词的一些用法和特点，这是我们在学习时需要注意的。

一、古今异义

汉语从古代发展到今天，词义不断演变，其中有一些词语，古今词义发生了变化，这种变化主要表现在以下五个方面：

词义的扩大，指词义所反映的客观事物的范围扩大，即由部分到整体，由个别到一般，由狭窄到宽泛。例如“脸”，由只指眼下方的一小块面部到指整个面部；“睡”指由坐着打瞌睡扩大到指睡眠。

词义的缩小，指词义所反映客观事物的范围缩小，即由整体到部分，由宽泛到狭窄。例如“臭（xiù）”，由泛指所有气味到专指秽气；“汤”由泛指热水、开水到专指菜汤、肉汤等。

词义的转移，指词义由指甲事物变为指乙事物。如“学者”，古代指“求学的人”，现在指在学术上有一定成就的人；如古代的“行”现代称“走”，古代的“走”现代称“跑”。

词义褒贬色彩的变化。如“爪牙”，古代比喻保卫国家的武臣，现在比喻坏人手下的帮凶；“谤”，古代指公开指责别人的过失，是中性词，现在用于诽谤，是个贬义词。

有的说法改变，如“目”改称“眼睛”，“寡”改称“少”。

二、单音词和复音词

与现代汉语相比，文言文中单音词居多，这是在语汇方面的一个很大变化。以下几种情况需要注意：

由古代的单音词演变为白话的双音词，如“师—老师”“悟—明白”。

古今形式相同，但含义不同的双音词。有的词语在古代汉语中实际上是两个单音词，而现代汉语中则是一个双音词。例如“妻子”，在古代汉语中指“妻子和儿女”，现代汉语中就只指“妻子”。有的词语在古代汉语中是双音词，则不能拆成单音词来理解，特别注意偏义复词现象。偏义复词指整个复音词的意思只取其中一个语素的意义，另一个语素只是作为陪衬，只起到构词的作用。例如：“则山下皆石穴罅，不知其浅深”，句中的“浅深”就是由一组反义词构成的偏义复词，而此处只取“深”的意义。其他如“作息”“利害”“出入”“异同”“众寡”“饥穰”等古代汉语中常见的双音词也往往作偏义复词用，要联系上下文来考察理解。

三、一词多义

一词多义即一个词有多种含义，乃至属于不同词类。这种现象在文言文中相当普遍。只有掌握了这种语法现象，才能根据不同的语言环境，对同一个词进行恰当的解释。要掌握这一语法现象，除了注意平时的积累之外，还要认真掌握有关词的本义、引申义、比喻义和假借义的知识。其中假借义又涉及通假的知识。

四、通　假

通假字是文言文中普遍存在的现象。“通假”就是“通用、借用”，即用读音相同或相近的字代替本字。通假字基本上是同音代替，常见的有以下几种情况：完全同音，如“惠”通“慧”，“反”通“返”。声母相同，如“亡”通“无”，“知”通“智”。韵母相同，如“见”通“现”，“辟”通“避”。同声旁，如“被”通“披”，“说”通“悦”。

五、词类活用

文言中有些实词在句子中临时改变了它的语法功能，词义发生了一定的变化，这就是词的活用。词类活用主要是指名词、动词、形容词、数词等的活用现象。其中每一类词的活用又有许多不同的情况。例如：名词作动词用，动词、形容词、名词的使动用法，形容词、名词的意动用法等。此外，名词用作状语的现象在古代汉语中也很常见。词类活用与一词多义的区别在于前者是暂时性的，后者则是永久性的。掌握词类活用的基本规律，结合具体语境，分析其用法和理解其意义，对我们学习文言文来说是很重要的。词类活用主要有以下几种情况：

（一）动词、形容词、名词的使动用法

动词、形容词、名词用作有“使”“令”意义的动词，具有“使宾语怎么样”的意思，这就是使动用法。在古代汉语中，动词的使动用法一般只限于不及物动词。例如：“先破秦入咸阳者王之”，“王”原为名词，这里意为“使……称王”，是名词的使动用法；“项伯杀人，臣活之”，“活”原为动词，这里意为“使……活下去”，是动词的使动用法；“春风又绿江南岸”，“绿”原为形容词，这里意为“使……绿起来”，是形容词的使动用法。

（二）形容词、名词的意动用法

这是指形容词、名词用作有“认为”“以为”意义的动词，表示主语认为宾语怎么样或者主语把宾语当作什么。例如：“邑人奇之，稍稍宾客其父”，“奇”原为形容词，意为“奇特”，这里用作动词，意为“认为……是奇特的”，是形容词的意动用法；“宾客”原为名词，这里也用作动词，意味“把……作为宾客相待”，是名词的意动用法。

（三）名词用作动词

名词活用作一般动词后，就不再表示人或物，而是表示与这个名词有关的动作、行为。如“籍吏民，封府库，而待将军”，“籍”用作动词，意为“登记”。在古代汉语中，名词作使动、意动的较少，但用作一般动词的则相当普遍。方位名词也常作动词。如“下江陵，顺流而东也”，“下”即“攻下”，“东”即“向东进军”。

（四）名词作状语

主要有以下几种情况：

（1）时间名词用作状语，主要表示行为变化的时间。需注意以下两点：

古代汉语时间名词用作状语，往往用连词“而”或“以”把它和谓语中心词相连接。如“朝而往，暮而归”，“朝”与“暮”原为表示“早上”和“傍晚”的时间名词，这里用作状语，表示“往”和“归”的时间，意为“在早上”“在傍晚”。

古代汉语里“时”“日”“月”“岁”等时间名词用作状语时所表示的意义已经不是单纯的时间修饰。如“谨食之，时而献焉”，“时”意为“到时候”；“君子博学而日参省乎己”，“日”表示“参省”的频率，意为“每天”。

（2）在古代汉语中，不但时间名词可以作状语，普通名词也常用作状语，直接修饰、限制动词谓语，表示动作、行为的状态、方式、处所、凭借的工具等。例如：

表示动作行为发生的处所，如“夫以秦王之威，而相如廷叱之”（在朝廷上）。表示动作行为的依据、手段或工具，如“叩石垦壤，箕畚运于渤海之尾”（用箕畚）。

表示动作行为的特征或状态，如“少时，一狼径去，其一犬坐于前”（像狗一样）、“潭西南而望，斗折蛇行”（“像北斗星那样”“像蛇那样”）。

（3）方位名词用作状语，表示动作行为发生的处所或表示动作的趋向。如“泰山之阳，坟水西流”（向西）、“复前行，欲穷其林”（向前或往前）。

六、文言词语的借代

借代是一种修辞方法，就是不直接把要表达的事物名称说出来，而是改换一个与该事物有某种密切关系的名称。这种方法关系到对词义的理解，尤其是文言词语。文言词语中的借代方式是多种多样的，常见的有如下几种情况：

（1）以事物性质代事物，如“被坚执锐”中，用“坚”代称铠甲，用“锐”代称兵器。

（2）以事物的质料代称该事物，如“留取丹心照汗青”中，用“汗青”代史册。又如“丝竹”“管弦”代音乐。

（3）以部分代整体，如《滕王阁序》中“宇文新州之懿范，襜帷暂驻”，“襜帷”（车上的帷幕）代车驾，进一步代宇文氏；“樯橹灰飞烟灭”中，“樯橹”（船上的桅杆和摇船的大桨）代指曹军的战船，进一步代指曹操的庞大水军。

（4）以标志代本体，如“布衣”“黔首”代平民百姓；“垂髫”代儿童。

（5）以具体代抽象，如“化干戈为玉帛”中，“干戈”（古代兵器）代战争或者争斗；“玉帛”（玉器和丝织品）代和好。又如“桑梓”代故乡，“社稷”代国家。

文言虚词

一、文言虚词的含义和种类

文言虚词是指不表示实在意义的词，在文言文中一般不作句子成分。文言虚词可以做代词、副词、介词、连词、助词、叹词。虚词的词汇意义比较抽象，但是它有表达语气、组织实词等多种语法功能。特别是常用虚词在文言文中出现的频率比较高，用法比较灵活。越是常用的虚词，用法往往越是灵活。因此确切掌握文言虚词的这些特点，掌握常用文言虚词的意义和用法，对增强阅读文言文的能力是大有好处的。常见的文言虚词有：而、何、乎、乃、其、且、若、所、为、焉、也、以、因、于、与、则、者、之、虽、然。这些文言虚词大致可分为四类：

第一类：起指代作用的，如“之、其、何”；

第二类：起组合作用的，如“以、于、为”；

第三类：起连接作用的，如“而、则、乃”；

第四类：起语助作用的，如“也、乎、焉”。

二、文言虚词的使用

（一）文言虚词的特点

与文言实词相比较，文言虚词在文言文中的使用有以下几个特点：

其一，用法比实词灵活。往往一个虚字有好几种用法，好几种解释，甚至分属好几类词。

其二，使用频率比实词高。许多常用的虚词，在一篇中会多次出现。

其三，语法功能比实词强。实词往往要靠虚词的组合、连接、辅助而成为完整的句子，体现不同的意思，抒发不同的感情，表达不同的语气。一段文言文，如果没有虚词连缀其中，就会丢掉“性情”，失去活力。需要反复吟咏，体察虚词所表达的语气，并从中总结出一些规律。如“夫”“盖”常表示发语，“者”常表示提顿，“得无”“无乃”常表示推测、反问等。

其四，在汉语的发展历史中，虚词变化比实词大。

（二）文言虚词使用的特殊情况

1. 兼　词

兼词是指一个单音词兼有两个词的意义和作用。它所兼有的两个词往往属于不同的词类。兼词并不是独立的词类，而是文言词语的一种特殊用法。常见的兼词有“诸”“焉”“叵”“曷”“盍”“旃”等。

“诸”字用在句中是兼代词“之”和介词“于”两个词。如：“投诸渤海之尾。”（“把它扔到渤海的边上。”）而用在句尾时，则是兼代词“之”和语气词“乎”两个词，如：“王尝语庄子以好乐，有诸？”（“大王曾经和庄子谈论过爱好音乐，有这回事吗？”）

“焉”作兼词一般都用在句尾，既可兼“于之”或“于是”二词，又可兼“于彼”二词。如：“三人行，必有我师焉。”（“几个人在一起行走，其中必定有可作为我的老师的人。”）“率妻子邑人来此绝境，不复出焉。”（“领着妻子儿女和乡邻们来到这个与世人隔绝的地方，不再从这里出去。”）

“盍”“曷”（“曷”通“盍”）两词都是兼疑问代词“何”和否定副词“不”，意为“何不”。如：“盍各言尔志？”（“为什么不说说各人的愿望呢？”）

“叵”是兼否定副词“不”和能愿动词“可”两个词，如“居心叵测”。

“旃”这个兼词比较少用，兼代词“之”和语气词“焉”。如：“舍旃舍旃，苟亦无然。”（“丢掉它吧！丢掉它吧！确实不要认为是那样。”）

2. 虚词连用

虚词连用是为了加强语气。较常见的是两个虚词的连用，如“也哉”“矣夫”“焉尔”“也矣”。也有三个连用的，如“也乎哉”“噫吁嚱”“焉耳矣”。连用的虚词所表示的重点一般在最后一个词上。虚词连用有的用在句首，有的用在句末。

3. 双音异义

双音异义指文言中原为两个单音词（有的两个都是虚词，有的一个是虚词，一个是实词），发展到现代汉语变为一个双音虚词，而二者的意义有很大差异。如“吾祖死于是”，“于”是“在”，“是”是“这事”。类似的还有如“无论”“可以”“从而”“其实”“虽然”等。

文言句式

与词汇相比，文言语法变化不大，只是几种特殊句式的表示方法与现代汉语有所不同。下面分别加以说明。

一、判断句

判断句是对事物的性质、情况、事物之间的关系作出肯定或否定判断的句子。在现代汉语中一般要用判断词“是”表示判断，而文言中的判断句一般不用判断词，而是直接用名词或名词短语作谓语表示判断，并且往往借助某些助词、语气词、副词来表示或加强判断语气。主要形式有：

（1）主语后面用助词“者”表示提顿，谓语后面用语气词“也”煞尾，对主语加以肯定的判断或解说。如：“陈涉者，阳城人也。”（“陈涉是阳城人。”）

（2）只在主语后面用“者”表示提顿。如：“四人者，庐陵萧君圭君玉，长乐王回深父，余弟安国平父，安上纯父。”（“同游的四个人是：庐陵人萧君圭，字君玉；长乐人王回，字深甫；我的弟弟王安国，字平甫；王安上，字纯甫。”）

（3）只在谓语后面用“也”煞尾表判断。如：“操虽托名汉相，其实汉贼也。”（“虽然曹操名义上是汉朝的丞相，实际上是汉朝的奸贼。”）

（4）“者”“也”都不用，直接由名词对名词作出判断。如：“刘备天下枭雄。”（“刘备是天下的枭雄。”）

（5）谓语前用副词“乃”“必”“亦”“即”“诚”“皆”“则”等加强判断语气。如：“当立者乃公子扶苏。”（“应立为皇帝的是公子扶苏。”）“此诚危急存亡之秋也。”（“这实在是国家危急存亡的时刻啊。”）“此则岳阳楼之大观也。”（“这就是岳阳楼的壮丽景象。”）

（6）用“为”表示肯定判断。如：“为赵宦者令缪贤舍人。”［“（蔺相如）是赵国的宦官首领缪贤家的门客。”］

（7）用副词“非”表示否定判定。如：“身非草木。”（“人的身体不是草木。”）“有子曰：‘是非君子之言也。’”（“有子说：‘这不是君子说的话。’”）

需要注意的是，判断句中谓语前出现的“是”一般都不是判断词，而是指示代词，意为“这”。但在汉以后，“是”作判断动词的用法则逐渐多起来。

二、被动句

被动句指在文言文中主语是谓语动词所表示的行为被动者、受事者，而不是主动者、施事者。在古汉语中，被动句主要有两大类型：

（一）有标志的被动句

即借助一些介词、助词来表示被动。

（1）动词后面用介词“于”引进行为的主动者。如：“故内惑于郑袖，外欺于张仪。”（“因此楚怀王在宫内受到郑袖的迷惑，在宫外被张仪欺骗。”）

有时也在介词“于”或动词前加“受”，形成“受……于……”的形式表被动，如：“吾不能举全吴之地，十万之从，受制于人。”（“我不能拿整个吴国的土地，十万大军，被别人控制。”）

（2）用“见”“见……于……”表被动。如：“秦城恐不可得，徒见欺。”（“秦国的城邑恐怕不可能得到，白白地被欺骗。”）

（3）用“为”“为……所……”表被动。如：“巨是凡人，偏在远郡，行将为人所并。”（“吴巨是个平庸的人，又处在偏远的郡地，很快会被人吞并。”）

（4）用“被”表被动。如：“予犹记周公之被逮，在丁卯三月之望。”（“我还记得周蓼洲先生被捕，是在丁卯年三月十五日。”）

（二）无标志的被动句

无标志的被动句又叫意念被动句。这种情况是指没有被动词的被动句。如：“荆州之民附操者，逼兵势耳。”这里的“逼兵势”是“被兵势所逼”的意思。

三、省略句

文言句子中有一些组成成分，习惯上常常省略，翻译成现代汉语时需要补充。常见的有以下四种情况：

（一）省略主语

包括承前省、蒙后省、自述或对话省。

1. 承前省

“疾在腠里，汤熨之所及也；（疾）在肌肤，针石之所及也；（疾）在肠胃，火齐之所及也。”例句中的后两个分句中即承前省略了“疾”。可译为：“疾病发生在皮肤，是汤熨所能治好的；（疾病）发生在肌肉；用针砭就能治好；（疾病）发生在肠胃，可以用火剂汤药来治疗。”

2. 蒙后省

“度我至军中，公乃入。”例句中“度我至军中”句蒙后一个分句省略了主语“公”（您）。

可译为："估计我到了咱们军营中，您再进去。"

3. 对话省

例如："蔺相如固止之，曰：'公之视廉将军孰与秦王？'曰：'不若也。'"由于是对话环境，对话的主语"蔺相如"和"门客"都省略了，甚至连对话内容里"不若也"的主语"廉将军"也省略了。可译为："蔺相如坚决制止住他们，（蔺相如）说：'你们比一下廉将军和秦王，谁厉害？'（舍人们）说：'（廉将军）不如秦王。'"

（二）省略谓语动词

主要有以下几种情况：

1. 描写句省略谓语

例如："近岁风俗尤为侈靡，走卒类士服。"描写人物穿戴时省略了"穿""戴"等动词。可译为："近年风俗尤其奢侈糜费，当差的大都（穿）着士人的衣服。"

2. 根据前后句的动词省略谓语

这种用法又包括承前省和蒙后省两种情况。根据前句动词省略谓语的叫承前省。例如："一鼓作气，再而衰，三而竭。"后两个分句就承前省略了"鼓"。可译为："第一次击鼓振作了勇气，第二次击鼓勇气低落，第三次击鼓勇气就枯竭了。"根据后句动词省略谓语的叫蒙后省。例如："躬自厚而薄责于人，则远怨矣。"因为后一分句中有"薄责"，所以前一分句中的"厚责"就蒙后省略了"责"。可译为："多责备自己，少责备别人，就会远离怨恨。"

3. 为了行文结构整齐而省略谓语

例如："尧之王天下也，茅茨不剪，采椽不斫，励粢之食，藜藿之羹，冬日泥裘，夏日葛衣，虽监门之服养不亏于此矣。"例句中从"茅茨不剪"到"夏日葛衣"都是四字句，排列整齐，读起来朗朗上口。为追求这种表达效果，作者就省略了谓语动词"吃""喝""穿"。可译为："尧统治天下的时候，用茅草覆盖屋顶而且没有修剪整齐，柞木做屋椽而且不加雕饰。（吃）粗粝的饭食，（喝）野菜做的汤，冬天（穿）小鹿皮做的袍子，夏天（穿）麻布做的衣裳，即使是看门人的衣服食物也不比他的差些。"

4. 省略谓语

有一些省略谓语动词的句子，虽然没有明确的省略意图，但依据语境，文意明确，用词俭省，读者是可以接受的。例如："技经肯綮之未尝。""技经肯綮"都是名词，指脉络筋骨结合的地方。"之"是宾语前置的标志，"未""尝"都是副词，其后省略了省略谓语动词"碰到"。可译为："不曾（碰到）脉络相连筋骨结合的地方。"

（三）省略宾语

省略宾语包括省略动词的宾语和介词的宾语两种情况。如："以相如功大，拜为上卿。"这句话就省略了动词谓语"拜"的宾语"之"（代指蔺相如）。"竖子不足与谋！"这句话中省略了介词“与”的宾语“之”（代指“竖子”，即项羽。）。在文言文中，介词“于”“以”“为”“与”的宾语“之”往往承上文省略。

（四）省略介词

引出时间、地点等的介词“于”常常被省略。如“后数日驿至，果地震陇西。”例句中“地震”与发生地震的地点“陇西”之间省略了介词“于”。介词“以”有时也被省略，如：“武陵人捕鱼为业。”在“捕鱼为业”之前省略了“以”。

四、疑问句

文言文中的疑问句一般都用疑问词提出问题。常用的疑问词有疑问代词、疑问语气词、疑问副词。

疑问代词：谁、何、曷、故、安、焉、孰等。如：“谁为大王为此计者？”（谁给大王出的这条计策？）“缚者曷为者也？”（“被捆绑的是什么人？”）

疑问语气词：乎、诸、哉、欤、耶等。如：“六国互丧，率赂秦耶？”（六国一个接一个灭亡，难道全部是因为贿赂秦国吗？）

疑问副词：岂、独、其等。如：“赵岂敢留璧得罪于大王乎？”（“赵国怎敢留下和氏璧而得罪大王您呢？”）

有时也不用疑问词。如：“秦王以十五城请易寡人之璧，可予不？”（“秦王想用十五座城池来交换我的和氏璧，可以给他吗？”）

五、否定句

文言文中的否定句往往会使用否定词。否定词有否定副词、否定代词以及否定性动词。

（一）否定动词

“无”可译为“没有”。“非”（匪）可译为“不是”。

（二）否定代词

“莫”一般称为无指代词，可译为“没有人”“没有什么”“没有谁”。

（三）否定副词

“不”就是“不”。“弗”可译为“不肯”，如“天大寒，砚冰坚，手指不能屈伸，弗之怠”。

“亡”（无）可译为“没有”。

“勿、毋”可译为“不要”，如“少安毋（无、勿）躁”。

“莫”可译为“不”“不能”“不要”。

“靡”可译为“肯定没有”“简直没有”，如“靡计不施”。

"罔"可译为"完全不是""完全没有"，如"置若罔闻"。

"微"可译为"如果不是""如果没有"，如"微斯人，吾谁与归"。

"未"可译为"还不（是）""还没（有）""从来没（有）"，如"自古及今，未有及公子者"。

"否"（不）可译为"不这样"，如"不（否）者，若属皆且为所虏"。

"未尝"可译为"不曾"。

"无以"（亡以）可译为"没有用来"，如"河曲智叟亡以应"。

"无所"可译为"没有什么"。

六、变式句

变式句又称倒装句式。在一定条件下，文言文中句子成分的顺序会发生变化，这就是所谓变式句。主要有以下几种：

（一）主谓倒装

古代汉语中谓语的位置也和现代汉语中一样，一般放在主语之后。但有时为了强调和突出谓语的意义，在一些疑问句或感叹句中，把谓语提前到主语前面。如："甚矣，汝之不惠！"实际上应为："汝之不惠甚矣！"

（二）宾语前置

动词或介词的宾语，一般置于动词或介词之后。但在一定条件下宾语会前置，即放在动词或介词的前面。宾语前置可以分为以下几类：

1. 疑问句中的宾语前置

疑问句中代词作宾语，宾语前置。这类句子中介词的宾语也是前置的。如："沛公安在？"这种类型的关键是作宾语的是疑问代词，如"谁、何、奚、曷、胡、恶、安、焉"等。

值得注意的是，介词"以"的宾语比较灵活，即使不是疑问代词，其宾语也可以前置，如"是以""夜以继日""严以律己""一言以蔽之"等。介词宾语前置还有一种情况，就是方位词、时间词作宾语时，有时也前置。如"业文南向坐"意思是"业文面向南坐"。

2. 否定句中的宾语前置

否定句中代词作宾语，宾语前置。如"时人莫之许也"，按正常语序应该是"时人莫许之也"。

宾语前置句常以"之"或"是"作为标志。这时的"之""是"有复指性质，不译。如："句读之不知，惑之不解，或师焉，或不焉。"可以调整为"不知句读，不解惑"，然后再翻译："不知句子停顿要问老师，有疑惑不能解决却不愿问老师。"另外，古代汉语中还有一些宾语前置的习惯用语，如"唯……是……"（"唯利是图""唯命是从"）、"是以"（"以是"的倒装，意为"因此""因为这个缘故"）等等。

（三）定语后置

定语的位置一般也在中心词前边。但有时为了突出中心词的地位，强调定语所表现的内容，或使语气流畅，往往把定语放在中心词之后，并用“者”结句，形成“中心词＋后置定语＋者”或“中心词＋之＋后置定语＋者”的形式。例如：

“求人可使报秦者，未得。”例句中“可使报秦”用来修饰“人”，原本应该放在“人”的前面，亦即“求可使报秦之人”。这里放在了“人”的后面，形成定语后置句。

“石之铿然有声者，所在皆是也。”例句中“铿然有声”用来修饰“石”，原本应该放在“石”的前面，亦即“铿然有声之石”。这里也是把它放在了“石”的后面，形成定语后置句。

应注意的是，文言文中定语后置只限于表示修饰关系的句子，表领属关系的定语则不后置。

（四）介词结构作状语后置

介词结构即介宾短语。文言文中常见的是用“以”“于”组成的介宾短语作状语后置。有以下几种情况：

1. 用介词“于”组成的介宾短语在文言文中大都处在补语的位置

译成现代汉语时，除少数仍作补语外，大多数都要移到动词前作状语。如“青，取之于蓝，而青于蓝”。在翻译时两个“于蓝”都要放在动词前做状语。

2. 介词“以”组成的介宾短语

译成现代汉语时一般都作状语，如“具告以事”，即“以事具告”。这种句子往往是承前省略了动词宾语，实际就是“以事具告（之）”。

3. 介词“乎”组成的介宾短语在补语位置时

翻译时可视情况而定其成分。如“生乎吾前，其闻道也固先乎吾”。句子中的“生乎吾前”，既可译为“在我的前面出生”，作状语；又可译为“生在我的前面”，一般来说仍作补语；而“固先乎吾”的“乎吾”则一定要作状语。

七、固定句式

固定句式也叫固定格式、固定结构、凝固结构。它的语法特点就是由一些不同词性的词凝结在一起，固定成为一种句法格式，表达一种新的语法意义，约定俗成，世代沿用。按表达语气可分为四种：

（一）表陈述语气的固定句式

常见的有：

（1）“是以”，译为“因此”。“举世混浊而我独清，众人皆醉而我独醒，是以见放。”

（“天下都浑浊不堪，只有我清澈透明，世人都迷醉了唯独我清醒，因此被放逐。”）

（2）“然则”，有“既然这样，那么……”之意。常用在句首。“然则何时而乐耶！”（既然这样，那么他们什么时候才会感到快乐呢？）

（3）“有以”，译为“有……用来”，表示具有某种条件、原因等。例如：“信喜，谓漂母曰：‘吾必有以重报母。’”（“韩信非常高兴，对那位老太太说：‘我一定会重重地报答您老人家。’”）

也可表示“有何”“有什么”。“杀人以梃与刃，有以异乎？”（“用木杖杀人与用兵刃杀人，有什么区别吗？”）

（4）“无以”，译为“没有……用来”“没有什么可以拿来；无从”。“故不积跬步，无以至千里；不积小流，无以成江海。”（“所以不积累一步半步的行程，就没有办法达到千里之远；不积累细小的流水，就没有办法汇成江河大海。”）

（5）“有所”，译为“有……的”。“此虽免乎行，犹有所待者也。”（“这样虽然免了步行，还是有所凭借的。”）

（6）“无所”，译为“没有……的”。“今入关，财物无所取，妇女无所幸，此其志不在小。”（“如今入了关，财物什么都不拿，也不迷恋女色，这样看来，他的野心不小。”）

（7）“比及”，译为“等到……的时候”。“比及三年，可使有勇。”（“等到三年光景，可以使人人有勇气”）

（8）“为……所”，表示被动关系。“为仲卿母所遣。”（“被焦仲卿的母亲驱赶回娘家。”）

有时也省略“所”，而用“为”+施动者+动词表示被动。例如：“身死国灭，为天下笑。”（“自己丧命，国家灭亡，被天下人讥笑。”）

（9）“见……于……”，表示被动关系。“臣诚恐见欺于王而负赵。”（我实在是害怕被大王欺骗而对不起赵王。）

有时也只用“见”表示被动。“欲予秦，秦城恐不可得，徒见欺。”（“如果把和氏璧给了秦国，秦国的城邑恐怕不可能得到，白白地被欺骗。”）

“见”表示被动还有一种特殊用法：放在动词前，受事者是自己，表示对“我”怎么样。如“见谅”（“原谅我”）。又如：“生孩六月，慈父见背。”“见背”即表示“离开我”。可译为：“刚出生六个月，我慈爱的父亲就不幸去世了。”）。

（10）“之谓也”或“其……之谓也”，译为“……说的就是……”。使用这个固定句式时，往往是作者先提出一首诗或一个典故，然后来判断前文讲的道理或现实的人或事。就表达方式来说，它们是总结性的判断。“闻道百，以为莫己若者，我之谓也。”（“听到过许多道理，便以为没有人比得上自己知道得多，说的就是我啊。”）

（11）“以为”和“以……为”，可译为“以为”“认为”，如：“以为妙绝。”（“认为他的口技奇妙极了。”）

或“把……当作”“用……做……”，如：“虎视之，庞然大物也，以为神。”（“老虎看见驴子，是个庞大的家伙，把它当作神怪。”）

（12）“唯……是”，“是”起宾语提前作用，“唯”表示对象的唯一性。“故进不求名，退不避罪，唯民是保。”（“因此作将帅的带兵前进不追求名利，后退不逃避罪责，只为了保护老百姓。”）

（13）“与其……孰若……”“与其……宁……”，译为“与其……不如（宁可）……”。“与其有乐于身，孰若无忧于其心。”（“与其身体感官得到快乐，不如心里没有丝毫忧虑。”）

（二）表疑问语气的固定句式

常见的有：

（1）“奈何”，译为“怎么办”。“取吾璧，不予我城，奈何？”（“得了我的宝璧，不给我城邑，怎么办？”）

（2）“何如”，可表示“怎么样”，如：“如今之事何如？”（“现在事情怎么样？”）

也可表示“怎么办”，如：“三怨将作，秦晋辅之，子将何如？”（“三个怨家将要起来，外有秦、内有晋国百姓帮助他们，你打算怎么办？”）

也可用反问的语气表示胜过或不如，如：“恶其厚费，何如勿买？”（“嫌恶它花费太高，不如不买。”）。

也可表示“比……怎么样”，如：“子谓吕尚何如周公乎？”（“您说吕尚与周公相比怎么样？”）

（3）“得无……耶”，表示对某种情况的推测，译为“大概……吧”或“恐怕……吧”。“以敬父而见罚，得无亏大化乎？”（“因敬爱父亲而受罚，这样恐怕会有伤教化吧？”）

（4）“如……何”“奈……何”“若……何”，可译为“把……怎么样”或“对……怎么办”或“拿……怎么办”。“虞兮虞兮奈若何！”（“虞姬啊！虞姬啊！我又该把你怎么办？”）

（5）“……孰与……”“……何如……”，意谓还不如，常用于反诘语气。“从天而颂之，孰与制天命而用之！”（“与其顺从天而赞美它，哪里比得上控制自然的变化规律而利用它呢？”）

也可表示疑问语气，用于比照，可译为“与……相比，哪一个……”。“我孰与城北徐公美？”（“我和城北徐公比，谁更美呢？”）

（6）“何……之为”，可译为“还算得上……”“还谈得上……”或“还说什么……”。“秦则无礼，何施之为？”（“秦国就是无礼，我们还报什么恩呢？”）

（7）“何所”，是“所……者为何”的移位和压缩，可译为“……的（人、事、物）是什么”。“问女何所思，问女何所忆。”

（三）表反问语气的固定句式

常见的有：

（1）“无乃……乎”，表示一种委婉的反问语气，对某种情况加以测度，有“恐怕”“只怕”之意，可以用“恐怕(只怕、大概)……吧”对译。“今君王既栖于会稽之上，然后乃求谋臣，无乃后乎？”（“如今君王已经退守到会稽山上，到了这种地步才寻求有智谋的大臣，恐怕太晚了吧？”）

有时除了表测度外，还带有委婉否定的意味，如“师劳力竭，远主备之，无乃不可乎？”（“军队辛劳精疲力竭，远方国家的君主又有防备，这样做恐怕不行吧？”）

（2）“不亦……乎”，是一种比较委婉的反问（含有探问）句式，可译为“不是……吗”。“若移陈少却，使晋兵得渡，以决胜负，不亦善乎？”（“如果秦军从淝水岸边稍向后撤，使晋军得以渡过淝水与秦军决一胜负，这岂不是很好吗？”）

（3）“得无……乎”，“得无”也可作“得毋、得微、得非”等，表示较为委婉的反问语气，译为“难道不是……吗”“能不…吗”或“能没有…吗”。“览物之情，得无异乎？”（“他们观赏景物而触发的感情，能没有不同吗？”）

（4）“何……为”，加强反诘语气，可译为“还用……做什么”“为什么……呢”“……什么呢”。“天之亡我，我何渡为！”（“天要亡我，我为什么还要渡江呢！”）

（5）“岂……哉（乎）”“独……哉”，可译为“难道（不是）……吗”“怎么会（不会）……”。“岂有他哉？避水火也”（“难道有别的什么原因吗？不过是想摆脱他们那水深火热的日子罢了。”）

（6）“庸……乎”，译为“难道……吗”。“吾师道也，夫庸知其年之先后生于吾乎？”（“我是向他学习道理的，哪管他是生在我之前还是生在我之后呢？”）

（7）“何……之有”，是“有何……”的倒装，可译作“有什么……”。“宋何罪之有？”（“宋国有什么罪过呢？”）

（8）“何（奚）以……为？”“何（焉）……为”，可译作“要做……呢”“哪里用得着……呢”。“如今人方为刀俎，我为鱼肉，何辞为？”（“现在人家好比是菜刀和砧板，我们好比是鱼和肉，告辞干什么呢？”）

（9）“非……欤”，相当于现代汉语的“不是……吗”。“子非三闾大夫欤？”（“您不是三闾大夫吗？”）

（10）“况……乎“，译为“何况……呢”或“又何况……”。“今以钟磬置水中，虽大风浪不能鸣也，而况石乎？”（“现在如果把钟磬放在水中，即使大风大浪也不能使它发出声响，何况是石头呢!”）

（四）表感叹语气的固定句式

常见的有：

（1）“何其”，译为“多么”，有时也译为“怎么那么……”或“为什么这么……”。“赐，汝来何其晚也？”（“端木赐，你怎么来得这么晚啊？”）

（2）“一何”，译为“何等、多么”。“吏呼一何怒！妇啼一何苦！”

（3）“何……之……”，可译为“怎么……这么……”或“怎么这么……”，也可译为“怎么那么……”或“为什么这么……”。“足下不欲破袁氏也，何言之不实也？”（“您不想打败袁绍了吗，怎么说话这么不诚实？”）

（4）“特（直或止）……耳”，译为”只不过……罢了”。“嗟夫，孟尝君特鸡鸣狗盗之雄耳。”（“哎呀！孟尝君只不过是一群鸡鸣狗盗的首领罢了。”）

（五）表假设语气的固定句式

常见的有：

（1）“有……于此（斯）”，翻译时只需在有关句子前加一“假设”“假如”之类的词语即可。“今且有人于此，以随侯之珠，弹千仞之雀，世必笑之。”（“假如现在有一个喜打鸟的人，却用随珠这种非常珍贵的宝珠作弹丸，去射飞翔在千丈高空中的一只麻雀，世人看了一定嘲笑他。”）

（2）“若其”，相当于“假如”。“今者违命，胜不足多；若其不胜，为罪已甚。”（“现在违背命令，如果打了胜仗就不算什么；假如没有获得胜利，那么罪过就太大了。”）

（3）“诚……则……”，可译为“如果……那么（就）……”。“公子诚一开口请如姬，如姬必许诺，则得虎符。”（“如果公子开口请求如姬，如姬一定会答应，那就可以得到兵符。”）

（4）“然则”，可译为“既然这样，那么……”“如果这样，那么……”。“然则诸侯之地有限，暴秦之欲无厌，奉之弥繁，侵之愈急。”（“既然这样，那么诸侯的土地有限，强暴的秦国的欲望没有满足，诸侯送给泰国土地越多，秦国侵略诸侯就越急迫。”）

（5）“向使”，可译为“假如”“如果”。“向使三国各爱其地，齐人勿附于秦，刺客不行，良将犹在，则胜负之数，存亡之理，当与秦相较，或未易量。”（“如果当初韩、魏、赵三国各自爱惜他们的国土，齐人不亲附秦国，燕国的刺客不动身赴秦，赵国的良将还活着，那么胜败存亡的命运，如果能够与秦国相较量，或许不能轻易判定。”）

（6）“自非……”：可译为“如果不是……”“除非是……”。“自非亭午夜分，不见曦月。”（“假如不是正午和半夜，就看不到太阳和月亮。”）

（六）表选择的固定句式

常见的有：

（1）“与其……孰若（无宁）……”，相当于现代汉语的“与其……不如……”。“与其杀是僮，孰若卖之。”（“与其杀了这个童仆，不如卖了他。”）

（2）“不……则”“不……即”，相当于现代汉语“不是……，就是……”。“战者，必然之势也，不先于我，则先于彼，不出于西，则出于北。”（“战争是必然的趋势，不从我方开始，便从敌方开始，不发生在西方，便发生在北方。”）

（3）“……，抑……”，译为“是……，还是……”或“……，或者……”。“岂得之难而失之易欤？抑本其成败之迹，而皆自于人欤？”（“难道是得天下艰难而失天下容易吗?或者说推究他成功与失败的事迹，都是由于人事呢？”）

（4）“非……则……”“非……而……”，相当于“不是……就是……”“不是……却”。“非死则徙尔。”（“不是死了就是搬离了这儿。”）

文言文的翻译

一、文言文翻译的标准

文言文翻译的标准是“信”“达”“雅”。

“信”指的是忠实，译文要准确，不歪曲，不遗漏，尽可能贴切地表达出原文的意思。

“达”指的是通顺流畅，这是在“信”的基础上，进一步让译文流畅顺口，符合现代汉语的规范表达。

“雅”是优雅、优美，是一种很高的“译境”。译文时选用的词语要得体，追求文章本身的古雅，简明优雅，要让读者在阅读译文时的情绪波动和阅读原文时的感觉一致。

二、文言文翻译的方法

文言文翻译的方法主要有直译和意译两种。

（一）直　译

直译是指紧扣原文，按原文的字词和句子进行对等翻译的方法。它要求忠实于原文，一丝不苟，确切表达原意。直译的手段主要有以下几种：

（1）录。凡是人名、地名、朝代、年号、官名、书名等专有名词，都可照原文抄录；古今词义一致，人们熟知的词，如“山”“火”“车”“问”“逃”等，也无须翻译。

（2）释。这是用得最多的一种手段；运用现代汉语的双音节词语来解释古文中的单音节词语。对通假字、一词多义、词类的活用，用法多样的一些虚词等要特别注意，一定要联系上下文，选准它的确切解释。

（3）理。即调整、理顺译文的词序，使之符合现代语习惯。大多数文言词句的词语排列次序和现代汉语是一致，但也有一些不一致，如文言倒装句式，

（4）添。在原文有省略的地方，增添必要的内容，使译文通顺、明确。如：“尝贻余核舟一。”，译文时，句前应加主语“王叔远”，“一”字之后应加量词“枚”。

（5）删。有些词语仅有语法作用而无法译出的，可删去不译。如“何陋之有”中的“之”，“学而时习之”中的“而”，都属于这一类。

（6）缩。文言文有些句子，为了增强气势，故意用了繁笔，翻译时可将其意思凝缩。如：“（秦）有席卷天下，包举宇内，囊括四海之意，并吞八荒之心”。现代汉语中很难找到四种不同说法来译“席卷天下”“包举宇内”“囊括四海”三个短句，在翻译时可凝缩为“秦有并吞天下、统一四海的雄心”。

（二）意　译

意译是指在透彻理解原文内容的基础上，为体现原作神韵风貌而进行整体翻译方法，或不便于直译的词句。

文言翻译中，要遵循直译与意译相结合，以直译为主的原则。总之，要做好文言文的翻译，需要扎扎实实地掌握古汉语常用的实词、虚词、特殊句式，了解一些古代文化常识和文体知识，才能更准确、更明白、更符合现代汉语规范地译出古文，做到“信”“达”“雅”。

人的称谓

古人的称谓极有讲究，不同关系不同的身份、地位对人的称谓都可能有所不同。了解古代的称谓对于阅读、理解文言文也有裨益。下面是部分常见称谓。

一、谦　称

表示谦逊的态度，用于自称，或向对方称呼自己的亲属、事物等。

“愚”，谦称自己不聪明。“鄙”，谦称自己学识浅薄，如“鄙见”“鄙人”。“敝”，谦称自己或自己的事物不好，如“敝县”。窃”，有私下、私自之意，使用它常有冒失、唐突的含义在内。“仆”，谦称自己是对方的仆人，使用它含有为对方效劳之意。“寒舍”则用来谦称自己的家宅。对别国称自己的国君为“寡君”。

“孤”“不穀”是封建王侯的自称；“寡人”是古代君主自称；“朕”在秦朝以前也是古人自称之辞，自秦始皇起专用作皇帝自称。“下官”“末官”“小吏”，是古代官吏的自谦词。“小生”“晚生”“晚学”“不才”，是读书人的自谦词。“在下”“鄙人”等则是对自己的谦称。“老朽”“老夫”“老汉”“老拙”是男性老人的自谦称谓。女子自称“妾”。老和尚自称“老衲”。

对别人称呼比自己辈分高或年纪大的亲属时，在亲属名称之前加上“家”字表示自谦，同时也是对对方的尊重。如“家父”“家兄”。“舍”字则用以谦称自己卑幼的亲属，如“舍弟”“舍侄”等。

二、敬　称

敬称用以表示尊敬、客气的态度，也叫“尊称”。

（1）对帝王的敬称有“万岁”“圣上”“圣驾”（驾，本指皇帝的车驾，认为皇帝当乘车行天下，于是用“驾”代称皇帝）、“天子”“陛下”“皇上”等；对皇太子、亲王的敬称是“殿下”；对将军的敬称是“麾下”。

（2）对有一定地位的人的敬称：对使节称“节下”；对有一定社会地位的人称“阁下”（现在多用于外交场合，如大使阁下）；对官或尊长称“公”“君”“足下”“大人”；对老师称“子”“夫子”“师”“先生”。

（3）对于对方或对方亲属的敬称有“令”“尊”“贤”“仁”：令，意思是美好，用于称呼对方的亲属，如“令尊”（对方父亲）、“令堂”（对方母亲）、“令郎”（对方的儿子）。尊，用来称与对方有关的人或物，如“尊上”（称对方父母）、“尊公”“尊君”“尊府”（皆称对方父亲)、“尊堂”(对方母亲)、“尊亲”(对方亲戚)、“尊驾”(称对方)、“尊命”(对方的嘱咐)、“尊意”(对方的意思);贤，用于称平辈或晚辈，如“贤家”(称对方)、“贤郎”(称对方的儿子)、“贤弟”(称对方的弟弟)。仁，表示爱重，应用范围较广，如称同辈友人中长于自己的人为“仁兄”，称地位高的人为“仁公”。

(4)称年老的人为“丈”“丈人”，唐朝以后专指妻父；妻父又称“泰山”，妻母称“丈母”“泰水”。

(5)称谓前面加“先”，表示已死，如称已死的皇帝为“先帝”，称已死的父亲为“先考”“先父”，已死的母亲为“先慈”“先妣”，称已死的有才德的人为“先贤”；在已故尊长者的名前加“讳”字，表示尊敬，如“子厚讳宗元”。称谓前加“太”或“大”表示再长一辈，如称帝王的母亲为“太后”，称祖父为“大(太)父”，称祖母为“大(太)母”。唐代以后，对已死的皇帝多称庙号，如唐太宗、宋仁宗、明太祖等；明清两代，也用年号代称皇帝，如称朱元璋为洪武皇帝，称玄烨为康熙皇帝。

(6)用于对尊长者和朋辈之间的敬称，有“君”“子”“公”“足下”“夫子”“先生”“大人”等。

(7)君对臣的敬称是“卿”“爱卿”；对品格高尚、智慧超群的人用“圣”来表敬称，如称孔子为“圣人”，称孟子为“亚圣”。

(8)称对方的字、号、斋名、谥号、官名、爵名，表示对别人的礼貌和尊敬；有时或几项兼称，如《游褒禅山记》中“四人者，庐陵萧君圭君玉，长乐王回深父，余弟安国平父、安上纯父”，前两人兼称籍贯、姓名及字，后两人先写与作者关系，再称名和字。

(9)敬词还有“贵”(贵庚，称别人年龄)、“大”(大作，称对方的作品)、“高”(高见，称对方的见解)、“拜”(拜托，托人办事)。

三、贱 称

贱称表示轻慢斥骂的态度。如“竖子”“小子”“鲰(zōu)生”(浅陋无知的人)。

四、其他称谓

(1)一般称谓。直称姓名或名，用于自称，或称所厌恶、所轻视的人。称平辈用“尔”“汝”。称晚辈用“小子”“小生”等。

(2)对百姓的称谓。有“布衣”“黔首”“黎民”“庶民”“黎庶”“苍生”“氓”等。

对一些以技艺为职业的人，称呼时，常在其名前面加一个表示他的职业的字眼。如“庖丁”，“丁”是名，“庖”是厨师，表明职业；“师襄”“师旷”，“师”意为乐师，表明职业。

(3)不同的朋友关系之间的称谓。贫贱而地位低下时结交的朋友叫“贫贱之交”；情谊契合、亲如兄弟的朋友叫“金兰之交”；同生死、共患难的朋友叫“刎颈之交”；在遇到磨难时结成的朋友叫“患难之交”；情投意合、友谊深厚的朋友叫“莫逆之交”；从小一块儿长大的异性好朋友叫“竹马之交”；以平民身份相交往的朋友叫“布衣之交”；辈分不同、年龄相差较大的朋友叫“忘年交”；不拘于身份、形迹的朋友叫“忘形交”；不因贵贱的变化而改变深厚友情的朋友叫“车笠交”；在道义上彼此支持的朋友叫“君子交”；心意相投、相知很深的朋友叫“神交”（“神交”也指彼此慕名而未见过面的朋友）。

（4）特殊年龄的称谓。古人的年龄有时不用数字表示，而是用一些称谓来代替：“垂髫”（tiáo）指三四岁至八九岁的儿童；“总角”指八九岁至十三四岁的少年；“豆蔻”指十三四岁至十五六岁；“束发”指男子十五岁；“及笄”（jī）指女子十五岁；“弱冠”指男子二十岁；“而立”指三十岁；“不惑”指四十岁；“知命”指五十岁；“花甲”“耳顺”指六十岁；“古稀”指七十岁；“耄（mào）耋（dié）”指八九十岁，也泛指老年；“期颐”指一百岁。

（5）文人的称谓。如墨客、迁客、骚客等。“墨客”指诗人、作家等风雅的文人；“迁客”古代指遭贬斥放逐之人；“骚客”指诗人。

（6）夫妻的称谓。如结发、鸳鸯、伉俪、配偶、连理、秦晋、百年之好等。丈夫称谓：良人、郎君、官人、老爷、相公等。妻子的称谓很多，常见的有：妻、细君、娘子等。古代称诸侯之妻为“夫人”，称贫穷时共患难的妻子为“糟糠”，称原配妻子为“发妻”。对人谦称自己的妻子则有“荆人”“拙荆”“内人”等。

（7）妇女称谓。巾帼，指古代妇女的头巾和发饰，借称妇女；裙钗，裙子与头钗都是妇女的衣饰，旧时借指妇女，如“裙钗粉黛”借指年轻貌美的女子。

（8）男子的称谓。须眉，古时男子以胡须、眉毛稠秀为美，故为男子的代称；匹夫，古代指平民中的男子，亦泛指平民百姓。匹夫之勇，指不用智谋，只凭个人血气来做事的行为。另外，“纨绔”本指有钱人家子弟的华美衣着，借指富贵人家的子弟。

封建社会中同一个家族或家庭中的男子，由于出身不同，在家族和家庭中的地位也不同，相应地也有不同的称谓。如：公子，诸侯王（公）嫡长子以外的其他儿子称为公子，嫡长子叫宗子；世子，也就是太子，古代的“世”与“太”字意义相通；嫡子，古代把正妻所生的儿子称作嫡子；庶子，古代把妾所生的儿子称作庶子；嗣子，无子而以他人之子作为儿子。

下　编

阅读与写作

第三单元 记叙文

记叙文读写知识指要

记叙文是以人物、事件、景物为记叙对象，以叙述、描写为主要表达方式，通过记人、叙事、写景、状物来反映社会生活，表达思想感情的一种文章体裁。记叙文能以具体、生动的事件和鲜明的形象去感染、启迪、教育读者。

记叙文是一类运用广泛的文体，除了一般写人、记事的记叙文，还包括散文等记叙性的文学体裁。

记叙文按记叙对象，可分为写人记叙文、叙事记叙文、写景记叙文和状物记叙文。

写人记叙文是通过描述人物的外貌、行动、心理、语言和人物所处的特定环境来刻画人物性格，塑造人物形象，反映作品主题，如《我的母亲》。叙事记叙文是以叙述事件为主，着重写清事件的发生、发展、高潮和结局，通过事件的意义来表现作品的主题，如《内蒙访古》。写景记叙文主要是通过写景寄托感情、表现主题，如《威尼斯》。状物记叙文是以描写事物为主，通过写物抒发感情、寄托志向，从而抒情言志，如《时钟》。

记叙文的主要特点是真实性、具体性和形象性。记叙文不像议论文、说明文那样对事物进行抽象的理论概括或客观的介绍，而是把人、事、景、物的状况和发展变化，具体、真实、形象地反映出来，以事感人，以情动人。

记叙文形式自由，写法灵活多样。它以叙述、描写为主要表达方式，也间有抒情、议论、说明等其他表达方式，以增强文章的感染力，起到画龙点睛、点明主旨和深化主题的作用。

记叙文是人们生活中最常见、运用最广泛的文体。写好记叙文是写好其他各类文章的基础。因此，提高记叙文阅读和分析能力，掌握记叙文写作方法和技巧，对我们少数民族预科生提高语文能力具有重要意义。

一、立意与选材

文章的内容是由立意和选材决定的。意是内容的核心、灵魂，材料是内容的表现形式，二者不可分离，意是主导，材料要受意的指导和制约。

立意是一篇作品所确立的文意，一般包括全文的思想内容、作者的构思设想和写作意图等。立意是写好文章的关键。凡是好文章，无一不是在立意上下功夫。古人强调“文以意为先”。一切文章在动笔之前都应该首先立意，记叙文也不例外。立意，主要说的是确立主题。在现实生活中，人们难免要和许多人、事或景、物频繁接触。在接触中，往往会引发一些感触和领悟，从而产生写作的欲望，想把自己的感触、领悟传达给其他人，这时，主题就萌生了。随着时代的前进、社会的发展，新的人物、事件纷至沓来，它将会使人们产生许多新鲜感受并从中有所领悟，从而获得写不完的主题。

不过，动笔行文之前，我们必须分析研究、深入思考个人的主观感受与领悟以及由此萌生的主题是否正确，是否与客观实际、与社会前进的动向相符合，是否反映事物的客观规律和人们的认知规律。这就是立意对主题的提炼。

立意的一般要求是正确、鲜明；集中、单纯；深刻、新颖。

第一，正确是立意的基本要求，是指所确立的主题反映了自然的本质和规律，反映了生活的本质和主流，符合自然和社会的发展规律。所谓鲜明，是指文章中的情感指向要明确，别人能清楚地知道你在写什么。

第二，集中、单纯，就是指确定的中心要十分明确，问题的解决或揭示要深透，主题能成为统领全篇文章的总纲，能一贯到底。

第三，深刻，是指所确立的主题能反映生活的本质及内部规律，能揭示事物所包含的深刻的思想意义，能够引发人的思考、给人以启迪。写人的文章要对人物的思想品质、精神世界能作一些挖掘，写出人物的个性特征；叙事的文章能以小见大，从现实生活中发现问题，并透过现象分析问题的本质。新颖，是指所确立的主题是作者的新认识、新感受，能给人以新的启示。要用敏锐的眼光，从现实生活中不断寻找新鲜问题，捕捉生活中的闪光点，发现时代特点，感受时代气息，体现时代特征。摆脱思维定式，运用逆向思维，使立意新颖独到、与众不同，文章方能脱颖而出。

立意，还应努力做到所表达的主要思想是积极向上的，文章应具备高格调，大格局。

如果说主题是一篇文章的灵魂，那么材料就是这篇文章的血肉，主题蕴含在材料之中。因此，我们要表现一个特定的主题，就需要进行认真的选材。以下是对选材的基本要求。

第一，要围绕主题选择、剪裁。主题是选材、剪裁的依据。应该选取最能表现文章的主题、最能显示它的深刻意蕴的材料。“剪裁”就是对材料的取舍、详略的处理。一般来说，对表现主题起重要作用的材料要进行详写，对表现主题起辅助作用的材料要进行略写，与主题无关的材料不管多么生动，也要毫不可惜地予以割舍。

第二，要选用最有代表性、最能反映事物本质的材料，也就是人们常说的典型材料。这样的材料才具有说服力和表现力，才能更好地凸显文章的中心。

第三，要选用新颖的材料。时代在进步，社会在发展，各种新鲜事物层出不穷，这为我们选材提供了广阔的空间。我们要善于观察生活，感受生活，捕捉生活中的“闪光点”，“见人所未见，发人所未发”，从而写出好的记叙文。

第四，选取有个性特点的细节材料。记叙文是通过具体、形象的人或事物来表达中心意思的。在写作时，如果能从“大处着眼，小处落墨”，即选择个性特点鲜明、意蕴丰富的细节材料来表现中心，可以给人留下深刻的印象。

要做到很好地选材，必须平时广泛观察，搜集、积累材料。搜集材料宜广、宜多，而选取材料宜严、宜精。

二、思路与结构

确定主题，选好材料之后，所面临的问题就是怎样把这些材料巧妙地组织起来，使它成为一篇完美的文章，这就是思路和结构的问题。

从写作的角度看，作者怎样安排文章的结构，首先是思路问题。思路是作者在思索并行文时思想发展、前进的路线，也就是作者对客观事物观察、理解、认识的有序化的反映。理清思路是作者思想认识系统化、明晰化的过程，也是作者对文章的整体构思，如怎样开头、承接、过渡、转折、结尾，哪些地方需要为文章下一步发展做好铺垫，哪些地方要与文章的前一部分有所照应等。这一系列的思索、谋划，即理清思路的工作。按照这个思路写作，就形成了篇章结构。结构就是文章的组织构造、布局安排。思路与结构紧密相关，思路决定结构，结构体现思路；思路是文章的内在脉络，结构是思路的外在呈现。所以思路要开阔活跃，有丰富的联想、想象，对有关事物要从多方面思考，尽量打破思维定式，跳出老框框。思路要细致严密，不能脱节、断线，不能有漏洞，更不能前后矛盾，必须严密自然。

但是，有了巧妙开阔的思路不等于必然就会形成精严完美的结构，因为这中间还有一个艺术素养与写作技巧问题。

就记叙文而言，其结构的基本内容包括线索、顺序、段落、层次、过渡、照应、开头、结尾等。所有这些，都要根据主题的要求和塑造形象的需要，从大局着眼，统筹安排，合理组织。结构既是材料组合的艺术，又是思维空间运动的艺术。有人把主题比作文章的灵魂，把材料比作血肉，把结构比作骨架。说明了只有找到了恰当的结构方式，才能把材料自然而又严谨地组织成一个有机的整体，从而突出文章的主题。下面就结构内容加以简要说明。

（一）把握记叙的线索

要使记叙文有条理，需要把题材按一定的“序”组织起来，这种贯穿全文连缀人物和事件的“序”通常称为线索。线索也是故事发展的脉络，是作者组织材料的思路在文章中的反映。作者就是靠它将材料贯穿起来，共同表现文章的主旨。

类型不同的记叙文所用的线索往往不一样。比如游记类的记叙文，适合以游踪为线索，如《威尼斯》；回忆录以及传记一类的记叙文，适合以时间为线索，如《我的母亲》；托物言志的记叙文，往往以所托之物作为线索，如《时钟》。这只是大略而言，事实上，一篇文章的线索往往并不是那么单一，各种线索是可以兼有的，比如主线副线并行交错，明线暗线各自生发、延伸、交融，等等。如《母亲》，明线是时间，暗线是“母亲活到老，穷到老，辛苦到老”。

总之，艺术构思上独特的线索安排，能很好地显示出独具特色的结构艺术美。

（二）组织材料的先后顺序

组织材料的顺序多种多样，写作的顺序也是灵活变通的。至于到底应该采用哪种顺序，要依据材料的特点、记叙事物的规律来定，尤其是要依据是否能够更好地突出主题而定。总之，组织材料的顺序是文章主题的表现形式。组织材料的顺序一般有：

第一，按照事情发展顺序组织材料。这种安排材料的方法叫作“顺叙”或“正叙”，是最常用的一种记叙顺序。写活动、游记、参观访问记等文章，大多可以采用这种写作顺序。

第二，按照时间先后顺序组织材料。即以时间推移为序，将文章的各个材料串成一体，或将情节发展的各个阶段连接起来，使文章形成一个整体。按照这种比较单纯的顺序写，容易执简驭繁，使文章有条不紊。

第三，按照空间转换顺序组织材料。参观记、游记类的文章，可以采用这种顺序来写。按照这种顺序写，有助于把握主线，使文章条理清楚，主次分明。

第四，按照事物（或内容）类别顺序组织材料。即面对众多的事物（内容），把同类的放在一起，然后一类一类地写。采用这种顺序，能使文章脉络清楚，内容充实。

第五，按照事物（或内容）的几个不同方面为顺序组织材料。如全篇只写一个人、一处景色、一个物件，就可以采用这种顺序，从几个方面来介绍其特点。

组织材料的顺序形式是多种多样的，除上面几种外，还有总述分述顺序、因果顺序、前后对比顺序、作者感情变化顺序、事物特点顺序、整体到部分的顺序、生长顺序，等等。

（三）层次段落的划分和衔接

写文章要是有阶段，有步骤。这表现在文章中就是层次段落。段落，又称为自然段，是文章中最基本的意义单位和结构单位，长短不一。它有时是一个层次，有时只在文中起过渡、强调、照应等作用。划分段落的基本原则，是要保持内容的单一性和完整性。所谓单一性，是说一个段落中只能表达一个意思，而不能把两个或两个以上的意思混杂在一个段落中。所谓完整性，是说一个意思一定要在一个段落中讲清楚、讲完全，而不能把一个意思拆开放在几个段落中叙述。

层次，又称为结构段或部分，是由段落组合而成的较大的意义单位和结构单位，所以又称为“意义段”。它可以是一个自然段，也可以包括几个自然段。每一个层次要表达一个完整的意思，呈现出明显的阶段性。围绕文章主题，各层次要联结成一个有机的整体。为了使层次之间的衔接更加紧密和明晰，在需要转换内容时，往往要使用过渡成分。过渡就是把文章中意思不同而处于相邻位置的段落或层次黏合在一起，使它们形成一个整体。过渡的方法主要有三种：一是专门由一个较短的、独立的自然段，作为两大部分或两个意义段之间的过渡段；二是通过上一自然段结尾或下一自然段开头使用过渡句来过渡；三是使用一些意思相关联的句子或词语作过渡。

（四）行文的起伏照应

“文似看山不喜平”，说的是文章尤其是记叙文要写得有波澜，行文有起伏，有高有低，有紧有慢，富于变化。这样的文章不论长短，都能使读者读起来历久不倦，收到强烈的艺术效果。采用悬念、巧合、抑扬、虚实、详略、张弛、离合、突转、渲染、烘托等手法，都可以使文章有起伏变化。叙述中加以生动的描写、动人的抒情、精辟的议论，也具有这样的作用。这样安排，有助于打破章法的平淡，加强叙述的生动性。

为了使文章内容衔接紧凑，结构严谨，一篇文章中，前面写到的，中间或结尾要有交代；

后面提到的，前面要有所铺垫，这种安排设计叫作“照应”。照应是谋篇的重要手段。常见的照应方法有首尾照应、前后照应、文题照应。首尾照应使文章贯脉相通，结构完整，更好地突出主题。前后照应是指行文过程中前面说到的内容，后面要做必要的交代。这是最重要的照应，能够使内容相互补充，层层深入。有的文章在行文过程中，相同或相近的词语、句子或段落一再出现，形成反复照应。这对突出文章中心，标明文章线索都起到重要作用。文题照应有两种形式，一种是开头与题目照应，这种开头往往既是破题，又是统领全篇的关键。另一种是行文中与题目照应，就是正文中的词语与题目中的词语相同或相近，或行文中有揭示题意的语句出现。

扣题紧凑，关照严密，题能辖文，文不离题，可以避免走题旁逸，加深读者印象，有力地表达文章的主题。

（五）开头和结尾

文无定法，开头和结尾同样千变万化，没有定式。

作文的开头很重要，好的开头可以使文章开篇就生辉发光，引人入胜。古人用“凤头”的比喻来说文章的开头应当如凤凰的头冠那样艳美精巧。

开头法，大致可以分为两类。第一类的特点是开门见山，直入主题，给人以醒豁之感。第二类的特点是曲径通幽，或从写景落笔，或从与本文有特殊关系的某一事物开始，或以寓意精警的抒情议论发端；自远而近，渐入本题，让人感到曲折而有兴味。在写作中，有时并不能单一地使用某一种方法，而是几种方法兼而有之。究竟使用什么方法开头，要从文章的整体构思出发考虑，要从表现主题的需要出发，通篇安排整体设计，选择最恰当的开头方法。总之，开头既要引起读者兴趣，又要靠近主题。

与开头一样，文章的结尾也是相当重要的。成功的结尾，能使读者更深入、更透彻地理解文章内容和主题；精彩的结尾，能唤起读者的思考与共鸣，增强文章的感染力。有的结尾响亮有力，意尽言止；有的意在言外，耐人寻味。选择结尾的方法，也必须从全局来考虑，要使记叙的事件完整清楚，使文章的结构首尾呼应，以求得更好地表达主题，达到写作的目的。总之，结尾要切合主题，发人深省。

文章结构的安排要正确反映客观事物的发展规律及内在联系，要服从主题表达的需要，也要服从文体的特点。总之，结构的安排要体现完整性、层次性、严密性和灵活性。

三、记叙文常用的表达方式

（一）叙述与描写

叙述与描写是记叙文的主要表达方式。在记叙文中，常常结合在一起使用。

1. 叙　述

叙述有时也称记叙，是把人物的经历、活动或客观事物的产生、发展及其变化过程，用平实的语言表达出来的表达方式。它是写作中最基本、最常见，也是最主要的表达方式。

（1）叙述的类型。叙述可分为概括叙述和具体叙述两种。概括叙述是对人物、事件进行扼要的简括叙述，目的是让读者对叙述的对象有一个简明的总体印象。具体叙述是对人物、事件的状况作详细的叙述，给人以生动具体的感觉。在文章中，这两种叙述形式往往结合起来使用。这样，既能用较少的文字表述整体，又能突出重点，给人留下深刻的印象。

（2）叙述的方法。从不同的角度有多种划分方法，最常见的是按叙述的先后顺序划分，分为顺叙、倒叙、插叙、补叙、平叙。

① 顺叙，是指按时间的推移、空间的自然序列、作者或人物的思想感情发展的进程、人物活动的次序或事件的始末顺序进行叙述。这是一种最基本、最常用的叙述方法。它便于把叙述内容表述得条理清楚，自然顺畅。运用顺叙要区分主次，讲究详略，注意疏密相间，繁简得当，防止平铺直叙。

② 倒叙，是指先把事件的结局或事件发展过程中某个突出片段提到前边来写，然后再按事件的发生发展顺序展开叙述。倒叙强调事件结果或高潮，容易造成悬念，启迪思考，形成波澜，引人入胜。采用这种方法要注意起笔的“倒叙”与后文“顺叙”部分的衔接，使之连接紧密，过渡自然。

③ 插叙，是在叙述过程中，根据表达内容的需要，暂时中断主线，插入相关的事情或必要的解说，插叙结束后，仍回到叙述主线上来。插叙可以补充和丰富人物形象、事件经过及背景，使文章内容充实，表述曲折、变化，行文错落有致。这种插叙也称为追叙。补叙，是在叙述过程中对前文涉及的某些事物和情况作必要的补充、交代。它的作用在于对前文所设伏笔作出回应，或对前文中有意留下的接榫处予以弥合，从而使内容完整充实。补叙其实也可以归于插叙。使用插叙和补叙时，要注意与顺叙之间过渡协调和衔接的紧密。

④ 平叙，也叫分叙，是对同一时间内发生在不同地点的两件或多件事情所作的平行叙述或交叉叙述。这就是传统小说中常说的“花开两朵，各表一枝”。平叙，要注意叙述技巧和方法。通常是先叙述一件事，再叙述另一件事，使脉络清楚。也可以几件事平行交错进行叙述，这就更需要技巧娴熟、方法得当。平叙的方法多见于复杂的记叙文。

（3）叙述的人称。叙述人称就是观察点或视点，它表示叙述者以何种身份来叙述。在叙述过程中，因作者的立足点、观察点的不同，便有不同的人称。在文章中，通常有第一人称叙述和第三人称叙述两种类型。

第一人称叙述是以当事人的口吻进行叙述，作者以“我”的身份在文章中出现，是一种单向视角，所叙述的都是“我”的所见、所闻、所作、所思、所感。在小说类作品中，有的“我”是作品中的主人公，有的“我”是所叙事件的见证人或次要人物，有的“我”只是全文的线索人物（如鲁迅的小说《祝福》）。采用第一人称叙述，便于作者抒发自己或人物的思想感情，具有极强的感染力和真实感。

第三人称叙述是以局外人的视点进行叙述，作者站在第三者的旁观立场，把“他”或“他们”的经历或事件的发展变化展现在读者面前，是最自由灵活的叙述角度。

由于第一人称和第三人称各有长处和短处，可以将它们结合起来，交叉叙述，增强和扩大文章的表现力，但一定要转换自然。

一般来说，文章没有用第二人称叙述的情况。而有的文章中运用了第二人称代词（“你”

或“你们”)，一般多是出现在用第一人称或第三人称的叙述里，实际上仍然是站在第一人称或第三人称的角度写的。这里的第二人称缩短了叙述者与叙述对象的距离，有利于情感的传达与感应，给人以亲切感，便于强烈抒情。

(4)叙述的要素。一件事或一种活动总发生在一定的时间、地点，总涉及一些人物、事件，事件总有起因、经过、结果这三个阶段。因此，叙述要素通常指时间、地点、人物，事件的起因、经过和结果。它们是在叙述过程中陆续交代出来的。要完整叙事就要抓住这“六要素”，使读者对事件了解得清楚、明白。交代这六个方面内容不应该呆板，应根据文章中心思想的需要有所侧重，灵活掌握。一般来说时间、地点写得比较简略，而且时间、地点也并不是非要直接点明不可的，有时候可以通过描述自然景物的特征及其变化，将它们间接表现出来。在这“六要素”中，起因、经过和结果是事件的主要环节，而“经过”部分又是记叙的核心，是叙事类文章成败的关键，必须清楚，写具体，给人留下完整而深刻的印象。

叙述是交流思想中最基本的表达方式，也是各类文体表达的基础。对事实的概括叙述是议论文论据的一种类型，叙述事物的形状、特征、作用及演变情况也是说明文的内容特点。

2. 描　写

描写是用生动形象的语言把人物的形态、动作，事物的性质、形态和景物的状貌、变化细致具体地描绘出来。描写使人物和事物形象鲜明、具体生动，增强表达效果。这是一般记叙文和文学写作常用的表达方法。

(1)描写主要有三种分类法：按描述对象的不同，可分为人物描写和环境描写；按描写的角度不同，可分为直接描写(正面描写)和侧面描写(间接描写)；按描写的风格(手法)不同，可分为白描和细描。

(2)描写在技巧上有白描手法、细节描写、场面描写、动态描写、烘托描写等。

① 白描，是以质朴的文字，抓住人物或事物形象的主要特征，不加修饰形容、铺张扬厉，只用寥寥数笔就勾勒出人物或事物形象的一种写法，如老舍《我的母亲》。

② 细节描写，是指对表现人物和情节发展有特殊作用，包括动作、神情、物件、环境等在内的一些细微而具体的环节加以生动细致的描绘。写人则如见其人，写景则如临其境。

③ 场面描写，就是对一个特定的时间与地点内许多人物活动的总体情况的描写。它是自然景色、社会环境、人物活动等描写对象的集中表现。场面描写要综合运用多种表达方式，以及映衬、象征等多种手法，并且详略得当，有点有面，使场面变成一幅生动而充满感染力的图画，渲染出某种强烈的气氛。

④ 动态描写，是指记叙文中对人物、景物作运动状态的描摹状写，创造栩栩如生的感人形象的一种描写方法。这里的动态描写指的是以动写静，或把物加以拟人化的描写。动态描写常与静态描写联袂相生，从不同角度刻画景物和人物的特征，赋予客观事物以运动感、活力感、变化感，以丰富形象的多样性更好地表现事物，更强烈地感染读者。

⑤ 烘托描写，即“烘云托月”的手法。是一种从侧面渲染来衬托主要写作对象的表现技法，有以景物烘托人物、以次要人物人烘托主要人物、以物烘托物等几种方法。

各种描写手法，常常交叉使用，相互补充，起到丰富内容、突出形象、增强感染力的效果。

（二）抒情、议论与说明

记叙文中也常用抒情与议论等表达方式。阅读记叙文时，如果抓住其中的抒情、议论去分析，可以较容易理解文章的主旨。抒情、议论在记叙文中是以叙述、描写为基础的，它分布在记叙文的开头、中间或结尾。在开头起总起作用；在中间起承上启下的作用；在结尾，一般起画龙点睛、总结全文的作用。

1. 抒　情

抒情是直接或间接地抒发内心感情的一种表达方式，是文章打动读者、感染读者的重要手段。记叙文的抒情就是作者在记叙的过程中表达对其所记人物、事物的主观感受和思想感情的句子，是表情达意的重要手段之一。抒情在记叙文中运用得好，可以渲染气氛，表达感情，增强文章的感染力。

记叙文中的抒情方式主要有两种：一是直接抒情，二是间接抒情。

（1）直接抒情，即直抒胸臆，就是作者或作品中的人物，不借助于任何别的手段，直接地表白和倾吐自己的思想感情，以感染读者，引起共鸣。这种直陈肺腑的抒情方式，往往显得坦率真挚，朴质诚恳，很能打动人心。

（2）间接抒情，即通过叙述描写议论来抒情。作者往往把情感依托于叙事、绘景、状物、说理，在这些中抒发感情，也就是寄情于事、寄情于景、寄情于物、寄情于理。在叙事描写议论中渗透着作者的感情。阅读时要注意情景交融、情事结合、情理相生的内容，从这些内容中去把握文章的主题，接受美的感染与熏陶。

2. 议　论

议论记叙文中的议论是指在记叙中对所叙事件发表意见、主张的表达方式。这种议论被主观感情色彩所支配，是富有情感色彩的议论。这种议论在于揭示记叙的事物所蕴含的道理和意义：一是对所叙内容直接表明见解或作出判断，一是就个别事物点示出它的普遍意义。总之，在文中起到画龙点睛、深化主题的作用。

夹叙夹议的记叙文，记叙的内容多是人或事的一些片段，片段之间一般没有情节上的必然联系；记叙的内容也不是按事情发展的过程，而是根据表达主题的需要来安排的，从全文看没有完整的情节。这类文章内容的关联和主题的体现都主要靠议论来表现，例如《内蒙访古》。

3. 说　明

记叙文中的说明是用简明的语言，客观而准确地解说事物或阐述事理的一种表达方式。记叙文中的说明，其作用是解说或补充说明有关情况，以便读者更好地理解文章内容。

四、叙事写人的方法

记事的记叙文，其中心是揭示这件事所蕴含的典型意义，即给人的启示或受到的教育；写人的记叙文应侧重通过写这个人的个性品质和精神风貌来表现主题。

确定了线索之后，还要注意在事件中活动的人物的描写。要揭示人物的性格，就要掌握人物描写的主要方法，即肖像描写、语言描写、行动描写和心理描写。

1. 肖像描写

肖像描写是指人物相貌、衣着、姿态等的描绘。肖像描写的作用在于通过描绘人物的外部特征揭示人物的性格特点和精神世界，因此一定要描写出“这个人”特有的外貌和神态。肖像描写不一定所有写人的文章都需要写，也不一定写全貌，而要根据具体情况来决定。

2. 语言描写

“文如其人，言为心声。”写作时应抓住人物个性化的语言进行描写，使读者闻其声就知其人。

3. 行动描写

行动描写即动作描写。一个人的实际行动最能表现其性格特征，要选取那些体现人物身份、习惯、精神的典型行动来描写。行动描写不仅要写人物一系列的动作，而且要抓住人物细微的动作及其变化，给予具体、生动的描写。

4. 心理描写

心理描写是对人物在一定环境下产生的想法、感触、联想等心理活动的描写。目的是通过揭示人物的内心世界来刻画人物的性格，突出文章的主题。心理描写有的是从旁客观介绍人物的感受，有的是写内心独白，有的是描写人物的梦境和幻境。

还要注意环境描写（包括自然景物和社会环境两部分），其作用主要在于设置人物活动的场景，表现人物活动的背景（自然背景、社会背景），渲染气氛，暗示人物的心情，抒发人物的感情，烘托人物的性格，丰富、有力地突出主题。环境描写要真实，成为文章的有机组成部分，要渗透人物的思想感情。

五、写景状物的一般要求

描写自然景象或名胜古迹等这类文章，统称为写景类文章；描写事物，如动植物、静态物等的文章，统称为状物类文章。这种以景和物作为描写对象的文章在记叙文中是常见的。写景，如在人耳目，情寓其中；状物，栩栩如生，意蕴情内。这类文章往往是文中之佳品。

写景状物的基本要求是：

第一，抓住景、物的特征，尤其要捕捉景物的特点和姿态。这样才能写出此景与彼景的不同之处，才能突出景物特色，才能使读者有身临其境的感受。写作时要展开丰富的联想，运用多种描写方法。

第二，抓住景、物的动态和静态。静态描写是指对事物形状、大小、颜色、位置等处于静止状态的景物的描写。静态描写能给人以安适甜美的感觉，或引人以遐思、联想，或激人以哀伤、思恋，或为下文渲染铺垫。动态描写是按照时间将景物的活动、变化、姿态、声响描绘出来，它适用于表现紧张、热烈、欢快、烦躁、不安等气氛。要善于巧妙地运用动静交错的艺术手法，或化静为动，或以动衬静，从而取得奇丽多姿的艺术效果。如“风定花犹落，鸟鸣山更幽”一联，上句写风定声静，但花瓣仍在悄然落下，这是静中见动；下句以鸟语啁啾去衬托山林的幽静，即以动衬静。

第三，注意观察点。看同一景物，观者所处的方位不同、角度不同，人们的视觉形象会变化万千。描写同一景物，立足点转换，观察角度变更时，要注意前后呼应，协调一致。写景状物的方法多种多样，就观察点而言，主要有定点换景法、定景换点法和移步换景法三种。定点换景法，是指作者的立足点不变，而从不同角度描绘不同方位景物的写作方法。运用这种方法，首先要做到“点”的确定，即作者始终立足于一个基点上；其次要按“序”描写，或远近高低，或左右上下，或东西南北，从不同的方位将不同的景物依次描写出来。定景换点法，即同一景物，从不同的位置去看。这种方法就是把不同位置观察到的景物的差异写出来。采用这种方法，首先要把观察点的变化情况交代清楚，其次交代观察点时要按一定的顺序，还要注意从不同的侧面去反映，使读者对景物有整体感。移步换景法，一般适合于游记或参观记。描写景物时，人走景移，随着观察点的变换，不断展现新画面。采用这种方法，一要把观察点的变化交代清楚；二要把移步中或移步后所见到的景物具体地展现出来，使读者看到一幅幅绚丽多彩、内容丰富的生动画面；三要注意围绕一个中心展示不同的画面，避免支离破碎；四要进行精心的剪裁，要把一路上最有特色的景物描绘出来，删去一般性的描写，避免平铺直叙，主次不分。

第四，根据文章主题的需要，抓住景物的主要特点，选择有关的景物进行描写。最能表现主题的就要进行细致的描绘，能衬托主题的也要进行必要的描写，反之，则略去不写。

第五，通过各种感觉器官（视觉、听觉、触觉、嗅觉、味觉等）的感受来写景状物。这样能丰富内容，突出形象，增强感染力，引起读者共鸣。

第六，写景状物应形象逼真，而对景物的描写又不可太实，还要加上作者的独特感受，虚实结合，创造出情景交融、引人联想的深远境界。景物描写要展开丰富的联想、想象，从而使文章的思想内容更加丰富多彩，充分地表达主题。

六、重视记叙文的构思

构思，又称“布局”，是在动笔写作之前，对文章内容和表达形式的总体设计，如确定什么主题，选择什么材料和怎样组织材料，从哪个角度、按什么顺序写等，又如内容、手法的穿插与交织，悬念与伏笔的设置，铺垫与衬托的运用等都是构思的内容。

构思就是在平时积累的材料和感受中选择对于表现主题有用的东西，经过认真、精细的思考，把它们组织、安排好，在心中形成一个有机的整体、完整的框架。构思是文学创作及写作过程的核心环节，在很大程度上决定着文章的好坏与成败。

选文

殽之战[1]

《左传》

阅读提示：殽之战，是秦晋争霸战争中所发生的一场大战，是晋襄公率军在晋国殽山（河南陕县东）隘道全歼秦军的重要伏击歼灭战。文中没有具体描绘战斗场面，而是着重铺叙蹇叔进谏哭师、王孙满观师、弦高犒师、先轸论战等细节，揭示了战争胜负的各种因素，从侧面渲染战争气氛，预示战争结局。

冬，晋文公卒[2]。庚辰，将殡于曲沃[3]。出绛，柩有声如牛[4]。卜偃使大夫拜[5]，曰："君命大事[6]，将有西师过轶我[7]，击之，必大捷焉。"杞子自郑使告于秦曰[8]："郑人使我掌其北门之管[9]，若潜师[10]以来，国[11]可得也。"穆公访诸蹇叔[12]。蹇叔曰："劳师以袭远[13]，非所闻也。师劳力竭，远主备之[14]，无乃不可乎[15]？师之所为，郑必知之，勤而无所[16]，必有悖心[17]。且行千里，其[18]谁不知？"

注释：[1]选自《左传》僖公三十二年至三十三年。《左传》又称《左氏春秋》《春秋左氏传》，是先秦散文名著，中国古代最早一部叙事详尽的编年史，相传为鲁国史官左丘明根据鲁国国史《春秋》编成，起自鲁隐公元年（前 722），迄于鲁哀公二十七年（前 468）。殽（xiáo），同"崤"，山名，在今河南省洛宁县西北，地势险要。公元前 629 年，秦晋联军伐郑，郑人利用秦晋之间的矛盾说服秦穆公单独与郑媾（gòu）和，秦穆公撤军时留下杞子、逢孙、杨孙驻守郑都。于是晋也撤围而去。鲁僖公三十二年（前 628），晋文公卒，秦穆公为了同晋争霸，乘晋国新丧潜师袭郑。于是发生了晋人截击秦军的殽之战。[2]冬：指鲁僖公三十二年（前 628）冬天。晋文公：姓姬，名重耳。卒：死。[3]庚辰：十二月十二日。殡（bìn）：停柩受吊而待葬。古人死后先停柩，然后才择吉日埋葬。曲沃：晋国旧都，晋国祖庙所在地，在今山西闻喜。[4]绛：晋国国都，在今山西翼城东南。柩（jiù）：装有尸体的棺材。[5]卜（bǔ）偃（yǎn）：掌管晋国卜筮的官员，姓郭，名偃。拜：跪拜。[6]君命大事：国君发布关于大事的命令。命：发布命令。大事：指战争。古时战争和祭祀是国家的大事。[7]西师：西方的军队，指秦军。轶（yì）：超越。过轶：越过。[8]杞子：秦国大夫。使：派遣（人）。[9]管：钥匙。引申为郑国北边的门户。[10]潜师：秘密出兵。潜：暗中。[11]国：郑国。[12]访诸蹇叔：把这件事向蹇叔征求意见。访：咨询，征求意见。诸：兼词，"之于"的合音。蹇（jiǎn）叔：秦国的贤臣，当时已老。[13]劳：使动用法，使军队疲劳。远：远方的郑国。[14]远主备之：远方的君主对秦军的进攻做好了防备。远主：指远方郑国的君主。备：防备。[15]无乃不可乎：恐怕不可以吧？无乃：大概。[16]勤而无所：劳苦而无所得。[17]悖（bèi）心：怨恨之心。[18]其：疑问语气词，相当于"难道"。

公辞[1]焉。召孟明、西乞、白乙[2]，使出师于东门之外。蹇叔哭之[3]，曰："孟子[4]！吾见师之出，而不见其入也[5]！"公使谓之曰："尔何知！中寿，尔墓之木拱矣[6]！"蹇叔之子与师[7]，哭而送之曰："晋人御[8]师必于殽。殽有二陵[9]焉：其南陵，夏后皋[10]之墓也；其北陵，文王之所辟[11]风雨也。必死是间，余收尔骨焉[12]。"秦师遂东[13]。

注释：[1]辞：辞谢，拒绝。[2]孟明、西乞、白乙：秦国的三个将领。孟明：姓百里，名视，字孟明。西乞：复姓，名术。白乙：姓蹇，名丙，字白乙，蹇叔的儿子。[3]哭之：对着出征的秦军哭。[4]孟子：对孟明的尊称。[5]出：出征。入：回来，归国。[6]中寿，尔墓之木拱矣：如果你只活到一般老人的寿命，你墓地上的树木应该已经长到两手合抱那么粗了。中寿：大多数老人的寿命。尔：你，你的。拱：两手合抱的径围。[7]与（yù）师：参加出征的军队。[8]御（yù）：狙击。[9]二陵：两座大的山头。指北陵东崤山和南陵西崤山。陵：大的山。[10]夏后皋（gāo）：夏帝皋，桀的祖父。后，帝王，天子。[11]辟：同"避"，躲避。[12]余：我，蹇叔自称。尔：你，你的。焉：兼词，"于之"的含义，到那里。[13]东：动词，向东进军。

三十三年春，秦师过周北门[1]，左右免胄而下[2]，超乘者三百乘[3]。王孙满[4]尚幼，观之，言于王曰："秦师轻[5]而无礼，必败。轻则寡谋，无礼则脱[6]。入险而脱，又不能谋，能无败乎？"

注释：[1]周北门：周都城洛邑的北门。[2]左右：此处指战车的左右卫，左持弓，右持矛，中驾车。免胄（zhòu）而下：都摘下战盔下车。[3]超乘者三百乘（shèng）：一跃而上车的有三百辆兵车的士兵。指秦军刚一下车又跳上车去。超：跳跃，跳上去。乘：兵车。[4]王孙满：周襄王之孙，周大夫。[5]轻：轻狂。[6]脱：脱略，粗心大意，纪律松弛。

及滑[1]，郑商人弦高将市[2]于周，遇之，以乘韦先[3]，牛十二犒师，曰："寡君闻吾子将步师出于敝邑[4]，敢犒从者[5]。不腆[6]敝邑，为从者之淹[7]，居则具一日之积，行则备一夕之卫[8]。"且使遽告于郑[9]。

注释：[1]及：到。滑：春秋时小国名。[2]市：做买卖。[3]以乘（shèng）韦先：用四张熟牛皮作为先行的礼物。古人送礼必有先行礼物。乘，数词"四"，古时一车四马称为一乘，因一乘有四马，故乘又常作数词"四"用。韦，经过加工的熟牛皮。先，指先行的礼物。[4]寡君：谦词，我国国君。吾子：对对方的敬爱之称，一般用于男子之间，您。步师：行军。鄙邑：偏远鄙陋的地方，谦称自己的国家或家乡等，这里指郑国。[5]敢：敬辞，犹言"冒昧地"。从者：跟从的人，这里指秦军统帅的属下。不说犒劳秦军或者军队统帅，而是说"敢犒从者"，是客气的说法。[6]不腆（tiǎn）：不体面。当时的谦辞。[7]为从者之淹：因你的部下要来停留。为：因为。淹：停留。[8]这两句意为：住一天就供给一天的食用；要走，就准备好一夜的保卫工作。这是说郑国已有准备。具：供给。积：食粮等食用之物。[9]此句意为：并且立即派人到郑国报信。且：并且。使：派遣。遽：急忙、立刻。

郑穆公使视客馆[1]，则束载、厉兵、秣马[2]矣。使皇武子辞焉[3]，曰："吾子淹久于敝邑，唯是脯资饩牵竭矣[4]。为吾子之将行也[5]，郑之有原圃[6]，犹秦之有具囿也，吾子取其麋鹿，以闲敝邑[7]，若何？”杞子奔[8]齐，逢[9]孙、杨孙奔宋。孟明曰：“郑有备矣，不可冀[10]也。攻之不克，围之不继[11]，吾其还也[12]。”灭滑而还。

注释：[1]使视客馆：派人去查看杞子等人住的地方。客：指杞子等人。视：察看。[2]束载、厉兵、秣马：捆束行装，磨砺兵器，喂饲战马。即准备作秦军的内应。厉：同“砺”，磨刀石，引申为磨砺。[3]使皇武子辞焉：派皇武子去致辞，实则是下逐客令。皇武子：郑大夫。辞：辞谢。焉：代词，代指杞子等人。[4]这两句意为：您久居我国，因此我们的干肉、粮食、牲口都供给完了。唯：由于。是：代词，“这”，“唯是”意犹“因此”。脯：干肉。资：同“粢”，粮食，干粮。饩（xì）：鲜肉，活的牲畜。牵：已宰杀的或尚未宰杀的牲畜。[5]此句意为：在您将要走的时候。为：在。[6]原圃：兽园名，郑国蓄禽兽用来狩猎的地方，在现在河南省中牟县西。下文的“具囿”是秦国蓄禽兽供狩猎的地方，在现在陕西省华阴县南。[7]这两句意为：你们走时可以猎取麋（mí）、鹿等野兽，以便让我国得到安宁的机会。闲：安宁，休息，这里用作使动。[8]奔（bèn）：投向，逃奔。[9]逢：音 páng。[10]冀：希望。[11]围之不继：包围又没有后继的部队。[12]吾其还也：我们还是回去吧。其：语气词，表示婉商。

晋原轸曰[1]：“秦违蹇叔，而以贪勤民[2]，天奉我[3]也。奉不可失，敌不可纵[4]。纵敌，患生；违天，不祥。必伐秦师！”栾枝[5]曰：“未报秦施而伐其师[6]，其为死君乎[7]？”先轸曰：“秦不哀吾丧而伐吾同姓[8]，秦则无礼，何施之为[9]？吾闻之：‘一日纵敌，数世之患也。’谋及子孙，可谓死君乎[10]！”遂发命，遽兴姜戎[11]。子墨衰绖[12]，梁弘御戎，莱驹为右[13]。夏四月辛巳[14]，败[15]秦师于殽，获百里孟明视、西乞术、白乙丙以归。遂墨[16]以葬文公，晋于是始墨[17]。

注释：[1]原轸（zhěn）：即先轸，晋军统帅，姓先，“原”是他的封地，在今河南济源西北。[2]以贪勤民：因为贪婪而使人民劳苦。勤：劳苦，这里用作使动。[3]奉我：送给我的（好机会）。奉：奉送、赐予。下句的“奉”是名词，奉送的东西。[4]纵：放纵，此指轻易放过。[5]栾（luán）枝：晋国军帅。[6]未报秦施而伐其师：没有报答秦国的恩惠却攻打他的军队。晋文公重耳依靠秦国才回到晋国即位，所以这样说。施：恩惠。[7]其为死君乎：难道是因为死了国君（就违背他的意愿）吗？死君：此时晋文公已死，但还未安葬，故称死君。其：语气词，表示反问。[8]秦不哀吾丧而伐吾同姓：秦国不为我国的新丧举哀，却攻打我们的同姓之国。哀：举哀。同姓：指郑国，晋、郑二国均为姬姓国家。[9]秦则无礼，何施之为：秦国就是无礼，为什么要报答它呢？则：就是。施：施恩，此处意为“报答”。“何施”即“施何”，宾语前置以加强语气。之：助词，无实意。为：表示疑问语气。[10]谋及子孙，可谓死君乎：考虑到子孙的利益，（这）可说是死了国君就违背他的意愿吗？[11]遽兴姜戎：立刻调发姜戎的兵。遽：立刻，急速。兴：调发。姜戎，秦晋之间的一个部族，晋国的附庸。[12]子墨衰绖（cuīdié）：晋襄公穿上染黑的丧服。子：指晋文公之子晋襄公。这时晋文公未葬，晋襄公还没有正式即位，所以称“子”。墨：名词活用为动词，染黑。衰绖：丧服。衰：麻衣。绖：

麻腰带。本应为白色，因军事需要染黑，以免不吉利。[13]梁弘御戎，莱驹为右：梁弘驾战车，莱驹为车右武士。梁弘、莱驹均为晋大夫。御：驾驭车马。戎：此指战车。为右：此指坐在车右边保卫君王的武士。[14]夏四月辛巳：即鲁僖公三十三年四月十三日。辛巳：辛巳日，是干支纪日的方法。[15]败：战败，打败。[16]墨：用作动词，穿着黑色丧服。[17]于是始墨：从此丧服均用黑色。

文嬴请三帅[1]，曰："彼实构吾二君[2]，寡君若得而食之，不厌[3]，君何辱讨焉[4]？使归就戮于秦，以逞寡君之志[5]，若何？"公许之。先轸朝[6]，问秦囚。公曰："夫人请之，吾舍[7]之矣。"先轸怒曰："武夫力而拘诸原[8]，妇人暂而免诸国[9]，堕军实而长寇仇[10]，亡无日矣[11]！"不顾而唾[12]。公使阳处父[13]追之，及诸河[14]，则在舟中矣。释[15]左骖，以公命[16]赠孟明。孟明稽首[17]曰："君之惠，不以累臣衅鼓[18]，使[19]归就戮于秦，寡君之以为戮，死且不朽[20]。若从君惠而免之，三年将拜君赐[21]。"

注释：[1]此句意为：文嬴替秦孟明等三个元帅请求。文嬴：晋文公的夫人，秦穆公的女儿。"文"是晋文公的谥号，"嬴"是秦国的姓。这是春秋时期称国君夫人的惯例。"请"后省略"释"。[2]彼实构吾二君：他们（指三帅）的确挑拨我们秦晋二君（的关系）。实：的确。构：挑拨离间。[3]寡君：对其父秦穆公的谦称。厌：满足。[4]君：称呼晋襄公，您。辱：敬辞，辱没，劳驾。讨：征伐，惩治有罪。[5]就戮：受刑。逞：快意，满足。志：心愿。[6]朝：朝见。[7]舍：同"赦"，释放。[8]武夫：战士。原：原野，此指战场。拘：擒。诸：兼词，相当于"之于"。[9]妇人：指文嬴。暂：一下子。免：赦免、释放。[10]堕（huī）：通"隳"，毁弃。军实：本指兵力，这里指战果。长：助长。寇仇：均指敌人。[11]亡无日矣：亡国没有几天了。[12]不顾而唾：不顾是在君前，就（面对襄公）吐唾沫。这是表现了先轸极度气愤，不顾君臣之礼。[13]阳处父（fǔ）：晋大夫。[14]及：赶上。诸：兼词，相当于"之于"。及之于河：在黄河边赶上了他。[15]释：解下。[16]以公命：以晋襄公的名义。命：这里意为"名义"。[17]稽（qǐ）首：古时一种跪拜礼，叩头至地多时，是九拜中最恭敬者。[18]以：用。累（léi）：绳索，这里指代俘虏。臣：孟明自称。衅（xìn）鼓：杀人杀牲把血涂在鼓上。古代凡重要器物制成，要杀牲以祭，把血涂在上面，叫"衅"。[19]使：让。[20]寡君之以为戮，死且不朽：（如果）我们的国君把我们杀了，（我们虽然）死了，也将不磨灭。[21]这两句意为：如果（我们的国君）遵从（晋君）恩惠，不杀我们，（那么）三年之后，（我们）将拜谢晋君的恩赐。实际意思是三年后要兴师报仇。后来（前625年），秦晋有彭衙之战。免：豁免。之：代词，杀戮之刑。赐：恩赐。

秦伯素服郊次[1]，乡[2]师而哭，曰："孤违蹇叔，以辱二三子[3]，孤之罪也。"不替[4]孟明。"孤之过也，大夫何罪？且吾不以一眚掩大德[5]。"

注释：[1]秦伯素服郊次：秦穆公穿着素衣在郊外等候。伯：周天子赏赐的爵位，秦穆公是伯爵，故称秦伯。素服：无色彩的衣服，表示自己有罪过。次：停驻。郊次：出居郊外。

[2]乡：通“向”，面向。[3]以辱二三子：使你们几位受辱。辱：使动用法。[4]替：废弃。[5]眚（shěng）：眼上的翳（yì）障，这里引申为小的过失。大德：指大的功劳。

思考与练习：

一、在秦晋殽之战中，矛盾十分复杂，有秦与郑的矛盾、秦与晋的矛盾，秦国内部又有主张出师和反对出师的矛盾，晋国内部又有主张伐秦师和反对伐秦师、同意纵秦囚和反对纵秦囚的矛盾。试分析：文章通过哪些场面，按怎样的顺序把许多矛盾有条不紊地组织起来；又以什么内容作为全文的线索，从而把复杂的事件记述得清楚而完整。

二、文中许多人物的言语都记述得很出色。试分析秦穆公、蹇叔、弦高、原轸的言行，说说作者是怎样通过个性化的语言和行动来刻画人物形象的。

三、解释下列加点的词语。

1. 超乘者三百乘　　2. 郑商人弦高将市于周

3. 则束载、厉兵、秣马矣　　4. 遂墨以葬文公

5. 入险而脱　　6. 秦不哀吾丧

7. 以贪勤民　　8. 余收尔骨焉

9. 穆公访诸蹇叔　　10. 不以一眚掩大德

11. 且行千里，其谁不知　　12. 攻之不克，围之不继，吾其还也

四、古汉语里句子中的兼语词常常省略。省略的兼语有两种情况：一是兼语所称的人或事已见于上文的，如“召孟明、西乞、白乙，使出师于东门之外”；一是兼语所称的人或事虽不见于上文，但没有必要指明的，如“杞子自郑使告于秦”。试把课文中省略兼语的句子都找出来，说明各属于何种省略，并补充。

巨鹿之战

司马迁[1]

阅读提示：本文节选自司马迁《史记·项羽本纪》，题目是编者加的。《史记·项羽本纪》生动地记叙了项羽一生的主要经历和业绩，成功地刻画了在秦汉之际错综复杂的政治斗争形势下，这一叱咤风云的悲剧英雄的典型性格。巨鹿之战是在秦末大起义中，由项羽率领的数万楚军，同秦将章邯、王离所率四十余万秦军主力在巨鹿（今河北平乡）进行的一场决战性战役，也是中国历史上著名的以少胜多的战役之一。项羽以劣势兵力成功地实施分割、围歼战术，发扬破釜沉舟精神，大败秦军。巨鹿之战确立了项羽在各路义军中的领导地位。经此一战，秦朝主力尽丧，名存实亡。

章邯已破项梁军[2]，则以为楚地兵不足[3]忧，乃渡河击赵[4]，大破[5]之。当此时，赵歇为王，陈余为将，张耳为相，皆走入巨鹿城[6]。章邯令王离、涉间[7]围巨鹿，章邯军[8]其南，筑甬道而输之粟[9]。陈余为将，将[10]卒数万人而军巨鹿之北，此所谓河北之军也。

注释：[1]司马迁（约前 145 或前 135—？），字子长，西汉夏阳（今陕西韩城）人，中国古代伟大的史学家、文学家、思想家。他最大的贡献是与其父共同编著了中国第一部纪传体通史《史记》。被后人尊为史迁、太史公、史圣。《史记》记载了从上古传说中的黄帝到汉武帝元狩元年长达三千多年的历史。全书一百三十篇：本纪（给帝王做传）十二篇，世家（给将相做传）三十篇，列传（历史名人做传）七十篇，表（大事纪）十篇，书（诏书）八篇。书中记述了历代政治、经济、文化各方面的情况及帝王、公侯、将相和其他重要人物的事迹，不仅具有极高的史学价值，也是一部优秀的史传文学作品汇编。该书被鲁迅赞誉为“史家之绝唱，无韵之《离骚》”。[2]章邯（hán）：秦大将。项梁：项羽的叔父，秦二世元年起兵反秦。项梁于东阿击败章邯后，请赵军、齐军前来会合共击章邯。但齐国、赵国均未出兵援助项梁，导致项梁兵力孤单；且章邯利用项梁小胜后轻敌麻痹的弱点，在大批来援的秦军支持下，发动突然袭击，大败楚军于定陶（今山东定陶西北），杀死项梁，使起义军遭受一次重大的挫折。[3]足：值得。[4]乃：于是。河：黄河。赵：旧赵国地区，今项羽，受封为常山王，降汉后封为赵王。[5]破：攻破，打败。[6]赵歇：赵国后代。陈余：魏国大梁人，曾为赵王武臣的校尉。武臣被部将李良杀死后，陈余又拥立赵歇为王，后为韩信所杀。张耳：魏国大梁人，与陈余同拥立赵歇，后归从刘邦。巨鹿：秦县名，即今河北省平乡县。[7]王离、涉间（jiàn）：均章邯部将。[8]军：驻军，驻扎。[9]甬道：在大道两边筑起夹墙，以防敌人劫夺。粟：泛指粮食。[10]将：带领。河北省西南部、山西省中部一带。陈胜起义后，秦二世二年正月，赵国的张耳、陈余始立赵王歇。

楚兵已破于定陶[1]，怀王[2]恐，从盱台之彭城[3]，并项羽、吕臣[4]军自将之。以吕臣为司徒，以其父吕青为令尹[5]。以沛公为砀郡长[6]，封为武安侯，将砀郡兵。

注释：[1]定陶：地名，故址在今山东省定陶县西北。[2]怀王：指战国时期楚怀王之孙熊心，项梁拥立为楚王；仍以祖号怀王相称，以便号召。[3]盱台（Xūyí）：县名，故址在今江苏省盱眙县东北。之：往、至。彭城：即今江苏省徐州市。[4]并：合并，聚合。吕臣：秦末陈胜起义军将领，陈胜被庄贾杀害后，吕臣组织苍头军重建张楚政权，并诛杀叛徒庄贾。后与英布联合抗秦，又先后投奔项梁、刘邦。汉朝建立后，继承他父亲新阳侯的爵位直到病死。[5]司徒、令尹：官名，司徒主管土地户口的官，令尹主管军政。[6]沛公：指刘邦，沛（今江苏省沛县）人，起兵于沛，故称沛公。砀（dàng）郡长：砀郡的郡守。砀郡治所在砀县（今河南永城市东北）。

初[1]，宋义所遇齐使者高陵君显在楚军[2]，见楚王曰："宋义论武信君之军必败[3]，居[4]数日，军果败，兵未战而先见败征[5]，此可谓知兵矣。"王召宋义与计事而大说[6]之，因置以为上将军[7]。项羽为鲁公，为次将，范增为末将[8]，救赵，诸别将皆属宋义，号为卿子冠军[9]。行至安阳[10]，留四十六日不进[11]。项羽曰："吾闻秦军围赵王巨鹿，疾引兵渡河[12]，楚击其外，赵应其内，破秦军必矣。"

注释：[1]初：起初。常用于补叙时。[2]宋义：原楚国令尹。高陵君显：封于高陵（今山东省境内）的贵臣，名显。[3]武信君：指项梁，他立怀王后自号为武信君。必：一定。[4]居：犹"经过"，表示相隔若干时间。[5]征：迹象，预兆。[6]说：通"悦"，喜欢，高兴。[7]置：任命。上将军：主帅。[8]次将：副将。范增：居鄛（今安徽省鄛县东北）人，项羽的主要谋士，项羽尊他为"亚父"。末将：位在次将之下。[9]别将：分领一支军队的将领，位在末将之下。卿子冠军：卿子是尊称。冠军：上将，为军中之冠。[10]安阳：在今山东省曹县东南。[11]留：停留。进：进军。[12]疾：迅速。河：这里指漳河，漳河发源于山西，流经河北省南部，楚军至巨鹿必过漳河。

宋义曰："不然[1]。夫搏牛之虻不可以破虮虱[2]。今秦攻赵，战胜则兵罢[3]，我承其敝[4]；不胜，则我引兵鼓行而西[5]，必举[6]秦矣。故不如先斗[7]秦赵。夫被坚执锐[8]，义不如公；坐而运策[9]，公不如义。"因下令军中曰："猛如虎，很如羊，贪如狼，强不可使者[10]，皆斩之。

注释：[1]不然：不是这样。[2]夫搏牛之虻不可以破虮虱（shī）：拍击牛身上的牛虻，不可以同时击杀牛虱。比喻力量才能各有职分，能战胜强大的，却不一定能制服弱小的。宋义借以反驳项羽的方法是不能制服秦国的。夫（fú）：助词，用于句首，表示发端。搏：拍，击。虻（méng）：寄生在牛身上的吸血蝇虫。[3]罢：通"疲"，疲惫，疲劳。[4]承：通"乘"，趁着。敝：疲惫，困乏。[5]鼓行而西：敲着鼓向西行军。鼓：用作动词，古人行军，击鼓则进，鸣金则退。西：方位名词用作动作，向西（进军）。[6]举：攻克，占领。[7]斗：使动用法，使……争斗。[8]被（pī）坚执锐：穿着坚固的盔甲，拿着锐利的武器。被：通假字通"披"，披在身上或者穿在身上。坚：指坚固的铠甲。锐：指锐利的兵器。[9]运：使用，制定。策：策略。[10]很：不顺从，违拗。强（jiàng）不可使者：倔强不听使唤的人。这几句都是暗指项羽。

乃遣其子宋襄相[1]齐，身送之至无盐[2]，饮酒高会[3]。天寒大雨，士卒冻饥。项羽曰：

“将戮力而攻秦[4]，久留不行。今岁饥民贫[5]，士卒食芋菽[6]，军无见粮[7]，乃[8]饮酒高会，不引兵渡河因赵食[9]，与赵并力攻秦，乃曰‘承其敝’。夫以秦之强，攻新造之赵[10]，其势必举赵，赵举而秦强，何敝之承[11]！且国兵新破[12]，王坐不安席，扫境内而专属于将军[13]，国家安危，在此一举。今不恤士卒而徇其私[14]，非社稷之臣[15]。”

注释：[1]相（xiàng）：辅助。[2]身：亲自。无盐：在今山东省东平县东。[3]高会：盛会。[4]将：就要，将要。戮（lù）力：努力，协力。[5]岁：一年的收成。饥：收成不好或没有收成。[6]芋菽（yùshū）：芋类和豆类。[7]见粮：存粮。见：同“现”。[8]乃：却，竟然。[9]因：依靠、利用。赵食：赵国的粮草。[10]新造之赵：指陈余、张耳拥立赵歇为王而重新建立的赵国。[11]何敝之承：“承何敝”的倒装。意为：（秦国）有什么疲困可以利用？[12]国兵新破：指楚军在定陶被秦将章邯打败一事。国兵：项羽自称楚国的军队。[13]此句意为楚怀王集中楚地所有的兵力都交托给宋义。扫：尽括，尽其所有。属（zhǔ）：同“嘱”，嘱托，托付。[14]恤（xù）：体恤。徇：顺从，屈从。指宋义“遣其子宋襄相齐”“饮酒高会”之事。[5]社稷之臣：忠于国家的大臣。社指土神，稷指谷神，社稷代指国家。

项羽晨朝[1]上将军宋义，即[2]其帐中斩宋义头，出，令军中曰：“宋义与齐谋反[3]楚，楚王阴[4]令羽诛之。”当是时，诸将皆慑服[5]，莫敢枝梧[6]，皆曰：“首立[7]楚者，将军家也。今将军诛乱。”乃相与共立羽为假[8]上将军。使人追宋义子，及之齐[9]，杀之。使桓楚报命[10]于怀王，怀王因[11]使项羽为上将军，当阳君、蒲将军[12]皆属项羽。

注释：[1]朝：朝见，拜见。[2]即：表示就在当时或当地，这里指当时。[3]谋：阴谋，谋划。反：背叛，抗拒。[4]阴：暗中地，秘密地。[5]慑（shè）服：因为害怕而屈服。[6]莫：否定代词，没有人。枝梧：原指架屋的小柱和斜柱，这里引申为抵触、抗拒。[7]立：拥立。指项梁拥立熊心做楚王建立楚国。[8]假：代理的，临时的。[9]及之齐：“及之于齐”的省略，指在齐国境内赶上了宋襄。及：赶上。[10]报命：向上报告。[11]因：于是。[12]当阳君：英布的封号，英布曾因罪受黥（qíng），所以又称黥布，后降汉封淮南王，因谋反被杀。蒲将军：姓名不详。

项羽已杀卿子冠军，威震楚国，名闻诸侯。乃遣当阳君、蒲将军将卒二万渡河[1]，救巨鹿。战少利[2]，陈余复请兵。项羽乃悉引兵渡河，皆沉[3]船，破釜甑[4]，烧庐舍，持三日粮，以示士卒必死[5]，无一还心。于是至则围王离，与秦军遇，九战[6]，绝[7]其甬道，大破之，杀苏角[8]，虏王离。涉间不降楚，自烧杀[9]。

注释：[1]河：漳河。[2]少利：胜利不多。[3]沉：凿沉。[4]釜（fǔ）：饭锅。甑（zèng）：蒸米的瓦器。这里用釜甑代指炊煮器具。[5]以示士卒必死：来向士卒表示决死之心。示：表明，把事物拿出来或指出来使别人知道。[6]九战：九是概数，极言战斗多次。[7]绝：截断。[8]苏角：秦将。[9]烧杀：烧死。

当是时，楚兵冠诸侯[1]，诸侯军救巨鹿下者十余壁[2]，莫敢纵兵[3]。及楚击秦，诸将皆从壁上观[4]。楚战士无不一以当十，楚兵呼声动天，诸侯军无不人人惴恐[5]。于是已破秦军，项羽召见诸侯将。诸侯将入辕门[6]，无不膝行而前[7]，莫敢仰视。项羽由是始为诸侯上将军，诸侯皆属焉[8]。

注释：[1]楚军冠诸侯：楚军声势之大胜过诸侯军。冠：位居第一。诸侯：指当时各路反秦军队的首领。[2]诸侯军救巨鹿下者十余壁：援救巨鹿而驻扎在城下的诸侯军有十多座营垒。壁：营垒。[3]纵兵：出兵。[4]及：等到。观：观看（楚兵进攻）。[5]惴（zhuì）恐：惊惧，惶恐。[6]辕门：营门，古代军行所至以车为阵，把车辕竖起相对为门，故称营门为辕门。[7]膝行而前：两膝跪着前行。[8]诸侯皆属焉：诸侯军都归项羽统辖了。

思考与练习：

一、巨鹿之战是反秦起义战争中的关键战役。仔细阅读课文，分析这场战役是在什么背景下进行的？楚军何以能够以少胜多，击溃秦军？项羽在这场战役中起了怎样的作用？

二、司马迁善于在尖锐的矛盾冲突中通过人物的言行刻画人物性格。本文怒杀宋义一段中，宋义、项羽两人的言行各表现了他们什么样的性格特征？

三、巨鹿之战的场面描写非常生动具体，既有正面的概括描写，也有侧面的映衬细描。试结合课文加以具体分析。

四、指出下列句子词类活用的情况。

1. 不胜，则我引兵鼓行而西
2. 故不如先斗秦赵
3. 项羽乃悉引兵渡河，皆沉船，破釜甑
4. 当是时，楚军冠诸侯
5. 无不膝行而前，莫敢仰视

五、背诵最后两个自然段。

柳子厚墓志铭

韩　愈[1]

阅读提示： 墓志铭是古代文体的一种，记载死者的姓氏、爵里、世系和生平事迹，刻石纳入墓内或墓旁，表示对死者的纪念，以便后人稽考。

韩愈和柳宗元同为唐代古文运动中的著名人物，私交亦甚深。柳宗元去世后，韩愈写过不少哀悼和纪念文字，这是其中较有代表性的一篇。文章综括柳宗元的家世、生平、交友等方面，赞扬了柳宗元的政治才能，肯定其治柳政绩和文学上的卓越成就，表彰了柳宗元勇于为人、急朋友之难的美德和刻苦自励的精神；对他长期迁谪的坎坷遭遇寄以深切同情，并揭示出柳文愤世嫉俗之情及其现实意义。

子厚讳宗元[2]。七世祖庆，为拓跋魏侍中[3]，封济阴公。曾伯祖奭，为唐宰相，与褚遂良、韩瑗俱得罪武后，死高宗朝[4]。皇考讳镇，以事母弃太常博士，求为县令江南[5]。其后以不能媚权贵，失御史；权贵人死，乃复拜侍御史[6]，号为刚直[7]。所与游皆当世名人[8]。

注释： [1]韩愈（768—824），字退之，世称韩昌黎，河阳（今河南省孟州市）人，祖籍河北昌黎。是唐代杰出的文学家、思想家，古文运动的倡导者，与柳宗元并称“韩柳”。著有《韩昌黎集》。[2]子厚：柳宗元的字。作墓志铭例当称死者官衔，因韩愈和柳宗元是笃交，故称字。讳：已故尊长者的名前加“讳”字，表示尊敬。[3]七世：当时是六世，韩愈所记有误。史书记柳宗元七世祖柳庆在北魏时任侍中，入北周封为平齐公。子柳旦，任北周中书侍郎，封济阴公。侍中：门下省的长官，掌管传达皇帝的命令，北魏时侍中位同宰相。拓跋（tuòbá）魏：北魏国君姓拓跋（后改姓元），故称。[4]曾伯祖奭（shì）：字子燕，柳旦之孙，柳宗元高祖子夏之兄。当为高伯祖，此作曾伯祖误。柳奭在贞观年间（627—649）为中书舍人，因外甥女王氏为皇太子（唐高宗）妃，擢升为兵部侍郎。王氏当了皇后后，又升为中书侍郎。永徽三年（652）代褚遂良为中书令，位相当于宰相。后来高宗欲废王皇后立武则天为皇后，韩瑗和褚遂良力争，武则天一党人诬说柳要和韩、褚等谋反，被杀。褚（chǔ）遂良：字登善。唐太宗临终时，他与长孙无忌同受遗诏辅政，激烈反对高宗废王皇后，立武昭仪。武则天当权，贬死。韩瑗：字伯玉。他因泣谏废王皇后立武后，又援救褚遂良，被许敬宗、李义府诬陷，贬死。死高宗朝：死于高宗时期。[5]皇考：古时在位皇帝对先皇的尊称，后引申为对先祖的尊称，在本文中指对已去世的父亲的尊称。柳镇在唐肃宗时授左卫率府兵曹参军，辅佐郭子仪守朔方，后调长安主簿，母亲去世后守丧，后来命为太常博士，柳镇以有尊老孤弱在吴，再三辞谢，愿担任宣称（今属安徽）县令。这里说“以事母弃太常博士”，可能是作者的失误。[6]权贵：这里指窦参。柳镇曾迁殿中侍御史，因不肯与御史中丞卢佋、宰相窦参一同诬陷侍御史穆赞，后又为穆赞平反冤狱，得罪窦参，被窦参以他事陷害贬官，德宗贞元九年（793），窦参因罪被贬，第二年被唐德宗赐死，复以镇为侍御史。[7]号为刚直：郭子仪曾表柳镇为晋州录事参军，晋州太守骄悍好杀戮，官吏不敢与他相争，而柳镇独能抗之以理，所以这样说。[8]所与游皆当世名人：柳宗元《先君石表阴先友记》一文，记载了他父亲柳镇的朋友六十七人，文末说："先君之所与友，凡天下善士举集焉。"游：交游，交往。

子厚少精敏，无不通达[1]。逮其父时[2]，虽少年已自成人，能取进士第[3]，崭然见头角[4]，众谓柳氏有子[5]矣。其后以博学宏词授集贤殿正字、蓝田尉[6]。隽杰廉悍[7]，议论证据今古[8]，出入经史百子[9]，踔厉风发[10]，率常屈其座人[11]，名声大振，一时皆慕与之交[12]。诸公要人争欲令出我门下[13]，交口荐誉之[14]。

注释：[1]精：指灵巧机智。敏：聪明捷速。通达：通晓。[2]逮其父时：在他父亲在世的时候。柳宗元童年时代，其父柳镇去江南，他和母亲留在长安。至十二三岁时，柳镇在湖北、江西等地做官，他随父同去。柳镇卒于贞元九年（793），柳宗元年二十一岁。逮：等到。[3]已自成人：柳宗元十三岁即作《为崔中丞贺平李怀光表》，刘禹锡作集序说："子厚始以童子，有奇名于贞元初。"取进士第：贞元九年（793）柳宗元进士及第，年二十一。[4]崭（zhǎn）然：高峻突出的样子，在这里指突出有所成就。见（xiàn）：同"现"，显现，在这里指出人头地。[5]有子：旧谓家有光耀门楣之子为"有子"。[6]博学宏词：柳宗元于贞元十二年（796）中博学宏词科，年二十四。唐制，进士及第者可应博学宏词考选，取中后即授予官职。集贤殿：集贤殿书院，掌刊辑经籍，搜求佚书。正字：集贤殿置学士、正字等官，正字掌管编校典籍、刊正文字的工作。柳宗元二十六岁授集贤殿正字。蓝田：今属陕西。尉：县府管理治安，缉捕盗贼的官吏，职位在县令之下。[7]隽（jùn）：同"俊"。隽杰：才能出众。廉悍：廉洁坚毅。[8]议论证据今古：讨论问题，发表意见，用古代、当代材料作为依据。证据：名词的意动用法，以……作为证据。今古：当代和古代的事例、材料。[9]出入：这里指融会贯通。经史：经书和史学。百子：诸子百家（的学问）。[10]踔（chuō）厉风发：发表议论时言辞纵横，精神振奋。踔厉：腾跃奋起的样子。[11]率常：经常。屈：折服。[12]交：结交，交友。[13]诸公要人：指位高权重的大官僚。皆令出我门下：意谓都想叫他做自己的门生以沾光彩。[14]交口：指异口同声。荐誉：推荐、称扬。

贞元十九年，由蓝因尉拜监察御史[1]。王叔文、韦执谊用事，拜尚书礼部员外郎[2]，且将大用。遇叔文等败，例出[3]为刺史。未至，又例贬永州司马[4]。

注释：[1]贞元十九年：公元 803 年。监察御史：正八品下，御史台的属官，主管分察各级官吏，巡按州县狱讼、军戎、祭祀、出纳等事。[2]用事：当权。唐顺宗做太子时，王叔文任太子属官，顺宗登位后，王叔文任户部侍郎，深得顺宗信任。柳宗元、刘禹锡等极力支持王叔文的政治改革，这就是历史上所谓的"永贞革新"。礼部员外郎：从六品上，尚书省礼部的属官，掌礼、乐、学校等事。[3]例出：按规定遣出。永贞元年八月，旧派世族和藩镇宦官拥立其子李纯为宪宗，将王叔文贬黜，后来又将其杀戮。和柳宗元同时贬作司马的共八人，号"八司马"。永贞元年（805），柳宗元被贬为邵州（今湖南邵阳）刺史。[4]例贬：依照"条例"贬官。永州：今湖南零陵县。司马：本是州刺史属下掌管军事的副职，唐时已成为有职无权的冗员。

居闲[1]，益自刻苦，务记览[2]，为词章，泛滥停蓄[3]，为深博无涯涘[4]，而自肆[5]于山水间。元和中，尝例召至京师，又偕出[6]为刺史，而子厚得柳州[7]。既至，叹曰：“是岂不足为政邪[8]！”因其土俗[9]，为设教禁[10]，州人顺赖[11]。其俗以男女质钱[12]，约不时赎，子本相侔[13]，则没为奴婢。子厚与设[14]方计，悉令赎归。其尤贫力不能者，令书其佣，足相当，则使归其质[15]。观察使下其法于他州[16]，比[17]一岁，免而归者且[18]千人。衡湘以南为进士者[19]，皆以子厚为师。其经承子厚口讲指画为文词者[20]，悉有法度可观[21]。

注释：[1]居闲：处于公事清闲的地位。[2]记览：记诵阅览。此喻刻苦为学。[3]泛滥：文笔汪洋恣肆。停蓄：文笔雄厚凝炼。[4]为：成为，达到。柳宗元的文章气象开阔，内容深厚，没有边际。涯、涘（sì）均是水边。[5]肆：放情。[6]偕（xié）出：元和十年（815），柳宗元等“八司马”同时被召回长安，但又同被迁往更远的地方，官虽进而地益僻。这里说“例”“偕”表示不只宗元一个人。[7]柳州：唐置，属岭南道，即今广西柳州市。[8]是岂不足为政邪：这里难道就不能治理好，取得政绩吗？是：指柳州。足：值得，足以。邪：同“耶”，助词，表示反问语气。[9]因：顺着，按照。土俗：当地的风俗。[10]教禁：教谕和禁令。[11]顺赖；顺从和信赖。[12]男女：即子女。质：抵押。[13]约：契约规定。时：按时。子：利息。本：本钱。相侔（móu）：相等。[14]与：介词，替。设：设想，谋划。[15]“令书其佣”三句：让被抵押的子女作佣工，计算工钱，工钱累计到能够抵清借款的本和息的时候，就算偿清债务，要债主归还原质。书：写、记下。佣：此指雇工劳动所得报酬。[16]观察使：又名观察处置使、经略观察使。是中央派往地方掌管监察的官。下其法：推行柳宗元使百姓赎回人质的办法。[17]比：及，等到。[18]且：将近。[19]衡：衡山。湘：湘水。泛指岭南道一带地区。为进士者：应进士考试的人。为：应试。[20]经承：曾经接受。口讲指画：一面用口讲，一面用手指比画，指柳宗元对后学进行教育、指导。[21]悉：全，都。法度：规范。

其召至京师而复为刺史也[1]，中山刘梦得禹锡亦在遣中[2]，当诣播州[3]。子厚泣曰：“播州非人所居，而梦得亲在堂[4]，吾不忍梦得之穷，无辞以白其大人[5]，且万无母子俱往理。”请于朝，将拜疏，愿以柳易播[6]，虽重得罪，死不恨[7]。遇有以梦得事白上者[8]，梦得于是改刺连州[9]。呜呼！士穷乃见节义[10]。今夫平居里巷[11]相慕悦，酒食游戏相征逐[12]，诩诩强笑语以相取下[13]，握手出肺肝相示[14]，指天日涕泣，誓生死不相背负，真若可信，一旦临小利害[15]，仅如毛发比[16]，反眼[17]若不相识，落陷穽[18]，不一引手[19]救，反挤之，又下石焉者，皆是也。此宜禽兽夷狄所不忍为，而其人自视以为得计[18]。闻子厚之风，亦可以少愧矣[19]。

注释：[1]其：代词，代指柳宗元。复：再次，又。[2]中山：今河北定县。刘梦得：名禹锡，彭城（今江苏铜山县）人，中山为郡望。其祖先汉景帝子刘胜曾封中山王。古人习惯将郡望置于姓名前，将字置于姓名后。王叔文失败后，刘禹锡被贬为郎州司马，这次召还入京后又贬播州刺史。遣：派出，这里实指远谪。[3]诣（yì）：往。播州：今贵州绥阳县一带。[4]亲在堂：指刘禹锡老母还健在。[5]穷：困窘，指远谪播州的困境。大人：父母。此指刘禹锡之母。这句谓这种不幸的处境难以向老母讲。[6]拜疏：向皇帝上疏。以柳易播：意指柳宗元自愿到播州去，让刘禹锡去柳州。以：用。易：交换。[7]虽：即使。重（chóng）：

再，本来已有罪，提出以柳易播，可能还要加罪。不恨：不懊悔，不遗憾。[8]“遇有”句：指当时御史中丞裴度、崔群上疏为刘禹锡陈情一事。[9]刺：刺史，这里用作动词，做刺史。连州：唐属岭南道，州治在今广东连县。[10]士穷乃见节义：士大夫到了困难的时候才能看出他的节操和义气。穷：处境困难。乃：才。[11]平居里巷：指在平常无事的环境里。[12]征：约之来。逐：随之去。征逐：往来频繁。[13]诩诩（xǔxǔ）：夸大的样子，讨好取媚的样子。强（qiǎng）：勉强，做作。取下：指采取谦下的态度。[14]示：把事物摆出来或指出来给人看。[15]临：遇到。[16]如……比：像……那样。[17]反眼：翻脸不认人，谓对人的态度突然变坏。[18]陷穽（jǐng）：圈套，祸难。落陷穽：比喻遇祸。[19]引手：伸手。[20]自视：看待自己，评价自己。得计：计谋得逞。[19]风：风操，节操。少（shǎo）：稍微，“少愧”是一种嘲讽的说法。

子厚前时[1]少年，勇于为人[2]，不自贵重顾藉[3]，谓功业可立就[4]，故坐废退[5]。既退，又无相知有气力得位者推挽[6]，故卒死于穷裔[7]。材不为世用，道不行于时也[8]。使子厚在台省时[9]，自持其身[10]，已能如司马、刺史时[11]，亦自不斥[12]；斥时，有人力能举之，且必复用不穷。然子厚斥不久，穷不极，虽有出于人，其文学辞章，必不能自力以致必传于后如今，无疑也[13]。虽使子厚得所愿，为将相于一时[14]，以彼易此，孰得孰失，必有能辨之者[15]。

注释：[1]前时：指子厚遭贬之前，这是一种追叙的写法。[2]为（wèi）：帮助。[3]不自贵重顾藉：不保重顾惜自己。“顾”“藉”都是“顾惜”的意思。此处有认为柳宗元参加王叔文集团是政治上失慎的意思。[4]立就：即刻成就。[5]坐：因他人获罪而受牵连。废退：指远谪边地，不被朝廷重用。[6]有气力者：有权势和力量的人。推挽：推举提携。[7]卒：终于，最后。穷裔（yì）：穷乡僻壤，边远之地，指永州、柳州。[8]道：政治主张。行：实施。[9]使：假使，如果。台省：御史台和中书省，都是当时中央官署。集贤殿属中书省，御史属御史台，这是指柳宗元未遭贬时的境遇。[10]自持其身：自己爱重自己。[11]司马、刺史时：作永州司马、柳州刺史的时候，指遭贬时。[12]自：自然。斥：斥逐，贬谪，这里用作被动，遭到贬斥。[13]这几句意为：倘若柳宗元被贬斥得不长久，穷困不到极点，虽有超出常人的地方，但在文学作品上就不能通过自己的努力，以取得像现在这样必定流传后世的成就，这是毫无疑问的。虽：即使。出：超出。自力：自我努力。[14]虽使：纵使，即使。为将相于一时：被贬“八司马”中，只有程异后来得到李巽（xùn）推荐，位至宰相，但不久便死，也没有什么政绩。此处暗借程异作比。[15]以彼易此：指以将相的功业换取文学上的必传于世。易：交换。孰：哪一个，哪一样。辨：分辨，指评论其得失。

子厚以元和十四年十一月八日[1]卒，年四十七。以十五年七月十日归葬万年先人墓侧[2]。子厚有子男二人，长曰周六，始四岁，季曰周七，子厚卒乃生；女子二人，皆幼。其得归葬也，费皆出观察使河东裴君行立[3]。行立有节概，重然诺[4]，与子厚结交，子厚亦为之尽，竟赖其力[5]。葬子厚于万年之墓者，舅弟卢遵。遵，涿人[6]，性谨慎，学问不厌[7]。自子厚之斥，遵从而家焉[8]，逮[9]其死不去。既往葬子厚，又将经纪其家[10]，庶几[11]有始终者。铭[12]曰：是惟子厚之室[13]，既[14]固既安，以利其嗣人[15]。

注释：[1]元和十四年：公元 819 年。十一月八日：《旧唐书·柳宗元传》作“十月五日”，韩集诸本也作“十月五日”。[2]十五年：820 年。万年：今长安县境内。先人墓：据柳宗元《先侍御史府君神道表》，他的父亲柳镇的墓地在万年县的栖凤原。[3]河东：今山西永济县。裴（péi）行立：绛州稷山（今山西稷山县）人，时任桂管观察使，是柳宗元的上司。[4]节概：节操气度。重然诺：看重许下的诺言。“然”“诺”都是表示应允的应对之词，引申为言而有信。[5]尽：尽力。竟：终于，最终。[6]涿（zhuō）：涿州，在今河北涿县。[7]厌：满足。[8]从而家焉：跟从柳宗元并且在那里安家。从：跟从。家：用作动词，安家。焉：兼词，相当于“于之”，可译为“在那里”。[9]逮：等到。[10]经纪：安排料理。家：指柳宗元的家属。[11]庶几：近似，差不多。[12]铭：这里指柳宗元墓碑上的铭文。[13]惟：就是。室：墓穴。[14]既：连词，连用表示并列关系。[15]利：使顺利，得到好处。嗣（sì）人：子孙后代。

思考与练习：

一、这篇墓志铭言简意赅，综括了柳宗元的家世、生平、交友、文学成就等内容。试概括柳宗元在这几方面的大致情况。

二、请将下面几段文字翻译成白话文。

1. 呜呼！士穷乃见节义。今夫平居里巷相慕悦，酒食游戏相征逐，诩诩强笑语以相取下，握手出肺肝相示，指天日涕泣，誓生死不相背负，真若可信，一旦临小利害，仅如毛发比，反眼若不相识，落陷穽，不一引手救，反挤之，又下石焉者，皆是也。

2. 然子厚斥不久，穷不极，虽有出于人，其文学辞章，必不能自力以致必传于后如今，无疑也。虽使子厚得所愿，为将相于一时，以彼易此，孰得孰失，必有能辨之者。

3. 隽杰廉悍，议论证据今古，出入经史百子，踔厉风发，率常屈其座人。

三、解释下列句子中加点的词。

1. 所与游皆当世名人

2. 踔厉风发，率常屈其座人

3. 居闲，益自刻苦

4. 而自肆于山水间

5. 遵，涿人，性谨慎，学问不厌

6. 梦得于是改刺连州

7. 故坐废退

8. 比一岁，免而归者且千人

我的母亲

老　舍[1]

阅读提示：本文是一篇质朴感人的回忆性散文。全文通过对母亲一生经历的回忆，塑造了母亲的可敬形象，表现了母亲勤奋耐劳、热情真诚、善良宽容、乐于助人、意志坚强的性格，以及母亲的人格力量对作者思想性格形成的深刻影响，歌颂了伟大无私的母爱。

文章首先追本溯源，从母亲的身世谈起，然后沿着母亲"活到老、穷到老、辛苦到老"的线索，抓住一系列典型事例，形象地写出了母亲的种种优秀品质，和母亲给予"我"的"生命的教育"，表达了对母亲无尽的感激、缅怀之情。

作者既善于运用白描手法描写人物的语言和行动，表现人物丰富的内心世界，形象生动，如在目前；又善于以朴实无华的语言表达深沉淳厚的情感，读来亲切自然，又令人动情。

母亲的娘家是在北平德胜门外，土城儿外边，通大钟寺的大路上的一个小村里。村里一共有四五家人家，都姓马。大家都种点不十分肥美的地，但是与我同辈的兄弟们，也有当兵的，作木匠的，作泥水匠的，和当巡查的。他们虽然是农家，却养不起牛马，人手不够的时候，妇女便也需下地作活。

对于姥姥家，我只知道上述的一点。外公外婆是什么样子，我就不知道了，因为他们早已去世。至于更远的族系与家史，就更不晓得了；穷人只能顾眼前的衣食，没有功夫谈论什么过去的光荣；"家谱"[2]这字眼，我在幼年就根本没有听说过。

母亲生在农家，所以勤俭诚实，身体也好。这一点事实却极重要，因为假若我没有这样的一位母亲，我之为我恐怕也就要大大的打个折扣了。

母亲出嫁大概是很早，因为我的大姐现在已是六十多岁的老太婆，而我的大外甥女还长我一岁啊。我有三个哥哥，四个姐姐，但能长大成人的，只有大姐，二姐，三姐，三哥与我。我是"老"儿子。

生我的时候，母亲已有四十一岁，大姐二姐已都出了阁。

由大姐与二姐所嫁入的家庭来推断，在我生下之前，我的家里，大概还马马虎虎的过得去。那时候定婚讲究门当户对，而大姐丈是作小官的，二姐丈也开过一间酒馆，他们都是相当体面的人。

可是，我，我给家庭带来了不幸：我生下来，母亲晕过去半夜，才睁眼看见她的老儿子——感谢大姐，把我揣在怀中，致未冻死。

---

[1] 老舍（1899—1966），原名舒庆春，字舍予，满族，北京人，现代著名作家。主要著作有小说《骆驼祥子》《四世同堂》《赵子曰》《月牙儿》等，剧本《茶馆》《龙须沟》等。并曾因创作优秀话剧《龙须沟》而被北京市授予"人民艺术家"称号。他的作品大都取材于市民生活，反映了旧社会劳动人民的痛苦生活，对恶势力进行了无情地揭露和鞭挞。其作品以纯正的北京口语为基础，经过精心加工，形成了独特的"京味"风格。

[2] 家谱，又称族谱、祖谱、谱牒、宗谱等，是记载某个姓氏家族子孙世系传承之书，具有区分家族成员血缘关系亲疏远近的作用，是中国封建宗法制度的产物。

一岁半，我把父亲“克”死了[1]。

兄不到十岁，三姐十二三岁，我才一岁半，全仗母亲独力抚养了。父亲的寡姐跟我们一块儿住，她吸鸦片，她喜摸纸牌，她的脾气极坏。为我们的衣食，母亲要给人家洗衣服，缝补或裁缝衣裳。在我的记忆中，她的手终年是鲜红微肿的。白天，她洗衣服，洗一两大绿瓦盆。她作事永远丝毫也不敷衍，就是屠户们送来的黑如铁的布袜，她也给洗得雪白。晚间，她与三姐抱着一盏油灯，还要缝补衣服，一直到半夜。她终年没有休息，可是在忙碌中她还把院子屋中收拾得清清爽爽。桌椅都是旧的，柜门的铜活[2]久已残缺不全，可是她的手老使破桌面上没有尘土，残破的铜活发着光。院中，父亲遗留下的几盆石榴与夹竹桃，永远会得到应有的浇灌与爱护，年年夏天开许多花。

哥哥似乎没有同我玩耍过。有时候，他去读书；有时候，他去学徒；有时候，他也去卖花生或樱桃之类的小东西。母亲含着泪把他送走，不到两天，又含着泪接他回来。我不明白这都是什么事，而只觉得与他很生疏。与母亲相依为命的是我与三姐。因此，她们作事，我老在后面跟着。她们浇花，我也张罗着取水；她们扫地，我就撮土……从这里，我学得了爱花，爱清洁，守秩序。这些习惯至今还被我保存着。

有客人来，无论手中怎么窘，母亲也要设法弄一点东西去款待。舅父与表哥们往往是自己掏钱买酒肉食，这使她脸上羞得飞红，可是殷勤地给他们温酒作面，又给她一些喜悦。遇上亲友家中有喜丧事，母亲必把大褂洗得干干净净，亲自去贺吊——份礼也许只是两吊小钱。到如今，我的好客的习性，还未全改，尽管生活是这么清苦，因为自幼儿看惯了的事情是不易改掉的。

姑母时常闹脾气。她单在鸡蛋里找骨头。她是我家中的阎王。直到我入了中学，她才死去，我可是没有看见母亲反抗过。“没受过婆婆的气，还不受大姑子的吗？命当如此！”母亲在非解释一下不足以平服别人的时候，才这样说。是的，命当如此。母亲活到老，穷到老，辛苦到老，全是命当如此。她最会吃亏。给亲友邻居帮忙，她总跑在前面：她会给婴儿洗三[3]（穷朋友们可以因此少花一笔“请姥姥”钱），她会刮痧[4]，她会给孩子们剃头，她会给少妇们绞脸[5]……凡是她能作的，都有求必应。但是吵嘴打架，永远没有她。她常吃亏，不逗气。当姑母死去的时候，母亲似乎把一世的委屈都哭了出来，一直哭到坟地。不知道哪里来的一位侄子，声称有承继权，母亲便一声不响，教他搬走那些破桌子烂板凳，而且把姑母养的一只肥母鸡也送给他。

可是，母亲并不软弱。父亲死在庚（gēng）子闹“拳”的那一年[6]。联军入城，挨家搜索财物鸡鸭，我们被搜两次。母亲拉着哥哥与三姐坐在墙根，等着“鬼子”进门，街门是开

[1] 老舍一岁零四个月时（1900 年 6 月），八国联军侵略北京，老舍的父亲时为一名八旗守卫皇城的护军，阵亡在侵略军军攻打北京城的炮火中。

[2] 铜活：打制的铜器。这里指柜门上的铜质配件。

[3] 洗三：中国古代诞生礼中非常重要的一个仪式。婴儿出生后第三日，要举行沐浴仪式，会集亲友为婴儿祝吉。

[4] 刮痧：通过特制的刮痧器具和相应的手法，蘸取具有润滑作用的液体，在人的体表进行反复刮动、摩擦，使皮肤局部出现红色粟粒状，或暗红色出血点等“出痧”变化，从而达到活血透痧的作用。

[5] 绞脸：一种古老的美容方式，亦称绞面、开面、开脸等，使用线除去妇女脸上的汗毛的美容手段。通常都是在女子出嫁前由女性长辈施行，是一种成人礼。

[6] 庚子闹“拳”的那一年：指光绪二十六年庚子年（1900）的义和团运动。

着的。“鬼子”进门，一刺刀先把老黄狗刺死，而后入室搜索。他们走后，母亲把破衣箱搬起，才发现了我。假若箱子不空，我早就被压死了。皇上跑了，丈夫死了，鬼子来了，满城是血光火焰，可是母亲不怕，她要在刺刀下，饥荒中，保护着儿女。北平有多少变乱啊，有时候兵变了，街市整条的烧起，火团落在我们院中。有时候内战了，城门紧闭，铺店关门，昼夜响着枪炮。这惊恐，这紧张，再加上一家饮食的筹划，儿女安全的顾虑，岂是一个软弱的老寡妇所能受得起的？可是，在这种时候，母亲的心横起来，她不慌不哭，要从无办法中想出办法来。她的泪会往心中落！这点软而硬的个性，也传给了我。我对一切人与事，都取和平的态度，把吃亏看作当然的。但是，在作人上，我有一定的宗旨与基本的法则，什么事都可将就，而不能超过自己划好的界限。我怕见生人，怕办杂事，怕出头露面；但是到了非我去不可的时候，我便不得不去，正像我的母亲。从私塾[1]到小学，到中学，我经历过起码有廿[2]位教师吧，其中有给我很大影响的，也有毫无影响的，但是我的真正的教师，把性格传给我的，是我的母亲。母亲并不识字，她给我的是生命的教育。

当我在小学毕了业的时候，亲友一致的愿意我去学手艺，好帮助母亲。我晓得我应当去找饭吃，以减轻母亲的劳动困苦。可是，我也愿意升学。我偷偷地考入了师范学校——制服、饭食、书籍、宿处，都由学校供给。只有这样，我才敢对母亲提升学的话。入学，要交十元的保证金。这是一笔巨款！母亲作了半个月的难，把这巨款筹到，而后含泪把我送出门去。她不辞劳苦，只要儿子有出息。当我由师范毕业，而被派为小学校校长，母亲与我都一夜不曾合眼。我只说了句：“以后，您可以歇一歇了！”她的回答只有一串串的眼泪。我入学之后，三姐结了婚。母亲对儿女是都一样疼爱的，但是假若她也有点偏爱的话，她应当偏爱三姐，因为自父亲死后，家中一切的事情都是母亲和三姐共同撑持的。三姐是母亲的右手。但是母亲知道这右手必须割去，她不能为自己的便利而耽误了女儿的青春。当花轿来到我们的破门外的时候，母亲的手就和冰一样的凉，脸上没有血色——那是阴历四月，天气很暖。大家都怕她晕过去。可是，她挣扎着，咬着嘴唇，手扶着门框，看花轿徐徐地走去。不久，姑母死了。三姐已出嫁，哥哥不在家，我又住学校，家中只剩母亲自己。她还须自晓至晚地操作，可是终日没人和她说一句话。新年到了，正赶上政府倡用阳历，不许过旧年。除夕，我请了两小时的假。由拥挤不堪的街市回到清炉冷灶的家中。母亲笑了。及至听说我还须回校，她愣住了。半天，她才叹出一口气来。到我该走的时候，她递给我一些花生，“去吧，小子！”街上是那么热闹，我却什么也没看见，泪遮迷了我的眼。今天，泪又遮住了我的眼，又想起当日孤独地过那凄惨的除夕的慈母。可是慈母不会再候盼着我了，她已入了土！

儿女的生命是不依顺着父母所设下的轨道一直前进的，所以老人总免不了伤心。我廿三岁，母亲要我结了婚，我不要。我请来三姐给我说情，老母含泪点了头。我爱母亲，但是我给了她最大的打击。时代使我成为逆子。廿七岁，我上了英国。为了自己，我给六十多岁的老母以第二次打击。在她七十大寿的那一天，我还远在异域。那天，据姐姐们后来告诉我，老太太只喝了两口酒，很早的便睡下。她想念她的幼子，而不便说出来。

七七抗战后，我由济南逃出来。北平又像庚子那年似的被鬼子占据了，可是母亲日夜惦

[1] 私塾：是中国古代社会一种开设于家庭、宗族或乡村内部的民间幼儿教育机构，属于私人所办的学校。
[2] 廿：音 niàn。

念的幼子却跑西南来。母亲怎样想念我，我可以想象得到，可是我不能回去。每逢接到家信，我总不敢马上拆看，我怕，怕，怕，怕有那不祥的消息。人，即使活到八九十岁，有母亲便可以多少还有点孩子气。失了慈母便像花插在瓶子里，虽然还有色有香，却失去了根。有母亲的人，心里是安定的。我怕，怕，怕家信中带来不好的消息，告诉我已是失了根的花草。

去年一年，我在家信中找不到关于老母的起居情况。我疑虑，害怕。我想象得到，如有不幸，家中念我流亡孤苦，或不忍相告。母亲的生日是在九月，我在八月半写去祝寿的信，算计着会在寿日之前到达。信中嘱咐千万把寿日的详情写来，使我不再疑虑。十二月二十六日，由文化劳军的大会上回来，我接到家信。我不敢拆读。就寝前，我拆开信，母亲已去世一年了！

生命是母亲给我的。我之能长大成人，是母亲的血汗灌养的。我之能成为一个不十分坏的人，是母亲感化的。我的性格，习惯，是母亲传给的。她一世未曾享过一天福，临死还吃的是粗粮。唉！还说什么呢？心痛！心痛！

思考与练习：

一、本文采用以时间为顺序的叙述方式，沿着母亲“活到老，穷到老，辛苦到老，奉献到老”的线索，选择了哪些有代表性的事情表现了母亲的哪些优秀品质？表达了作者对母亲怎样的感情？

二、白描是一种不尚修饰，抓住事物特征，以质朴的文字，寥寥几笔就勾勒出事物形象的手法。试分析原文是哪些地方运用白描与细节描写的方法来刻画母亲的性格特征的。

三、下面三段议论文字在全文构思和情感表达上起了重要作用，试加以分析说明。

1. 因为假若我没有这样的一位母亲，我之为我恐怕也就要大大的打个折扣了。

2. 但是我的真正的教师，把性格传给我的，是我的母亲。母亲并不识字，她给我的是生命的教育。

3. 生命是母亲给我的。我之能长大成人，是母亲的血汗灌养的。我之能成为一个不十分坏的人，是母亲感化的。我的性格，习惯，是母亲传给的。

四、本文语言朴素平实、不事雕琢，然而却在朴实无华中具有一股深刻感人的艺术力量，读来亲切、感人。请结合课文仔细品味老舍这一语言艺术特色。

威尼斯

朱自清[1]

阅读提示：本文是一篇游记，介绍和描述意大利名城威尼斯的风光。威尼斯，意大利北部城市，公元5世纪兴建，之后曾建立城市共和国，为地中海贸易中心之一，亚得里亚海西北岸的重要港口。威尼斯是座“水上城市”，又是座文化艺术之城。作者抓住这两点，首先介绍了威尼斯河道多、水上交通发达的情况，描绘了它“在绿波里荡漾”和一切都“透明”的景象，表现出它“水上城市”的特色。接着以圣马克方场为中心，按照空间转移的顺序选择描写点，依次描述了威尼斯的建筑艺术、音乐艺术、绘画艺术，以及每两年一次的国家艺术展览会的盛况，最后介绍各种工艺品，表现了威尼斯作为文化艺术之城的特色。

文章叙述井然，详略得宜，描述形象生动，比喻贴切而又新鲜。语言具有独特的风格，大量使用现代口语词汇和语调，朴素自然，给人以亲切感；又适当融合文言词句，使文字更加洗练；叠字叠词的运用，也增强了语言的节奏感。

威尼斯（Venice）是一个别致地方。出了火车站，你立刻便会觉得：这里没有汽车，要到哪儿，不是搭小火轮，便是雇“刚朵拉”（Gondola）。大运河穿过威尼斯像反写的S，这就是大街。另有小河道四百十八条，这些就是小胡同。轮船像公共汽车，在大街上走；“刚朵拉”是一种摇橹的小船，威尼斯所特有，它哪儿都去。威尼斯并非没有桥；三百七十八座，有的是。只要不怕转弯抹角，哪儿都走得到，用不着下河去。可是轮船中人还是很多，“刚朵拉”的买卖也似乎并不坏。

威尼斯是“海中的城”，在意大利半岛的东北角上，是一群小岛，外面一道沙堤隔开亚得利亚海[2]。在圣马克方场的钟楼上看，团花簇锦似的东一块西一块在绿波里荡漾着。远处是水天相接，一片茫茫。这里没有什么煤烟，天空干干净净；在温和的日光中，一切都像透明的。中国人到此，仿佛在江南的水乡；夏初从欧洲北部来的，在这儿还可看见清清楚楚的春天的背影。海水那么绿，那么酽[3]，会带你到梦中去。

威尼斯不单是明媚，在圣马克方场走走就知道。这个广场南面临着一道运河；场中偏东南便是那可以望远的钟楼。威尼斯最热闹的地方是这儿，最华妙庄严的地方也是这儿。除了西边，围着的都是三百年以上的建筑，东边居中是圣马克堂，却有了八九百年——钟楼便在它的右首。再向右是“新衙门”[4]；教堂左首是“老衙门”。这两溜儿楼房的下一层，现在满

[1] 朱自清（1898—1948），原名朱自华，字佩弦，号秋实，江苏扬州人。我国现代著名的散文家、诗人、学者、民主战士。有诗文集《踪迹》、散文集《背影》《欧游杂记》等。这篇游记选自《欧游杂记》。1931年8月至1932年7月，朱自清留学英国并漫游欧洲大陆，记下许多旅途见闻。1934年，辑成《欧游杂记》《伦敦杂记》出版。威尼斯：意大利北部城市。公元6世纪兴建，以后曾建立城市共和国，为地中海贸易中心之一，亚得里亚海西北岸的重要港口，有“水上城市”之称。

[2] 亚得利亚海：也译作亚得里亚海。在南欧亚平宁半岛和巴尔干半岛之间，是地中海的一部分。

[3] 酽（yàn）：原指液汁浓，这里引申为海水的颜色浓。下文“酽酽”，是指歌声醇厚。

[4] 新衙（yá）门：指新市政府。下文“老衙门”是指老市政府。

开了铺子。铺子前面是长廊，一天到晚是来来去去的人。紧接着教堂，直伸向运河去的是公爷府[1]；这个一半属于小方场，另一半便属于运河了。

圣马克堂是方场的主人，建筑在十一世纪，原是卑赞廷式[2]，直线为主。十四世纪加上戈昔式[3]的装饰，如尖拱门等；十七世纪又参入文艺复兴期的装饰，如阑干[4]等。所以庄严华妙，兼而有之；这正是威尼斯的漂亮劲儿。教堂里屋顶与墙壁上满是碎玻璃嵌成的画，大概[5]是真金色的底，蓝色或红色的圣灵像。这些像做得非常肃穆。教堂的地是用大理石铺的，颜色花样种种不同。在那种空阔阴暗的氛围中，你觉得伟丽，也觉得森严。教堂左右那两溜儿楼房，式样各别，并不对称；钟楼高三百二十二英尺，也偏在一边儿。但这两溜房子都是三层，都有许多拱门，恰与教堂的门面与圆顶相称；又都是白石造成，越衬出教堂的金碧辉煌来。教堂右边是向运河去的路，是一个小方场，本来面目显得空阔些，钟楼恰好填了这个空子。好像我们戏里的大将出场，后面一杆旗子总是偏着取势；这方场的建筑，节奏其实是和谐不过的。十八世纪意大利卡那来陀[6]（Ganaletto）一派画家专画威尼斯的建筑，取材于这方场的很多。德国德莱司敦画院[7]中有几张，真好。

公爷府里有好些名人的壁画和屋顶画，丁陶莱陀[8]（Tintoretto，十六世纪）的大画《乐园》最著名；但更重要的是它建筑的价值。运河上有了这所房子，增加了不少颜色。这全然是戈昔式；动工在九世纪初，以后屡次遭火，屡次重修，现在的据说还是原来的式样。最好看的是它的西南两面；西面斜对着圣马克方场，南面正在运河上。在运河里看，真像在画中。它也是三层：下两层是尖拱门，一眼看去，无数的柱子。最下层的拱门简单疏阔，是载重的样子；上一层便繁密得多，为装饰之用；最上层却更简单，一根柱子没有，除了疏疏落落的窗和门之外，都是整块的墙面。墙面上用白的与玫瑰红的大理石砌成素朴的方纹，在日光里鲜明得像少女一般。威尼斯人真不愧着色的能手。这所房子从运河中看，好像在水里。下两层是玲珑的架子，上一层才是屋子；这是很巧的结构，加上那艳而雅的颜色，令人有惝恍迷离之感。府后有太息桥；从前一边是监狱，一边是法院，狱囚提讯须过这里，所以得名。拜伦[9]诗中曾咏此，因而便脍炙人口起来，其实也只是近世的东西。

威尼斯的夜曲是很著名的。夜曲本是一种抒情的曲子，夜晚在人家窗下随便唱。可是运河里也有：晚上在圣马克方场的河边上，看见河中有红绿的纸球灯，便是唱夜曲的船。雇了“刚朵拉”摇过去，靠着那个船停下，船在水中间，两边挨次排着“刚朵拉”在微波

[1] 公爷府：就是总督府。
[2] 卑赞廷式：卑赞廷也译作拜占庭。拜占庭式建筑是罗马帝国晚期和近东埃及、叙利亚等地的建筑艺术的结合，特点是中央有大圆顶，内部有金碧辉煌的装饰，多用于教堂设计。
[3] 戈昔式：戈昔也译作哥特。哥特式建筑流行于欧洲12世纪至16世纪，一般用尖拱和尖塔，轻盈通透的飞扶壁，修长的立柱和彩色玻璃镶嵌的窗子。多用于教堂建筑。
[4] 阑干：应同“栏杆”。
[5] 大概：这里是“大多”“大抵”的意思，下文中的“大概”都是这种用法。
[6] 卡那来陀（1697—1768）：威尼斯画家，名作有《威尼斯景物》等。
[7] 德莱斯敦画院：也译作德累斯顿绘画陈列馆。德累斯顿在德国东部。
[8] 丁陶莱陀（1518—1594）：也译作丁托列托，文艺复兴时期威尼斯派大画家，名作有《圣马可的奇迹》等。
[9] 拜伦（1788—1824）：英国19世纪浪漫主义诗人。晚年参加希腊独立运动。代表作有《唐璜》等。他在《恰尔德·哈罗德游记》的第四章中曾咏及太息桥。

里荡着，像是两只翅膀。唱曲的有男有女，围着一张桌子坐，轮到了便站起来唱，旁边有音乐和着。曲词自然是意大利语，意大利的语音据说是最纯粹，最清朗。听起来似乎的确斩截些，女人的尤其如此——意大利的歌女是出名的。音乐节奏繁密，声情热烈，想来是最流行的“爵士乐”[1]。在微微摇摆的红绿灯球底下，颤着酽酽的歌喉，运河上一片朦胧的夜也似乎透出玫瑰红的样子。唱完几曲之后，船上有人跨过来，反拿着帽子收钱，多少随意。不愿意听了，还可到第二处去。这个略略像当年的秦淮河的光景，但秦淮河却热闹得多。

从圣马克方场向西北去，有两个教堂在艺术上是很重要的。一个是圣罗珂堂，旁边有一所屋子，墙上屋顶上满是画；楼上下大小三间屋，共六十二幅画，是丁陶莱陀的手笔。屋里暗极，只有早晨看得清楚。丁陶莱陀作画时，因地制宜，大部分只粗粗钩勒，利用阴影，教人看了觉得是几经琢磨似的。《十字架》一幅在楼上小屋内，力量最雄厚。佛拉利堂在圣罗珂近旁，有大画家铁沁[2]（Titian，十六世纪）和近代雕刻家卡奴洼[3]（Ganova）的纪念碑。卡奴洼的，灵巧，是自己打的样子；铁沁的，宏壮，是十九世纪中叶才完成的。他的《圣处女升天图》挂在神坛后面，那朱红与亮蓝两种颜色鲜明极了，全幅气韵[4]流动，如风行水上。倍里尼[5]（Giovani Bellini，十五世纪）的《圣母像》，也是他的精品。他们都还有别的画在这个教堂里。

从圣马克方场沿河直向东去，有一处公园；从一八九五年起，每两年在此地开国际艺术展览会一次。今年是第十八届；加入展览的有意、荷、比、西、丹、法、英、奥、苏俄、美、匈、瑞士、波兰等十三国，意大利的东西自然最多，种类繁极了；未来派[6]立体派[7]的图画雕刻，都可见到，还有别的许多新奇的作品，说不出路数[8]。颜色大概鲜明，教人眼睛发亮；建筑也是新式，简截不啰嗦，痛快之至。苏俄的作品不多，大概是工农生活表现，兼有沉毅[9]和高兴的调子。他们也用鲜的颜色，但显然没有很费心思在艺术上，作风老老实实，并不向牛犄（jī）角里寻找新奇的玩意儿。

威尼斯的玻璃器皿，刻花皮件，都是名产，以典丽风华胜，缂丝[10]也不错。大理石小雕像，是著名大品的缩本，出于名手的还有味。

---

[1] 爵士乐：20世纪初产生于美国新奥尔良的一种舞曲性质的音乐。

[2] 铁沁（1490—1576）：也译作提香。文艺复兴时期威尼斯派最著名的画家，以色彩富丽出名。名作有《圣母升天》《爱神节》等。

[3] 卡奴洼（1757—1822）：意大利著名雕塑家，代表作有《爱神和赛兹》等。

[4] 气韵：文章或书法绘画的意境或韵味。

[5] 倍里尼（1430—1516）：也译作贝里尼。他和他的父亲、哥哥都是文艺复兴时期威尼斯派的奠基人，他以画圣母像著名。

[6] 未来派：20世纪初期意大利画家卡拉等创立的画派，特点是表现速度和运动，如画汽车可以画许多轮子，画动物可以画许多条腿。

[7] 立体派：20世纪初创立于法国的画派。创始者是毕加索、布拉克等人。特点是把自然形体分解为几何形切面，再组合起来，同时表现物体的几个不同的方面，破坏了客观形体。

[8] 路数：这里指事情的底细。

[9] 沉毅：深沉宁静。

[10] 缂（kè）丝：也叫刻丝。将花草鸟兽的形状织于丝织品上，看起来像雕镂一样的特种工艺美术品，最早产生于我国宋代。

思考与练习：

一、威尼斯是一座“文化艺术之城”。作者表现威尼斯在文化艺术方面的特色时，选取了什么作为描写的中心？围绕这个中心选择了哪些描写点？从内容上看，作者是怎样通过这些描写点逐层表现出威尼斯在文化艺术上的特色的？从结构上看，作者又是按怎样的顺序把这些描写点组成一个整体的？作者采取这样的写法，收到了怎样的表达效果？

二、仔细阅读本文第二段，回答下边的问题。

1. 第一句“威尼斯是‘海中的城’”在全段中处于什么地位？下文所描绘的景象，跟这一句有什么关联？

2. 下边两句在写作技巧上有什么特点？

① 在圣马克方场的钟楼上看，团花簇锦似的东一块西一块在绿波里荡漾着。

② 夏初从欧洲北部来的，在这儿还可看见清清楚楚的春天的背影。

3. 举出作者把强烈的思想感情溶注在景物描绘之中的例子。

三、本文中用了许多形象、贴切、新鲜的比喻，试把这些比喻摘出来，说说它们的作用。

四、本文多处用“词语移用”这种修辞手法。词语移用是一种把惯用以描述甲事物的词用来说明或形容乙事物，起到一种巧妙的耐人寻味的修辞作用。请分析下列句中加点的词经常形容什么，用在这里说明什么，为什么这样用。

1. 颤着醰醰的歌喉……

2. 这方场中的建筑，节奏其实是和谐不过的。

3. 全幅气韵流动，如风行水上。

4. 建筑也是新式，简截不啰嗦，痛快之至。

内蒙访古（节选）[1]

翦伯赞

阅读提示：1961 年夏天，历史学家翦伯赞应邀访问内蒙古。访问归来，翦伯赞以流畅生动的笔触，写了《内蒙访古》。全文除引言外，共六部分，课文选了其中的第二、三部分。

作者采用访问游记的形式，以寻访古迹所见所闻为线索，用夹叙夹议的方式，把自然环境、古迹、历史人物的描写和自己的评论融合在一起。全文洋溢着爱国主义精神和珍视民族团结的感情。

课文涉及内容多，文化底蕴丰富，既涉及地理、历史、人物、古迹遗物，也有文献资料，但是安排有序，毫无杂乱之感。学习时，应抓住夹叙夹议的特点，理清记叙的线索，理解叙议之间的联系，体会作者在记叙和议论中所表达的思想感情。

一段最古的长城

火车驶出居庸关[2]，经过了一段崎岖的山路以后，我们面前便敞开了一片广阔的原野，一片用望远镜都看不到边际的原野，这就是古之所谓塞外[3]。

从居庸关到呼和浩特大约一千多里的路程，火车都在这个广阔的高原上奔驰。我们都想从铁道两旁看到一些塞外风光、黄沙白草之类，然而这一带既无黄沙，亦无白草，只有肥沃的田野，栽种着各种各样的庄稼：小麦、荞麦、谷子、高粱、山药、甜菜等等。如果不是有些地方为了畜牧的需要而留下了一些草原，简直要怀疑火车把我们带到了河北平原。

过了集宁[4]，就隐隐望见了一条从东北向西南伸展的山脉，这就是古代的阴山，现在的大青山。大青山是一条并不很高但很宽阔的山脉，这条山脉像一道墙壁把集宁以西的内蒙分成两边。值得注意的是山的南北，自然条件迥乎[5]不同。山的北边，是暴露在寒冷的北风之中的起伏不大的波状高原。这一带在古代就是一个“少草木，多大沙”（《汉书·匈奴传》）的地方。山的南边，则是在阴山屏障之下的一个狭长的平原。

现在的大青山，树木不多，但在汉代，这里却是一个“草木茂盛，多禽兽”（《汉书·匈奴传》）的地方，古代的匈奴人曾经把这个地方当作自己的苑囿[6]。一直到蒙古人来到阴山的时候，这里的自然条件还没有什么改变。关于这一点，从呼和浩特和包头这两个蒙古语言的地名可以得到说明。呼和浩特，蒙古语意思是青色的城；包头的意思是有鹿的地方。这两个蒙古语的地名，很清楚地告诉了我们，直到十三世纪或者更晚的时候，这里还是一个有森林、

[1] 节选自《散文特写选》（人民文学出版社 1963 年版）的《内蒙访古》，略有改动。翦伯赞（1898—1968），湖南桃源人，维吾尔族，我国现代著名历史学家。

[2] 居庸（yōng）关：旧称军都关，在今北京市昌平县，长城的重要关口，形势险要，一向为交通要塞。

[3] 塞（sài）外：长城以北的地区。

[4] 集宁：在现在内蒙乌兰察布盟东南部。

[5] 迥（jiǒng）乎：显然，形容相差得很远。

[6] 苑囿（yòu）：古代帝王及贵族蓄养禽兽、种植林木的地方。

有草原、有鹿群出没的地方。

呼和浩特和包头这两个城市，正是建筑在大青山南麓[1]的沃野之中。秋天的阴山，像一座青铜的屏风安放在它们的北边，从阴山高处拖下来的深绿色的山坡，安闲地躺在黄河岸上，沐着阳光。这是多么平静的一个原野！但这个平静的原野在民族关系紧张的历史时期，却经常是一个风浪最大的地方。

愈是古远的时代，人类的活动愈受自然条件的限制。特别是那些还没有定居下来的骑马的游牧民族，更要依赖自然的恩赐，他们要自然供给他们丰富的水草。阴山南麓的沃野，正是内蒙西部水草最肥美的地方。正因如此，任何游牧民族只要进入内蒙西部，就必须占据这个沃野。

阴山以南的沃野不仅是游牧民族的苑囿，也是他们进入中原地区的跳板。只要占领了这个沃野，他们就可以强渡黄河，进入汾河或黄河河谷。如果他们失去了这个沃野，就失去了生存的依据，史载“匈奴失阴山之后，过之未尝不哭也”[2]，就是这个原因。在另一方面，汉族如果要排除从西北方面袭来的游牧民族的威胁，也必须守住阴山的峪口[3]，否则这些骑马的民族就会越过鄂尔多斯沙漠，进入汉族居住区的心脏地带。

早在战国时，大青山南麓，沿黄河北岸的一片原野，这是赵国和胡人争夺的焦点。在争夺战中，赵武灵王[4]击败了胡人，占领了这个平原，并且在北边的国境线上筑起了一条长城，堵住了胡人进入这个平原的道路。据《史记·匈奴传》所载，赵国的长城东起于代（今河北宣化境内），中间经过山西北部，西北折入阴山，至高阙（今乌拉山与狼山之间的缺口）为止。现在有一段古长城遗址，继续绵亘[5]于大青山、乌拉山、狼山靠南边的山顶上，东西长二百六十余里，按其部位来说，这段古长城正是赵长城遗址。

我们这次访问包头，曾经登临包头市西北的大青山，游览这里的一段长城。这段长城高处达五米左右，土筑，夯筑[6]的层次还很清楚。东西纵观，都看不到终极，在东边的城址上，隐然可以看到有一个古代废垒，告诉人们那里在当时是一个险要地方。

我在游览赵长城时，作了一首诗[7]，称颂赵武灵王，并且送了他一个英雄的称号。赵武灵王是无愧于英雄的称号的。大家都知道，秦始皇以全国的人力物力仅仅连接原有的秦燕赵的长城并加以增补，就引起了民怨沸腾[8]。不知什么时候起，在秦始皇面前就站着一个孟姜女，控诉这条举世闻名的万里长城。甚至在解放以后，还有人把万里长城作为“炮弹”攻击秦始皇。而赵武灵王以小小的赵国，在当时的物质和技术条件下，竟能完成这样一个巨大的国防工程而没有挨骂，不能不令人惊叹。

---

[1] 麓（lù）：山脚下。

[2] “匈奴……未尝不哭也”：见《汉书·匈奴传》。

[3] 峪（yù）口：山谷。

[4] 赵武灵王（约前340—前295）：名雍，战国中后期赵国的君主。

[5] 绵亘（gèn）：（山脉等）接连不断。亘，空间或时间上的延续不断。

[6] 夯（hāng）筑：打夯筑成。

[7] 作者当时写的诗《登大青山访赵长城遗址》：“骑射胡服捍北疆，英雄不愧武灵王。邯郸歌舞终消歇，河曲风光旧莽苍。望断云中无鹄起，飞来天外有鹰扬。两千几百年前事，只剩蓬蒿伴土墙。”

[8] 民怨沸腾：形容人民群众对反动统治者极为痛恨，怨恨之声如沸水翻腾。

当然，我说赵武灵王是一个英雄，不仅仅是因为他筑了一条长城，更重要的是因为他敢于发布“胡服骑射”[1]的命令。要知道，他在当时发布这个命令，实质上就是与最顽固的传统习惯和保守思想宣战。

只要读一读《战国策·赵策》就知道当赵武灵王发布了胡服骑射的命令以后，他立即遭遇到来自赵国贵族官僚方面的普遍反抗。赵武灵王击败了那些顽固分子的反抗，终于使他们脱下了那套用以标志他们身份的祖传的宽大的衣服，并且把过了时的笨重的战车扔到历史的垃圾堆里去。敢于这样做的人，难道不是一个英雄吗？可以肯定说是一个英雄，一个大大的英雄。

在大青山下

现在让我们离开赵长城谈一谈阴山一带的汉代城堡。

根据考古报告，在阴山南北麓发现了很多古城遗址，至少有二十处。这些古城大部分是西汉时期的，也有北魏时期或更晚的。古城遗址最大多数分布在阴山南麓通向山北的峪口，也有分布在阴山北麓的，还有分布在黄河渡口和鄂尔多斯东北地区的。从古城分布的地位看来，几乎通向阴山以北的每一个重要峪口，都筑有城堡。特别是今日呼和浩特市北的蜈蚣坝，包头市北大青山与乌拉山之间的缺口，城堡的遗址更多。大概这两个峪口是古代游牧民族，特别是汉代匈奴人进入中原的主要通路。看起来，汉王朝在阴山一带的战略部署，至少有三道防线：第一道防线是阴山北麓的峪口和更远的地方，第二道防线是阴山南麓的峪口，第三道防线是黄河渡口和鄂尔多斯东北一带。

在阴山以北筑城障[2]的事，《史记·匈奴传》有如此的记载：太初[3]四年“汉使光禄[4]徐自为出五原塞[5]数百里，远者千余里，筑城障列亭[6]，至庐朐”。《正义》[7]引《括地志》[8]云：“五原郡相阳县(《汉书·地理志》作稒阳县)，北出石门障，得光禄城，又西北得支就县(《汉书·地理志》注作支就城)，又西北得头曼城，又西北得牢城河(《汉书·地理志》注作虖河城)，又西北得宿虏城。”由此看来，当汉武帝时汉王朝在阴山以北筑了很多城堡，几乎是步步为营[9]，把它的势力远远地推到阴山以北的地方。一直到元帝时由于匈奴呼韩邪单于[10]款塞[11]入朝，才从阴山以北的城堡撤退驻军，但仍然保留着通烽火的哨兵。《汉书·匈奴传》记侯应[12]谏

---

[1] “胡服骑射”：赵武灵王二十四年（前 302）进行军事改革，改穿胡服，学习骑射。后陆续攻灭中山国，击败林胡、楼烦等民族，国势大盛，成为战国七雄之一。

[2] 障：山中小城。

[3] 太初：汉武帝年号（前 104—前 101）。

[4] 光禄：官名。

[5] 五原塞：就是五原郡榆林塞。今绥远五原县地。

[6] 列亭：各处烽火亭。列，各。亭，烽火亭。

[7] 《正义》：即《史记正义》，唐朝张守节对《史记》的注释。

[8] 《括地志》：唐朝地理著作。

[9] 步步为营：军队每前进一步就设置一道营垒。比喻行动谨慎，防备严密。

[10] 呼韩邪（yé）单（chán）于：匈奴的一个单于。呼韩邪（？—前 31），名稽侯珊，公元前 58—前 31 年在位。他是第一个到中原来朝见的匈奴单于，因迎娶王昭君而广为人所知。

[11] 款塞：叩塞门。款，叩。

[12] 侯应：汉元帝时任郎中。

元帝的话，其中有云："前以罢[1]外城，省亭隧[2]，今裁[3]足以候望[4]，通烽火而已。"这里所谓"外城"，就是阴山以外的城堡。

在大青山与乌拉山之间的峪口中有一条昆都仑河，由北而南流入黄河。昆都仑河就是古代的石门水，石门水大概是古代游牧民族进入阴山以南的沃野最方便的一条道路。在这个通道的外面，已经发现了一些汉代的古城，有一个古城可能就是汉代的光禄城。

我们这次访问内蒙西部，曾经游览了呼和浩特市附近塔布土拉罕的汉城遗址和包头市附近麻池乡的汉城遗址。

塔布土拉罕在呼和浩特市东北三十五里，大青山的南麓。古城作长方形，分内外两城，外城周围约三公里。在内城的地面上到处可以看到汉代的绳纹陶片[5]。在城的附近有五个大土堆，塔布土拉罕就是五个大土堆的意思。这五个大土堆，可能是五个大封土墓，如果把这五个大封土墓打开，很有可能发现这个古城的历史档案。

麻池乡在包头市西三十里。这里的古汉城也是分内外两城，内城也散布着很多汉代砖瓦，外城很少。古城周围有很多古墓，大多数没有封土。在这里的墓葬中，发现了很多古物，其中有汉代的钱币和汉式的铜器、陶器、漆器等等，也有金质和银质的镂空[6]饰片，饰片上的花纹作虎豹骆驼等动物形象。还发现了"单于天降""四夷□服"[7]以及"单于和亲""千秋万岁""长乐未央"[8]等文字的瓦当[9]残片。

我不想详细介绍这两个古城的发现，只想指出一个事实，即阴山南北和黄河渡口一带的汉代古城，不是由于经济的原因，而是由于军事的原因建筑起来的。严格地说，这些古城不能称为真正的城市，只是一种驻扎军队和屯积军用粮食武器的营垒。居住在这些城堡中的主要是军队，也有小商人和手工业者；但这些小商人和手工业者是依靠军队生活的，只要军队撤退，这些城堡也就废弃了。

我还想指出，阴山一带在民族关系紧张的时期是一个战场，而在民族关系缓和时期则是一个重要的文化交流的驿站[10]；甚至在战争的时期，也不能完全阻止文化的交流。关于这一点，我们可以从这一带发现的文物得到说明。例如在当时的汉与匈奴的边境线上到处都发现了汉代的钱币和工艺品，这些工艺品与在内地发现的同一时期的工艺品是一样的，这件事说明汉与匈奴之间的和平往来，并没有完全被万里长城和军事堡垒所遮断。

---

[1] 以罢：已撤除。以，已。罢，撤除。

[2] 省亭隧：裁减用以守望并放烽火报告军情的亭子。省，裁减。亭隧，也写作"亭燧"。

[3] 裁：相当于"才"，仅仅。

[4] 候望：守卫观望。

[5] 绳纹陶片：带有密排的绳纹的陶器残片。绳纹，古代陶器的一种纹饰。

[6] 镂（lòu）空：雕刻的一种，穿透物体的花纹或文字。镂，雕刻。

[7] "四夷□服"：指四方的少数民族向汉朝称臣。"□"表示这个字残缺。残缺的应是"臣"字，或"宾"字，或"咸"字。

[8] "长乐未央"：这里指代汉王朝。长乐，指长乐宫，在长安城东南，汉初大臣在这里朝见皇帝；未央，指未央宫，在长安城西南，汉惠帝之后改在这里朝见皇帝。长乐未央的意思是永保康乐。央，尽。

[9] 瓦当：古代称瓦背向上的滴水瓦的瓦头为"瓦当"，有圆形或者半圆形的，上有图案或者文字。

[10] 驿（yì）站：旧时用来传送公文的人或出差官员途中换马暂住的地方。

在大青山脚下，只有一个古迹是永远不会废弃的，那就是被称为青冢[1]的昭君[2]墓。因为在内蒙人民的心中，王昭君已经不是一个人物，而是一个象征，一个民族友好的象征；昭君墓也不是一个坟墓，而是一座民族友好的历史纪念塔。

青冢在呼和浩特市南二十里左右。据说清初墓前尚有石虎两列、石狮一个，还有绿琉璃瓦残片，好像在墓前原来有一个享殿[3]。现在，却只有一个石虎伏在阶台下面陪伴这位远嫁的姑娘，其他的东西没有了。

据内蒙的同志说，除青冢外，在大青山南麓还有十几个昭君墓。我们就看到了两个昭君墓，其中一个在包头市的黄河南岸。其实这不是一个坟墓，而是一个古代的堡垒。在这个堡垒附近，还有一个古城遗址。

王昭君究竟埋葬在哪里，这件事并不重要，重要的是为什么会出现这样多的昭君墓。显然，这些昭君墓的出现，反映内蒙人民对王昭君这个人物有好感，他们都希望王昭君埋葬在自己的家乡。

然而现在还有人反对昭君出塞，认为昭君出塞是民族国家的屈辱。我不同意这样的看法。因为在封建时代要建立民族之间的友好关系，不能像我们今天一样，通过各族人民之间的共同的阶级利益、经济基础和意识形态，主要的是依靠统治阶级之间的和解，而统治阶级之间的和解又主要的是决定于双方力量的对比，以及由此产生的封建关系的改善。和亲[4]就是改善封建关系的一种方式。当然，和亲也是在不同的历史条件下出现的，有些和亲是被迫的，但有些也不是被迫的，昭君出塞就没有任何被迫的情况存在。如果不分青红皂白，只要是和亲就一律加以反对，那么在封建时代还有什么更好的方法可以取得民族之间的和解呢？在我看来，和亲政策比战争政策总要好得多。

思考与练习：

一、翦伯赞是我国老一辈史学家之一。仔细阅读课文，说说他对哪些历史问题发表了什么见解，珍视民族团结的思想在文中是怎样体现的。

二、“一段最古的长城”和“大青山下”这两部分记叙的内容都很丰富。试具体分析这两部分各记叙了哪些内容，作者的议论起了怎样的作用。

三、全文引用了较多的文献资料。这些引用可分两大类：一类是用文献资料来佐证个人见解，一类是用考古资料来实证个人看法。请你从课文中各举些例子，并具体说说它们的作用。

四、比较下边每组里的两段话，说说课文里为什么要采用①的句式。

1. ① 敢于这样做的人，难道不是一个英雄吗？可以肯定说是一个英雄，一个大大的英雄。

---

[1] 青冢（zhǒng）：即昭君墓。位于呼和浩特南部，高二十米，占地二十多亩，突兀耸立，气象巍然。据说春天冢上草发青得早，秋天比野草凋零得迟，远望呈青黛色，因此叫青冢。

[2] 昭君：即王昭君，名嫱（qiáng），字昭君，中国古代四大美女之一。晋朝时为避司马昭讳，又称“明妃”，汉元帝时期的宫女。西汉南郡秭归（今湖北省宜昌市兴山县）人。匈奴呼韩邪单于阏氏（yānzhī，匈奴皇后）。

[3] 享殿：旧时供奉祖宗木主（牌位）或者神佛偶像的地方。

[4] 和亲：即和睦相亲，指西汉为缓和汉和匈奴的关系，嫁宗室女与匈奴单于。泛指封建君主为了免于战争，与边疆异族统治者联姻。

② 敢于这样做的人，可以肯定说是一个大英雄。

2. ① 如果不分青红皂白，只要是和亲就一律加以反对，那么在封建时代还有什么更好的方法可以取得民族之间的和解呢？在我看来，和亲政策比战争政策总要好得多。

② 我认为和亲政策比战争政策好得多。不能一律反对和亲，在封建时代没有比和亲更好的方法可以取得民族之间的和解。

3. ① 在内蒙人民的心中，王昭君已经不是一个人物，而是一个象征，一个民族友好的象征：昭君墓也不是一个坟墓，而是一座民族友好的历史纪念塔。

② 在内蒙古人民的心中，王昭君是民族友好的象征，昭君墓是一座民族友好的历史纪念塔。

第四单元　议论文

议论文读写知识指要

议论文是以议论为主要表达方式，通过摆事实、讲道理，直接表达作者的观点和主张的常用文体。它不同于记叙文以形象生动的记叙来间接地表达作者的思想感情，也不同于说明文侧重介绍或解释事物的形状、性质、成因、功能等。议论文有三要素，即论点、论据和论证。

议论文一般有两种分类法。从功能用途看，可以分为政论类、学术类、评论类、杂感类等。政论类是指那些针对国内外重大政治问题和其他政治、社会问题，发表意见，进行评论的文章。它包括马列主义经典著作以及代表党和国家各级领导机关发表的宣言、声明、重要报告、讲话、社论等。学术类是指针对某一问题展开研讨和辩驳的文章，或针对某些事物或现象进行探讨的著作。评论类是指思想评论和文艺评论，即对思想情绪和各种文艺现象、文艺实践活动进行分析、探讨和评价的文章。杂感类是指那些选题广泛、形式不拘，虽侧重于议论说理，又综合多种表现手法，融事、理、情、趣为一炉的文章。

从论点的证明角度看，议论文可分为立论文和驳论文两种类型。以立论为主的议论文叫立论文。所谓立论，就是针对一定的问题或事件，从正面提出自己的主张和见解的论证方式。以驳论为主的议论文叫驳论文。所谓驳论，则是针对一定的问题或事件，表示异议或否定并加以驳斥的论证方式。但立论和驳论这两种方式并非截然分开，在具体写作中，常是结合运用，相辅相成、相得益彰的。总体上属于立论性的文章，也可通过批驳错误观点以充分申述正面观点；总体上属于驳论性的文章，一般也要在批驳错误观点的同时阐明自己的正面观点。判定一篇议论文是立论性的还是驳论性的，就看其侧重于“立”还是侧重于“破”。

一、把握观点与材料的关系

观点，在议论文中就是“论点”，即作者对议论的问题提出的见解和主张。议论文总要提出问题、分析问题、解决问题，以达到说服别人的目的。要做到这一点，作者的观点首先要正确、鲜明、有针对性。所谓“正确”，就是要符合客观实际，符合事物发展规律，符合科学真理。所谓“鲜明”，就是立场、态度要分明，肯定什么、否定什么，赞成什么、反对什么，都要明白清楚，不能似是而非，模棱两可。含糊不清，是议论文的大敌。所以，表述论点的文字必须简明、确切，不能含混、啰唆。所谓针对性，是指论点的提出要着眼于现实的需要，着眼于解决实际问题，具有强烈的现实针对性。

材料，在议论文中就是“论据”，即论证论点的根据，作者建立观点的理由。论点需要论据来证明，论据是为论点服务的。因此论据必须与论点保持一致，这就是通常所说的“观点与材料的统一”。论据要真实可靠，要典型充足，论点才令人信服。

论据包括事实论据和理论论据。一般议论文，用得多的是事实论据，因为事实胜于雄辩，它比别的材料更具有说服力。生活中事实众多，但用作论据的事实必须是具有典型意义的、能够揭示事物本质的。议论文中事实材料的叙述要简明扼要，有时只要把能证明观点的那个部分、那个方面说清楚就行了，不用从头至尾地详尽描述。

理论论据多是引用经典性的著作和权威的言论（如名人名言）。它们是经过实践检验的真理，是可靠的，同时它们具有概括性和普遍性，能增加论点的广度和深度，能使读者对作者的观点理解得更深刻。

议论文的展开就是用事实和道理来论证自己论点的过程，因此确切地、充分地运用事实论据和理论论据，是写作议论文的基本功。

二、围绕中心论点展开论述

围绕中心论点展开论述就是指文章的内容、材料甚至手法都为观点的表现服务，与观点一致。一篇议论文，中心论点确定以后，就得用道理和事实去论证它，让人觉得你的主张是正确的、合乎情理的，从而接受你的观点。这就有一个围绕中心论点展开论述的问题。“论”是讲道理，“述”是摆事实。要善于把这两个方面结合起来，而关键是“围绕”，即紧紧扣住中心论点。开篇提出怎样的问题，结篇要归结到这一问题。在论证过程中，不能任意发挥，或者任意变换论题。如果有几个分论点，每个分论点都要与中心论点有关联，要从属于中心论点。议论文的逻辑性很强，论证必须紧扣中心，首尾一致。围绕中心论点展开论述的关键是保持观点与材料一致。要从以下几个方面着手：

第一，明确议论文的中心论点。文章要论证什么，想告诉读者什么观点，自己首先要了然于胸，一点不能模糊。

第二，所有材料，无论是道理还是事实，都要“紧扣”论点来选择，“围绕”论点来安排。

第三，表意要指向论点。摆事实，所叙事实的内涵要指向观点；叙前的议论和叙后的引申更要指向观点。讲道理、说理由的文字也要与观点吻合。论证观点，可以从不同角度不同层次去表述，但不能偏离论点。

第四，善于化整为零，即善于把中心论点分解为几个方面或几个层次来论证。这样文章既内容丰富，又层次井然。要注意做到各个分论点与中心论点的关系紧密，分论点之间有内在的逻辑联系。

三、论证结构要严密，逻辑性强，合乎规范模式

议论文的结构是指文章内部的观点和材料的组织安排。议论文应该结构完整、严密，逻辑性强。

议论文的基本结构通常由引论、本论、结论三部分组成。开头必须提出论题或论点，入题要快，语言简捷、精彩。本论是文章的主体，是对问题的分析，即选用材料分层次地充分论证论点。结尾归纳总结。议论文的结构是否严谨，条理是否清楚，论证是否严密，论据是否典型，关键在主体部分。以下是四种常见的结构形式：

第一，并列式结构。在论证思路中，将文章的中心论点分解成几个平行的、并列的分论点，或是把论据并列起来，论证的几个层次或段落之间的关系是平行的，这就是并列式。

第二，正反对照式结构。在论证思路中，把两种事物（或意见）加以对比，或者是用另一种事物（或意见）来烘托某一种事物（或意见），这就是对照式。

第三，递进式结构。在论证思路中，由浅入深，层层深入，步步推进，这就是递进式结构。一般议论文采取先提出问题，再分析问题，然后解决问题的思路，这种思路体现了递进式结构的特点。

第四，"总分"式结构。这是文章运用最多的一种结构方式。在论证思路中，有的先总说后分说，有的先分说后总说或者先总说后分说再总说。这些形式都是"总分"式结构形式的类别。

安排议论文的结构，要注意段落层次间的内在联系，还要注意起着承上启下作用的过渡段、过渡句以及过渡词语的设置。

四、学会运用多种论证方法

所谓论证方法，就是论述和证明论点的方法。论证方法多种多样，常见的有例证法、引证法、对比法、喻证法、引申法（归谬法）等。

（1）例证法，就是用典型事例作为论据来证明论点的方法。通常所说的"摆事实"就是这种方法。人们常说"事实胜于雄辩"，例证法是议论文最基本的论证方法。

（2）引证法，是用已知的公认的道理作论据来证明个别性的论点的方法。这就是"事理论证"。引证法常常表现为引用先贤警句或名人的言论、公认的原则、公理、格言、成语俗谚等。《论毅力》中作者引用孔子、孟子的名言进一步证明了毅力在人生和事业中的重要作用。

（3）对比法，是将两种性质、特点在某些方面截然相反或者有差异的事物进行比较。这种方法有两种情况：一种是将发生在同一时期、同一区域的两种性质截然相反或有差异的事物进行比较。这种对比叫"横比"。另一种是将同一事物在不同的时间、地点的不同情况进行比较。这种对比叫"纵比"。对比法也是议论文最常用的论证方法。

（4）喻证法，是用比喻来说明道理的方法。这种方法就是用人们容易理解的浅显的事物或道理来说明不容易理解的深奥的事物或道理。一个恰到好处的比喻往往胜过一篇议论。例如《拿来主义》一文中，用一所大宅子比喻文化遗产，用"孱头""昏蛋""废物"比喻对文化遗产持完全错误态度的三种人，再用"鱼翅""鸦片""烟具"和"姨太太"比喻文化遗产中的精华、糟粕以及各种复杂的情况，来论证自己的观点。运用喻证法，道理讲得通俗形象，容易被人接受，并具有一定的感染力。使用时要注意贴切、恰当。

（5）引申法，也叫归谬法，是由反面论点引出错误结论来说明道理的方法，即先假设对方的错误论断是“正确”的，然后用它作为前提，引导出一个显然是荒谬的结论，从而证明对方的论点不能成立。这种论证方法以退为进，可以使对方的论点不攻自破，并能产生机智幽默而又犀利有力的表达效果。例如，“如果说有着微量放射性的大自然是最美丽的话，能说核电站是肮脏的吗？”作者在这里运用归谬法反驳了“核电站是肮脏的”这一观点。作者的逻辑思路是，如果说核电站因为有放射性就是肮脏的，那么大自然也有微量放射性，所以大自然也是肮脏的，这与“大自然最美丽”的论点相矛盾。从而说明不能仅因为核电站有微量的放射性就说“核电站是肮脏的”这一结论。引申法多用于驳论文章。

以上几种常用的论证方法，在实际写作中，常常是综合运用的，其目的在于力求论证深入充分，说理明晰透彻，以达到读者对作者所阐述的论点确信无疑的效果。

以上论证方法是就议论文整体来说的，而驳论文还涉及反驳的方法。反驳的方法有三种，即反驳论点、反驳论据、反驳论证。因为议论文是由论点、论据、论证三部分有机构成的，错误的议论也有它自己的论点、论据和论证。反驳论点是基本的方法，反驳论据、反驳论证最终也是为了驳倒对方的论点。

（1）反驳论点，即直接用事实或道理批驳对方论点本身的片面、虚假或谬误，这是驳论中最常用的方法。

（2）反驳论据，就是指出对方作为论据的事实或道理是虚假的、片面的，是不能成立的。因为错误的论点往往是建立在虚假、错误的论据基础上的，只要驳倒了论据，摧毁了立论的基础，论点也就不攻自破了。

（3）反驳论证，即揭露对方在论证过程中的逻辑错误以证明对方论点的错误。如大前提、小前提与结论的矛盾，概念外延扩大、缩小的错误，对方各论点之间的矛盾，论点与论据之间矛盾，等等。例如这样一件事：有位美国参议员对逻辑学家贝尔克说：“所有的共产党人都反对我，你也反对我，所以你是共产党人。”贝尔克当即答道：“亲爱的参议员先生，您的推论真是妙极了！如果你的推论能够成立，那么下面的推论也能成立：所有的鹅都吃白菜，您也吃白菜，所以您是鹅。”贝尔克反驳的是对方的论证方式，并运用了与对方完全相同的推理形式，从真实的前提推出对方无法接受的荒谬结论来（这里用的是归谬法）。进行这样的论证，需要冷静地分析对方的言论，发现其中逻辑推理上自相矛盾之处，然后予以有力的揭露。

一篇驳论文也可以几种反驳方式结合起来使用，以加强反驳的力量和说服力。

五、学会辩证分析

辩证分析，就是坚持具体问题具体分析，一分为二看问题，既坚持两点论，又坚持重点论；不过火，不偏激，不走极端，不以偏概全；分清现象与本质、原因（条件）与结果，指出联系与区别，注意区分易混概念；语言表达有分寸感、周密性；努力做到持之有故、言之成理，言而有物、言之有序；尽量客观公正，科学严谨。

进行辩证分析，通常要注意以下哲学观点的运用：

第一，运用发展的观点分析问题。世上的万事万物都是在运动、发展、变化之中。论证一个问题的时候，如果采用静止不变的观点分析，就不可能揭示出它的内在的客观规律，就必然违背事理；只有抓住事物之间的普遍联系，在发展中分析问题，才能把握问题的实质所在。

第二，运用联系的观点分析问题。任何事物都不是孤立存在的，它总是和外界事物有着千丝万缕的联系。分析一个问题时，就要注意它和其他有关问题的联系。

第三，运用一分为二的观点分析问题。这样，才能全面地认识问题，避免认识的片面性、绝对性。分析问题时，既要看到它的这一面，又要看到它的另一面；既要看到它的正面，也要注意它的反面。

据此，写作议论文要做到：具体问题具体分析，避免简单化、概念化；用全面的、联系的观点看问题，避免片面化、孤立化；用综合的、发展的眼光看问题，避免静止化、绝对化；善于从偶然与必然、量变与质变、外因与内因、历史与现实、条件与时机等方面入手，由表及里地揭示事物的本质。也就是说，只有注意辩证地看待问题，才有可能使所议论的问题深刻、全面、客观、有理，有较强的说服力。

总之，议论文的写作主要是对客观事物或者存在的问题，用概括的语言，按照一定的理论和逻辑关系，表达自己的见解和主张，使人信服，并受到启发和教育。

学习议论文，是理论的储备，有利于明辨是非，提高思想、文化等素养，培养逻辑思维能力。

无论从文章写作的基本功还是日常生活中的基本需要来看，议论文的写作都是很重要的。

选　文

《论语》十则

阅读提示：《论语》是儒家重要经典之一，是记载春秋末期思想家孔子及其弟子言行的语录体文集。全书共二十篇，内容涉及政治、教育、文学、哲学以及立身处世的道理等多方面，与《大学》《中庸》《孟子》合称“四书”。《论语》十则是从《论语》中节选的有关学习方法、学习态度及修身做人的十条语录。这十则语录不仅内容丰富，富有哲理，而且文字也颇具特色，句式整齐，音调和谐，富有感染力。

（一）

子[1]曰：“学而时习之[2]，不亦说[3]乎？有朋[4]自远方来，不亦乐[5]乎？人不知而不愠[6]，不亦君子[7]乎？”（《学而》[8]）

注释：[1]子：先生，这里指孔子。子，是中国古代对有地位、有学问的男子的尊称，有时也泛称男子。《论语》中的“子”一般指孔子。孔子（前 551—前 479），名丘，字仲尼，春秋时鲁国陬（zōu）邑（现在山东曲阜）人。是儒家学派的创始人，我国古代的思想家、教育家。[2]学：孔子在这里所讲的“学”，主要是指学习西周的礼、乐、诗、书等传统文化典籍。时习：时常地复习。时：时常。习：演习礼、乐，复习诗、书，也含有温习、实习、练习的意思。[3]说：通“悦”，愉快。[4]朋：古代同门（师）为朋，同志为友。[5]乐：与“悦”有所区别。“悦”在内心，“乐”则见于外。[6]“人不知”句：“知”是了解的意思。“人不知”，是说别人不了解自己。愠（yùn）：生气，发怒。[7]君子：道德上有修养的人。[8]《学而》：《论语》中各篇一般都是以第一章的前二三个字作为该篇的篇名。《学而》是《论语》第一章的章名，包括十六篇，内容涉及诸多方面，其中重点是“吾日三省吾身”“节用而爱人，使民以时”“礼之用，和为贵”，以及仁、孝、信等道德范畴。

（二）

子曰：“温故而知新[1]，可以[2]为师矣。”（《为政》[3]）

注释：[1]故：旧的知识，下文的“新”指新的知识，都是形容词用作名词。而：连词，表顺承关系，这里可以翻译为“就”。知：领悟。[2]以：凭借。[3]《为政》：包括二十四章，主要内容涉及孔子“为政以德”的思想、如何谋求官职和从政为官的基本原则、学习与思考的关系、孔子本人学习和修养的过程、温故而知新的学习方法，以及对孝、悌等道德范畴的进一步阐述。

（三）

子曰："学而不思则罔[1]，思而不学则殆[2]。"（《为政》）

注释：[1]而：连词，表转折。则：连词，相当于"就""便"。罔：通"惘"，意思是感到迷茫而无所适从。[2]殆：疑惑。

（四）

曾子[1]曰："吾日三省[2]吾身：为人谋而不忠乎[3]？与朋友交而不信[4]乎？传不习乎？[5]"（《学而》）

注释：[1]曾子（前505—前436），姓曾，名参（shēn），字子舆，春秋战国间鲁国南武城（现在山东费县）人。曾参是孔子的得意门生，以孝出名。[2]三省（xǐng）：多次反省。三，泛指多次。[3]为：替。谋：谋划。忠：对人尽心竭力。[4]信：真诚，诚实。[5]传（chuán）：动词用作名词，老师传授给自己的知识。习：与"学而时习之"的"习"字一样，指温习、实习、练习等。

（五）

子曰："见贤思齐焉[1]，见不贤而内自省[2]也。"（《里仁》[3]）

注释：[1]贤：德才兼备的人。思：希望，想着。齐：看齐。焉：句末语气词。[2]省（xǐng）：反省，这里指反省有没有相同的毛病。[3]《里仁》：本篇是《论语》的第四篇，包括二十六章，主要内容涉及义与利的关系问题、个人的道德修养问题、孝敬父母的问题，以及君子与小人的区别，等等。

（六）

子曰："知[1]（zhì）者不惑，仁[2]者不忧，勇者不惧。"（《子罕》[3]）

注释：[1]知：通"智"，智慧。[2]仁：一种道德范畴，指人与人相互友爱、帮助、同情。[3]《子罕》：本章共包括三十一篇，涉及孔子的教育思想、孔子弟子对其师的议论，此外，还记述了孔子的某些活动。这里的"子罕"中的"子"指孔子，"罕"是表示频率的副词，即"少"。

（七）

曾子曰："士不可以不弘毅[1]，任重而道远[2]。仁以为己任[3]，不亦重乎[4]？死而后已[5]，不亦远乎？"（《泰伯》[6]）

注释：[1]士：有抱负的人。弘：胸怀宽广。毅：意志刚强。[2]任：责任。而：连词，表示并列关系。[3]仁：这里指儒家的推己及人，仁爱待人。以为：把……作为。[4]不亦……乎：表示反问语气，可以翻译为“不也……吗？”[5]已：结束。[6]《泰伯》：共计二十一篇，涉及孔子及其学生对尧、舜、禹等古代先王的评价，孔子教学方法和教育思想，孔子道德思想的具体内容，以及曾子在若干问题上的见解。

（八）

子贡[1]问曰：“有一言[2]而可以终身行[3]之者乎？”子曰：“其恕乎[4]！己所不欲[5]，勿施[6]于人。”（《卫灵公》[7]）

注释：[1]子贡：（公元前 520—前 446），复姓端木，名赐，字子贡，春秋末年卫国人，孔子的得意门生。[2]一言：一个字。[3]行：奉行。[4]其：表推测语气，大概，也许。恕：用自己的心来推想别人的心，指儒家的推己及人，仁爱待人。[5]欲：喜欢，想要（做的事）。[6]施：施加。[7]《卫灵公》：本章包括四十二篇，内容涉及孔子的“君子小人”观的若干方面、孔子的教育思想和政治思想，以及孔子在其他方面的言行。

（九）

子曰：“吾十有五而志于学[1]，三十而立[2]，四十而不惑[3]，五十而知天命[4]，六十而耳顺[5]，七十而从心所欲，不逾矩[6]。”（《为政》）

注释：[1]十有五：十五岁。有：通“又”，古人在两位数的整数和零数之间常常加“有”字。志：立志。[2]立：站立，站得住。这里的意思是独立做事情。[3]惑：迷惑，疑惑。[4]天命：指不能为人力所支配的事情。[5]耳顺：广泛听取各种意见。[6]不逾矩：不超越规矩。逾：越过。

（十）

子曰：“不知命[1]，无以为君子[2]也；不知礼[3]，无以立[4]也；不知言[5]，无以知人[6]也。”（《尧曰》[7]）

注释：[1]命：命运，天命。儒家认为人在一生中的吉凶、祸福、生死、贫富、利害都是上天主宰、命中注定的，人对此无力改变。这是唯心主义的一种哲学观点。不过，孔子所说的“知命”，也包含有一些有积极意义的内涵，如提倡要面对现实，识时务；要了解与顺应客观事物发展规律而不应与之违背；要明确人生的道义与职责等。[2]无以：无从，没有用来……的办法、手段。君子：泛指才德出众的人。[3]礼：社会生活中由于风俗习惯而形成的行为准则，道德规范和各种礼节。[4]立：立身，立足。[5]知言：善于辨析他人的言辞。[6]知人：能鉴察人的品行、才能。[7]《尧曰》：《论语》第二十章，这一篇主要谈到尧禅让帝位给舜，舜禅让帝位给禹，即所谓三代的善政和孔子关于治理国家事务的基本要求。

思考与练习：

一、按要求从本文里找出例句

关于学习方法：

关于学习态度：

关于品德修养：

二、根据课文回答问题

1. 孔子曾说过："善人，不善人之师；不善人，善人之资。"（资：借鉴）

用课文中的话说，就是：＿＿＿＿＿＿＿＿＿＿＿＿＿＿＿＿＿＿＿＿

2. "吾日三省吾身"已经成为很多人的座右铭，请结合实际谈谈这么做的好处。

3. 学习与思考有什么关系？请结合文中孔子的话加以分析。

4. "己所不欲，勿施于人"是最早由儒家提倡的待人接物的处世之道，请你结合实际谈谈为什么要"己所不欲，勿施于人"？

三、背诵全文。

四、拓展阅读。

> 知人者智，自知者明。胜人者有力，自胜者强。知足者富，强行者有志，不失其所者久，死而不亡者寿。
>
> ——《老子》第三十三章
>
> 天行健，君子以自强不息。地势坤，君子以厚德载物。
>
> ——《周易》

诸子[1]短文十则

《孟子》[2]一章

阅读提示：本文选自《孟子·告子下》，是反映孟子个人修养、对人生态度的代表作，表明了孟子关于人才要在困难环境中磨炼造就的观点。文章摆事实，讲道理，举例典型，观点与材料紧密结合，层层深入，说理透彻，令人信服。

舜发于畎亩之中[3]，傅说举于版筑之间[4]，胶鬲[5]举于鱼盐之中，管夷吾举于士[6]，孙叔敖举于海[7]，百里奚举于市[8]。

注释：[1]诸子：即诸子百家。诸子指的是中国先秦时期老子、孔子、庄子、墨子、孟子、荀子等学术思想的代表人物亦指他们的代表作；百家指的是儒家、道家、墨家、法家等学术流派。诸子百家是后世对先秦学术思想人物和派别的总称。春秋后期已出现颇有社会影响的法家、道家、儒家、墨家等学派，而至战国中期，更多学派纷呈，众多学说争鸣，为中国文化发展奠定了深厚的基础，中国术语上把这一时期称为诸子百家或百家争鸣时期。[2]孟子（约前 372—前 289），名轲，字子舆，战国时期鲁国邹（现在山东省邹城）人。中国古代著名思想家、政治家、教育家，战国时期儒家代表人物，有“亚圣”之称，与孔子合称为“孔孟”。《孟子》是儒家经典之一，是孟子和其弟子记录并整理而成的，记录了孟子的治国思想和政治策略。南宋时朱熹将《孟子》与《论语》《大学》《中庸》合称“四书”。从此直到清末，“四书”一直是科举必考内容。孟子的文章说理透彻，气势充沛，富于感情色彩并长于论辩。[3]舜：传说中的远古帝王。舜原来在历山耕田，后被尧起用，成了尧的继承人。发：起，指被任用。畎（quǎn）亩：田间，田地。[4]傅说（yuè）原在傅岩（今山西平陆县东）为人筑墙，因以傅为姓，殷王武丁用他为相。举：任用，选拔。版筑：筑墙的时候在两块夹板中间放土，用杵（chǔ）捣土。筑，捣土用的杵。[5]胶鬲（gé）：殷纣时贤人。他曾从事贩卖鱼、盐的工作，周文王曾将他推荐给纣，后来又辅佐周武王。[6]管仲：字夷吾，原为齐国公子纠的臣，公子小白（齐桓公）和公子纠争夺君位，纠失败了，管仲作为罪人被押解回国，齐桓公知道他有才能，即用他为相。士：狱官。举于士：从狱官手里释放出来并得到任用。[7]孙叔敖（áo）：春秋时期楚国人，隐居海滨，楚庄王知道他有才能，用他为令尹。[8]百里奚：春秋时期虞国大夫。虞亡后被俘，由晋入秦，又逃到楚。后来秦穆公用五张羊皮把他赎出来，用为大夫，所以说举于市（集市）。

故天将降大任于是人也[1]，必先苦其心志[2]，劳其筋骨[3]，饿其体肤[4]，空乏[5]其身，行拂乱其所为[6]，所以动心忍性[7]，曾[8]益其所不能。

注释：[1]任：责任，使命。是：这。[2]苦：使动用法，使……痛苦。心志：感情。[3]劳：使动用法，使……劳累。筋骨：这里指身体。[4]饿其体肤：使他经受饥饿之苦。饿：使动用法，使……饥饿。[5]空乏：使动用法，使他受到贫困之苦。[6]行拂（fú）乱其所为：使他做事不顺。行：行为，做事。拂：违背。乱：使……乱，扰乱。[7]所以：用以，用来。动心忍性：使他的心志惊动，使他的性格坚强起来。动：使……惊动。忍：使……坚韧。[8]曾（zēng）：通“增”，增加。

人恒过[1]，然后能改。困于心[2]，衡于虑[3]，而后作[4]；征于色[5]，发于声[6]，而后喻[7]。入则无法家拂士[8]，出则无敌国外患者[9]，国恒亡。然后知生于忧患，而死于安乐也[10]。

注释：[1]恒：常。过：过失：这里用作动词，犯错误。[2]困于心：内心困苦。困：窘迫。[3]衡于虑：思虑阻塞。衡：通“横”，梗塞，不顺。[4]而后作：然后才能奋起。作：奋起，指有所作为。[5]征于色：表现于脸色。意思是憔悴枯槁，表现在脸色上。征：征验，表现。色：脸色。[6]发于声：吟咏叹息之气发于声音。发：抒发。[7]而后喻：（看到他的脸色，听到他的声音）然后人们才了解他。喻：晓喻，明白。[8]入则无法家拂（bì）士：国内没有坚守法度的大臣和足以辅佐君王的贤士。入：里面，指在国内。法家：坚持法度纪律的大臣。拂：通“弼”，辅佐。[9]出则无敌国外患者：国外没有与之匹敌的国家和外来国家的忧患。出：在外面，指在国外。敌国：势力、地位相等的国家。[10]“然后”两句：这样之后才知道因有内忧外患而得以生存，由于沉迷安乐而衰亡。

思考与练习：

一、孟子认为人怎样才能成才？如果给课文加个标题，应该用原文哪句？

二、解释下列句中加点的词。

1. 傅说举于版筑之间

2. 空乏其身

3. 困于心，衡于虑

4. 入则无法家拂士

三、翻译下列句子。

1. 所以动心忍性，曾益其所不能。

2. 入则无法家拂士，出则无敌国外患者，国恒亡。

3. 征于色，发于声，而后喻。

4. 然后知生于忧患，而死于安乐。

四、背诵全文。

《中庸》一则

阅读提示：本文选自《中庸》第二十章。《中庸》是儒家经典"四书"之一，原为《礼记》的一篇，宋代把它独立出来。《礼记》是儒家经典之一，是研究中国古代社会情况、典章制度和儒家思想的重要著作，包括社会、政治、伦理、哲学、宗教等方面的内容。《中庸》《礼运》《大学》都是《礼记》中的重要篇章，主要反映了儒家的政治思想和历史观点。"中庸"主张处理事情不偏不倚，认为过犹不及，是儒家核心观念之一，认为它是道德行为的最高准则。本则讲的是学习过程和认知方法，体现的是儒家增进学业、修养人格的功夫。

博学之，审[1]问之，慎思之，明辨之，笃行之[2]。有弗学[3]，学之弗能，弗措也[4]。有弗问，问之弗知，弗措也。有弗思，思之弗得，弗措也。有弗辨，辨之弗明[5]，弗措也。有弗行[6]，行之弗笃，弗措也。人一能之，己百之；人十能之，己千之[7]。果能此道矣，虽愚必明[8]，虽柔必强。

注释：[1]审：详细。[2]笃：纯一，专一。行：履行，实行。[3]有弗学：意思是要么不学，学就要学会。弗：不。[4]学之弗能，弗措也：如果学了还不会，绝不放弃。措：停止，弃置。[5]明：明白，清楚。[6]行：做，从事某种活动。[7]"人一能之"四句：别人一遍能做到的，我做一百遍；别人十遍能做到的，我做一千遍。[8]必：一定。明：明智，明察。

思考与练习：

一、学习本则内容，你的体会是什么？请将体会作为当天的读书笔记，并与同学交流。

二、翻译并背诵全文。

《礼运》一则

阅读提示：本文选自《礼记·礼运》中的"大同篇"。《大同篇》描述的是一种理想社会状态。书中的"大同"思想，对历代政治家、改革家都有深刻的影响。

大道[1]之行也，天下为公[2]，选贤与能[3]，讲信修睦[4]。故人不独亲其亲[5]，不独子其子[6]，使老有所终，壮有所用，幼有所长，矜、寡、孤、独、废疾[7]者皆有所养，男有分[8]，女有归[9]。货恶其弃于地也，不必藏于己[10]；力恶其不出于身也，不必为己[11]。是故谋闭而不兴[12]，盗窃乱贼而不作[13]，故外户而不闭[14]，是谓大同[15]。

注释：[1]大道：古代指政治上的最高理想。[2]天下为公：国家政权归民众所有。为：归于。[3]选：选拔。与（jǔ）：通"举"，推荐，选用。[4]修睦：调整相互间的关系，使之亲密和睦。修：学习，培养。[5]第一个"亲"是动词，爱，亲爱。第二个"亲"是名词，这里指父母。[6]第一个"子"是动词，待如己子。第二个"子"是名字，这里指子女。[7]矜（guān）：

古同“鳏”（guān），老而无妻的人。寡：老而无夫的人。孤：幼而无父的人。独：老而无子的人。废：身体残损的人。疾：有疾病的人。[8]男有分（fèn）：男子有职务。分：职分，职业。[9]女有归：女子有归宿。归：女子出嫁。[10]货恶（wù）其弃于地也，不必藏于己：对于财货，人们憎恨把它扔在地上的行为，却不一定要自己私藏。恶：憎恶。[11]力恶其不出于身也，不必为己：人们都愿意为公众之事竭尽全力，却不一定为自己谋私利。[12]谋闭而不兴：奸邪之谋不会发生。谋、闭：阴谋、封闭的事情。兴：产生。[13]盗窃乱贼而不作：盗窃、造反和害人的事情不发生。盗：偷盗，劫掠。窃：偷。乱：叛乱，动乱。贼：害，杀害。作：兴起，发生。[14]外户而不闭：大门虽设而常开。外户：泛指大门。闭：用门闩（shuān）插门。[15]同：和谐，和睦。

思考与练习：

一、总领全文的语句及其照应的语句各是什么？

二、文中“大同”的含义是什么？

三、翻译下列句子。

1. 大道之行也，天下为公，选贤与能，讲信修睦。
2. 故人不独亲其亲，不独子其子。
3. 矜、寡、孤、独、废疾者皆有所养，男有分，女有归。

《学记》四则

阅读提示：《学记》是《礼记》中有关教育方面的论文，是世界教育史上第一篇教育学的专著。课文选取其中四则，涉及学习的重要性、教学原则、教学方法、师生关系等。

（一）

玉不琢[1]，不成器；人不学，不知道[2]。是故古之王者建国君[3]民，教学[4]为先。《兑命》[5]曰：“念终始典于学[6]。”其此之谓乎[7]！

注释：[1]琢：雕。[2]道：道理。[3]君：统治、管理。[4]教学：指教育。[5]《兑命》：《古文尚书》中的篇名，也作《说命》。兑：音 yuè。命：《尚书》中的一种文章体裁，内容主要是君王任命官员或赏赐诸侯时发布的政令。[6]念终始典于学：始终如一地想着要以学习为主。念：想着。典：主。[7]其……之谓乎：一般是一种固定句式，可以翻译为“大概说的就是……吧”。其：表示推测的语气副词。

（二）

虽有嘉肴[1]，弗食，不知其旨[2]也；虽有至道[3]，弗学，不知其善也。是故学然后知不足，教然后知困[4]。知不足，然后能自反[5]也；知困，然后能自强[6]也。故曰：教学相长[7]也。

注释：[1]嘉肴：精美的菜肴。嘉：美好。肴：原指熟肉，熟鱼。[2]旨：味美。[3]至道：

最好的道理。至：最，极。善：高明。[4]困：困惑，理解不清。[5]自反：反躬自问，反省自己。[6]自强：自己奋发图强。[7]教学相长（zhǎng）：教和学互相促进。指通过教学，学生得到进步，教师自己也得到提高。长：增长。

（三）

大学之法[1]，禁于未发之谓豫[2]，当其可之谓时[3]，不陵节而施之谓孙[4]，相观而善之谓摩[5]。此四者，教之所由兴也[6]。发然后禁，则捍格而不胜[7]；时过然后学，则勤苦而难成；杂施而不孙[8]，则坏乱而不修[9]；独学而无友，则孤陋而寡闻[10]；燕朋逆其师[11]，燕辟废其学[12]。此六者，教之所由废[13]也。

注释：[1]大学之法：大学（进行教育）的方法，也就是大学的教学原则。大学：是指“博学可以为政”的活动，即“学到很多知识和技能，为国为民做事”的活动。[2]禁于未发之谓豫：问题还没有发生就加以防范，叫作预防。禁：止，防范。豫：预防。[3]当其可之谓时：在适当的时候学习，叫作适时。可：适当，适宜。时：适时。[4]不陵节而施之谓孙（xùn）：不超过学的人的接受能力而进行（教育），叫作合乎顺序。陵：超越。节：限度。施：实行，进行。孙：通“逊”，意为“顺”，引申为“规律”。[5]相观而善之谓摩：互相观察，互相参观学习，吸取对方的长处，叫作观摩。观：观察，参观学习。善：学习对方的优点、好处。摩：观察，切磋。[6]此四者，教之所由兴也：这四点，就是教育成功的原因。所由：即“由所”，由于这个原因。兴：这里是成功的意思。[7]则捍格而不胜：就抵触而不易克服。捍格：抵触。胜：克服。[8]杂施而不孙：杂乱地进行（教育）而不合乎顺序。[9]坏乱而不修：陷入混乱的境地而不好收拾。坏乱：知识体系被破坏，思想混乱。修：整治，收拾。[10]孤陋而寡闻：学识短浅，见闻不广。孤陋：（知识）片面浅薄。闻：见闻。[11]燕朋逆其师：交品德不好的朋友，就会违反师长（的教诲）。燕朋：坏朋友，这里有交坏朋友的意思。燕：玩，戏，不正经的意思。逆：违背。[12]燕辟废其学：同坏朋友干不正经的事，就会荒废学业。燕辟：偏邪不正经的事。废：荒废。学：学业。[13]废：失败。

（四）

学者有四失[1]，教者必知之。人之学也，或失则多[2]，或失则寡，或失则易[3]，或失则止[4]。此四者，心之莫同也[5]。知其心，然后能救[6]其失也。教也者，长善[7]而救其失者也。

注释：[1]学者：学习的人。失：过失，缺点。[2]或失则多：意思是，有的失之于多，也就是说缺点在于学得过多。或：无指代词，有的。则：这里有“于”的意味。[3]易：看轻，把学习看得太容易，不肯深入思考。[4]止：停止，遇到困难就停止不进。[5]此四者，心之莫同也：这四种缺点，是由于学习的人的心理各有不同。心：心理，思想。[6]救：纠正，补救。[7]长（zhǎng）善：发展优点。

思考与练习：

一、四则分别说明了什么道理？

二、第一、第二、第三则，各主要运用什么论证方法？

三、第二、第四则的语言有什么特点？

四、这篇指出了人们在学习中容易犯的过失是什么？

《荀子·修身》一则

阅读提示：荀子，名况（约公元前313—前238），战国后期赵国人，古代思想家。学宗儒术而言性恶，谓须依靠礼义以矫其枉，才能够从善。荀子的经学辞赋对后世影响很大，今传《荀子》十二卷三十二篇。修身，是指修养身心，努力提高自身的思想道德修养。这一则论述人们对善与不善应采取的态度，指出君子隆师亲友、好善不厌，因而能够取得成功。

见善，修然必以自存也[1]；见不善，愀然必以自省也[2]。善在身，介然必以自好也[3]；不善在身，菑然必以自恶也[4]。故非我而当者，吾师也[5]；是我而当者，吾友也[6]；谄谀我者，吾贼也[7]。故君子隆师而亲友，以致恶其贼[8]。好善无厌，受谏而能戒[9]，虽欲无进，得乎哉！小人反是：致乱而恶人之非己也[10]；致不肖[11]而欲人之贤己也；心如虎狼，行如禽兽，而又恶（è）人之贼己也。谄谀者亲，谏争者疏，修正为笑，至忠为贼，虽欲无灭亡，得乎哉！《诗》曰："滃滃呰呰，亦孔之哀[12]。谋之其臧，则具是违；谋之不臧，则具是依[13]。"此之谓也。

注释：[1]善：美好的事物，符合礼义的言谈举止。修然：肃然、庄重的样子。存：意为审察。见善必以自存：即见贤思齐之意。[2]愀（qiǎo）然：恭谨、严肃的样子。一说，警惕的样子。省：反省。自省：自我反省，反省自己。[3]介：同"洁"，洁身自好，坚定坚固。[4]菑（zī）：同"缁"，黑，浑浊，与"介"相对。菑然：认为不善是玷污自己的。恶（wù）：厌恶，憎恶。[5]故非我而当者，吾师也：所以凡非议我过失而得当的人，是我的良师。非：责备，反对。当（dàng）：适当，恰当，引申为有道理。[6]是我而当者，吾友也：赞同我而赞同得恰当的人，是我的朋友。是：认为正确，肯定。[7]谄谀（chǎnyú）我者，吾贼也：阿谀奉承我的人，是害我的馋贼。贼：害人的人，造成危害的人。[8]君子：有德才的人。隆：尊重。致：同"至"，极。下文"致乱""致不肖"同。[9]厌：满足。谏：直言规劝。戒：引以为戒。[10]小人：行为举止不符合礼义规范的人。乱：混乱，违反礼义规范的言行。恶（è）：陷害，诬陷。非：否定。[11]不肖：不良的言论和行为。[12]滃滃（xīxī）：互相附和吹捧的样子。呰（zǐ）：古同"訾"，诋毁。呰呰：相互诋毁的样子。孔：很，甚。[13]臧（zāng）：美好，善。具：皆。

思考与练习：

一、本则短文论述的君子与小人有哪些不同？

二、这段文字主要运用的论证方法是什么？

三、翻译全文，准确理解全文表达的意思。

《庄子·山木》[1]一则

阅读提示：《庄子·山木》为《庄子》外篇，是庄子后学所作，主要是讨论处世之道，由独立的九则寓言故事组成，本则是其中之一。在这个寓言故事里，庄子连续用蝉、螳螂、异雀三种见到利益而忘记自身安危的情况，说明世间的利益与危险总是携手并至的。讽刺了那些只顾眼前利益，不顾身后祸患的人。

庄周游于雕陵之樊[2]，睹一异鹊自南方来者。翼广七尺，目大运寸[3]，感周之颡，而集于栗林[4]。庄周曰："此何鸟哉！翼殷不逝[5]，目大不睹。"蹇裳躩步，执弹而留之[6]。睹一蝉方得美荫而忘其身[7]。螳螂执翳而搏之[8]，见得而忘形。异鹊从而利之，见利而忘其真[9]。庄周怵然[10]曰："噫！物固相累，二类相召也[11]。"捐弹而反走，虞人逐而谇之[12]。

注释：[1]庄子（约前 369—前 286），名周，战国中期宋国蒙地人，是继老子之后道家学派的重要代表人物，和老子并称为"老庄"。庄子的文章想象丰富，笔调恣肆，辞藻瑰丽，多采用寓言形式，富有浪漫主义色彩。对后世文学语言有很大影响。[2]雕陵：丘陵名，上有栗林。樊：树林茂密处。[3]广：鸟翼的宽度。运：横直，直径。[4]感：感触，碰着。周：庄子自称。颡（sǎng）：额头。集：群鸟在木上，引申为停留。[5]殷：大。不逝：不能远飞。[6]蹇（qiān）：通"褰"，撩起（衣服等）。躩（jué）步：快速行走。留（liù）：等候，等待。[7]方：正。美荫：浓荫。[8]执：相当于"用""凭"。翳（yì）：掩蔽。搏之：捕杀蝉。[9]真：真性，本性。[10]怵（chù）然：惊惧的样子。[11]固（hú）：通"胡"，何，何故。相累：互相伤害。二类：异类。相召：辗转招引。[12]捐：丢弃。反走：掉头就跑。反，同"返"。虞人：古代掌管山泽苑囿牧猎的官吏。谇（suì）：责骂。

庄周反入，三日不庭[1]。蔺且从而问之，"夫子何为顷间甚不庭乎[2]？"庄周曰："吾守形而忘身，观于浊水而迷于清渊[3]。且吾闻诸夫子曰[4]：'入其国，从其俗。'今吾游于雕陵而忘吾身，异鹊感吾颡，游于栗林而忘真，栗林虞人以吾为戮[5]，吾所以[6]不庭也。"

注释：[1]反入：返回家中。庭（chěng）：通"逞"，快心，愉快。[2]蔺且：庄周弟子。顷间：近来，顷刻间。[3]这里的意思是我留意外物的形体却忘记了自身的安危，观赏于混浊的流水却迷惑于清澈的水潭。浊水：比喻异鹊等物。清渊：比喻自己的真性。[4]闻：听到。诸：兼词，是"之于"的合音。夫子：泛指有道者，这里指老聃。[5]戮：谇骂，侮辱。以吾为戮：责骂我。[6]所以：……的原因。

思考与练习：

一、由这则寓言得出的成语是什么？从寓言中可得到什么启发？

二、将下列句子翻译成现代汉语。

1. 异鹊从而利之，见利而忘其真。

2. 吾守形而忘身，观于浊水而迷于清渊。

3. 入其国，从其俗。

4. 物固相累，二类相召也。

《韩非子·喻老》[1]一则

阅读提示：韩非的思想受《老子》和荀子的影响很大，继承了《老子》和荀子的思想，强调事物的发展变化是一个由量变到质变的过程。“喻老”，意思是用比喻来说明《老子》的观点。《喻老》用二十五则历史故事和民间传说分别解释了《老子》十二章，也集中表述了韩非的哲学观点。本节告诫人们小事故不认真处理或小错误不加以纠正，就会酿成大祸。

有形之类，大必起于小；行久之物，族必起于少[2]。故曰：“天下之难事必作[3]于易，天下之大事必作于细。”是以欲制[4]物者于其细也。故曰：“图难于其易也，为大于其细也。”千丈之堤，以蝼蚁之穴溃[5]；百步之室，以突隙[6]之烟焚。故曰：白圭之行堤也塞其穴，丈人之慎火也涂其隙[7]，是以白圭无水难，丈人无火患。此皆慎易以避难，敬[8]细以远大者也。

注释：[1]韩非（约前280—前233），战国末期思想家，法家最重要的代表人物，原系韩国贵族。他的著作很多，主要收集在《韩非子》一书中。《韩非子》中的文章，结构严密，语言幽默，于平实中见奇妙，具有耐人寻味、警策世人的艺术风格。它常常运用历史知识和寓言故事进行说理。《韩非子》有大量脍炙人口的寓言故事，如“自相矛盾”“守株待兔”“讳疾忌医”“滥竽充数”“老马识途”“郑人买履”“愚公移山”“买椟还珠”，等等。这些生动的寓言故事，蕴含着深隽的哲理，给人们以智慧的启迪，具有较高的文学价值。[2]行：历。族：聚，众，多。[3]作：起始，发生。[4]制：控制。[5]堤（dī）：沿江河湖海修筑的防水建筑物，多用土、石筑成。溃：破决，水冲破堤防。[6]突隙：烟囱的裂隙。突：烟囱。[7]白圭：战国时水利家。行：巡视。丈人：长者，老年人。涂其隙：涂塞烟囱的裂隙。[8]敬：慎重。

思考与练习：

一、说说你阅读本文后的感悟。

二、本文的语言有什么特点？

三、背诵全文。

读《孟尝君传》

王安石[1]

阅读提示：本文选自《临川先生文集》，是一篇读后感，也是一篇经典的驳论文，旨在破“孟尝君能得士”的世俗之见，表达自己对人才的看法。全文仅用九十个字，结构严谨，用词精练，气势充沛，被誉为“文短气长”的典范。

世皆称孟尝君能得士[2]，士以故归[3]之，而卒赖其力以脱于虎豹之秦[4]。嗟乎！孟尝君特鸡鸣狗盗之雄耳[5]，岂足以言得士？不然，擅[6]齐之强，得一士焉，宜可以南面而制秦[7]，尚何取[8]鸡鸣狗盗之力哉？夫鸡鸣狗盗之出其门[9]，此士之所以[10]不至也。

注释：[1]王安石（1021—1086），临川人，字介甫，号半山，北宋著名的思想家、政治家、文学家、改革家，封荆国公。庆历二年（1042）进士及第。熙宁二年（1069），任参知政事，次年拜相，主持变法（熙宁变法）。因保守派反对，熙宁七年（1074）罢相。一年后，宋神宗再次起用，旋又罢相，退居江宁。谥号“文”。世称临川先生、王荆公、王文公。王安石的散文论点鲜明、逻辑严密，有很强的说服力，充分发挥了古文的实际功用，名列“唐宋八大家”。有《王临川集》《临川集拾遗》等存世。《孟尝君传》指司马迁《史记·孟尝君列传》。[2]称：称颂，赞扬。孟尝君：姓田名文，战国时齐国公子，封于薛地（今山东省滕县东南）。手下食客常达数千人，以好养士著称，曾借助所养之士逃出秦国。士：士人，指品德好、有学识或有技艺的人。[3]归：投奔，投靠。[4]卒：终于，最终。赖：依仗，依靠。其：指门下士。虎豹之秦：像虎豹那样凶残的秦国。[5]特：只，仅，不过。鸡鸣狗盗：孟尝君曾在秦国为秦昭王所囚，有被杀的危险。他的食客中有个能为盗的人，就在夜里装成狗混入秦宫，偷得狐白裘，用来贿赂昭王宠妃，孟尝君得以释放。可是他逃至函谷关时，正值半夜，关门紧闭，按规定要鸡鸣以后才能开关放人出去，而追兵将到。于是他的食客中会学鸡叫的人就装鸡叫，结果群鸡相应，守关士兵听到鸡叫便打开城门，孟尝君逃回齐国。后成为孟尝君能得士的美谈。雄：长，首领。耳：罢了。[6]擅：拥有。[7]宜：应该。南面：指居于君主之位。君王坐北面南。制：制伏。[8]尚何取：哪里还用得着。[9]夫：发语词。出：出入。[10]所以：……的原因。

思考与练习：

一、世人认为孟尝君能得士的理由是什么？王安石进行驳斥的根据又是什么？

二、试简析文章的论证结构。

三、“不然，擅齐之强，得一士焉，宜可以南面而制秦，尚何取鸡鸣狗盗之力哉？”你觉得这一见解是否正确？为什么？

论毅力

梁启超[1]

阅读提示：本文节选自《饮冰室文集》。戊戌变法失败后，作者流亡日本，反思了维新变法的失败教训而写了这篇文章。其意义在于勉励当时正处于逆境中的仁人志士们，不要因为一时受挫而心灰意冷，应以坚韧不拔的毅力去战胜逆境，继续前进，争取成功。全文运用正反对举的说理方法，道理说得十分透彻。

天下古今成败之林[2]，若是其莽然不一途也[3]。要[4]其何以成，何以败？曰：有毅力者成，反是者败。

注释：梁启超（1873—1929），字卓如，号任公，又称饮冰室主人，广东新会人，康有为的学生。师生二人皆是我国资产阶级改良运动的中心人物，号称“康梁”。[2]林：会集。这里指成功与失败的各种情况。[3]莽然：纷杂众多的样子。不一：种种不同。途：途径、情况。[4]要：推究。

盖[1]人生历程，大抵逆境居十六七，顺境亦居十三四，而顺逆两境又常相间以迭乘[2]。无论事之大小，必有数次乃至十数次之阻力，其阻力曾[3]或大或小，而要之[4]必无可逃避者也。其在志力薄弱之士，始固曰吾欲云云[5]，吾欲云云，其意以为天下事固易易也，及骤尝焉而阻力猝来，颓然丧矣[6]；其次弱者，乘一时之意气，透过此第一关，遇再挫而退；稍强者，遇三四挫而退；更稍强者，遇五六挫而退。其事愈大者，其遇挫愈多，其不退也愈难，非至[7]强之人，未有能善于其终者也。

注释：[1]盖：大概。[2]迭乘：交替呈现。[3]曾（zēng）：表示顺承，相当于“则”。[4]要之：即总之。[5]吾欲云云：我要怎样怎样。[6]猝：突然。颓然：委靡的样子。丧：灰心丧气。[7]至：极，最。

夫苟其挫而不退矣，则小逆之后，必有小顺；大逆之后，必有大顺。盘根错节之既经[1]，而随有应刃而解之一日。旁观者徒艳羡[2]其功之成，以为是殆[3]幸运儿，而天有以[4]宠彼也；又以为我蹇于遭逢，故所就不若彼也[5]。庸讵[6]知所谓蹇焉、幸焉者，皆彼与我之相同，而其能征服此蹇焉，利用此幸焉与否，即彼成我败所由[7]判也。更譬诸[8]操舟，如以兼旬[9]之期，行千里之地者，其间风潮之或顺或逆，常相参伍[10]。彼以坚苦忍耐之力，冒其逆[11]而突过之，而后得从容以进度其顺。我则或一日而返焉，或二三日而返焉，或五六日而返焉，故彼岸终不可达也。

注释：[1]盘根错节：树根盘绕，木节交错，比喻事情烦难复杂，不易解决；这里指艰苦的逆境。既经：已经经过。[2]艳羡：非常羡慕。[3]殆：大概，差不多。[4]以：表示具有某种条件、原因等。[5]蹇于遭逢：遭遇不好。蹇：跛足，引申为艰难、困厄。就：成就。

[6]庸讵：岂，怎么。[7]所由：所自，所从来。[8]譬：譬如，比如。诸：兼词，相当于“之于”。[9]兼旬：两旬。旬：十天。[10]风潮：风向潮流。参伍：交相错杂。[11]逆：这里指行船过程中的逆流、逆风等逆境。

孔子曰：“譬如为山，未成一篑（kuì），止，吾止也；譬如平地，虽覆一篑，进，吾往也。”[1]孟子曰：“有为者，譬若掘井，掘井九仞，而不及泉，犹为弃井也。”[2]成败之数[3]，视此而已。

注释：[1]孔子的话意为：好比堆一座山，只差一筐土没有堆成，如果停止下来，那是我自己停止的（有成语“功亏一篑”）。又好比填平土地，哪怕只倒了一筐土，如果继续去填，那是我自己去填的。[2]孟子的话意为：要干事的人，就像掘井，掘到非常深，而没有挖到水，仍然是一口废井。仞：长度单位，古代以七尺或八尺为一仞。[3]数（shù）：规律。

思考与练习：

一、全文的中心论点是什么？怎样提出来的？并分析其论证层次。

二、本文是怎样运用对比手法来进行论证的？

三、找出文中的层递句和比喻句，并简要分析其表达效果。

四、拓展阅读。

> 今日之责任，不在他人，而全在少年。少年智则国智，少年富则国富，少年强则国强，少年独立则国独立，少年自由则国自由，少年进步则国进步，少年胜于欧洲则国胜于欧洲，少年雄于地球则国雄于地球。
>
> ——梁启超《少年中国说》

拿来主义

鲁　迅[1]

阅读提示：文中鲁迅阐明了关于批判地继承文化遗产的原理和方法，提倡“拿来主义”，反对“闭关主义”和“送去主义”，主张从文化遗产中吸取精华、剔除糟粕。

鲁迅的思想能给人以启迪，能够促使我们独立思考，激发我们的想象力和创造力。鲁迅杂文语言的特点是犀利、幽默，在嬉笑怒骂之中给人以深刻的启示。这篇文章充分体现了这些特点，抓住事实，运用比喻、对照等多种手法把道理讲得既深入浅出，又耐人寻味。阅读时，注意体会作者的立场观点和文章的论证艺术。

中国一向是所谓“闭关主义”[2]，自己不去，别人也不许来。自从给枪炮打破了大门之后，又碰了一串钉子[3]，到现在，成了什么都是“送去主义”了。别的且不说罢，单是学艺[4]上的东西，近来就先送一批古董到巴黎去展览[5]，但终“不知后事如何”；还有几位“大师”们捧着几张古画和新画，在欧洲各国一路的挂过去，叫作“发扬国光”[6]。听说不远还要送梅兰芳博士到苏联去，以催进“象征主义”[7]，此后是顺便到欧洲传道。我在这里不想讨论梅博士演艺和象征主义的关系，总之，活人替代了古董，我敢说，也可以算得显出一点进步了。

但我们没有人根据了“礼尚往来”的仪节[8]，说道：拿来！

当然，能够只是送出去，也不算坏事情，一者见得丰富，二者见得大度[9]。尼采[10]就自诩过他是太阳，光热无穷，只是给与，不想取得。然而尼采究竟不是太阳，他发了疯。中国也不是，虽然有人说，掘起地下的煤来，就足够全世界几百年之用。但是，几百年之后呢？几百年之后，我们当然是化为魂灵，或上天堂，或落了地狱，但我们的子孙是在的，所以还应该给他们留下一点礼品。要不然，则当佳节大典之际，他们拿不出东西来，只好磕头贺喜，讨一点残羹冷炙[11]做奖赏。

这种奖赏，不要误解为“抛来”的东西，这是“抛给”的，说得冠冕[12]些，可以称之为

---

[1] 鲁迅（1881—1936），原名周树人，字豫才，浙江绍兴人。伟大的文学家、思想家、革命家，中国现代文学的奠基人。鲁迅一生的著作包括杂文、短篇小说、论文、散文、翻译，主要作品有小说集《呐喊》《彷徨》，散文集《朝花夕拾》，散文诗集《野草》，历史小说集《故事新编》，杂文集十多部。鲁迅在短篇小说、散文、散文诗、历史小说、杂文各种类型文体的创作中，都有自己全新的创造。站在社会底层的“被侮辱和被损害者”这一边，为他们“悲哀、叫喊和战斗”，这应该是鲁迅文学的本质。

[2] 闭关主义：指清政府奉行的闭关自守政策。

[3] 一串钉子：指鸦片战争后，清政府与英、法、俄、日、美、德、意等国家相继签订一系列丧权辱国的不平等条约。

[4] 学艺：泛指文学艺术。

[5] 送一批古董到巴黎去展览：指当时国民政府在巴黎举办的中国古典艺术展览。

[6] “发扬国光”：指当时国民政府在西欧各国举办的中国绘画展览。

[7] 象征主义：19世纪末叶在法国兴起的文艺流派。

[8] 礼尚往来：尚，注重。社会交往中应当有来有往。仪节：礼节。

[9] 大度：大方，气量宽宏。

[10] 尼采（1844—1900），德国哲学家，唯意志论和“超人”哲学的鼓吹者。他以“太阳”自命，后发疯而死。

[11] 残羹（gēng）冷炙（zhì）：吃剩的饭菜，借指权贵的施舍。炙，烤肉。

[12] 冠冕：“冠冕堂皇”的省语，意思是很体面、有气派。冕，古代帝王的礼帽。

"送来"，我在这里不想举出实例[1]。

我在这里也并不想对于"送去"再说什么，否则太不"摩登"[2]了。我只想鼓吹我们再吝啬一点，"送去"之外，还得"拿来"，是为"拿来主义"。

但我们被"送来"的东西吓怕了。先有英国的鸦片，德国的废枪炮，后有法国的香粉，美国的电影，日本的印着"完全国货"的各种小东西。于是连清醒的青年们，也对于洋货发生了恐怖。其实，这正是因为那是"送来"的，而不是"拿来"的缘故。

所以我们要运用脑髓，放出眼光，自己来拿！

譬如罢，我们之中的一个穷青年，因为祖上的阴功[3]（姑且让我这么说说罢），得了一所大宅子，且不问他是骗来的，抢来的，或合法继承的，或是做了女婿换来的[4]。那么，怎么办呢？我想，首先是不管三七二十一，"拿来"！但是，如果反对这宅子的旧主人，怕给他的东西染污了，徘徊不敢走进门，是孱头[5]；勃然大怒，放一把火烧光，算是保存自己的清白，则是昏蛋。不过因为原是羡慕这宅子的旧主人的，而这回接受一切，欣欣然的蹩进卧室，大吸剩下的鸦片，那当然更是废物。"拿来主义"者是全不这样的。

他占有，挑选。看见鱼翅，并不就抛在路上以显其"平民化"，只要有养料，也和朋友们像萝卜白菜一样的吃掉，只不用它来宴大宾；看见鸦片，也不当众摔在茅厕里，以见其彻底革命，只送到药房里去，以供治病之用，却不弄"出售存膏，售完即止"的玄虚[6]。只有烟枪和烟灯，虽然形式和印度、波斯、阿拉伯的烟具都不同，确可以算是一种国粹[7]，倘使背着周游世界，一定会有人看，但我想，除了送一点进博物馆之外，其余的是大可以毁掉的了。还有一群姨太太，也大以请她们各自走散为是，要不然，"拿来主义"怕未免有些危机。

总之，我们要拿来。我们要或使用，或存放，或毁灭。那么，主人是新主人，宅子也就会成为新宅子。然而首先要这人沉着，勇猛，有辨别，不自私。没有拿来的，人不能自成为新人，没有拿来的，文艺不能自成为新文艺。

六月四日[8]。

思考与练习：

一、本文的重点是论证"拿来主义"，但是前一部分却论述"闭关主义"和"送去主义"，这是为什么？这样写有什么好处？

二、课文最后一段共有五句话，如果这五句话是五个问题的答案，应提哪五个问题？其中"没有拿来的，人不能自成为新人，没有拿来的，文艺不能自成为新文艺"这句话，你是怎样理解的？

---

[1] 我在这里不想举出实例：暗指按 1933 年国民党政府与美国签订的"棉麦借款"协定运来的剩余的棉麦。

[2] 摩登：英语"modern"的音译，"现代""时髦"的意思。

[3] 阴功：迷信的说法。意思是说，人们做了好事，阴间就给记功，可以泽及后代子孙。

[4] 做了女婿换来的：这里是讽刺做了富家翁的女婿而炫耀于人的人。

[5] 孱（càn）头：懦弱无能的人。

[6] 玄虚：这里指用来掩盖真相、使人迷惑的手段。

[7] 国粹：原指国家文化中的精华，这里是反语。

[8] 指 1934 年 6 月 4 日。

三、根据课文观点，给下列词语作注释（参照第一例）。

1. 拿来：对外国文化遗产采取占有、挑选的态度，即科学分析，以取其精华，去其糟粕。

2. 送去：

3. 抛给：

4. 抛来：

5. 孱头：

6. 昏蛋：

7. 废物：

四、下边几个句子中加点的词语用得准确、生动，有的含有讽刺的意味，试做分析。

1. 还有几位“大师”们捧着几张古画和新画，在欧洲各国一路的挂过去，叫作“发扬国光”。

2. 总之，活人替代了古董，我敢说，也可以算得显出一点进步了。

3. 当然，能够只是送出去，也不算坏事情，一者见得丰富，二者见得大度。

4. 我在这里也并不想对于“送去”再说什么，否则太不“摩登”了。

五、拓展阅读。

养成他们有耐劳作的体力，纯洁高尚的道德，广博自由能容纳新潮流的精神，也就是能在世界新潮流中游泳，不被淹没的力量。

读书要眼到、口到、心到、手到、脑到。

写小说，说到底，就是写人物。小说艺术的精髓就是创造人物的艺术。

——鲁迅

我的读书经验

冯友兰[1]

阅读提示：世界上的书浩如烟海，如何提高读书的效益，让书为我用，本文为我们做出了回答。冯友兰是我国近代著名的哲学家，本文用平实的语言，与读者交流自己的读书经验，读来如沐春风。

我今年八十七岁了，从七岁上学起就读书，一直读了八十年，其间基本上没有间断，不能说对于读书没有一点经验。我所读的书，大概都是文、史、哲方面的，特别是哲。我的经验总结起来有四点：（1）精其选，（2）解其言，（3）知其意，（4）明其理。

先说第一点。古今中外，积累起来的书真是多极了，真是浩如烟海，但是，书虽多，有永久价值的还是少数。可以把书分为三类，第一类是要精读的，第二类是可以泛读的，第三类是仅供翻阅的。所谓精读，是说要认真地读，扎扎实实地一个字一个字地读。所谓泛读，是说可以粗枝大叶地读，只要知道它大概说的是什么就行了。所谓翻阅，是说不要一个字一个字地读，不要一句话一句话地读，也不要一页一页地读。就像看报纸一样，随手一翻，看看大字标题，觉得有兴趣的地方就大略看看，没有兴趣的地方就随手翻过。听说在中国初有报纸的时候，有些人捧着报纸，就像念五经四书一样，一字一字地高声朗诵。照这个办法，一天的报纸，念一天也念不完。大多数的书，其实就像报纸上的新闻一样，有些可能轰动一时，但是昙花一现，不久就过去了。所以，书虽多，真正值得精读的并不多。下面所说的就指值得精读的书而言。

怎样知道哪些书是值得精读的呢？对于这个问题不必发愁。自古以来，已经有一位最公正的评选家，有许多推荐者向它推荐好书。这个选家就是时间，这些推荐者就是群众。历来的群众，把他们认为有价值的书，推荐给时间。时间照着他们的推荐，对于那些没有永久价值的书都刷下去了，把那些有永久价值的书流传下来。从古以来流传下来的书，都是经过历代群众的推荐，经过时间的选择，流传了下来。我们看见古代流传下来的书，大部分都是有价值的，我们心里觉得奇怪，怎么古人写的东西都是有价值的。其实这没有什么奇怪，他们所作的东西，也有许多没有价值的，不过这些没有价值的东西，没有为历代群众所推荐，在时间的考验上，落了选，被刷下去了。现在我们所称谓“经典著作”或“古典著作”的书都是经过时间考验，流传下来的。这一类的书都是应该精读的书。当然随着时间的推移和历史的发展，这些书之中还要有些被刷下去。不过直到现在为止，它们都是榜上有名的，我们只能看现在的榜。

[1] 冯友兰（1895—1990），字芝生，河南省南阳市人。中国当代著名哲学家、教育家。1918 年毕业于北京大学哲学系，1924 年获美国哥伦比亚大学哲学博士学位。回国后，任清华大学教授、哲学系主任、文学院院长，西南联合大学教授、文学院院长；1952 年起任北京大学哲学系教授，并任中国科学院哲学社会科学部学部委员。曾获美国普林斯顿大学、印度德里大学、美国哥伦比亚大学名誉文学博士。他的著作《中国哲学史》《中国哲学简史》《中国哲学史新编》《贞元六书》等，已成为 20 世纪中国学术的重要经典，对中国现当代学界乃至国外学界影响深远。被誉为“现代新儒家”。

我们心里先有了这个数，就可随着自己的专业选定一些须要精读的书。这就是要一本一本地读，所以在一个时间内只能读一本书，一本书读完了才能读第二本。在读的时候，先要解其言。这就是说，首先要懂得它的文字；它的文字就是它的语言。语言有中外之分，也有古今之别。就中国的汉语笼统地说，有现代汉语，有古代汉语，古代汉语统称为古文。详细地说，古文之中又有时代的不同，有先秦的古文，有两汉的古文，有魏晋的古文，有唐宋的古文。中国汉族的古书，都是用这些不同的古文写的。这些古文，都是用一般汉字写的，但是仅只认识汉字还不行。我们看不懂古人用古文写的书，古人也不会看懂我们现在的《人民日报》。这叫语言文字关。攻不破这道关，就看不见这道关里边是什么情况，不知道关里边是些什么东西，只好在关外指手划脚，那是不行的。我所说的解其言，就是要攻破这一道语言文字关。当然要攻这道关的时候，要先作许多准备，用许多工具，如字典和词典等工具书之类。这是当然的事，这里就不多谈了。

中国有句老话说是“书不尽言，言不尽意”，意思是说，一部书上所写的总要比写那部书的人的话少，他所说的话总比他的意思少。一部书上所写的总要简单一些，不能像他所要说的话那样啰嗦。这个缺点倒有办法可以克服。只要他不怕啰嗦就可以了。好在笔墨纸张都很便宜，文章写得啰嗦一点无非是多费一点笔墨纸张，那也不是了不起的事。可是言不尽意那种困难，就没有法子克服了。因为语言总离不了概念[1]，概念对于具体事物来说，总不会完全合适，不过是一个大概轮廓而已。比如一个人说，他牙痛。牙是一个概念，痛是一个概念，牙痛又是一个概念。其实他不仅止于牙痛而已。那个痛，有一种特别的痛法，有一定的大小范围，有一定的深度。这都是很复杂的情况，不是仅仅牙痛两个字所能说清楚的，无论怎样啰嗦他也说不出来的，言不尽意的困难就在于此。所以在读书的时候，即使书中的字都认得了，话全懂了，还未必能知道作书的人的意思。从前人说，读书要注意字里行间，又说读诗要得其“弦外音，味外味”。这都是说要在文字以外体会它的精神实质。这就是知其意。司马迁说过：“好学深思之士，心知其意”。意是离不开语言文字的，但有些是语言文字所不能完全表达出来的。如果仅只局限于语言文字，死抓住语言文字不放，那就成为死读书了。死读书的人就是书呆子。语言文字是帮助了解书的意思的拐棍。既然知道了那个意思以后，最好扔了拐棍。这就是古人所说的“得意忘言”。在人与人的关系中，过河拆桥是不道德的事。但是，在读书中，就是要过河拆桥。

上面所说的“书不尽言”“言不尽意”之下，还可再加一句“意不尽理”。理是客观的道理；意是著书的人的主观的认识和判断，也就是客观的道理在他的主观上的反映。理和意既然有主观客观之分，意和理就不能完全相合。人总是人，不是全知全能。他的主观上的反映、体会和判断，和客观的道理总要有一定的差距，有或大或小的错误。所以读书仅至得其意还不行，还要明其理，才不至于为前人的意所误。如果明其理了，我就有我自己的意。我的意当然也是主观的。也可能不完全合乎客观的理。但我可以把我的意和前人的意互相比较，互相补充，互相纠正，这就可能有一个比较正确的意。这个意是我的，我就可以用它处理事务，解决问题。好像我用我自己的腿走路，只要我心里一想走，腿就自然而然地走了。读书

[1] 概念，是反映对象的本质属性的思维形式。人类在认识过程中，从感性认识上升到理性认识，把所感知的事物的共同本质特点抽象出来，加以概括，就成为概念。表达概念的语言形式是词或词组。

到这个程度就算是能活学活用，把书读活了。会读书的人能把死书读活；不会读书的人能把活书读死。把死书读活，就能把书为我所用，把活书读死，就是把我为书所用。能够用书而不为书所用，读书就算读到家了。

从前有人说过："六经[1]注我，我注六经"。自己明白了那些客观的道理，自己有了意，把前人的意作为参考，这就是"六经注我"。不明白那些客观的道理，甚而至于没有得古人所有的意，而只在语言文字上推敲，那就是"我注六经"。只有达到"六经注我"的程度，才能真正地"我注六经"。

思考与练习：

一、怎样的书是值得精读的？什么叫"解其言"？

二、文章后三段从哪三个方面论述了怎样的主张？

三、把深奥的内容用通俗易懂的话讲出来，是本文的一大特色。文章中用"牙痛"设喻，以此论述什么道理？作者认为"在读书中，就是要过河拆桥"，目的是说明什么？并结合第五段内容，说说"过河拆桥"一词的含义。

四、为了阐明自己的主张，文章中还用了对比论证的方法，试从文中找出这样的一个例子，并说说其论证效果。

五、简要分析第六、第七段的论证思路。

六、下面是蔡元培先生有关读书学习方面的短文，请结合本文认真阅读，切实体会名人们勤奋好学的精神和读书学习的经验。

[1] 六经：儒家的六部经典，即《诗》《书》《礼》《乐》《易》《春秋》。

我的读书经验

蔡元培[1]

我自十余岁起，就开始读书。读到现在，将满六十年了，中间除大病或其他特别原因外，几乎没有一日不读点书的。然而我没有什么成就，这是读书不得法的缘故。我把不得法的概略写出来，可以作前车之鉴。

我的不得法，第一是不能专心。我初读书的时候，读的都是旧书，不外乎考据、词章两类。我的嗜好，在考据方面，是偏于诂训及哲理的，对于典章名物，是不大耐烦的；在词章上，是偏于散文的，对于骈文及诗词，是不大热心的。然而以一物不知为耻，种种都读；并且算学书也读，医学书也读，都没有读通。所以我曾经想编一部《说文声系义证》，又想编一本《公羊春秋大义》，都没有成书。所为文辞，不但骈文、诗词，没有一首可存的，就是散文也太平凡了。到了四十岁以后，我开始学德文，后来又学法文，我都没有好好儿做那记生字、练文法的苦工，而就是生吞活剥的看书，所以至今不能写一篇合格的文章，作一回短期的演说。在德国进大学听讲以后，哲学史、文学史、文明史、心理学、美学、美术史、民族学，统统去听，那时候，这几类的参考书，也就乱读起来了。后来虽勉自收缩，以美学与美术史为主，辅以民族学；然而这类的书终不能割爱，所以想译一本美学，想编一部比较的民族学，也都没有成书。

我的不得法，第二是不能勤笔。我的读书，本来抱一种利己主义，就是书里面的短处，我不大去搜寻他，我只注意于我所认为有用的、或可爱的材料。这本来不算坏。但是我的坏处，就是我虽读的时候注意于这几点，但往往为速读起见，无暇把这几点摘抄出来，或在书上做一点特别的记号。若是有时候想起来，除了德文书检目特详，尚易检寻外，其他的书，几乎不容易寻到了。我国现在有人编"索引""引得"[2]等等。又专门的辞典，也逐渐增加，寻检较易。但各人有各自的注意点，普通的检目，断不能如自己记别的方便。我尝见胡适之先生[3]有一个时期出门常常携一两本线装书，在舟车上或其他忙里偷闲时翻阅，见到有用的材料，就折角或以铅笔作记号。我想他回家后或者尚有摘抄的手续。我记得有一部笔记，说王渔洋[4]读书时，遇有新隽的典故或词句，就用纸条抄出，贴在书斋壁上，时时览读，熟了就揭去，换上新得的。所以他记得很多。这虽是文学上的把戏，但科学上何尝不可以仿作呢？我因为从来懒得动笔，所以没有成就。

我的读书的短处，我已经经验[5]了许多的不方便，特地写出来，望读者鉴于我的短处，第一能专心，第二能勤笔。这一定有许多成效。

---

[1] 蔡元培（1868—1940），浙江绍兴人，著名的民主革命家、教育家、科学家，曾任北京大学校长（革新北大，开"学术"与"自由"之风）。数度赴德国和法国留学、考察，研究哲学、文学、美学、心理学和文化史，为他致力于改革封建教育奠定思想理论基础。

[2] 索引、引得：索引是根据一定需要，把书刊中的主要内容或各种题名摘录下来，标明出处、页码，按一定次序分条排列，以供人查阅的资料。"引得"与此同类。

[3] 胡适（1891—1962），字适之，安徽省绩溪县人，现代学者，曾担任北京大学校长。1920年出版的《尝试集》是中国新文学史上第一部白话诗集。

[4] 王渔洋（1634—1711），原名王士祯，清初杰出诗人、文学家。

[5] 经验：人亲身经历。

傅雷家书

傅　雷[1]

阅读提示：《傅雷家书》是文艺评论家以及美术评论家傅雷及其夫人写给儿子的书信编纂而成的一本家信集，摘编了傅雷夫妇在1954年到1966年5月期间所写的书信，最长的一封信长达七千多字。本文是作者傅雷写给儿子傅聪的两封家书。字里行间，充满了父亲对儿子的挚爱、期望，以及对国家和世界的高尚情感。

一九五四年十月二日

聪，亲爱的孩子：收到九月二十二晚发的第六信，很高兴。我们并没为你前信感到什么烦恼或是不安。我在第八封信中还对你预告，这种精神消沉的情形，以后还是会有的。我是过来人，决不至于大惊小怪。你也不必为此耽心，更不必硬压在肚里不告诉我们。心中的苦闷不在家信中发泄，又哪里去发泄呢？孩子不向父母诉苦向谁诉呢？我们不来安慰你，又该谁来安慰你呢？人一辈子都在高潮—低潮中浮沉，唯有庸碌的人，生活才如死水一般；或者要有极高的修养，方能廓然无累，真正的解脱。只要高潮不过分使你紧张，低潮不过分使你颓废，就好了。太阳太强烈，会把五谷晒焦；雨水太猛，也会淹死庄稼。我们只求心理相当平衡，不至于受伤而已。你也不是栽了筋斗爬不起来的人。我预料国外这几年，对你整个的人也有很大的帮助。这次来信所说的痛苦，我都理会得；我很同情，我愿意尽量安慰你、鼓励你。克利斯朵夫不是经过多少回这种情形吗？他不是一切艺术家的缩影与结晶吗？慢慢的你会养成另外一种心情对付过去的事：就是能够想到而不再惊心动魄，能够从客观的立场分析前因后果，做将来的借鉴，以免重蹈覆辙。一个人唯有敢于正视现实，正视错误，用理智分析，彻底感悟，终不至于被回忆侵蚀。我相信你逐渐会学会这一套，越来越坚强的。我以前在信中和你提过感情的 ruin，就是要你把这些事当作心灵的灰烬看，看的时候当然不免感触万端，但不要刻骨铭心的伤害自己，而要像对着古战场一般的存着凭吊的心怀。倘若你认为这些话是对的，对你有些启发作用，那末将来在遇到因回忆而痛苦的时候（那一定免不了会再来的），拿出这封信来重读几遍。

说到音乐的内容，非大家指导见不到高天厚地的话，我也有另外的感触，就是学生本人先要具备条件：心中没有的人，再经名师指点也是枉然的。

一九五五年一月二十六日

早预算新年中必可接到你的信，我们都当作等待什么礼物一般的等着。果然昨天早上收

[1] 傅雷（1908—1966），字怒安，号怒庵，生于原江苏省南汇县下沙乡（今上海市浦东新区航头镇），中国著名的翻译家、作家、教育家、美术评论家。傅雷早年留学法国巴黎大学。他翻译了大量的法文作品，其中包括巴尔扎克、罗曼·罗兰、伏尔泰等名家著作。

到你来信，而且是多少可喜的消息。孩子!要是我们在会场上，一定会禁不住涕泗横流的。世界上最高的最纯洁的欢乐，莫过于欣赏艺术，更莫过于欣赏自己的孩子的手和心传达出来的艺术!其次，我们也因为你替祖国增光而快乐!更因为你能借音乐而使多少人欢笑而快乐！想到你将来一定有更大的成就，没有止境的进步，为更多的人更广大的群众服务，鼓舞他们的心情，抚慰他们的创痛，我们真是心都要跳出来了！能够把不朽的大师的不朽的作品发扬光大，传布到地球上每一个角落去，真是多神圣、多光荣的使命！孩子，你太幸福了，天待你太厚了。我更高兴的更安慰的是：多少过分的谀辞与夸奖，都没有使你丧失自知之明，众人的掌声、拥抱，名流的赞美，都没有减少你对艺术的谦卑！总算我的教育没有白费，你二十年的折磨没有白受！你能坚强(不为胜利冲昏了头脑是坚强的最好的证据)，只要你能坚强，我就一辈子放了心！成就的大小、高低，是不在我们掌握之内的，一半靠人力，一半靠天赋，但只要坚强，就不怕失败，不怕挫折，不怕打击——不管是人事上的、生活上的、技术上的、学习上的——打击；从此以后你可以孤军奋斗了。何况事实上有多少良师益友在周围帮助你，扶掖你。还加上古今的名著，时时刻刻给你精神上的养料！孩子，从今以后，你永远不会孤独的了，即使孤独也不怕的了！

赤子之心这句话，我也一直记住的。赤子便是不知道孤独的。赤子孤独了，会创造一个世界，创造许多心灵的朋友！永远保持赤子之心，到老也不会落伍，永远能够与普天下的赤子之心相接相契相抱!你那位朋友说得不错，艺术表现的动人，一定是从心灵的纯洁来的！不是纯洁到像明镜一般，怎能体会到前人的心灵？怎能打动听众的心灵？

音乐院长说你的演奏像流水、像河；更令我想到克利斯朵夫的象征。天舅舅说你小时候常以克利斯朵夫自命；而你的个性居然和罗曼·罗兰的理想有些相像了。河，莱茵，江声浩荡……钟声复起，天已黎明……中国正到了“复旦”的黎明时期，但愿你做中国的——新中国的——钟声，响遍世界，响遍每个人的心！滔滔不竭的流水，流到每个人的心坎里去，把大家都带着，跟你一块到无边无岸的音响的海洋中去吧！名闻世界的扬子江与黄河，比莱茵的气势还要大呢！……黄河之水天上来，奔流到海不复回！……无边落木萧萧下，不尽长江滚滚来！……有这种诗人灵魂的传统的民族，应该有气吞牛斗的表现才对。

你说常在矛盾与快乐之中，但我相信艺术家没有矛盾不会进步，不会演变，不会深入。有矛盾正是生机蓬勃的明证。眼前你感到的还不过是技巧与理想的矛盾，将来你还有反复不已更大的矛盾呢：形式与内容的枘凿，自己内心的许许多多不可预料的矛盾，都在前途等着你。别担心，解决一个矛盾，便是前进一步！矛盾是解决不完的，所以艺术没有止境，没有perfect 的一天，人生也没有 perfect 的一天！唯其如此，才需要我们日以继夜，终生的追求、苦练；要不然大家做了羲皇上人，垂手而天下治，做人也太腻了!

思考与练习：

一、两封家书的写作背景分别是什么？两封家书有何异同？

二、傅雷在两封信中所表达的观点分别是什么？

三、试分析第一封信中的论证方法。

四、作者在第二封信中的喜悦分为哪三个层次？把相应的原文语句找出来。

五、本文是父亲写给孩子的信，请你以孩子的角度给父母写一封坦诚恳切的信。

学问与智慧

罗家伦[1]

阅读提示：什么是学问？什么是智慧？它们有怎样的关系？本文正是针对那种把“知识”与“学问”相提并论、把“学问”与“智慧”混为一谈的错误认识，通俗而形象地阐释了“学问”与“智慧”的不同内涵以及相互关系。文章纲举目张，平行论证；正反对比，观点鲜明；生动譬喻，深入浅出；旁征博引，说服力强；语言精练，感染力强。这些特点都值得我们认真体会。

学问与智慧，有显然的区别。学问是知识的聚集，是一种滋养人生的原料，而智慧却是陶冶原料的熔炉。学问好比是铁，而智慧是炼钢的电火。学问是寸积铢累[2]而来的，常是各有疆域独自为政的；它可吸收人生的兴趣，但是它本身却是人生的工具。智慧是一种透视，一种反想，一种远瞻；它是人生含蕴的一种放射性；它是从人生深处发出来的，同时它可以烛照人生的前途。

有人以为学问就是智慧，其实有学问的人，何曾都有智慧？世界上有不少学问渊博的人，可是食古不化[3]，食今亦不化，不知融会贯通[4]，举一不能反三，终身都跳不出书本的圈子，实在说不上“智慧”二字。这种人西洋便叫做“有学问的笨伯[5]”（a learned-fool），在中国便可称为“两脚书橱”[6]或“冬烘先生”[7]。反过来说，有智慧的人也不见得都有很好的学问。有一种人，读书虽然不多，但他对于人情事理，都很通达[8]，凭借经验，运用心得，“官知止而神欲行，依乎天理，批大郤，导大窾”[9]这样的人，你能说他没有智慧吗？

学问是不能离开智慧的；没有智慧的学问，便是死的学问。有许多人从事研究工作，搜集了很多材料，但往往矻矻穷年[10]，找不到问题的中心，得不到任何的结果，纵有结果，亦复无关宏旨[11]——这便是由于没有智慧。而有智慧的人则不然，他纵然研究一个极小的问题，也能探骊得珠[12]，找到核心所在；其问题虽小，而其映射的范围却往往甚大。譬如孟德尔[13]（Mendel）研究豆子的交配，居然悟出遗传的定律，奠下了遗传学和优生学的基础，就是一

---

[1] 罗家伦（1897—1969），字志希，笔名毅，教育家，思想家。浙江绍兴人。著有《新人生观》《新民族观》。

[2] 寸积铢累：一点一滴地积累。铢，古代重量单位，一两的十四分之一。

[3] 食古不化：意思是读书一味学古人，拘泥陈法，不善于灵活运用。

[4] 融会贯通：参合多方面的道理而得到全面的透彻的领悟。

[5] 笨伯：愚笨的人。

[6] 两脚书橱：指读书记诵的内容多，但是不善于灵活运用的人。

[7] 冬烘先生：旧指不高明的塾师，文中含讥讽意，指其思想迂腐、见识浅陋。

[8] 通达：指明白人情事理。

[9] 官知止而神欲行，依乎天理，批大郤（xì），导大窾（kuǎn）：语出《庄子》，意思是，视觉停止了而精神在活动，依照（牛的生理上的）天然结构，击入牛体筋骨（相接的）缝隙，顺着（骨节间的）空处进刀。庄子所讲的也是智慧，文中主要指从经验中得到的智慧。官知，耳眼等器官的感觉，这里指视觉。批，击。郤，空隙。窾，骨节空处。出于此的成语“批郤导窾”，比喻善于从关键处入手，顺利解决问题。

[10] 矻矻（kūkū）穷年：一年到头地辛勤劳作。

[11] 无关宏旨：不涉主旨，指意义不大或关系不大。宏旨，大意，主要的问题。

[12] 探骊（lí）得珠：在骊龙的领下取得宝珠。原指冒大险得大利，后常比喻文章含义深刻，措辞扼要，得到要领，对问题探究很深，能把握核心。骊，古指黑龙。

[13] 孟德尔（1822—1884），出生在奥地利西里西亚（现属捷克），是遗传学的奠基人，被称为“现代遗传学之父”，于1865年发现遗传定律。

个例子。再说进化论的创立者达尔文[1]。在达尔文以前，何曾没有富于学问的生物学家，看见过海边的蚌壳、山中的化石、类人的猩猿、初民的种族？何以不能发现“物竞天择，最适者存”的天演公例[2]？等达尔文发现以后，赫胥黎[3]慨然叹曰：“这个道理，傻子都应该知道，为什么我以前不知道？”于是，他奋身而为达尔文的“牛头狗”[4]（bulldog），为他张目[5]。当代的物理学家爱因斯坦，有人称他为牛顿后第一人，他的相对论是科学上一个稀有的创获，但是他自己却对人说：“我的发明其实很简单，只是你们看不见罢了！”他能看见别人所看不见的，便是他的智慧过人之处。

世间不但有缺乏智慧的人，而且也有缺少智慧的书。我们可以把书分为两大类：一类是有智慧的，一类是无智慧的。有智慧的书，是每字每句，都如珠玉似的晶莹，斧凿般的犀锐[6]，可以启发人的心灵，开辟人的思想，有时可以引申成一篇论文，或成一本专书。这就是英文中所谓“灿烂的书”（brilliant book）。无智慧的书，往往材料堆积得和蚁丘一样，议论虽多，见解毫无。纵然可以从他得报导，却不可以从他得启示，在著者是“博而寡约”[7]，在读者是“劳而无功”。这就是英文中所谓“晦塞[8]的书”（dull book）。然而这类的书多极了，读者要不浪费时间，就不能不精为选择。须知著书固要智慧，读书也要智慧。“读书得间”[9]，就是智慧的表现。“鞭辟入里”[10]“豁然贯通”[11]，都不是容易的事。若是像讽诵高头讲章的读法[12]，则虽“读破五车”[13]，有何用处？

学问固然不能离开智慧，同时智慧也不能离开学问。有学问的人，虽然不一定就有智慧，正和有智慧的人不一定有很深的学问一样，但是智慧却必须以学问做基础，才靠得住。无学问的智慧，只是浮光掠影[14]，瞬起瞬灭的。它好像肥皂泡一样，尽管可以五光十色，但是一触即破。惟有从学问中产生出来的智慧，才不是浮光，而是探照灯，可以透过云层，照射到青空的境地。惟有从学问中锻炼出来的智慧，才不是瞬息幻灭的肥皂泡；它永远像珍珠泉[15]的泉水一般，一串串不断地从水底上涌。也惟有这种有根底的智慧，才最靠得住，

---

[1] 达尔文（1809—1882），英国生物学家，进化论的奠基人。其《物种起源》这一划时代的著作，提出了生物进化论学说。

[2] 物竞天择：是对生存竞争和自然选择的概括，意思是万物为生存而竞争，自然选择的结果是优胜劣汰。天演：指自然进化。公例：指一般的规律。

[3] 赫胥黎（1825—1895），英国博物学家、教育家，因捍卫达尔文的进化论而有“达尔文的坚定追随者”之称。

[4] 牛头狗：即忠实的追随者。牛头狗原产于英国，对主人忠心、服从，为了保护主人的性命及财产，它会拼死相搏毫不畏惧，是忠实的家庭守卫犬。

[5] 张目：助长某人的声势。

[6] 犀锐：坚固锐利。

[7] 博而寡约：指学识丰富，但不得要领。寡约，这里的意思是缺乏高度的概括。约，简约。

[8] 晦塞：晦涩不畅。

[9] 读书得间（jiàn）：这里指除文字本身外，字里行间所包含的意思。形容读书能对文字所描述的真正含义心领神会。间，间隙。

[10] 鞭辟入里：深入剖析，进入最里层。形容能透彻说明问题，深中要害。

[11] 豁然贯通：指思路开阔通达，能透彻地了解问题。

[12] 高头讲章的读法：形容不用心地读书的样子。讽诵，指读诵经文。高头讲章，指经书正文上端留有较宽空白，刊印讲解文字，这些文字称为“高头讲章”。后来泛指这类格式的经书。

[13] 读破五车：形容读书非常多，学识渊博。五车，形容书非常多。

[14] 浮光掠影：比喻印象不深刻，好像水面的光和掠过的影子一样，一晃就消失。

[15] 珍珠泉：位于南京浦口。明代即蜚声大江南北的“江北第一游观之所”。泉水从石缝中涌出，十分像成串的珍珠。

最为精澈，最可宝贵。

若把学问譬作建筑材料，那智慧便是建筑师的匠心。有木、有石，甚至有水泥钢筋，决不能成为房子；就是懂得材料力学、结构原理，也只可以造成普通的房子，而决不能造成庄严壮丽的罗马圣彼得[1]（St. Peter's）或巴黎圣母（Notre Dame）教堂[2]。这种绝代的美术作品，是要靠艺术家的匠心的。但是材料愈能应手，匠心愈能发挥；构造的原理愈进步，艺术家愈能推陈出新。材料与技术对于作风的影响，整个的美术史，尤其是建筑史，都可以证明。所以学问与智慧是相辅为用，缺一不可的。我们不但需要学问，而且更需要智慧——需要以智慧去笼罩学问、透视学问、运用学问。

思考与练习：

一、结合全文来看，作者论述的观点是什么？在文中是怎样提出来的？

二、试分析文中第三段与第五段所运用的论证方法。

三、第四段中作者认为“须知著书固要智慧，读书也要智慧”。请结合上下文简要概括什么是“著书的智慧”，什么是“读书的智慧”。

四、文中举了孟德尔、达尔文、爱因斯坦三位科学家的实例，其作用是什么？

五、指出下列句子的含义。

1. 有智慧的书，是每字每句，都如珠玉似的晶莹，斧凿般的犀锐。

2. 材料愈能应手，匠心愈能发挥；构造的原理愈进步，艺术家愈能推陈出新。

3. 我们不但需要学问，而且更需要智慧——需要以智慧去笼罩学问、透视学问、运用学问。

[1] 罗马圣彼得：即圣彼得教堂，是罗马基督教的中心教堂，位于梵蒂冈，是全世界第一大教堂。

[2] 巴黎圣母教堂：巴黎圣母院是基督教教堂，是古老巴黎的象征。它矗立在塞纳河畔，位于整个巴黎城的中心，是历史上最为辉煌的建筑之一，闪烁着法国人民的智慧。

“友谊”，还是侵略？

毛泽东[1]

阅读提示：1949 年 4 月 23 日国民党南京政府倒台，美国政府侵华援蒋政策遭到彻底的失败。1949 年 8 月 5 日，美国政府在驻华大使司徒雷登返美未到之时，发表了《美国与中国的关系》白皮书。国务卿艾奇逊把他 7 月 30 日写给美国总统杜鲁门的信，作为该白皮书的序言一起发表。针对这些言论，毛泽东给新华社写了一组评论文，本文是其中之一。是一篇具有高度战斗性和严密逻辑性的政论文。文章揭露了敌论论据歪曲历史、颠倒黑白的反动本质及其虚假性，揭穿了艾奇逊的无耻谎言。

为了寻找侵略的根据，艾奇逊重复地说了一大堆“友谊”，加上一大堆“原则”。

艾奇逊说：“从我们历史很早的时期起，美国人民和政府就关心中国了。虽然距离遥远，背景又大不相同，把中美两国隔离开了，可是那些在宗教、慈善事业和文化方面团结中美两国人民的纽带，一直在加深着美国对中国的友谊，许多年来种种善意措施便是证据，例如用庚子赔款来教育中国学生，在第二次世界大战期间废除治外法权[2]，以及战时和战后对中国的大规模援助等等。美国始终维持并且现在依然维持对华外交政策的各项基本原则，包括门户开放主义，尊重中国行政和领土的完整，以及反对任何外国控制中国等等，这是有案可稽的。”

艾奇逊当面撒谎，将侵略写成了“友谊”。

美帝国主义主义侵略中国的历史，自从一八四〇年帮助英国人进行鸦片战争起，直到被中国人民轰出中国止，应当写一本简明扼要的教科书，教育中国的青年人。美国是最早强迫中国给予治外法权的国家之一，这即是白皮书上提到的中美两国有史以来第一次签订的一八四四年的望厦条约[3]。就是在这个条约里，美国除了强迫中国接受五口通商等事而外，强迫中国接受美国人传教也是一条。美帝国主义比较其他帝国主义国家，在很长的时期内，更加注重精神侵略方面的活动，由宗教事业而推广到“慈善”事业和文化事业。据有人统计，美国教会、“慈善”机关在中国的投资，总额达四千一百九十万美元；在教会财产中，医药费占百分之十四点七，教育费占百分之三十八点二，宗教活动费占四十七点一[4]。我国许多有名的学校如燕京、协和、汇文、圣约翰、金陵、东吴、之江、湘雅、华西、岭南等，都是美国

[1] 毛泽东（1893—1976），字润之，笔名子任。湖南湘潭人。伟大的马克思主义者，无产阶级革命家、战略家和理论家，中国共产党、中国人民解放军和中华人民共和国的主要缔造者和领导人。诗人，书法家。

[2] 这里所说的“治外法权”，是指领事裁判权。这是帝国主义国家侵略势力在中国所攫取的侵略特权之一。所谓领事裁判权，即凡是享有这种特权的国家在中国的侨民，如果成为民刑诉讼的被告时，中国法庭无权裁判，只能由各该国的领事或者法庭裁判。

[3]《望厦条约》：是美国侵略中国的第一个不平等条约。1844 年 7 月，美国利用中国在鸦片战争失败后的处境，强迫中国清朝政府在澳门附近的望厦村签订了《中美五口贸易章程》，即《望厦条约》。这个条约共三十四款，其中规定美国享受英国在南京条约及其附件中除割地、赔款外所获得的一切特权，包括美国在中国享有领事裁判权。

[4] 材料引自美国雷麦著《外人在华投资》一书第十五章。

人设立的[1]。司徒雷登就是从事这些事业出了名，因而做了驻华大使的。艾奇逊们心中有数，所谓“那些在宗教、慈善事业和文化方面团结中美两国人民的纽带，一直在加深著美国对中国的友谊”，是有来历的。从一八四四年订约时算起，美国在这些事业上处心积虑地经营了一百零五年，据说都是为了“加深友谊”。

参加八国联军打败中国，迫出庚子赔款，又用之于“教育中国学生”，从事精神侵略，也算一项“友谊”的表示。

治外法权是“废除”了，强奸沈崇案的犯人回到美国，却被美国海军部宣布无罪释放[2]，也算一项“友谊”的表示。

“战时和战后的对华援助”，据白皮书说是四十五亿余美元，据我们统计是五十九亿一千四百余万美元，帮助蒋介石杀死几百万中国人，也算一项“友谊”的表示。

所有一百零九年（从一八四〇年英美合作的鸦片战争算起）美帝国主义给予中国的“友谊”，特别是最近数年帮助蒋介石杀死几百万中国人这一项伟大的“友谊”，都是为着一个目的，就是“始终维持并且现在依然维持对华外交政策的各项基本原则，包括门户开放主义，尊重中国行政和领土的完整，以及反对任何外国控制中国等等。”

杀死几百万中国人，不为别的，第一为了门户开放，第二为了尊重中国行政和领土的完整，第三为了反对任何外国控制中国。

现在，只有广州、台湾等处一小片地方的门户，还向艾奇逊们开放着，第一个神圣的原则在那里“依然维持”着。其余的地方，比如上海吧，解放以后本来是开放的，现在却被人用美国的军舰和军舰上所装的大炮，实行了一条很不神圣的原则：门户封锁。

现在，只有广州、台湾等处一小片地方的行政和领土，还算叨了艾奇逊第二个神圣原则的光，“依然维持”住了它们的“完整”。其余地方，一概倒运，行政和领土都是破碎得不像样子了。

现在，只有广州、台湾等处地方，叨了第三个神圣原则的光，把“任何外国的控制”，连同美国的控制也在内，都给艾奇逊们“反对”掉了，因此还被中国人控制着。其余的国土，说来要掉眼泪，一概完了，都给外国人控制住了，中国人统统当了奴隶。至于什么是外国呢，艾奇逊老爷行文至此，还没有来得及点出，下文自明，无须多问。

不干涉中国内政，是否也算一条原则呢，艾奇逊没有说，大概不能算吧。美国老爷的逻辑，就是这样。看完艾奇逊信件的全文，就可以证实这一项高明的逻辑。

思考与练习：

一、文章以一个选择反诘句作为标题，犀利含蓄，引人深思。试分析这种形式的标题在文章的内容、主旨方面有何表现作用。

二、本文是一篇著名的驳论文。它以无可辩驳的大量历史事实，有力地驳斥了艾奇逊

---

[1] 指北平的燕京大学、协和医学院，北平和南京的汇文中学，上海的圣约翰大学，南京的金陵大学，苏州的东吴大学，杭州的之江大学，长沙的湘雅医学院，成都的华西协和大学和广州的岭南大学。

[2] 1946年12月24日，美国海军陆战队士兵皮尔逊等在北平强奸北京大学女生沈崇。这个事件，曾经激起全国人民的巨大愤怒，引起了国民党统治区广大学生抗议美军暴行、要求美军撤离中国的爱国民主运动。1947年1月，国民党政府不顾人民的抗议，竟将主犯皮尔逊交给美国方面单独处理。同年8月，美国海军部宣布皮尔逊无罪释放。

的谎言。试分别概括本文正面论点和敌论反面论点，并分析文章是怎样通过反驳敌论论据来反驳敌论点的。

三、文章一开头就摘引了艾奇逊白皮书中关于一大堆“友谊”和一大堆“原则”的原文。试述这样写的作用是什么?此部分也有自己的论点、论据和相应的论证方法，请简要说明。

四、义正词严的正面斥责和辛辣的反语讽刺都能增强反驳力量，收到良好的表达效果。本文运用了大量的反语，试用横线标示出来，领会它们的含义，具体分析它们在反驳中的作用。

形成自觉奉行社会主义核心价值观的信念理念[1]

中国青年报评论员

阅读提示： 社会主义核心价值观的基本内容是富强、民主、文明、和谐，自由、平等、公正、法治，爱国、敬业、诚信、友善。其中“富强、民主、文明、和谐”，是我国社会主义现代化国家的建设目标，对其他层次的价值理念具有统领作用；“自由、平等、公正、法治”，是对美好社会的生动表述，反映了中国特色社会主义的基本属性；“爱国、敬业、诚信、友善”，是公民基本道德规范，覆盖社会道德生活的各个领域，是公民必须恪守的基本道德准则，也是评价公民道德行为选择的基本价值标准。本文阐明了青年树立和培育社会主义核心价值观的正确途径和有效方法。文章篇幅短小而内涵丰富，论证集中，结构谨严。

人生的扣子从一开始就要扣好[2]。青年时期牢固确立社会主义核心价值观的信念理念和基本遵循，一辈子的路才能走得正、走得宽、走得远。

习近平总书记在同北京大学师生座谈时，深刻指明了青年树立和培育社会主义核心价值观的正确途径，那就是“勤学、修德、明辨、笃实”。

勤学，赋予青年智慧源泉。知识就是力量，是树立核心价值观的重要基础。青年处在学习的黄金时期，学习是青年的首要任务。面对国际竞争日趋激烈、科技进步日新月异、知识更新不断加快的形势，面对建设创新型国家、加快科学发展的呼唤，面对个人发展完善的现实需要，广大青年要发愤学习、刻苦学习、持之以恒地学习，孜孜以求地从知识海洋中汲取智慧。要珍惜青春大好年华，把更多时间用在博览群书、品读经典上，让优秀文化的养分滋润自己的心灵。要注重把所学知识内化于心，形成自己的见解，同时要关心国家、关心人民、关心世界，学会担当社会责任，让所学有所用、有所值。

修德，打牢青年品格根基。人无德不立。青年的成长，不仅需要知识的积累、技能的提升，更需要道德雨露的滋养、良好品行的塑造。一个人若无德，有才反增其恶。德，有事关国家、天下的“大德”，有事关群体、社会的“公德”，也有事关个人品行的“私德”。只有明大德、守公德、严私德，其才方能用得其所。青年修德，既要志存高远、胸怀天下，养成报效祖国、奉献社会、服务人民的“大德”；又要学会劳动、学会勤俭，学会感恩、学会助人，学会谦让、学会宽容，学会自省、学会自律，踏踏实实修好“公德”、“私德”。道德品行的养

[1] 选自《中国青年报》（2014 年 5 月 8 日）。

[2] 人生的扣子从一开始就要扣好：引自 2014 年五四青年节，习近平到北京大学考察时的讲话：核心价值观承载着一个民族、一个国家的精神追求，是最持久、最深层的力量。广大青年要从现在做起，从自己做起，勤学、修德、明辨、笃实，使社会主义核心价值观成为自己的基本遵循，并身体力行大力将其推广到全社会去，努力在实现中国梦的伟大实践中创造自己的精彩人生。青年的价值取向决定了未来整个社会的价值取向，而青年又处在价值观形成和确立的时期，抓好这一时期的价值观养成十分重要。这就像穿衣服扣扣子一样，如果第一粒扣子扣错了，剩余的扣子都会扣错。人生的扣子从一开始就要扣好。

成，既要有正确的认知，更要靠在实践中体验和强化。青年要以实际行动彰显良好德行，弘扬文明新风。

明辨，促进青年理性思考。明亮的眼睛，就是要用来寻找光明。当今世界正在发生深刻复杂变化，正确与错误的信息、思潮相互交织，丰富多彩的社会生活与形形色色的诱惑、陷阱相互交织。同时，青年时期还面临着学业、情感、职业选择等多方面的考量[1]。在纷繁复杂的社会思想、社会现象面前，在可能带来疑惑、彷徨、失落的人生选择面前，青年人要有敏锐的双眼、理性的思维、从容的心态、足够的定力，明辨是非，认清方向，选准正道，坚定不移地沿着“向上、向善”的人生轨道成长。

笃实，增强青年行动自觉。道不可坐论，德不能空谈。崇高的追求、高尚的情怀、美丽的心灵，最重要的是要在行动中体现。千里之行，始于足下。广大青年要牢记天下难事必作于易、天下大事必作于细的深刻道理，沉下心来、扑下身子，不心浮气躁、朝三暮四，不好高骛远、沉迷幻想，扎扎实实做事，踏踏实实做人，在一点一滴的努力中朝着自己的人生目标迈进。要正确看待挫折考验，把艰难困苦当作人生财富，坚韧不拔，百折不挠，凭借顽强意志和不懈奋斗迎来成功的彩虹。

广大青年坚持知行合一，从现在做起、从自己做起，牢固树立、积极践行社会主义核心价值观，就一定能为建设更加富强、更加民主、更加文明、更加和谐、更加美丽的中国，实现中华民族伟大复兴的中国梦注入强大青春力量！

思考与练习：

一、本文的中心论点是什么？全文采用了怎样的论证结构？

二、简析“勤学”部分的论证层次。

三、阐释下列语句的含义。

1. 人生的扣子从一开始就要扣好。
2. 只有明大德、守公德、严私德，其才方能用得其所。
3. 坚定不移地沿着“向上、向善”的人生轨道成长。
4. 道不可坐论，德不能空谈。

[1] 考量：指思考衡量，本意是对一件事情反复斟酌，反复推敲，不断地考虑。一般用于书面语，也指对事态的进展，进行深入的思考和判断。

青年在选择职业时的考虑[1]

卡尔·马克思

阅读提示： 1835 年 8 月 12 日，就读于特里尔中学的马克思完成了他的中学毕业考试德语作文《青年在选择职业时的考虑》。在这样一个充满梦想和希望的年龄，马克思对自己的人生、未来进行了深入的思考、规划和设计。

文章全面而深刻地论述了怎样选择职业和选择怎样的职业的问题。文中 17 岁的马克思已经把人们的活动、人们的职业与人们在社会上的关系联系起来。他认为，选择职业是关系到个人生活目的和生活道路的重大问题。因此，不应该为一时的兴趣、渺小的激情、个人的虚荣心所左右，而必须采取严肃的态度，“选择一种使我们最有尊严的职业；选择一种建立在我们深信其正确的思想上的职业；选择一种能给我们提供广阔场所来为人类进行活动、接近共同目标即完美境地的职业”。为人类服务，这是少年马克思的崇高理想，也是马克思在这篇中学毕业作文中所阐述的主要思想。

自然本身给动物规定了它应该遵循的活动范围，动物也就安分地在这个范围内运动，不试图越出这个范围，甚至不考虑有其他什么范围存在。神也给人指定了共同的目标——使人类和他自己趋于高尚，但是，神要人自己去寻找可以达到这个目标的手段；神让人在社会上选择一个最适合于他、最能使他和社会都得到提高的地位。

能这样选择是人比其他生物远为优越的地方，但是这同时也是可能毁灭人的一生、破坏他的一切计划并使他陷于不幸的行为。因此，认真地考虑这种选择——这无疑是开始走上生活道路而又不愿拿自己最重要的事业去碰运气的青年的首要责任。

每个人眼前都有一个目标，这个目标至少在他本人看来是伟大的，而且如果最深刻的信念，即内心深处的声音，认为这个目标是伟大的，那它实际上也是伟大的，因为神决不会使世人完全没有引导，神总是轻声而坚定地作启示。

但是，这声音很容易被淹没；我们认为是灵感的东西可能须臾而生，同样可能须臾而逝。也许，我们的幻想油然而生，我们的感情激动起来，我们的眼前浮想联翩，我们狂热地追求我们以为是神本身给我们指出的目标；但是，我们梦寐以求的东西很快就使我们厌恶——于是我们的整个存在也就毁灭了。

因此，我们应当认真考虑：所选择的职业是不是真正使我们受到鼓舞？我们的内心是不是同意？我们受到的鼓舞是不是一种迷误？我们认为是神的召唤的东西是不是一种自欺？但是，不找出鼓舞的来源本身，我们怎么能认清这些呢？

伟大的东西是光辉的，光辉则引起虚荣心，而虚荣心容易给人以鼓舞或者是一种我们觉

[1] 选自《马克思恩格斯全集》第四十卷，人民出版社，1982 年版。卡尔·马克思（1818—1883），全世界无产阶级的伟大导师，马克思主义、科学共产主义的创始人，伟大的政治家、哲学家、经济学家、革命理论家。主要著作有《资本论》《共产党宣言》等。他是无产阶级的精神领袖，是近代共产主义运动的先驱。恩格斯说：马克思的伟大思想“哺育了世界西方和东方两个半球的无产阶级运动”。

得是鼓舞的东西；但是，被名利弄得鬼迷心窍的人，理智已无法支配他，于是他一头栽进那不可抗拒的欲念驱使他去的地方；他已经不再自己选择他在社会上的地位，而听任偶然机会和幻想去决定它。

我们的使命决不是求得一个最足以炫耀的职业，因为它不是那种使我们长期从事而始终不会感到厌倦、始终不会松劲、始终不会情绪低落的职业，相反，我们很快就会觉得，我们的愿望没有得到满足，我们理想没有实现，我们就将怨天尤人。

但是，不只是虚荣心能够引起对这种或那种职业突然的热情。也许，我们自己也会用幻想把这种职业美化，把它美化成人生所能提供的至高无上的东西。我们没有仔细分析它，没有衡量它的全部份量，即它让我们承担的重大责任；我们只是从远处观察它，然而从远处观察是靠不住的。

在这里，我们自己的理智不能给我们充当顾问，因为它既不是依靠经验，也不是依靠深入的观察，而是被感情欺骗，受幻想蒙蔽。然而，我们的目光应该投向哪里呢？在我们丧失理智的地方，谁来支持我们呢？

是我们的父母，他们走过了漫长的生活道路，饱尝了人世的辛酸。——我们的心这样提醒我们。

如果我们通过冷静的研究，认清所选择的职业的全部份量，了解它的困难以后，我们仍然对它充满热情，我们仍然爱它，觉得自己适合它，那时我们就应该选择它，那时我们既不会受热情的欺骗，也不会仓促从事。

但是，我们并不能总是能够选择我们自认为适合的职业；我们在社会上的关系，还在我们有能力对它们起决定性影响以前就已经在某种程度上开始确立了。

我们的体质常常威胁我们，可是任何人也不敢藐视它的权利。

诚然，我们能够超越体质的限制，但这么一来，我们也就垮得更快；在这种情况下，我们就是冒险把大厦建筑在松软的废墟上，我们的一生也就变成一场精神原则和肉体原则之间的不幸的斗争。但是，一个不能克服自身相互斗争的因素的人，又怎能抗拒生活的猛烈冲击，怎能安静地从事活动呢？然而只有从安静中才能产生出伟大壮丽的事业，安静是唯一生长出成熟果实的土壤。

尽管我们由于体质不适合我们的职业，不能持久地工作，而且工作起来也很少乐趣，但是，为了恪尽职守而牺牲自己幸福的思想激励着我们不顾体弱去努力工作。如果我们选择了能力不能胜任的职业，那么我们决不能把它做好，我们很快就会自愧无能，并对自己说，我们是无用的人，是不能完成自己使命的社会成员。由此产生的必然结果就是妄自菲薄。还有比这更痛苦的感情吗？还有比这更难于靠外界的赐予来补偿的感情吗？妄自菲薄是一条毒蛇，它永远啮噬着我们心灵，吮吸着其中滋润生命的血液，注入厌世和绝望的毒液。

如果我们错误地估计了自己的能力，以为能够胜任经过周密考虑而选定的职业，那么这种错误将使我们受到惩罚。即使不受到外界指责，我们也会感到比外界指责更为可怕的痛苦。

如果我们把这一切都考虑过了，如果我们生活的条件容许我们选择任何一种职业；那么我们就可以选择一种能使我们最有尊严的职业；选择一种建立在我们深信其正确的思想上的职业；选择一种能给我们提供广阔场所来为人类进行活动、接近共同目标（对于这个目标来说，一切职业只不过是手段）即完美境地的职业。

尊严就是最能使人高尚起来、使他的活动和他的一切努力具有崇高品质的东西，就是使他无可非议、受到众人钦佩并高于众人之上的东西。

但是，能给人以尊严的只有这样的职业，在从事这种职业时我们不是作为奴隶般的工具，而是在自己的领域内独立地进行创造；这种职业不需要有不体面的行动（哪怕只是表面上不体面的行动），甚至最优秀的人物也会怀着崇高的自豪感去从事它。最合乎这些要求的职业，并不一定是最高的职业，但总是最可取的职业。

但是，正如有失尊严的职业会贬低我们一样，那种建立在我们后来认为是错误的思想上的职业也一定使我们感到压抑。

这里，我们除了自我欺骗，别无解救办法，而以自我欺骗来解救又是多么的糟糕！

那些不是干预生活本身，而是从事抽象真理研究的职业，对于还没有坚定的原则和牢固、不可动摇的信念的青年是最危险的。同时，如果这些职业在我们心里深深地扎下了根，如果我们能够为它们的支配思想牺牲生命、竭尽全力，这些职业看来似乎还是最高尚的。

这些职业能够使才能适合的人幸福，但也必定使那些不经考虑、凭一时冲动就仓促从事的人毁灭。

相反，重视作为我们职业的基础的思想，会使我们在社会上占有较高的地位，提高我们本身的尊严，使我们的行为不可动摇。

一个选择了自己所珍视的职业的人，一想到他可能不称职时就会战战兢兢——这种人单是因为他在社会上所居地位是高尚的，他也就会使自己的行为保持高尚。

在选择职业时，我们应该遵循的主要指针是人类的幸福和我们自身的完美。不应认为，这两种利益是敌对的，互相冲突的，一种利益必须消灭另一种的；人类的天性本来就是这样的：人们只有为同时代人的完美、为他们的幸福而工作，才能使自己也达到完美。

如果一个人只为自己劳动，他也许能够成为著名的学者、大哲人、卓越诗人，然而他永远不能成为完美无疵的伟大人物。

历史承认那些为共同目标劳动因而自己变得高尚的人是伟大人物；经验赞美那些为大多数人带来幸福的人是最幸福的人；宗教本身也教诲我们，人人敬仰的理想人物，就曾为人类牺牲了自己——有谁敢否定这类教诲呢？

如果我们选择了最能为人类福利而劳动的职业，那么，重担就不能把我们压倒，因为这是为大家而献身；那时我们所感到的就不是可怜的、有限的、自私的乐趣，我们的幸福将属于千百万人，我们的事业将默默地、但是永恒发挥作用地存在下去，而面对我们的骨灰，高尚的人们将洒下热泪。

思考与练习：

一、马克思提出了哪些选择职业时应遵循的原则？

二、马克思认为“最有尊严的职业”是什么样的职业？他如何阐述对选择“我们深信其正确的思想上的职业”的理解？马克思选择了什么样的职业？

三、写一篇随笔：根据马克思对选择职业时的建议，结合自己的兴趣爱好和性格特点，为自己做一个职业选择。

论 美[1]

培 根

阅读提示：本文始终围绕着“美”展开论说，从人物的外貌美说到德行美，字里行间透露出哲学家对“美”的理解，对人生的感悟。

培根精于锤炼语言，在表达上有丰富的想象力，善用比喻，使论述充满着形象感。要反复研读、品味课文，探寻美的真谛，并体会语言的精美。

美德好比宝石，它在朴素背景的衬托下反而更华丽。同样，一个打扮并不华贵却端庄严肃而有美德的人，是令人肃然起敬的。

美貌的人并不都有其他方面的才能。因为造物主是吝啬的，他给了此就不再予彼。所以许多容颜俊秀的人却一无作为，他们过于追求外形美而放弃了内在美。但这话也不全对，因为奥古斯都、菲斯帕斯、菲力普王、爱德华四世、阿尔西巴底斯、伊斯梅尔等，都既是大丈夫，又是美男子[2]。

仔细考究起来，形体之美要胜于颜色之美，而优雅行为之美又胜于形体之美。最高的美是画家所无法表现的，因为它是难于直观的。这是一种奇妙的美。曾经有两位画家——阿皮雷斯和丢勒滑稽地认为，可以按照几何比例，或者通过摄取不同人身上最美的特点，作画合成一张最完美的人像。其实像这样画出来的美人，恐怕只有画家本人喜欢。美是不能制订规范的，创造它的常常是机遇，而不是公式。有许多脸型，就它的部分看并不优美，但作为整体却非常动人。

有些老人显得很可爱，因为他们的作风优雅而美。拉丁谚语说过：“晚秋的秋色是最美好的。”而尽管有的年轻人具有美貌，却由于缺乏优美的修养而不配得到赞美。

美犹如盛夏的水果，是容易腐烂而难以保持的。世上有许多美人，他们有过放荡的青春，却迎受着愧悔的晚年。因此，把美的形貌与美的德行结合起来吧。只有这样，美才会放射出真正的光辉。

思考与练习：

一、作者在文中一共论述了哪几种美？着重强调哪种？

二、请分析以下句子的含义。

1. 美德好比宝石，它在朴素背景的衬托下反而更华丽。
2. 因为造物主是吝啬的，他给了此就不再予彼。
3. 仔细考究起来，形体之美要胜于颜色之美，而优雅行为之美又胜于形体之美。

---

[1] 选自《培根人生随笔》（北京理工大学出版社2010年版）。弗兰西斯·培根（Francis Bacon，1561—1626），英国哲学家、思想家、作家和科学家。中世纪英国著名的唯物主义哲学创始者，著有《论说随笔文集》。他的多篇随笔，从各个角度论述广泛的人生问题，精妙、有哲理，拥有很多读者。

[2] 奥古斯都和菲斯帕斯都是古罗马著名皇帝。菲力普王，法国国王，1285年至1314年在位。爱德华四世，英格兰国王，1461年至1483年在位。阿尔西巴底斯，古希腊著名美男子。伊斯梅尔，波斯国王，1499年即位，有武功。

4. 美是不能制订规范的，创造它的常常是机遇，而不是公式

5. 最高的美是画家所无法表现的，因为它是难于直观的。

6. 拉丁谚语说过："晚秋的秋色是最美好的。"

7. 美犹如盛夏的水果，是容易腐烂而难以保持的。

三、拓展阅读。

求知的目的不是为了吹嘘炫耀，而应该是为了寻找真理，启迪智慧。

读史使人明智，读诗使人聪慧，演算使人精密，哲理使人深刻，伦理学使人有修养，逻辑修辞使人善辩。总之，"知识能塑造人的性格"。

——培根《论求知》

第五单元　说明文

说明文读写知识指要

说明文是一种以说明为主要表达方式，重在解说事物、阐释事理，给人以知识的文学体裁。在内容上，说明文着重解说事物的形状、构造、性质、范围、功用，阐明事理的概念、内容、本质、规律、方法、成因、关系、原理、演变等，目的是通过客观地传播科学知识，使人增长知识和技能。说明的对象可以是具体的实体，例如人物、山岳、湖泊、花草、树木、虫鱼、鸟兽、桥梁等；也可以是抽象的事理，例如立场、观点、方法、法令、制度以及名词概念、学术流派、风俗习惯等。总之，从宏观世界到微观世界，从基础学科到尖端学科，从奇妙的微生物到人类社会，从石器到电脑，从沙漠到海洋，从地层变化到天体运行等，漠漠宇宙，大千世界，无不是它说明的对象。内容的知识性、知识的科学性和表达的说明性构成了说明文的主要特点。

说明文按照说明对象和目的的不同，可分为事物说明文和事理说明文。一般说，事物说明文的对象是具体事物，即客观存在的实体性事物；它重在说明事物“是什么样的”，常从事物的外形构造、方向位置、生产流程、类别功用等方面进行客观而准确的说明。例如，向读者介绍一个人、一个集体、一种程序、一种现象、一种物体等的文章，一般属于这种类型的说明文。事理说明文的对象是抽象性事理，也就是与事物有关的某种道理；它重点不仅在于说明事理“是怎样的”，还要说明它“为什么是这样”，常从事理的概念、本质、成因、关系、原理、规律等方面进行说明。例如，对某一类事物的原委、关系等作进一步探究、阐明的文章，便是事理说明文。其实，在一篇说明文中，介绍事物与阐释事理往往是交错使用的。

按照表达形式的不同，说明文可以分为介绍性说明文、记叙性说明文、阐释性说明文、描绘性说明文等。

说明文中还有一种比较特殊的门类，那就是文艺性说明文，也称科学小品。其主要特点是用文艺性的笔调来介绍科学知识，属于科普说明文。它一般以科学技术内容为题材，描写与说明兼用，常采用比喻、比拟等手法，或用对话、故事等形式来进行形象说明，寓科学性、知识性于形象性、趣味性之中。因此，它既有科学性，又有文学情趣，能把比较抽象深奥的科技知识深入浅出地介绍给读者，使读者在获得科学知识的同时也能获得艺术享受。这类说明文虽然具有较多的文学色彩，但就解说事物、阐明事理这一点来看，并没有失去其说明的主要特点，如《细胞战争》就是很典型的例子。

下面是说明文阅读与写作的一些基本方法。

一、抓住特征说明事物

说明文的侧重点就是对事物特征的说明。抓住事物的特征来说明事物，是阅读说明文和写作说明文首先要注意的。自然界中的事物，都有自己的特征。所谓特征，就是这一事物区别于其他事物的独特之处。当我们向别人介绍某一事物时，只有把这一事物的独特之处突出地表现出来，才能给人以准确、深刻的印象。

事物的特征往往表现在很多方面，从不同的角度来考察同一个事物，就有不同方面的特征。一般表现在两个方面：一是外显特征，如事物的颜色、质地、空间位置、形状等；二是内隐性特征，如事物的成因、原理、变化过程、内部结构、习性、性能、风格等。事物特征的多样性，要求我们在说明事物时要根据不同的写作目的和读者对象，选好角度，确定重点，详略得当地进行说明。尤其要善于从事物的诸多特征中抓住主要的、本质的特征进行说明。抓住事物特征的一般方法：

第一，同中求异法。运用这种方法，要求我们善于利用事物形似但实质略有区别这一特点，准确地发现事物相似之中的不同点，并加以说明。例如，同样是笔，硬笔（铅笔、钢笔、圆珠笔等）和软笔（毛笔）是不同的，即使同是硬笔，钢笔和圆珠笔的构造、特点、使用方法也有不同。如果能抓住这些进行说明，事物的特征就能表现得比较清楚了。

第二，多面展示法。对一些结构较为复杂的事物，要将事物的特征说清楚，应该从多方面加以阐说，使其不同的特点全方位地展现在读者面前。事物的整体特征，有时就是各个局部特征的总和。对事物的微观特点进行的说明，其实也就是对整体特征进行的说明。围绕某一点，多方面地展现事物的特征，能比较全面地反映事物的本质特点。

第三，表里合一法。有些事物，其内在特征是能通过外在形式充分表露出来的。因此通过说明其外在的特征，同样可以说明其内在的特征。

二、有条理地说明事物的特征

结构严谨，层次清晰，条理分明，对说明文尤为重要。说明文的总体结构形式常见的有总分式和递进式。事物说明文多用总分式，事理说明文多用递进式。

总分式，是先对说明的对象作总的概括介绍，然后导入具体说明的结构形式。具体说明的段落、层次之间的结构形式一般有并列式和承接式。前者的特点是各层次之间的关系是平行并列的，如《什么是科学技术》；后者则是按照事物的发展过程来安排层次的，其前后是互相承接关系，如《细胞战争》。

递进式，是按照人们认识事物的规律，层层深入地剖析事理的结构形式。其各层之间的关系是或由浅入深，或由表及里，或由具体到抽象，或由特殊到一般，或由主要到次要，或由原因到结果，或由现象到本质等。

事物总是以一定的形式存在的，要把某一事物（或事理）的特点准确清楚地向读者说明，就需要根据事物本身的条理和它的固有特征，选取合理的顺序来进行说明，这是使说明内容条理化的必要条件。常用的说明顺序有时间顺序、空间顺序、逻辑顺序。采用什么顺序，主要取决于说明对象的特点。时间顺序适用于说明动植物的生长过程、产品的生产过程、事情的操作过程等；空间顺序可按远近、内外、上下、高低、前后、左右、整体和局部的空间关系来安排说明的顺序；逻辑顺序适于事理的说明，即按照事物内部的联系来安排说明的先后顺序。

三、运用恰当的说明方法突出事物的特征

为了把事物特征解说清楚，把事理阐释明白，还应该掌握一定的说明方法。说明文常用的方法如下。

下定义：它是用最精确的语言揭示出被说明事物的本质属性，或是确定某一事物的范围和界限的一种说明方法。最常见的句型是“什么是什么”或“什么叫作什么”。运用这种方法，既能使人们对事物有一个明确的、本质的了解，也能使人们将这个事物与其他事物区别开来。例如，“激光是一种最亮的光。它比太阳光亮一百亿倍以上”。这个说明就是先下定义，然后用比较法，将“亮”的程度具体化。又如，“胆碱是含在一些食物中以卵磷脂形式存在的天然物质。当食物进入消化道后，在肠内的酶将食物消化后而释放出胆碱，然后通过肠壁进入血液，很快就达到大脑。因它有助于乙酰胆碱的生成，而乙酰胆碱是一种在大脑中传递刺激冲动的化学物质，兼顾记忆方面的功能，所以口服胆碱能明显地增强记忆力”。这段话开头介绍胆碱，用的是定义说明法，后面对胆碱的生成、运动及作用的阐述，用的是诠释说明法。两种方法的结合运用，就使人们对胆碱的有关知识有了更全面更清楚的了解。

作诠释：它是常用来对事物的构成、性质、特点、用途等作解释说明的方法。它比下定义的语言要形式灵活，表述详尽、具体，应用广泛，常与定义法结合运用。

举例子：说明文中最常用的一种说明方法，它是用已知的事例或概念来说明某种抽象的、尚不易被人们理解的事物、事理、概念或原理的方法。举例法，能把抽象、复杂的事物或事理阐述得具体、简明，便于理解。使用时，例子要真实可靠，有代表性；表述要简明扼要，突出重点。举例说明有列举和典型举例两种形式。例如，“计算机在加快农业科研速度，提高经济效益方面也展示了广阔的前景。农业灾害性天气预报、病虫害预测预报、优良品种选育、农田水利设计、农业机械设计等等方面都是计算机大显身手的地方，并且取得了显著效益。1981 年我国用计算机对长江水文资料进行处理做出了洪水预报，及时进行荆江分洪，使两岸大片耕地免遭水灾”。这段话中列举和典型举例相配合，把计算机在农业科研方面的作用及应用程度充分地显示出来，使人们容易理解。

作比较：它是用相关联的相同或不同的事物或事理的某些方面进行比较，显示彼此异同，突出被说明事物的主要特点的一种方法。事物的特征、事物与事物之间的一些联系往往可以通过比较显现出来，由难懂变为易懂，由模糊变为清晰，由抽象变为可感。例如，课文《芙蕖》第二段，通过将群葩的争艳之日短暂与芙蕖的“不至白露为霜而能事不已”进行比较，说明芙蕖适合观赏的优点略胜一筹。比较说明法，按说明对象分为横比和纵比。将两种可以作比的事物拿来进行比较，用以说明事物的性质和特点的叫横比；将某事物不同时期的情况进行比较，从而说明某种问题的叫纵比。按对象性质分为对比和类比。对比是将两种不同性质的事物进行对照比较，比差别，比优劣，比正误，比变化；类比是把两类事物的相同点相比较，通过已知事物的相同点来说明未知事物。需要注意的是无论是横比、纵比还是类比、对比，相比的事物都不仅应该有关联，用来作比的已知事物还应该为人们所熟知，这样才容易让人理解。

打比方：一般简称打比方，就是用人们常见的、熟悉的事物来比喻人们比较陌生的事物的一种方法。恰当地运用打比方说明法，可以使抽象的道理变得具体，复杂的事物变得简单，容易理解，也可以使文章的语言具体形象、生动活泼。例如，白居易的《荔枝图序》中的一段话：“荔枝生巴峡间，树形团团如帷盖。叶如桂，冬青；华如橘，春荣；实如丹，夏熟。朵如葡萄，核如枇杷，壳如红缯，膜如紫绡，瓤肉莹白如冰雪，浆液甘酸如醴酪。大略如彼，其实过之。”作者在介绍荔枝的树形、叶、花、果实的内部结构等时，都运用了比喻法，使人们对荔枝的有关知识有了具体而形象的认识，也增强了文章的文学性。

列数字：它是指运用准确的数据，从数量方面来说明事物的方法。例如，“紫禁城的城墙十多米高，有四座城门：南面午门，北面神武门，东西面东华门、西华门。宫城呈长方形，占地 72 万平方米，有大小宫殿七十多座、房屋九千多间。城墙外是五十多米宽的护城河。城墙的四角上，各有一座玲珑奇巧的角楼。故宫建筑群规模宏大壮丽，建筑精美，布局统一，集中体现了我国古代建筑艺术的独特风格”。这里运用数据来突出地说明了故宫规模宏大的特点。采用数字说明，能从数量上给人以具体、明确的印象，令人信服。运用时，一要适度，不要刻意堆砌；二要准确，计数单位等要规范，运用确数、约数、倍数或百分比要准确恰当。

列图表：就是通过画图、照片或列表的形式对事物进行说明的方法。根据情况，可以采用以文字为主图表为辅的形式，也可以是以图表为主文字为辅的形式。后者的说明文字主要是对图表所说明的问题及资料来源等作解释。图表说明法简明扼要，一目了然，增强直观感，给人的印象具体、深刻。

分类别：分类别是按某个标准把要说明的事物分成几类。这样可以帮助读者更清楚地了解说明对象。例如，“目前人类使用的能源按来源可分为几类：石油、煤炭、风力、水力、太阳能和核能”。

以上谈到的是常用的说明方法。运用这些说明方法，可以使深奥的道理通俗化，复杂的知识简单化，也可以使抽象的、理性的内容具体化、形象化，从而准确、有效地说明事物或事理的特征，达到说明目的。我们在阅读说明文时，要注意体会文中的说明方法，从而加深对文章的理解；在写作中，说明事物或阐释事理，一般都不应只使用某一种说明方法，而要根据文章内容和需要，灵活地综合使用多种说明方法。

四、以准确、简明的语言说明事物特征

文体不同，其语言特点也有所不同，说明文注重语言的准确、简明。

准确，就是要按照事物的实际情况，选用最恰当、最精确的语言，恰如其分地把事物的面貌、状态、性质、特征、变化、规律等表达出来，既不能夸大、缩小，也不能走样、遗漏。说明事物或阐明事理都必须要符合实际，符合科学。

简明，就是用精练的语言把意思表达得清清楚楚。它包括简洁和明白，而首先是明白，其次才是简洁。要使说明对象（尤其是比较复杂和专深的内容）为人们所了解、接受，就要用明白晓畅的语言解说，避免晦涩、艰深、佶屈聱牙的语句。在明白晓畅的基础上还要简洁。简洁，就是不堆砌造作，不拖泥带水，每一个词都发挥说明事物的作用。简洁的关键是符合内容的表达，说清即可。

写作说明文和写作其他文章一样，必须明确写作意图，确立文章中心，保证你所解说、阐释的一切紧扣主题，突出说明对象的特性；必须充分占有材料，采用合理的顺序，选用恰当的说明方法，力求做到言之有物、言之有序。尤其要注意提炼语言，因为说明文是通过解说事物、阐明事理来传播知识的，要求一字一句能准确地，甚至精确地表述事物的本身，这就不仅需要对事物的认识深刻，而且需要有驾驭语言的能力。因此，要写好说明文，非在语言上下苦功夫不可。

选　文

《梦溪笔谈》二则

沈　括[1]

阅读提示：这两则短文选自《梦溪笔谈》，题目为后人所加。《梦溪笔谈》是用笔记体形式写成的综合性学术专著，全书二十六卷，是我国古代的重要科学技术著作，也是世界科技史中的一份宝贵遗产。

《石油》记述了当时陕北石油的产地、形状和采集、使用的情况，也记述了作者自己试用油的煤烟制墨的效益。

《采草药》以大量的材料为依据，主要从“内因”和“外因”两个角度否定古法，阐明采草药不必“拘以定月”的科学见解。

石　油

鄜、延境内有石油[2]，旧说“高奴县出脂水”[3]，即此也。生于水际[4]，沙石与泉水相杂，惘惘而出[5]。土人以雉尾挹之[6]，乃采入缶[7]中，颇似淳[8]漆。然之如麻[9]，但烟甚浓，所沾幄幕[10]皆黑。予疑[11]其烟可用，试扫其煤[12]以为墨，黑光如漆，松墨[13]不及也，遂大为之[14]，其识文[15]为“延川石液”者是也。此物后必大行[16]于世，自予始为之。盖石油至多，生于地中无穷，不若松木有时而竭[17]。今齐、鲁间松林尽矣[18]，渐至太行、京西、江南[19]，松山大半皆童[20]矣。造煤人盖未知石烟之利也[21]。石炭[22]烟亦大，墨[23]人衣。予戏为《延州诗》云：“二郎山[24]下雪纷纷，旋卓穹庐学塞人[25]。化尽素衣冬未老[26]，石烟多似洛阳尘[27]。”

注释：[1]沈括（1031—1095），钱塘（现在浙江杭州）人，字存中，北宋著名的科学家、政治家。[2]鄜（fū）、延：鄜州、延州，在今陕西延安一带，宋时属鄜延路。[3]脂水：石油的另一名称，原意为油脂的水。[4]水际：水边。[5]惘惘：涌流缓慢的样子。[6]土人：当地居民。雉：野鸡。挹（yì）：原指舀水，此处指沾取。[7]缶：陶瓷罐子。[8]淳：通“纯”。[9]麻：指麻油，古代用作照明的燃料。[10]幄（wò）幕：帐幕。[11]疑：这里是猜测的意思。[12]煤：烟炱（tái），烟焰上腾时凝集而成的黑灰。下文“造煤人”的“煤”也指此。[13]松墨：我国名墨之一，用松烟制成，故称“松烟墨”。[14]大为之：大量制造它。[15]识（zhì）文：标名，标志。[16]大行：盛行，广泛流行。[17]竭：尽、完。[18]齐：指山东省北部。鲁：指山东省南部。[19]太行：太行山。京西：宋代的京西路在现在河南省、陕西省和湖北省交界的一带地区。江南：指江苏省西部、安徽省南部和江西省一带。[20]童：山上没有草木。[21]石烟：石油燃烧所生的黑烟。利：利益，好处。[22]石炭：煤炭。[23]墨：沾黑，作动词用。[24]二郎山：在现在陕西省安塞县延河附近，上有二郎庙。[25]旋：随即。卓：竖立，支撑。穹庐：游牧民族居住的毡帐篷。塞人：塞外民族。[26]化：变，染。老：（自然景物）迟暮，老去，“冬未老”意为冬天还没有过完。[27]洛阳尘：化用晋人陆机《为顾彦先赠妇诗》句：“京洛多风尘，素衣化为缁（zī）。”

采草药

古法采草药多用二月、八月[1]，此殊未当[2]。但二月草已芽[3]，八月苗未枯，采掇者易辨识耳[4]，在药则未为良时。大率[5]用根者，若有宿根[6]，须取无茎叶时采，则津泽[7]皆归其根。欲验[8]之，但取芦菔、地黄辈观[9]，无苗时采，则实而沉；有苗时采，则虚而浮[10]。其[11]无宿根者，则候[12]苗成而未有花时采，则根生已足而未衰。如今之紫草[13]，未花时采，则根色鲜泽[14]；花过而采，则根色黯恶[15]，此其效[16]也。用叶者取叶初长足时，用芽者自从本说[17]，用花者取花初敷[18]时，用实者成实时采。皆不可限于时月。

注释：[1]二月、八月：本文提到的月份都指阴历。[2]殊：很，特别。当：恰当。[3]但：只，只是。芽：发芽。[4]掇（duō）：拾取。耳：语气助词，可译为“罢了”。[5]大率：大概，大致。[6]若：假如。宿（sù）根：多年生草本植物的根。茎叶枯萎后能继续生存，次年春又可发芽，故称。[7]津泽：即津液，这里指植物的养分。[8]验：验证。[9]芦菔（lúfú）：即萝卜。地黄：多年生草本植物。生地黄可清热凉血，熟地黄可补血壮身。辈：类。[10]虚而浮：空虚而分量轻。“虚”与“实”是对文，“浮”与“沉”是对文。[11]其：指示代词，那些。[12]候：等待。[13]紫草：多年生草本，根紫色，可入药。但是紫草有宿根，这里沈括可能是举例不当。[14]鲜泽：新鲜而有光泽。[15]黯恶：灰暗而不美观。恶：不好，指着色不好看。[16]效：效验，证明。[17]自从本说：自然遵从上句说的采叶的道理。[18]初敷：刚开放。敷：铺开，扩展，引申为“开放”。

缘土气有早晚[1]，天时有愆伏[2]。如平地三月花[3]者，深山中则四月花。白乐天[4]《游大林寺》诗云：“人间四月芳菲[5]尽，山寺桃花始盛开。”盖[6]常理也。此地势高下之不同也。如筀竹笋[7]，有二月生者，有三四月生者，有五月方[8]生者谓之晚筀；稻有七月熟者，有八九月熟者，有十月熟者谓之晚稻。一物同一畦[9]之间，自有早晚。此物性之不同也。岭峤微草[10]，凌冬不凋[11]；并、汾乔木[12]，望秋先陨[13]；诸越则桃李冬实[14]，朔漠则桃李夏荣[15]。此地气之不同也。一亩之稼，则粪溉者先芽[16]；一丘之禾，则后种者晚实。此人力之不同也。岂可一切拘以定月哉[17]？

注释：[1]缘：因为。土气：指土壤中的温度和湿度。[2]天时：气候。愆（qiān）伏：阴阳失调，这里指气候变化。[3]花：开花。[4]白乐天：唐代著名诗人白居易，字乐天。[5]芳菲：指花草美有香气。[6]盖：连词，承接上文，推测原因，可译为“本来是”“原来是”。[7]筀（guì）竹：一种叶细节疏的竹子。笋：竹类的嫩茎、芽。[8]方：刚刚。[9]畦（qí）：田地里有土埂围着的一个个排列得很整齐的小区。[10]岭峤：五岭的别称，泛指今两广一带。微：微小。[11]凌：越过。凋：凋谢，枯萎。[12]并、汾：宋代有并州和汾州，泛指北方地区，约今河北、山西一带。乔木：树干和树枝有明显区别的大树。[13]望秋：临近秋天。陨（yǔn）：陨落，这里指落叶。[14]诸越：即百越，古代南方越人的总称，也指其居住地，即今浙、闽、粤、桂等地。实：结果实。[15]朔漠：泛指我国北方。荣：茂盛。[16]粪：施粪肥，作动词用。溉：灌溉。[17]拘以定月：拘泥于固定的月份。拘：拘泥，约束。

思考与练习：

一、以提纲形式写出《采草药》的说明层次。

二、解释下列语句中加点的词。

1. 但烟甚浓
2. 松墨不及也
3. 试扫其煤以为墨
4. 其识文为延川石液者是也
5. 无苗时采，则实而沉
6. 自予始为之
7. 则津泽皆归其根
8. 朔漠则桃李夏荣

三、阅读下段短文，解释加点的词语，翻译全文。

元丰中，庆州界生子方虫，方为秋田之害。忽有一虫生，如土中狗蝎，其喙（huì）有钳，千万蔽地；遇子方虫，则以钳搏之，悉为两段。旬日子方皆尽，岁以大穰（ráng）。其虫旧曾有之，土人谓之“傍不肯”。(《梦溪笔谈》)

芙 蕖

李 渔[1]

阅读提示：本文选自《李笠翁一家言·笠翁偶集》的“种植部”。芙蕖即荷花，又称莲花、芙蓉、藕花等。这是一篇文质兼美的说明文，具体说明了芙蕖“可人”的种种优点及其种植之利。在写法上，虽以说明为主，也兼用描写、抒情、议论，在说明中贯穿着作者感情的流动，可谓文情并茂，如行云流水，清新自然。

李渔十分重视文章的结构安排和详略处理，他认为写戏作文都要做到“顾前者欲其照应，顾后者便于埋伏”，“节节俱要想到”，如果“一节偶疏”，就会导致“全篇出破绽”，还认为作文如同编戏，必有“主脑之人”“主脑之事”，其他的人和事只是“陪宾”。本文虽是短文，同样体现了作者上述写作主张。结合课文认真体会这些主张。

芙蕖与草本诸花似觉稍异，然有根无树，一岁一生，其性同也。《谱》[2]云：“产于水者曰草芙蓉，产于陆者曰旱莲。”则谓非草本不得矣[3]。予夏季倚此为命[4]者，非故效颦于茂叔[5]而袭成说于前人也[6]，以芙蕖之可人[7]，其事不一而足，请备述之[8]。

注释：[1]李渔（1611—约 1680），字笠鸿、谪凡，号笠翁，明末清初兰溪（现在浙江省兰溪市）人，戏剧理论家，作家。著有《李笠翁一家言》《闲情偶寄》《笠翁十种曲》《十二楼》等。[2]《谱》：明代王象晋撰有《群芳谱》，但无所引之文，指何书待考。[3]则谓非草本不得矣：即“则不得谓非草本矣”，就不能说不是草本了。则：连词，就。[4]倚此为命：意谓靠着有芙蕖才能活下去。倚：依赖。命：生命，命根子。[5]故：故意，有意。副词。效颦（pín）：《庄子·天运》：“西施病心而矉其里（在她的村子里作皱眉的样子），其里之丑人见而美之，归亦捧心而矉其里。”西施，美女名。矉同“颦”，皱眉。捧心，用手按在心口上。后人称这个故事中的“丑人”为东施。因此称胡乱模仿者为“东施效颦”，效，模仿，师法。茂叔：北宋哲学家周敦颐，字茂叔，他写过《爱莲说》。[6]袭：相因、因袭。成说：现成的、通行的说法，即《爱莲说》中所说过的话。[7]可人：合人心意。可：适合，动词。下文“可目”“可鼻”里的“可”，用法相同。[8]请备述之：请让我把它都说出来。请：敬词，表示谦虚。备：详尽。

群葩当令时[1]，只在花开之数日，前此后此皆属过而不问之秋矣[2]。芙蕖则不然：自荷钱[3]出水之日，便为点缀绿波；及其茎叶既生，则又日高日上，日上日妍[4]。有风既作飘摇之态，无风亦呈袅娜[5]之姿，是我于花之未开，先享无穷逸致矣[6]。迨至菡萏[7]成花，娇姿欲滴[8]，后先相继，自夏徂[9]秋，此则在花为分内之事，在人为应得之资[10]者也。及花之既谢，亦可告无罪于主人矣；乃复蒂[11]下生蓬，蓬中结实[12]，亭亭独立，犹似未开之花，与翠叶并擎[13]，不至白露为霜而能事不已[14]。此皆言其可目[15]者也。

注释：[1]群葩（pā）：百花。葩：花。当令：正当时令。[2]前此后此：前于此后于此之时。此：指“花开之数日”。属：系，是。过而不问之秋：经过也不过问，无人欣赏的时候。秋：指某一时期，某一时刻。[3]荷钱：初生的荷叶，小如铜钱，所以称荷钱。[4]日上日妍：

一天比一天好看。妍：容色美好。[5]袅娜：形容体态轻盈柔美。[6]逸致：悠闲的情趣。致：情趣。[7]迨（dài）至：等到。菡萏（hàndàn）：荷花的花苞，未开曰菡萏，已开曰芙蕖。[8]娇姿欲滴：姿态娇嫩得简直要滴水。[9]徂（cú）：到。[10]应得之资：应该得到的享受。资：资财，此处指获得的享受，是比喻用法。[11]蒂：花托。[12]实：指莲子。[13]擎（qíng）：这里指耸立。[14]不至白露为霜而能事不已：意思是不到白露成霜的时候，它所擅长的本领不会呈献完毕。能事：擅长本领。已：停止。[15]可目：适合观赏。

可鼻，则有荷叶之清香，荷花之异馥[1]；避暑而暑为之退[2]，纳凉而凉逐之生[3]。

注释：[1]馥（fù）：香气。[2]暑为之退：暑气因为它而减退。之：指叶、花的香气。[3]凉逐之生：凉气跟着它而产生。逐：跟随。

至其可人之口者，则莲实与藕皆并列盘餐而互芬齿颊[1]者也。

注释：[1]皆并列盘餐：都同时列入餐盘中。互芬齿颊：指莲实和藕一起使人的牙齿和嘴边感到芬芳。芬：使……芬，使动用法。颊：此处指嘴边。

只有霜中败叶，零落难堪[1]，似成弃物矣；乃摘而藏之，又备经年裹物之用[2]。

注释：[1]零落难堪：七零八落很不好看。[2]备：准备着供（使用）。经年：长年，整年。

是芙蕖也者[1]，无一时一刻不适耳目[2]之观，无一物一丝不备家常之用者也。有五谷之实而不有其名，兼百花之长而各去其短，种植之利有大于此者乎？

注释：[1]是芙蕖也者：这样看来，芙蕖这种东西。是：指示代词，如此，这，承上起连接作用。也者：语气词连用，起强调主语的作用。[2]耳目：偏义复词，此处专指“目”，“耳”无义。

予四命[1]之中，此命为最。无如[2]酷好。一生，竟不得半亩方塘[3]为安身立命[4]之地。仅凿斗大一池，植数茎以塞责[5]，又时病其漏[6]，望天乞水[7]以救之，殆所谓不善养生而草菅其命者哉[8]。

注释：[1]李渔在《笠翁偶集》“种植部”的《水仙》一文中说：“予有四命，各司一时：春以水仙、兰花为命，夏以莲为命，秋以海棠为命，冬以蜡梅为命。无此四花，是无命也。一季缺予一花，是夺予一季之命也。”[2]无如：无奈，用于转折句的开头，表示由于某种原因，不能如上文所愿，含有“可惜”的意味。[3]半亩方塘：语出朱熹《观书有感》诗：“半亩方塘一鉴开，天光云影共徘徊。问渠那得清如许？为有源头活水来。”[4]安身立命：指生活有着落，精神有所依托。安身：存身。立命：精神有所依附。[5]茎：根，株。塞责：本谓抵塞罪责，弥补所任事的不足，此言对自己应负的责任敷衍了事。[6]病其漏：以池水渗漏为苦。病：以……为苦。[7]望天乞水：盼天下雨。乞水：求雨。[8]殆：大概，“殆……哉”表示不十分肯定的语气。草菅其命：把它（芙蕖）的生命看得像野草一样，随便处置。此四字由成语“草菅人命”衍化而来，因为这里说的是芙蕖，故把“人”字改为“其”字。菅（jiān）：一种多年生草本植物。

思考与练习：

一、作者是从哪些方面介绍芙蕖的？表现了它的什么特点？

二、本文应该属于介绍性的说明文，但读来给人一种形象感，这是为什么？

三、第二段运用什么说明方法？有什么好处？

四、说说下列句子所使用的修辞手法。

1. 则又日高日上，日上日妍。

2. 有风既作飘摇之态，无风亦呈袅娜之姿。

3. 及花之既谢，亦可告无罪于主人矣。

4. 种植之利，有大于此者乎？

5. 蓬中结实，亭亭独立，犹似未开之花，与翠叶并擎。

6. 群葩当令时，只在花开之数日，前此后此皆属过而不问之秋矣。芙蕖则不然。

五、本文第二至第五段用了一连串虚词，试逐一找出来，并体会其作用。

千篇一律与千变万化

——音乐、绘画、建筑之间的通感

梁思成[1]

阅读提示：本文是一篇内容丰富、关涉多个学科的科技说明文,在中国建筑学理论中颇有代表性和影响力。本文借助音乐、美术等其他艺术形式循序渐进解说建筑，在举一反三、触类旁通中体现出作者的广阔视野与深厚积淀。

在艺术创作中，往往有一个重复和变化的问题：只有重复而无变化，作品就必然单调枯燥；只有变化而无重复，就容易陷于散漫零乱。在有“持续性”的作品中，这一问题特别重要。我所谓“持续性”，有些是时间的持续，有些是在空间转移的持续，但是由于作品或者观赏者由一个空间逐步转入另一空间，所以同时也具有时间的持续性，成为时间、空间的综合的持续。

音乐就是一种时间持续的艺术创作。我们往往可以听到在一首歌曲或者乐曲从头到尾持续的过程中，总有一些重复的乐句、乐段——或者完全相同，或者略有变化。作者通过这些重复而取得整首乐曲的统一性。

音乐中的主题和变奏也是在时间持续的过程中，通过重复和变化而取得统一的另一例子。在舒伯特的“鳟鱼”五重奏中，我们可以听到持续贯串全曲的、极其朴素明朗的“鳟鱼”主题和它的层出不穷的变奏。但是这些变奏又“万变不离其宗”——主题。水波涓涓的伴奏也不断地重复着，使你形象地看到几条鳟鱼在这片伴奏的“水”里悠然自得地游来游去嬉戏，从而使你“知鱼之乐”焉。

舞台上的艺术大多是时间与空间的综合持续。几乎所有的舞蹈都要将同一动作重复若干次，并且往往将动作的重复和音乐的重复结合起来，但在重复中又给以相应的变化；通过这种重复与变化以突出某一种效果，表达出某一种思想感情。

在绘画的艺术处理上，有时也可以看到这一点。

宋朝画家张择端的“清明上河图”是我们熟悉的名画。它的手卷的形式赋予它以空间、时间都很长的“持续性”。画家利用树木、船只、房屋，特别是那无尽的瓦陇的一些共同特征、重复排列，以取得几条街道（亦即画面）的统一性。当然，在重复之中同时还闪烁着无穷的变化。不同阶段的重点也螺旋式地变换着在画面上的位置，步步引人入胜。画家在你还未意识到以前，就已经成功地以各式各样的重复把你的感受的方向控制住了。

宋朝名画家李公麟在他的“放牧图”中对于重复性的运用就更加突出了。整幅手卷就是无数匹马的重复，就是一首乐曲，用“骑”和“马”分成几个“主题”和“变奏”的“乐

[1] 梁思成，广东省新会人，中国科学史事业的开拓者，著名的建筑学家和建筑教育家。曾参加人民英雄纪念碑等建筑的设计，是中华人民共和国首都城市规划工作的推动者，中华人民共和国成立以来几项重大设计方案的主持者，是中华人民共和国国旗、国徽评选委员会的顾问。

章”。表示原野上低伏缓和的山坡的寥寥几笔线条和疏疏落落的几棵孤单的树就是它的“伴奏”。这种“伴奏”（背景）与主题间简繁的强烈对比也是画家惨淡经营的匠心所在。

上面所谈的那种重复与变化的统一在建筑物形象的艺术效果上起着极其重要的作用。古今中外的无数建筑，除去极少数例外，几乎都以重复运用各种构件或其他构成部分作为取得艺术效果的重要手段之一。

就举首都人民大会堂为例。它的艺术效果中一个最突出的因素就是那几十根柱子。虽然在不同的部位上，这一列和另一列柱在高低大小上略有不同，但每一根柱子都是另一根柱子的完全相同的简单重复。至于其他门、窗、檐、额等等，也都是一个个依样葫芦。这种重复却是给予这座建筑以其统一性和雄伟气概的一个重要因素；是它的形象上最突出的特征之一。

历史中最杰出的一个例子是北京的明清故宫。从（已被拆除了的）中华门（大明门、大清门）开始就以一间接着一间，重复了又重复的千步廊一口气排列到天安门。从天安门到端门、午门又是一间间重复着的“千篇一律”的朝房。再进去，太和门和太和殿、中和殿、保和殿成为一组“前三殿”与乾清门和乾清宫、交泰殿、坤宁宫成为一组的“后三殿”的大同小异的重复，就更像乐曲中的主题和“变奏”；每一座的本身也是许多构件和构成部分（乐句、乐段）的重复；而东西两侧的廊、庑、楼、门，又是比较低微的、以重复为主但亦有相当变化的“伴奏”。然而整个故宫，它的每一个组群，每一个殿、阁、廊、门却全部都是按照明清两朝工部的“工程做法”的统一规格、统一形式建造的，连彩画、雕饰也尽如此，都是无尽的重复。我们完全可以说它们“千篇一律”。

但是，谁能不感到，从天安门一步步走进去，就如同置身于一幅大“手卷”里漫步；在时间持续的同时，空间也连续着“流动”。那些殿堂、楼门、廊庑虽然制作方法千篇一律，然而每走几步，前瞻后顾、左睇右盼，那整个景色、轮廓、光影，却都在不断地改变着；一个接着一个新的画面出现在周围，千变万化。空间与时间、重复与变化的辩证统一在北京故宫中达到了最高的成就。

颐和园里的谐趣园，绕池环览整整三百六十度周圈，也可以看到这点。

至于颐和园的长廊，可谓千篇一律之尤者也。然而正是那目之所及的无尽的重复，才给游人以那种只有它才能给人的特殊感受。大胆来个荒谬绝伦的设想：那八百米长廊的几百根柱子，几百根梁枋，一根方，一根圆，一根八角，一根六角……；一根肥，一根瘦，一根曲，一根直……；一根木，一根石，一根铜，一根钢筋混凝土……；一根红，一根绿，一根黄，一根蓝……；一根素净无饰，一根高浮盘龙，一根浅雕卷草，一根彩绘团花……；这样“千变万化”地排列过去，那长廊将成何景象？

有人会问：那么走到长廊以前，乐寿堂临湖回廊墙上的花窗不是各具一格、千变万化的吗？是的。就回廊整体来说，这正是一个“大同小异”、大统一中的小变化的问题。既得花窗“小异”之谐趣，又无伤回廊“大同”之统一。且先以这些花窗的小小变化，作为廊柱无尽重复的“前奏”，也是一种“欲扬先抑”的手法。

翻开一部世界建筑史，凡是较优秀的个体建筑或者组群、一条街道或者一个广场，往往都以建筑物形象重复与变化的统一而取胜。说是千篇一律，却又千变万化。每一条街都是一轴“手卷”、一首“乐曲”。千篇一律和千变万化的统一在城市面貌上起着重要作用。

十二年来，我们规划设计人员在全国各城市的建筑中，在这一点上做得还不能尽满人意。为了多快好省，我们做了大量标准设计，但是“好”中既也包括艺术的一面，就也应“百花齐放”。我们有些住宅区的标准设计“千篇一律”到孩子哭着找不到家；有些街道又一幢房子一个样式、一个风格，互不和谐；即使它们本身各自都很美观，放在一起就都“损人”且不“利己”，“千变万化”到令人眼花缭乱。我们既要百花齐放，丰富多彩，又要避免杂乱无章，相互减色；既要和谐统一，全局完整，又要避免千篇一律，单调枯燥。这恼人的矛盾是建筑师们应该认真琢磨的问题。

思考与练习：

一、依据说明对象与说明目的的不同，把说明文分为事物说明文和事理说明文两大类。试述本文的类别。

二、本文最突出的说明方法是举例子，试加以简要说明。

寂静的春天（节选）[1]

蕾切尔·卡森

阅读提示：课文是《寂静的春天》这本引发了现代环保运动的经典名著的节选。文章在阐释生物与环境的相互作用及生物对环境的依存关系的基础上，具体阐述当代人们由于急躁轻率，普遍污染环境、破坏生态，尤其是滥用化学药品污染环境所造成的危害，深刻批判了“控制大自然”口号的错误，为人类的生存敲响了警钟。

本文是一篇科学小品，不同于一般的说明文只客观解说，它融说理、抒情于一体，兼有杂文的犀利、论文的深刻、散文的情致、随笔的轻松、诗歌的醇郁。语言生动活泼，具有文学性。

地球上生命的历史即是生物与它们的环境互相作用的历史。在很大程度上，地球上动植物的形体和习性是由环境造成的。相对于地球的漫长历史，反向作用即生物对其环境的实际影响较小。只有在20世纪极短的时光瞬间中，一个物种——人——才获得了有效力量去改变他所在世界的大自然。

在过去的四分之一世纪里，这种力量不仅增大到了令人不安的程度，而且其性质亦发生了变化。人类对环境最可怕的破坏是用危险甚至致命的物质对空气、土地、河流和海洋的污染。这种污染多数是无法救治的，由它所引发的恶性循环在很大程度上是不可逆转[2]的，它不仅存在于生物赖以生存的世界，而且也存在于生物组织中。在当今对环境的普遍污染中，化学药品是辐射线的凶恶的但却被人忽视的同谋，它们共同改变着世界上生物的根本性质。由核爆炸释放到空中的锶-90[3]以放射性尘埃的形式随雨水或漂浮物落到地球上，留在土壤里，进入地上生长着的草、玉米或小麦等植物体内，最后钻进人体，停留在骨骼里直到人死去。同样，喷洒在农田、森林或花园里的化学药品长期留在土壤中，进入活的生物体内，在一种毒害和死亡连锁反应[4]中从一个生物体传到另一生物体；或者随着地下溪流神秘地流淌直至冒出地表，通过空气和阳光的化合作用构成新形式，毒死植物，使牲畜得病，对那些饮用原本纯净的井水的人们造成不知不觉的危害。正如阿尔伯特·施威策[5]所说：“人甚至连自己创造的魔鬼都认不出来。”

要生成现今栖居在地球上的生物需要亿万年的时间——在这漫长的时间里，生物不断发

[1] 蕾切尔·卡森（1907—1964），美国生物学家、科普作家，是当代环保运动的先驱。1962年完成《寂静的春天》一书。这是一部人类环境意识的启蒙著作，唤起了全球对环境的关注。书中以大量的事实和科学知识为依据，揭示了滥用杀虫剂等化学药物所造成的全球性环境污染和严重的生态危机，质疑现代人征服自然、控制自然的观念和狂妄的态度，表达了自己的生态整体主义思想。

[2] 不可逆转：不可改变方向。即向不利的方面转化，或向相反的方向转化。

[3] 锶（sī）-90：是锶元素的一种具放射性的同位素，是铀的裂变产物之一，属高毒性核素。一般来自核爆炸或核燃料产物。

[4] 连锁反应：比喻若干个相关的事物，只要一个发生变化，其他都跟着发生变化。

[5] 阿尔伯特·施威策：又译阿尔伯特·史怀泽。法国神学家、哲学家、医生。获1954年度诺贝尔和平奖。

展进化，种类越变越多，达到一种同其环境相适应、相平衡的状态。而环境一丝不苟[1]地塑造和引导它所供养的生物，这环境既包含有利生物生长的成分，又包含有害的成分。某些岩石放射出危险的射线；即便在一切生物从中取得能量的日光中，也包含着有伤害力的短波射线。经过一定的时间——不是过了若干年，而是过了千百年，生物适应了环境，达到了平衡。时间是最基本的因素。但在现代世界里人们没有时间去适应世界的急速变化。

人类急躁轻率的步伐胜过了自然界稳健的步履，事物很快发生变化，新情况急剧不断地产生。如今辐射已不仅仅是地球上出现生命之前便存在的岩石隐秘射线、宇宙射线以及太阳紫外线，它更是人类拨弄原子的奇异产物。同样，逼迫生物与之适应的化学物质也不再只是从岩石上冲刷出来由河流带入海洋的钙、二氧化硅、铜以及其他矿物质，它们还有人类的聪明才智所创造的人工合成物，在实验室里配制而成，在自然界找不到与它们相似的东西。

适应这些化学药品所需的时间应以大自然的尺度来衡量，人的短暂一生是不够的，它要求的是若干世代的时间。但即令在这么漫长的时间内可能奇迹般地实现了适应，也将毫无用处，因为从我们的各个实验室会源源不断地冒出新的化学药品并投入实际使用。这数字令人震惊，而且它的深层含义不易为人们所领会——单是在美国，每年就有约 500 种新的化学药品需要人和动物的身体以某种方式去与之适应，它们完全超出了生物学经验[2]的范围。

这些化学药品有许多被用于人类对自然的战争。自 20 世纪 40 年代中期以来，逾 200 种基本化学药品被研制出来，用于杀死昆虫、杂草、啮齿动物[3]和其他现代行话称之为“害虫”的生物体；这些化学药品被打着数千种不同的商标出售。

这些喷雾液、药粉、烟雾剂现在几乎普遍在农场、花园、森林和家庭中使用——这些化学药品能够不加选择地杀死任何昆虫，不论其是“好”是“坏”；能够使鸟儿不再歌唱，鱼儿不再跳跃于水中；能够以一层剧毒物质覆盖在叶片表面或长期滞留在土壤中。而人们使用所有这些药品消灭的目标或许仅仅是屈指可数[4]的几种杂草或昆虫。难道有人会相信，可以向地球表面倾泻这么多毒物而又继续使它适宜一切生物生长？这些化学药品不应称作“杀虫剂”，而应称为“杀生剂”。

药物使用的整个发展过程似乎卷入了一个永无终点的螺旋。自从滴滴涕[5]被允许民用以来，逐步升级的过程便开始了，人们得不断寻找更有毒性的物质。这是因为作为对达尔文[6]适者生存原理的绝好证明，昆虫已演化出对人们使用的某一杀虫药具有抗药性的超级品种，

---

[1] 一丝不苟：形容办事认真，连最细微的地方也不马虎。苟：马虎，随便。

[2] 生物学经验：是指研究生物的结构、功能、发生和发展规律的过程中，人们发现的有启发意义和实用指导意义的规律。

[3] 啮（niè）齿动物：英文名 rodent，是咬东西的动物。这个名词源自拉丁语“咬东西”的意思。

[4] 屈指可数：形容数目少。屈指：弯着手指计算数目。

[5] 滴滴涕：杀虫剂，也是一种农药。化学名为二氯二苯三氯乙烷，其简写 DDT，故称滴滴涕、二二三。此药物杀虫效力大，效用持久。由于在动物体内和农产品内积累，一些国家已禁用或限制使用。

[6] 查尔斯·罗伯特·达尔文（Charles Robert Darwin，1809—1882），英国伟大的生物学家、博物学家。达尔文早期因地质学研究而著名，而后又提出科学证据，证明所有生物物种是由少数共同祖先，经过长时间的自然选择过程后演化而成。1859 年出版《物种起源》这一划时代的著作。在该书中，达尔文首次提出了进化论的观点，该理论是 19 世纪自然科学的三大发现之一。该书的出版真正使生物进化论为世人所关注，不仅带来了生物科学的根本变革，而且使人们的世界观发生了重大的改变。

于是人们必须发明一种更毒的药剂，接着又发明一种比这种药剂更毒的药剂……

“控制大自然”这一短语是在骄傲自大的心态中构思出来的，它源于尼安德特人[1]时期的生物学和哲学，当时人们以为自然界是为人类的便利而存在的。应用昆虫学的概念和实践大都发端于那石器时代[2]的科学。如此原始的科学竟已用最现代、最可怕的武器装备起来，这真是我们的一大灾祸。这门科学在使用这些武器对付害虫的同时也在打击整个地球。

思考与练习：

一、联系课文内容，说说标题“寂静的春天”是什么意思，作者借“寂静的春天”向世人提出了什么警告。请发挥想象力，描述一下“寂静的春天”的景象。

二、本文作者说明了化学药品的污染是人类对环境最可怕的破坏。生物适应环境，达到平衡，需要漫长的时间，问题是人们没有时间去适应世界的急速变化。为什么呢？

三、仔细体会下面的句子，说说这些句子所表达的思想感情。

1. 人甚至连自己创造的魔鬼都认不出来。

2. 这些化学药品不应称作“杀虫剂”，而应称为“杀生剂”。

3. 这门科学在使用这些武器对付害虫的同时也在打击整个地球。

四、本文与普通的科技小品文不同，并不仅是让读者了解情况，更重要的是要引起读者的共鸣，引起社会的关注，所以文章在介绍事理时加入许多议论、抒情的话语，使作者的写作意图更明显地表现出来。请指出下面的语句所表达的思想感情。

1. 化学药品是辐射线的凶恶的但却被人忽视的同谋。

2. 难道有人会相信，可以向地球表面倾泻这么多毒物而又继续使它适宜一切生物生长？

3. 应用昆虫学的概念和实践大都发端于那石器时代的科学。

五、为了加强说明效果，作者综合运用了作比较、举例子、列数字等说明方法。尤其是文中多处运用了对比手法来进行阐述，请你找出两三处，结合上下文来体会其表达的效果。

六、除课文中提到的因素外，还有什么因素会使地球上出现“寂静的春天”？为了防止出现这种景象，你认为人类需要做些什么？

---

[1] 尼安德特人：原始人类家族的一个分支，主要生活在欧洲和亚洲的中部、西南部地区。文中用此来比喻低级幼稚。

[2] 石器时代：考古学分期中最早的一个时代，从有人类起到青铜器的出现止共二三百万年。这时人类主要用石头制造劳动工具，还不知道利用金属。按照石器的加工情况又可分为旧石器时代、中石器时代和新石器时代。

细胞战争

阿·斯奈德曼

阅读提示： 本文选自1981年《科学年鉴》，是一篇典型的科学小品，采用比喻、拟人手法，通俗而生动地介绍了有关人体免疫功能方面的知识。学习中，应明确把握科学小品的特点和人体免疫功能的有关知识。

炎症是一个专门术语，指的是在我们身体内进行的一种战争。我们每天总处在一个敌对的环境中，为生存而不断斗争。我们的身体必须时时防御诸如细菌、真菌以及病毒等等，这些大量的敌人可能经由皮肤、呼吸系统进入体内。患癌症时，敌人就是我们自身的叛逆细胞。幸而我们有一个强有力的守卫军，也就是分子和细胞组成的免疫系统，它们警惕不懈，动员迅速，防御着每一个新的入侵。

炎症的战争既有一根棘刺引起的小规模遭遇战，也有细菌性肺炎这样的全面战争，而每个战斗都伴有同样的四个征象——红、肿、热与痛。罗马医生两千年前就注意到了这些征象，但只有到了20世纪，科学家才开始弄清在复杂的炎症过程中身体所起的反应。

比如一根刺扎进我们手指，战争就开始了。面对附在刺上的入侵细菌部队，我们身体的免疫系统就立刻行动起来。

当在血流和组织间隙中不停巡逻的分子侦察员发现了入侵者时，立即对外来分子表面的电荷作出反应，发出了一个化学警报。

作为司令官的淋巴细胞得知消息后，立即拟定战斗策略，做出支援计划，以备在最初的小规模战斗失利时使用。

淋巴细胞能记住那些以前碰到过的入侵者。它根据信息制造了一批抗体，专门盯住入侵者，只要抗体与追踪目标一接触，就能通知信号部队去召集战士。信号部队包括在血液与组织液中循环的一组传令员分子，叫补体系统，它能一传十、十传百地把消息传下去。补体传令员还要铺设行军路线，它们通过化学反应使战区周围的血液流动放慢，并使血管壁的微孔加大，这使战士们更容易离开血液赶到设在组织中的战斗地点。某些补体传令员制造一种化学信标，从出事地点向四周发散，战士们就追踪着信标赶到现场。

淋巴细胞还迅速地分裂，以扩充侦察与传令的后备部队，准备应付更猛烈的进攻。

真正投身肉搏战的野战军是不同种类的白血细胞组成的。它们根据信号纷纷从血流中冲向战斗地点，用强有力的酶（能大大加快消化过程的蛋白质）去把敌人粉碎。

第一野战军是嗜中性白血球，它是骨髓造出来的，只在血流中循环很短的时间。当它被召集出来时，很快冲人组织，形成第一道防线。战斗需要大批战士，以致在骨髓中尚未完全成熟的嗜中性白血球都被征召出来。医生如果看到病人的血液中有大量尚未成熟的嗜中性白血球，就可认为这是有严重感染的征象。嗜中性白血球组成了敢死队。因为它们仅能存活几小时，所以都不会在战斗后幸存下来。

第二野战军是巨噬细胞，它们是庞大和行动迟缓的白血细胞。在嗜中性白血球到达几小时后，巨噬细胞才赶到战场。它们对付所有没被嗜中性白血球杀死的细菌，并且移去死去的和垂死的嗜中性白血球。巨噬细胞有很好的装备，能与许多微生物战斗，其中也包括癌细胞在内。

在这场恶战中，血流中负责运输白血细胞的液体血浆渗入到战区来，使这个区域肿胀起来。双方的伤亡在战场中心那根刺周围形成了脓——血清和白血细胞。脓和肿胀的组织压迫了神经末梢，引起我们疼痛的感觉。拔出刺会舒服些，这是由于脓液流出，减小了压力。

一旦战胜了侵略者，我们的身体就为修复而开始行动。成纤维细胞组成的修补队伍建设新的结缔组织，皮肤与毛细血管的细胞开始了再生。

我们对身体的防卫系统研究得越多，就越认识到它具有多么不可思议的力量。科学家正不断地在免疫系统的队伍中发现新兵。也许当我们能更精巧地左右这个部队的行动时，我们就能更好地预防与处理严重而反复发作的感染，控制慢性炎症疾病，甚至能治愈癌症。

思考与练习：

一、本文说明的主要内容是什么？试用简洁平实的语言说明这“战争”的过程。

二、这是一篇科学小品，它的特点是什么？本文是怎样体现这一特点的？

三、说明文的语言要求准确，科学小品也不例外。请以最后一段中的一些修饰、限制性的词语为例说一说。

第六单元　应用文

应用文概说

应用文是各类企事业单位、机关团体和个人在工作、学习和日常生活等社会活动中，用以处理各种公私事务、传递交流信息、解决实际问题所使用的具有直接实用价值、格式规范、语言简约的多种文体的统称。它强调的是在现实中的实际效能。

应用文有以下特点：一是有明确的对象和使用范围。与文学作品不同，应用文实用性强、针对性强，是人们用来处理问题的，所以，涉及的对象和范围必须明确，以便直接解决问题。二是有固定的格式和写作要求。文体规范，格式固定，真实、准确地反映事物本质，才有利于沟通情况，处理问题。三是有很强的时效性。人们往往在特定的时间里，为着解决特定事务而使用应用文，因时间和事物是发展变化的，如果失去时效，不但应用文丧失了自己的价值，更会贻误解决问题的时机。四是语言朴素平实、简明准确。多采用叙述、说明的表达方式，便于直接表达事物内容，处理问题。

应用文按其内容、性质和适用范围的不同，可分为四类：① 行政公文，包括命令（令）、决定、指示等十八种，是机关、团体等处理公务的各种法定文件。② 行政事务文书，包括计划和规划、总结等十余种，是机关、团体等处理日常一般公务的非法定公文。③ 日常生活应用文，包括书信、笔记等，是用来处理日常生活问题时所使用的应用文。④ 行业应用文，包括经济合同、实验报告、诉状等，是各个行业用来处理行业事务的专用文书。

一、通　知

通知是传达上级机关的指示，批转下级机关的公文；或发布行政法规，要求有关单位、人员了解并执行的常用文件。通知可分批示性通知、指示性通知、会议性通知、一般性通知等多种。通知的正文由发文缘由、通知事项、希望和要求等部分组成，结尾以“特此通知”等语作结。

二、请　示

请示是指请求上级机关对某些事项、问题给予指示、批准时使用的文件。请示由标题、正文、结尾三部分组成。在正文中，要准确写清请示的事由，提出解决问题的办法及对请示部门的具体要求，最后写上“以上意见当否，请批示”“以上意见如无不妥，请予批准”“以上意见如无不妥，请批转各地区、各部门执行”等语作结，以便及时得到上级的批复或批转。

三、计　划

计划是一种预先规定在一定时间内完成某项工作任务的打算和安排的文书。计划是一个泛称概念。时间较长、范围较广、内容较概括、又只能提出一个总的设想的，叫“规划”或“纲要”；内容较单一的，对其中的指标或措施等考虑得还不很周全的，叫“安排”或“打算”；从目的、要求、方式方法和进度等方面作出全面而详细的安排的是“方案”；比较粗略的打算或安排是“设想”。计划的种类很多，按内容分有生产计划、工作计划、学习计划等；按性质分有综合计划、专题计划等；按范围分有国家计划、单位计划、个人计划等；按时间分有年度计划、月份计划等。

计划的格式比较灵活，一般包括标题、正文、落款部分。标题即计划名称，主要标明制订计划的单位名称、时间和计划内容等。正文主要包括前言、目的任务、措施步骤和结尾几个部分。“前言”主要说明制订计划的依据和基本情况；“目的任务”提出达到的目标、指标、要求等；“措施步骤”写出完成任务的办法和步骤；“结尾”写需要说明的问题或应注意的事项，提出希望等。落款写上计划制订单位的名称、日期。在正文里不便逐条表述的有关材料，可根据需要制成图表附在正文后说明。如需抄报抄送某些单位，在正文之后也应分别写明。

四、总　结

总结是对过去一段时间工作、学习等方面情况进行全面、系统的回顾和评价，从中找出经验和教训，引出规律性认识，用以指导今后实践的一种公务文书。总结分类方法有许多种，从性质上看，可以分为两大类，即综合总结和专题总结。综合总结是对某一阶段工作的全面总结；写作时要注意突出重点，点面结合，而不要面面俱到。专题总结是对某项工作或某一问题进行的专门总结，这种总结特别要求针对性强，内容集中。

总结的写作格式可分标题、正文和落款三部分。标题有两种写法：一是类似公文式。由总结单位、时间、事由和文种构成，有的可以省略前两项。二是新闻式。采用正副标题的写法，正标题概括总结的内容，副标题补充名称、事由、文种等。正文包括前言、主体和结尾三部分。前言是总结概要，它相当于“概述”，需将基本情况在这部分中作一交待。主体一般包括成绩与缺点、经验和教训两部分内容，也有的分为主要做法与经验、存在问题与教训两部分。这是全文的重点，既要写出具体的成绩和做法，也要讲清存在的问题。经验和教训，是总结的目的所在，总结的成功与否，往往取决于这两个方面，所以需要下功夫写好。结尾通常是在总结经验教训的基础上，提出今后的努力方向，明确今后的打算等。落款包括署名和总结的写作日期。

五、启　事

启事是单位或个人需要公开向公众说明或希望公众协助办理某种事项时，在报刊或公共场所登载、张贴的短文。启事的种类多，根据其内容、作用的不同，大致可以分为寻觅性启事、招募性启事、征求性启事、声明性启事和广告性启事等，其中各类启事又可分若干种具体的文体。如招募性启事可分为招聘启事、招工启事、招生启事等。

启事类应用文由标题、正文和落款三部分构成。标题由启事内容性质和文种构成，如“招聘科技人员启事”，有的还要在内容前加单位名称。正文部分写启事的事项，要求明确、具体。在正文的下面根据情况还可写上联系方法及需要说明的问题。落款含发启事者的姓名或单位名称及时间。

六、演讲稿

演讲稿又叫演说词，它是在大会上或其他公开场合发表讲话的文稿。它可以用来交流思想、感情，表达主张、见解；也可以用来介绍自己的学习、工作情况和经验等。演讲稿是进行演讲的依据，是对演讲内容和形式的规范和提示，它体现着演讲的目的和手段。演讲稿的好坏直接决定了演讲的成败。演讲稿应像议论文一样论点鲜明、逻辑性强、富有特点，但它又不是一般的议论文。它是一种带有宣传性和鼓动性的应用文体，经常使用多种修辞手法和艺术手法，具有较强的感染力。

不同类型、不同内容的演讲稿，其结构方式也各不相同，但总体上还是由开头、主体、结尾三部分构成。开头，也叫开场白，它犹如戏剧开头的“镇场”，在全篇中占据重要的地位。主体部分要层层展开，步步推向高潮，其展开的方式有并列式、递进式和并列递进结合式三种。并列式就是围绕演讲稿的中心论点，从不同角度、不同侧面进行表现，而每一侧面都直接面向中心论点，证明中心论点。递进式，即从表面、浅层入手，采取步步深入、层层推进的方法，最终揭示深刻的主题。并列递进结合式，这种结构，或是在并列中包含递进，或是在递进中包含并列，一些纵横捭阖、气势雄伟的演讲稿常采用这种方式。演讲稿的结尾，是主体内容发展的必然结果，或归纳，或升华，或希望，或号召，方式很多。好的结尾应收拢全篇，卒章显志，干脆利落，简洁有力，切忌画蛇添足，节外生枝。

七、书　信

书信是人们在日常工作和生活中相互传递信息、表达意见、说明情况、证明事情所使用的应用文。书信可以分为一般书信和专用书信两类。

一般书信的格式包括称呼（顶格）、问候语（单写一行）、正文（可以分为若干段来书写）、祝颂语（后半部分顶格）、署名和日期（写在祝颂语下方空一至二行的右侧，再下一行写日期）。

专用书信是应用在特定场合的、具有专门用途的书信。专用书信的种类较多，大致可分为凭证性书信和表意性书信两种。凭证性书信具有证明作用，包括介绍信、证明信、聘书、委托书、证书等；表意性书信包括表扬信、感谢信、贺信、慰问信、邀请信（请柬）、举报信、申请书、决心书、倡议书、建议书等。下面对证明信、感谢信、申请书、倡议书作简介。

1. 证明信

证明信是机关、团体、单位或个人证明一个人的身份或一件事情，供接受单位作为处理和解决某人某事的根据的书信。其结构一般由标题、称呼、正文、署名和日期等构成。具体格式如下：

标题，通常有两种方式构成：一种是独自以文种名作标题。一般就是在第一行中间冠以“证明信”“证明”字样。另一种由文种名和事由共同构成。一般也是写在第一行中间，如“关于×××同志××……的证明”。称呼，要在第二行顶格写上受文单位名称或受文个人的姓名称呼，然后加冒号。有些没有固定的受文者，开端可以不写称呼，而在正文前用公文引导词“兹”引起正文内容。正文，要针对对方所要求的要点写，要你证明什么问题就证明什么问题，其他无关的不写，也就是要写清人物、事件的情况。这部分可以依次写：开头写“兹有……”；你要证明的原因（因什么而要写证明）以及由原因所产生的结果；开具证明要写明解决的问题或事情；正文写完后，要另起一行，写上“特此证明”四个字，也可直截在正文结尾处写出。落款，即署名和写明成文日期，加盖公章或签名、盖私章，否则证明信将是无效的。

2. 感谢信

感谢信是指在得到有关单位或个人给予的关心、支持或帮助后，向对方表示感谢的信函。它具有确指性、事实性、感激性。其一般格式为：

标题，一般直接用文种“感谢信”作为标题，也可以由受文单位和文种组成，还可以由发文机关、受文单位和文种三个要素组成。称谓，第二行顶格来写被感谢的单位名称或个人姓名，姓名后面加以适当的称呼，写冒号。正文，一般写以下两个方面的内容：简述事迹；对对方的优良品德作出评价和颂扬，表示感谢及表示向对方学习的态度和决心。敬语，按信函格式写上“致以最诚挚的敬礼”“此致敬礼”一类的敬语。落款，在正文右下方署上写感谢信的单位名称或个人姓名，在署名的下方写上发信的时间。

感谢信不仅有感谢的意思，而且有表扬的意思。感谢信的语言要简练，避免陈词滥调，篇幅也不宜过长。

3. 申请书

申请书是个人或者集体向有关领导、组织、社会团体表达意愿、提出请求的专用书信。申请书具有请求性、书信性、上行性。申请书一般由标题、称谓、正文、结语和落款五部分构成。标题，有两种形式：一是性质加文种构成；二是直接用文种“申请书”作标题。称谓，另起一行，顶格写接收申请书的单位名称或领导人姓名，称谓之后加冒号。正文，一般包括以下三方面的内容。申请内容，申请书的开头部分就要旗帜鲜明地向领导、组织提出申请的具体内容。申请缘由，这部分要说明申请的目的、意义及自己对申请事项的认识。决心和要求，这一部分要求表明自己的决心、所持的态度或者具体的要求。结语，可以有也可以没有。

一般是表示尊敬的话，如“此致敬礼”等；也可以写一些表示感谢和希望的话，如“请组织考验”“请审查”“望领导批准”等。落款，这部分要求署名和注明申请的具体日期。

申请书要力求把复杂的问题写得简明扼要、一目了然、短小简练，篇幅不宜过长。申请事项应明确而具体，理由应合理而充分。申请书的语言表述要准确、简洁，态度要诚恳、朴实。申请书原则上不应多头报送。

4. 倡议书

倡议书是指个人或集体提出某些合理化的建议或者创造性的措施，向广大群众或者有关的单位公开发出倡议，希望大家响应，以更好地完成某项任务时所运用的一种专用书信。倡议书具有群众性、对象的不确定性、公开性。倡议书一般由标题、称谓、正文、落款四部分组成。标题，一般由文种名称单独组成，也可以由倡议内容或者是倡议对象和文种共同组成。称谓，可以根据倡议的对象而选用适当的称呼。正文，内容包括：倡议书的背景、原因和目的；倡议的具体内容和要求（这部分一般分项写）；希望或者建议。落款，在正文的右下方写明倡议者单位、集体名称或个人姓名，署上发出倡议的具体日期。

倡议书措辞要确切，情感要真挚，同时要富于鼓动性；内容要切实可行，符合国家的大政方针，反映新时代新风貌。

八、条　据

条据，是日常生活中最常见而又最简便的应用文。常用的条据有请假条、留言条、收条、借条、领条等。它们都有一个固定的格式。对外使用的条据，写对方单位名称要用全称。是物品要写明名称、规格、数量；是金钱要写明金额和币种，必须用大写，以防涂改，数字前不留空白，数字后面要写量词，如“元”“个”“双”“斤”等。条据中的文字如果确实需要改动，要在涂改处加盖印章，以示负责。写条据字迹要端正清楚，要用不易褪色的笔书写。

条据，一般分为证明性的条据和说明性的条据。

证明性的条据（凭据），是人们在处理钱、物过程中，为了手续清楚或作为凭证而写的字据，如借条、欠条、收条、领条等。其结构一般由标题、正文、尾语和落款四部分组成。标题一般是条据的细化分类，如“领条”“收条”“借条”“欠条”等，写在条据上方中间的部位，字体稍大些。正文一般用“今收到”“今领到”“今借到”等开头，然后写清对方（单位或个人）的名称以及标的物件的名称、数量或金额等。数字要大写（壹贰叁肆伍陆柒捌玖拾佰仟），末位数字后面常常加上“整”字以示严谨。如果需要改动，应在改动的地方加盖图章，以示负责。尾语写上“此据”“此凭”“立此为凭”等，以示慎重。尾语可写在正文之后，也可另起一行。落款位置在条据的右下方，由经手人署名和标明立据的时间。

说明性的条据（便条），是一种以传递信息、介绍情况、表达意愿为主的简明信函，如请假条、留言条、托付书等。便条除请假条外，一般不需要写标题，由称呼、正文、尾语和落款四部分组成。由于内容不同，人物身份不同，所使用的尾语也不尽相同，如“专此布达”“此托”“为感”“为谢”“为盼”“此致敬礼”等，以示谦逊、期盼、谢忱、尊敬等心情。

常见应用文格式规范

应用文的内容广泛，形式多样，注重实际效能，掌握应用文的理论知识外，还要懂得具体的文书写作过程,下面就列举与学生生活紧密相关的几种常见应用文进行写作介绍和示范。

一、通　知

通知的格式，包括标题、称呼、正文、落款。

标题写在第一行正中。可只写“通知”二字，如果事情重要或紧急，也可写“重要通知 ”或“紧急通知”，以引起注意。有的在“通知”前面写上发通知的单位名称，还有的写上通知的主要内容。

称呼为被通知者的姓名、职称或单位名称。在第二行顶格写。(有时，因通知事项简短 ，内容单一，书写时略去称呼，直起正文。)

正文另起一行，空两格写。正文因内容而异。例如，开会的通知要写清开会的时间、地点 、参加会议的对象以及开什么会，还要写清要求。布置工作的通知，要写清所通知事件的目的、意义以及具体要求和做法。

落款分两行写在正文右下方，一行署名，一行写日期。

写通知一般采用条款式行文，可以简明扼要，使被通知者能一目了然，便于遵照执行。

范文如下：

通　知

为深入贯彻落实中央关于加强高校宣传思想工作的重大决策部署，经研究决定召开学校宣传思想工作会议。现将有关事项通知如下：

一、会议时间：××月××日（星期××）下午××：××。

二、会议地点：学术会议中心大报告厅。

三、会议主题：加强和改进新形势下学校宣传思想工作。

四、参加人员范围：

全体校领导，校长助理，党群部门主要负责人，各大部（院）负责人及各办公室、中心主任，各学院党政主要负责人、党委副书记、党委秘书，各直属单位党政主要负责人、党委（党总支）秘书，马克思主义学院及人文与素质教育中心部分教师，全体政工干部。

五、会议要求：

1. 各单位要高度重视，认真安排好会议期间本单位工作，与会人员不得无故缺席，如有特殊情况必须事先请假。

2. 各单位要认真准备会议相关材料，对会议确定的相关主题，有针对性地做好准备。

3. 参会人员在会议期间要严肃会议纪律，排除外界干扰，确保会议质量。

4. ××校区将进行同步网络互动直播会议实况。

党委宣传部

××××年××月××日

二、个人计划书

个人计划，不必在标题中写上名字，而须在正文右下方的日期之上具名。计划就是为了完成一定任务而制订的。目标是计划产生的导因，也是计划奋斗方向。

因此，计划应根据需要与可能，规定出在一定时间内所完成的任务和应达到的要求。任务和要求应该具体明确，有的还要定出数量、质量和时间要求。计划中要明确何时实现目标和完成任务，就必须制定出相应的措施和办法，这是实现计划的保证。措施和方法主要指达到既定目标需要采取什么手段，动员哪些力量，创造什么条件，排除哪些困难等。

总之，要根据客观条件，统筹安排，将怎么做写得明确具体，

范文如下：

个人学习计划

一年之计在于春，一个学期之计在于开始，新学期初始，一切事物都充满活力与生机。新生活意味着新开始，新开始象征着新挑战。俗话说好的开始是成功的一半。新年、新春、新学期，我也该有新的打算。过去的一年在努力之下，学习取得一定的进步，在本学期的学习中我将继承优点，改正不足，争取学习得更好。本学期学习计划如下：

一、主要学习目标

明确学习目标，打好一定的语言基础。争取获得优良成绩，能切实在本学期学到丰富的专业知识和基础常识。增加文化素养，提升自身能力，端正学习态度，培养积极勤奋的学风。做学习计划来自我敦促，自我勉励。反思自己有哪些方面做到不足，反思自己该如何改善、思考自己继续努力的方向方法，并且思考自己有哪些方面值得肯定。

二、具体安排

1. 坚持预习，坚持在上课前先预习一遍课文，在上课之前对所学内容有所理解，能提高听课效率。并且在老师上完一章的内容后，能够主动复习。

2. 每天早起一个小时背诵英语课文。

3. 每天坚持到自习室上晚自习两个小时。

4. 对于课程知识，要多想多问，并且把其中有收获的部分记入笔记之中。

5. 每个月进行一次学习清算，反思自己这个月是否达成学习计划，有哪一些做得不足的地方，下个月要注意改进。

6. 订阅英语辅导报，自学报纸上出现的一些英语单词，并且完成报纸上的练习题。

7. 在这学期通过全国大学生英语四级考试。

8. 争取利用周末时间多学一门外语。

9. 培养良好的学习兴趣。找到学习兴趣点，以此激励自己学习。

以上各项内容便是本学期的学习计划，我决心照此计划进行学习。如有不妥请老师同学指正。

×××

××××年××月××日

三、工作总结

工作总结是对已经做过的工作进展的理性思考。它要回忆的是过去做了些什么，如何做的，做得怎么样。总结与方案是相辅相成的，要以方案为依据，订方案总是在总结的根底上进展的。其间有一条规律，就是：方案—实践—总结—再方案—再实践—再总结。

一份好的工作总结要做到以下三点：

（1）要求人们对以往做过的工作进展冷静地反思。通过反思，提高认识，获得经历，为进一步做好工作打下思想根底。

（2）强调科学性。总结经历不能就事论事，而要就事论理，辩证分析，力求得出科学结论，这样才能促进工作的转化。

（3）表述叙议结合，有评有论。工作总结除了表达、说明外，还要议论，通过典型材料的介绍及分析评议，说明作者的观点，使经历教训条理化、理论化，防止空洞无物和堆砌材料两种偏向。

范文如下：

学生会工作总结

在学院各级领导的关怀和团委的直接领导下，学生会紧紧围绕“自我服务、自我教育、自我管理”的宗旨，本着“团结、求实、创新、奉献”的精神积极开展工作。在今年上半年，全体学生会成员共同努力，不断拓展工作领域、创新工作模式、改进工作方法，较好地完成了预定的工作计划，并取得了一定的成绩，现将工作总结如下：

一、建立健全的学生会规章制度，严格管理和要求学生会干部，树立学生会干部的形象

在学期之初，学生会召开了全体学生干部会议。会议强调：学生会是学生的组织，学生会干部是全院学生干部的代表。所以学生会干部必须严格遵守学院及学生会的各项规章制度，做好学生的榜样。会议同时对各部门本学期的活动做了详细的计划分工，并规定每周定期召开一次部长会议，部长定期对本部门工作进行总结并对下周工作做出计划。会议上宣读了学生会干部奖惩制度，对学生会干部提出了严格要求。

在学生会的日常管理中，主席团定期对学生会干部进行思想教育，使他们在思想上有更

高层次的提升，牢记“自我服务、自我教育、自我管理”的宗旨;并对各部长和干事进行每月小评，综合每个月的表现，在学期末对表现优秀的部长、干事进行表彰，对两个月以上评为不合格者作出辞退处理。

二、学生会全体干部同心协力，部门之间密切配合，有计划地开展各种主题活动，既活跃了校园的氛围，丰富了校园的生活，又提高了学生会的组织能力

为了积极引导新世纪的女大学生更加的珍爱自我，展现自我，学生会女生部在三月份成功举办了以“自爱、自强、自立”为主题的第四届女生节，本次活动得到了学院领导的肯定和同学们的高度赞扬;体育部在四月份和六月份分别举办了三人篮球赛和排球比赛。通过举办这些比赛，营造了良好的校园运动氛围，强健了同学们的体魄，增强了同学们的团队凝聚力;生活部除了做好常规信件、报纸收发外，于五月份成功举办了以“爱生活”为主题的手抄报活动。特别是在六月份毕业生离校时，组织了大型的捐赠物品活动，把捐赠所得献给敬老院;宣传部和学习部先后开展了书法绘画大赛和以“爱党、爱国、爱校”为主题的演讲比赛，营造了文明之风;宿管部在本学期继续做好每栋宿舍楼的晚归登记、查寝及每月卫生评比工作;综合服务部则主要负责每个活动的音响设备操作工作和摄影工作;学生会办公室，本学期整理了各部门活动资料，为每个活动撰写领导致辞稿等。总之，无论是大型的活动，还是日常繁琐的事务，学生会各部门都能做到合理分工，认真负责，争取在最短的时间内最优地完成工作任务。

三、学生会工作的不足之处及对未来的展望

学生会的工作尽管取得了一定的成绩，但是因为学生会成立的时间尚短，在很多方面还存在着不足：一些活动的比赛时间安排还不够科学合理;活动中人手的分配也不够合理;面对突发事件的应对能力较差;学生会资料管理上还存在一定的问题;各部门交流还比较少;学生干部的素质还有待进一步提高，等等。学生会已经在着手制订相关工作计划，对每个问题进行分析，制定出有针对性、有实践性的解决办法。

我相信，在学院领导的殷切关怀下，团委领导的正确指导下，学生会全体干部的共同努力下，学生会能创造出更辉煌的成绩。

××学院学生会

××××年××月××日

四、招新启事

招新启事是大学校园中常见的招募性启事，由标题、正文和落款三部分构成。标题一般需要说明招新的对象或招新的组织，正文部分要说明招新的具体要求和相关流程，例如报名方式、岗位要求、联系人、联系电话等。落款要写清楚发布启事的组织名称及日期。

范文如下：

大学生心理协会招新启事

大学生心理协会（简称“心翔社”）是××学校第一个心理协会。本协会在我院团委、校心理咨询中心的领导下，由热衷心理健康知识的在校大学生组成，是学术性团体。我社曾组织过“5·25”等全国性的大型心理活动及讲座等。因社团发展需要，现招募以下部门成员：

一、办公室

1. 主持财务会计工作，负责会议考勤，会议记录。

2. 整理保存心翔社档案及活动记录，心翔社内部规章制度，执行和监督。

二、宣传创意部

1. 配合各部工作，搞好各项活动的海报宣传，定期出心翔社黑板报。

2. 负责心翔社活动的活动图片展及其他调查活动结果的公布。

三、外联部

1. 负责与本校其他社团组织的沟通工作，加强与外校大学生心理协会之间的交流。

2. 负责各大活动的现场拍摄，采访工作。

四、组织策划部

1. 负责各项活动的策划，并以书面形式给出活动方案。

2. 选择大学生感兴趣并与之密切相关的话题，编写调查问卷，分析得出并公布结论。

五、文艺部

1. 举办各种文艺讲座和文艺演出活动，丰富同学们的课余生活。

2. 组织编排文艺节目，积极参加校内外各种活动。

亲爱的大学生朋友们，你还犹豫什么呢？为你的青春注入色彩，为你的心灵开辟窗口，为你的梦想开拓希望，来吧，赶快加入到心翔社中来吧，一起“关注成长，我心飞翔”吧！

报名地点：××楼一楼

时间：18:00—20:30（9月8日—9月11日）

大学生心理协会（心翔社）

××××年××月××日

五、请假条

请假条是校园生活中最为常见的应用文类别，写好请假条能提高师生沟通的效率。请假条的写作格式如下：首先顶格写称谓，即向谁请假，注意应加上其职务，以示尊重。第二行空两格开始写正文，首先写明请假事由，其次写明请假时间，最后加上请假习惯用语“请批准”“请予批准”等。请假条内容较少的，不用分段。请假条的语言应朴实，简单，不作无谓的修饰，把事情说得清楚简明就好。正文内容结束后，另起一行，空两格写礼貌用语（也可省略），一般用“此致”，然后再起一行顶格写“敬礼”。最后，右对齐署名，在名称下落下请假日期。注意：日期应正对在署名下方。

范文如下：

请假条

尊敬的李老师：

我因肠胃不适，需服药休息，不能坚持到教室上课，特此请假，请予批准。

此致

敬礼！

请假人：小明

××××年××月××日

第七单元　诗　歌

诗歌赏析要点

诗歌是根据形象塑造、语言运用、表达方式和结构体系等几方面的特点，将各式各样的文学作品进行分析归纳后划分出了的与散文、小说、戏剧和影视文学并列的一种文学体裁。

它讲求节奏和韵律，语词凝练而新鲜，结构跳跃、情感充沛和想象丰富，能够高度集中地表现社会生活和人的内心世界。在世界各国的文学样式中，诗歌产生最早，是“文学之母”。中国早期的诗歌与音乐、舞蹈是合为一体的，诗与歌都有各自特定的含义。不合乐者称为“诗”，合乐者称为“歌”。后来，随着社会生活的日益繁复，诗与歌逐渐合流，统称诗歌。

鉴赏诗歌，首先要了解诗歌的有关常识及特点。

中国是诗的国度。中国古代的诗歌包括古体诗、近体诗、词、曲等诸种形式。现代诗歌的主流是用白话写作、以打破旧诗词格律为主要标志的新诗。

一、古典诗歌

唐朝是古代诗歌发展的黄金时代。唐诗，正因为有李白诗歌浪漫主义的大气磅礴、瑰丽奔放，又有杜甫诗歌现实主义的沉郁顿挫、悲怆忧思，才更咏叹出大唐气象。既有张扬恣意、风流高歌，又有民生疾苦、缓歌低回。“诗仙”的豪迈出尘与“诗圣”的深沉入世，是一个健康文坛同时需要的两面不同旗帜。

（一）古代诗

古代诗按音律分，可分为古体诗和近体诗两类。

1. 古体诗

古体诗不讲究平仄、对仗，押韵较自由。一般包括古诗、楚辞、乐府诗等。古体诗的发展轨迹：诗经—楚辞—汉赋—汉乐府—魏晋南北朝民歌—建安诗歌—陶诗等文人五言诗—唐代的古风、新乐府。

楚辞：是战国时期楚国屈原所创的一种诗歌形式，其特点是运用楚地方言、声韵，结构宏伟、想象丰富、句式灵活，并多用“兮”字以助语势，具有浓厚的楚地色彩，富于抒情成分和浪漫气息。以屈原、宋玉等为代表作家，而屈原作品又以《离骚》为代表作，后人因此又称“楚辞体”为“骚体”。

乐府：乐府是自秦代以来朝廷设立的管理音乐机构，汉武帝时期大规模扩建，从民间搜集了大量的诗歌（民歌民谣），经乐府采集、保存下来的诗歌，后人统称为汉乐府。后来乐府成了一种诗歌体裁。

2. 近体诗

与古体诗相对的近体诗又称今体诗，是唐代形成的一种格律体诗。近体诗格律极严，篇有定句（除排律外），句有定字，韵有定位（押韵位置固定），字有定声（诗中各字的平仄声调固定），联有定对（律诗颔联和颈联要求对仗）。近体诗分为两种：一种称“绝句”。绝句仅为四句两联，故又称绝诗、截句、断句。五言的简称五绝，七言的简称七绝。一种称“律诗”。律诗一般每首八句，五言的简称五律，七言的简称七律，超过八句的称为排律（或长律）。律诗每首四联八句，分为首联、颔联、颈联、尾联；一联中上句叫出句，下句叫对句。

（二）词

词又称为诗余、长短句、曲子、曲子词、乐府等。兴于唐朝中后期，盛行于宋朝。其特点是：调有定格，句有定数，字有定声，均体现在词牌上。按字数不同可分为长调（91 字以上）、中调（59～90 字）、小令（58 字以内）。词常见的是单调和双调，单调只有一段，双调分两段，两段的平仄、句数、字数是相等或大致相等。词的一段叫一阕或一片，第一段叫前阕、上阕、上片，第二段叫后阕、下阕、下片。词要依据词谱（词牌格律）创作，所以写词叫“填词”。

（三）曲

文学史上有“唐诗、宋词、元曲”之说，元曲包括散曲（只供清唱）和杂剧（戏曲）。属于诗歌的“曲”专指散曲，是一种没有说白的韵文形式，富于抒情。散曲兴于金，盛于元。是由“词”蜕化出来的一种歌曲，体式与词相近，较为自由，可以在字数定格外加衬字，较多地使用口语，故又称为词余、乐府。散曲有小令和套数（套曲）两种形式。小令只用一曲，如关汉卿的《大德歌》有四支小令。套数指一个曲调中许多曲子，如睢景臣的《高祖还乡》就是用“般涉调·哨遍”等一组曲子连贯组成的一套。每一套曲都以第一首曲的曲牌作为全套的曲牌名，全套的曲子必须同一宫调，一韵到底。套曲加上宾白科介，就成为可以演的戏曲，如元杂剧《窦娥冤》、明传奇《牡丹亭》。

中国古代的宋词、元曲均是一种歌词，除独立吟诵外，亦可以配合歌曲，以当时的汉字发音唱出。现时曲谱多已失传，且因语音变化相当大，使今人难以把这些词曲咏唱出来。

二、现代诗

我国现代诗歌的主流是新诗。新诗是 1919 年“五四”新文学运动时期创建和发展起来的一种新体诗，用白话写作。1920 年出版的胡适《尝试集》是第一部白话新诗集；而代表初期新诗最高成就的是浪漫主义诗人郭沫若，他的诗集《女神》传达着五四狂飙突进的时代精神，开一代诗风。新诗的格律不像旧体诗那样严格，但诗行有一定的节拍，双数诗行最后一个字一般押韵。新诗中的自由体新诗更自由，有的甚至不押韵，不用标点。现代诗歌也有用律诗、绝句、词等旧体诗歌形式写的作品，如毛泽东的《七律·长征》《沁园春·长沙》。

三、诗的种类

诗的分类也有多种方法，根据不同的原则和标准可以划分为不同的种类。一般有以下两种分类：

（一）按照作品内容的表达方式分为叙事诗和抒情诗

叙事诗：诗中有比较完整的故事情节和人物形象，通常以诗人满怀激情的歌唱方式来表现。史诗、故事诗、诗体小说等都属于这一类。史诗如古希腊荷马的《伊里亚特》和《奥德赛》，简称“荷马史诗”；彝族的史诗《勒俄特依》；故事诗如我国诗人李季的《王贵与李香香》；诗体小说如英国诗人拜伦的《唐璜》，俄国诗人普希金的史诗《叶甫盖尼·奥涅金》。

抒情诗：主要通过直接抒发诗人的思想感情来反映社会生活，不要求描述完整的故事情节和人物形象，如情歌、颂歌、哀歌、挽歌、牧歌和讽刺诗。

当然，叙事和抒情也不是绝然分割的。叙事诗也有一定的抒情性，不过它的抒情要求要与叙事紧密结合。抒情诗也常有对某些生活片段的叙述，但不能铺展，应服从抒情的需要。

（二）按照作品语言的韵律和结构形式分为格律诗、自由诗、散文诗和韵脚诗

1. 格律诗

格律诗是按照一定格式和规则写成的诗歌。它对诗的行数、诗句的字数（或音节）、声调音韵、词语对仗、句式排列等都有严格规定。如律诗、绝句、词、曲以及欧洲的十四行诗等。

2. 自由诗

自由诗是近代欧美新发展起来的一种诗体。它不受格律限制，无固定格式，注重自然的、内在的节奏，押大致相近的韵或不押韵，字数、行数、句式、音调都比较自由，语言比较通俗。例如，欧美自由诗的创始人惠特曼（美国）的《草叶集》、我国“五四”以来流行的新诗。

3. 散文诗

散文诗是兼有散文和诗的特点的一种文学体裁。作品往往篇幅短小，像散文一样不分行，不押韵，注重自然的节奏感和音乐美，有诗的意境和激情，常常富有哲理。如高尔基的《海燕》、巴金的《日》《月》。散文诗往往归于散文类。

4. 韵脚诗

韵脚诗顾名思义，每一行诗的结尾均须押韵，读起来朗朗上口，如同歌谣，属于一种新型诗体。

四、诗歌的特点

与其他文学体裁相比，诗歌具有以下特点。

1. 音乐性

诗是最强调节奏性和韵律美的，抑扬顿挫，朗朗上口，流畅回环，悦耳动听。音乐性是诗歌区别于其他文学体裁的重要标志。

2. 抒情性

这是诗歌最突出的本质特征。所有的文学作品都是作者情感的表现，但是诗歌的抒情性最为突出。丰富的情感，是诗的“血液”和“灵魂”。

3. 凝练性

诗歌创作，总是抓住感受最深、表现力最强的自然景物和生活现象，最广泛而又最集中、最深刻地反映生活，表达情感。诗歌的凝练性不仅体现在高度概括的艺术形象，也体现在极其精练的文学语词，所以诗歌的语言极为凝练、精粹，用极少的语词表现丰富的内容。

4. 跳跃性

与语言的凝练性相对应，诗歌结构上的特点是跳跃性。诗歌创作遵循的是想象和情感的逻辑，往往会抛开自然的规律和理性的法则，在时间、空间、主客观等之间跳跃穿梭，常常由这一端跳到另一端，或由过去跳到未来，超越了时间的藩篱、空间的鸿沟。

五、诗歌的鉴赏

诗歌可以从以下三个方面进行阅读、鉴赏。

（一）从语词入手，品味诗歌语言的独特性

诗歌语言比一般的文学语言具有更强的陌生感。诗人对词语极为敏感，通过对词语的排列组合，使寻常的语言变得灵活新颖，变得富有灵性和诗意。

诗歌语言具有高度概括性，要求用极为凝练、精粹的语词反映丰富的情感、复杂的生活，因此，促使诗人对语词进行反复锤炼，所谓“百炼成字，千炼成句”。如崔颢《长干行》：“君家在何处，妾住在横塘。停船暂相问，或恐是同乡。”寥寥二十字，便将人世中的一个典型场景栩栩如生地展现出来。分行的语言是诗歌的主要形式，诗歌语言的陌生感和概括性，使诗行间留下许多空白，从而有利于容纳更丰富的意象，营造跳跃变幻的境界，也给读者更多的空间去思考作品深沉的意蕴。

鉴赏诗歌就要品味诗歌语言的这些独特性，就要感受诗歌丰富的语言表现手法，体味其中的妙处。

（二）破译意象密码，读懂意象内涵

意象是指诗歌中熔铸了作者主观感情的客观物象。诗人对外界的事物心有所感，便将之

寄托给一个所选定的具象，使之融入作者自己的某种感情色彩，并制造出一个特定的艺术天地。诗人对意象的选取与描绘，正是作者主观感情的流露。因此，鉴赏诗歌时，抓住意象并反复揣摩、体味，是体会作者思想感情，从而顺利进入诗歌意境的关键。要读懂意象，须理解意象的对比、组合、反差、递进、烘托等方法，须注意体会诗人营构意象时使用的技巧，如通感、赋、比、兴、象征等手法。如舒婷的《致橡树》，诗人别具一格地选择了“木棉”与“橡树”两个中心意象，将细腻委婉而又深沉刚劲的感情蕴在新颖生动的意象之中，通过象征的手法，用内心独白的方式，表达了一种富有时代气息的爱情观。

（三）由表及里，深入理解诗歌的意蕴

伴随着语音的节奏感和意象解读，读者在阅读中已经产生了初步的美感，但是如何突破语言和意象表层去体悟意象的内蕴，即诗的意蕴，是诗歌鉴赏的关键。

深入理解诗歌的意蕴，就要完成对意象的解剖，挖出诗歌的内涵。意象往往是单个的、局部的，要体会和理解诗歌的美，还需将意象连贯起来，组合起来，结合背景、个人风格等，采用整体阅读与细读相结合的方法，对诗作进行全面的、反复的和有针对性的阅读，获得美感，产生共鸣，受到启悟。

选　文

蒹　葭[1]

《诗　经》

阅读提示：《蒹葭》是《诗经》中历来备受赞赏的一首抒情诗，全诗洋溢着抒情主人公对“伊人”的真诚向往和执着追求的爱恋之情。主人公面对苍苍芦荡、茫茫秋水，上下求索，苦苦寻觅，虽历经千辛万苦，但“伊人”始终飘忽不定，可望而不可即，字里行间流露出主人公望穿秋水而又追求不得的失望、惆怅之情。

蒹葭苍苍[2]，白露为霜[3]。所谓伊人[4]，在水一方。
溯洄从之[5]，道阻且长[6]；溯游从之[7]，宛在水中央[8]。

蒹葭萋萋[9]，白露未晞[10]。所谓伊人，在水之湄[11]。
溯洄从之，道阻且跻[12]；溯游从之，宛在水中坻[13]。

蒹葭采采[14]，白露未已[15]。所谓伊人，在水之涘[16]。
溯洄从之，道阻且右[17]；溯游从之，宛在水中沚[18]。

注释：[1]本诗选自《诗经·秦风》。《诗经》是我国公元前 11 世纪至公元前 6 世纪的一部诗歌总集，收录了自西周初年至春秋中叶大约五百年间的诗歌共三百多篇。原名《诗》或《诗三百》，汉以后始称为《诗经》。约编成于春秋中叶，相传由孔子删定。全书分为“风”“雅”“颂”三部分。“风”即“国风”，一百六十篇，是各诸侯国的土风歌谣，多为民歌。“雅”分“大雅”“小雅”，一百零五篇，是周王朝京畿（jī）一带贵族文人所作的乐歌，也有少数民谣。“颂”分“周颂”“鲁颂”“商颂”，四十篇，是西周及诸侯鲁国、宋国统治者祭祀天地宗庙的乐歌。《诗经》的表现手法多用赋、比、兴，句式以四言为主，结构多重章叠句。《诗经》是我国文学光辉的起点，是现实主义诗歌的源头。蒹葭（jiānjiā）：泛指芦苇。[2]苍苍：茂盛的样子。[3]为霜：凝结成霜。[4]伊人：那个人。在这里指抒情主人公所追寻的人。[5]溯洄（sùhuí）：沿着弯曲的河道向上游走。从：就，追寻。[6]阻：道路险阻难行。[7]溯游：顺流而下。[8]宛：好像。[9]萋萋：茂盛的样子。[10]晞（xī）：干。[11]湄（méi）：水和草交接的地方，也就是岸边。[12]跻（jī）：升，高起，指道路越走越高。[13]坻（chí）：水中小洲或高地。[14]采采：色彩众多的样子。[15]未已：指露水未干。[16]涘（sì）：水边。[17]右：迂回曲折。[18]沚（zhǐ）：水中小沙滩，比坻稍大。

思考与练习：

一、《蒹葭》表现的是主人公一种什么样的心情，试作简析。

二、这首诗是单纯的爱情诗吗？你怎样理解它的意旨？

三、全诗三章皆从写景起笔，试分析这种比兴手法的作用。

四、这首诗结构上的特点是“重章叠句”，请体会这种结构的好处。

五、背诵这首诗。

涉　江

屈　原[1]

阅读提示：《涉江》是《九章》中的一篇，《九章》是屈原的一部短篇抒情诗集，是以反映自己生平阅历和政治理想抱负为内容的诗篇。《涉江》写于屈原第二次被流放的时期，是屈原放逐生活的真实写照。涉江，就是渡过大江南行的意思。

余幼好此奇服兮，年既老而不衰[2]。带长铗之陆离兮，冠切云之崔嵬[3]。被明月兮佩宝璐[4]。世溷浊而莫余知兮，吾方高驰而不顾[5]。驾青虬兮骖白螭，吾与重华游兮瑶之圃[6]。登昆仑兮食玉英[7]，与天地兮比寿，与日月兮齐光。哀南夷之莫吾知兮，旦余济乎江湘[8]。

注释：[1]屈原（约前340—约前278），名平，字原，战国后期楚国人，我国古代伟大的爱国诗人。屈原的出现，标志着中国诗歌进入了一个由集体歌唱到个人独创的新时代。屈原在楚地民歌的基础上，创造了一种句子长短不一、形式灵活、多用“兮”字的新诗体——楚辞，即“骚体”，以优美的语言，丰富的想象，融合神话传说，塑造出鲜明的形象，富有积极浪漫主义精神。作品有《离骚》《九歌》《九章》《天问》等。[2]奇服：奇特的服饰，指下文的长铗、切云冠、明月珠、宝璐等，用来象征自己与众不同的志向品行的。衰：懈怠，衰减。[3]铗（jiá）：剑柄，这里代指剑。长铗即长剑。陆离：形容色彩绚丽繁杂。冠（guàn）：戴。切云：当时一种高帽子的名称。崔嵬（wéi）：高耸的样子。[4]被：同“披”，戴着。明月：夜光珠。璐：美玉。[5]溷浊（hùnzhuó）：指混乱污浊或污浊的东西。莫余知：即“莫知余”，没有人理解我。方：将要。高驰：大步地驰骋。顾：回头看。[6]虬（qiú）：传说中有角的龙。骖：四马驾车，两边的马称为骖，这里指用螭来做骖马。螭（chī）：无角的龙。重华：帝舜的名字。瑶：美玉。圃：园。“瑶之圃”指神话传说中天帝所居的盛产美玉的花园。[7]玉英：玉树之花，这里指精美的非人间的食品。[8]南夷：指屈原流放的楚国南部的土著。旦：清晨。济：渡过。湘：湘江。

乘鄂渚而反顾兮，欸秋冬之绪风[1]。步余马兮山皋，邸余车兮方林[2]。乘舲船余上沅兮，齐吴榜以击汰[3]。船容与而不进兮，淹回水而疑滞[4]。朝发枉陼兮，夕宿辰阳[5]。苟余心其端直兮，虽僻远之何伤[6]？

注释：[1]乘：登上。鄂渚（zhǔ）：地名，在今湖北武昌西。反顾：回头看。欸（āi）：叹息声。绪风：残余的风。[2]步余马：让我的马慢慢走。山皋（gāo）：山冈。邸（dǐ）：同“抵”，抵达，到。方林：林旁。[3]舲（líng）船：有窗的船。上：溯流而上。沅：沅水，在湖南省。齐：同时并举。吴：国名，也有人解为“大”。榜：船桨。击汰：击水，指划船。汰：水波。[4]容与：犹豫不前的样子。淹：停留。回水：回旋的水流。这句是说船徘徊在回旋的水流中停滞不前。[5]陼（zhǔ）：同“渚”。枉陼：地名，在今湖南常德一带。辰阳：地名，在今湖南辰溪西。[6]苟：如果。端：正。伤：损害。这两句是说如果我的心是正直的，即使流放在偏僻荒远的地方，对我又有什么伤害呢？

入溆浦余儃佪兮，迷不知吾所如[1]。深林杳以冥冥兮，猿狖之所居[2]；山峻高以蔽日兮，下幽晦以多雨[3]。霰雪纷其无垠兮，云霏霏而承宇[4]。

注释：[1]溆浦：地名在湖南省。儃佪（chánhuái）：低徊。如：到，往。这两句是说进入溆浦之后，我徘徊犹豫，不知该去哪儿。[2]杳（yǎo）：幽暗。冥冥：幽昧昏暗。狖（yòu）：长尾猿。[3]幽晦：幽深阴暗。[4]霰（xiàn）：雪珠。纷：繁多。垠：边际。这句是说雪花纷纷飘落，一望无际。霏霏：云气浓重的样子，这句是说阴云密布，弥漫天空。承：弥漫。宇：天空。一说，“宇”是屋檐，“承宇”是同屋檐相接的意思。

哀吾生之无乐兮，幽独处乎山中。吾不能变心以从俗兮，固将愁苦而终穷[1]。接舆髡首兮，桑扈臝行[2]。忠不必用兮，贤不必以[3]。伍子逢殃兮，比干菹醢[4]。与前世而皆然[5]兮，吾又何怨乎今之人？余将董道而不豫兮，固将重昏而终身[6]！

注释：[1]终穷：终身不得志。[2]接舆：春秋时楚国的隐士，佯狂傲世。髡（kūn）首：剪去头发。相传接舆自己剃去头发，避世不出仕。桑扈（hù）：古代的隐士。臝（luǒ）：同“裸”。桑扈也用异常行为来表示不与统治者合作。[3]以：任用。这两句是说忠臣贤士未必会为世所用。[4]伍子：伍子胥，春秋时吴国贤臣。逢殃：指伍子胥被吴王夫差所逼自杀。比干：商纣王时贤臣，因为直谏，被纣王杀死剖心。菹醢（zūhǎi）：古代的酷刑，将人剁成肉酱。菹，切碎。醢，肉、鱼等制成的酱。[5]皆然：都一样。[6]董道：坚守正道。董：正。豫：犹豫，踟蹰。重：重复。昏：暗昧。这句是说必定将终身看不到光明。

乱[1]曰：鸾鸟凤皇，日以远兮[2]。燕雀乌鹊，巢堂坛兮[3]。露申辛夷，死林薄兮[4]。腥臊并御，芳不得薄兮[5]。阴阳易位，时不当兮[6]。怀信侘傺，忽乎吾将行兮[7]！

注释：[1]乱：乐章的尾声叫做乱。辞赋里用在篇末，总括全篇思想内容的文字也叫乱。[2]鸾鸟、凤皇：都是祥瑞之鸟，比喻贤才。这两句是说贤者一天天远离朝廷。皇：通“凰”。[3]燕雀、乌鹊：比喻谄佞（chǎnnìng）小人。堂：殿堂。坛：祭坛。比喻小人挤满朝廷。[4]露申：一做“露甲”，即瑞香花。辛夷：一种香木，即木兰。林薄：草木丛杂的地方。[5]腥臊（xīngsāo）：恶臭之物，比喻谄佞之人。御：进用。芳：芳洁之物，比喻忠直君子。薄：靠近。[6]阴阳易位：自然界极端混乱的现象，这里比喻楚国政治混乱。当：合。[7]怀信：怀抱忠信。侘傺（chàchì）：惆怅失意。忽：恍惚，茫然。

思考与练习：

一、回答下面的问题，深入体会作品是怎样塑造诗人自身形象的。

1. 诗的开头用怎样的手法来揭示诗人的理想同现实社会的矛盾？诗中的“奇服”是指什么说的？

2. 诗中记叙流放旅程，不是着力描写景物，而是着力写诗人的主观心绪，这是为什么？从“反顾”“欸”“步余马”“邸余车”这些词语中可以看出诗人怎样的感情状态？“船容与而不进兮，淹回水而疑滞”，主要表现了什么样的心情？

3. 屈原流放地溆浦的景物有怎样的特点？为什么要写这个地方的景物？

4. 为什么诗人特意提到接舆、桑扈、伍子胥和比干这四个历史人物？

5.“乱曰”部分反映了诗人怎样的思想感情？

6. 下面各句中加点的词语各比喻什么？从开头的“奇服”和这几句描写，可以看出表现手法有什么特点？

鸾鸟凤皇，日以远兮。燕雀乌鹊，巢堂坛兮。露申辛夷，死林薄兮。腥臊并御，芳不得薄兮。

二、“兮”字是楚辞的形式特点之一。《涉江》中的“兮”字出现在三种位置上，各有不同的作用。按下列提示各找两个例子。

1. 用在一个完整的意思之后，有时具有感叹意味，如“怀信侘傺，忽乎吾将行兮”。

例①______________________________

②______________________________

2. 用在上一句话末尾，表示语意未尽，需待下一句补足，如“朝发枉陼兮，夕宿辰阳”。

例①______________________________

②______________________________

3. 在句中，表示句子中间的延长音，不可读断，如“登昆仑兮食玉英”。

例①______________________________

②______________________________

三、解释下列句中加点词语的意义和用法。

1. 被明月兮佩宝璐

2. 齐吴榜以击汰

3. 迷不知吾所如

4. 固将愁苦而终穷

5. 腥臊并御，芳不得薄兮

短歌行（其一）

曹　操[1]

阅读提示：《短歌行》是汉乐府旧题。曹操《短歌行》共二首。此诗通过宴会的歌唱，以沉稳顿挫的笔调抒写了诗人求贤若渴的思想和统一天下的雄心壮志。内容深厚，庄重典雅，感情充沛。

对酒当歌，人生几何[2]？譬如朝露，去日苦多。
慨当以慷，忧思难忘[3]。何以解忧？唯有杜康[4]。
青青子衿，悠悠我心[5]。但为君故，沉吟至今[6]。
呦呦鹿鸣，食野之苹[7]。我有嘉宾，鼓瑟吹笙[8]。
明明如月，何时可掇[9]？忧从中来，不可断绝[10]。
越陌度阡，枉用相存[11]。契阔谈宴，心念旧恩[12]。
月明星稀，乌鹊南飞。绕树三匝，何枝可依[13]？
山不厌高，海不厌深[14]。周公吐哺，天下归心[15]。

注释：[1]曹操（155—220），字孟德，沛国谯（qiáo）（今安徽亳县）人。汉末杰出的政治家和军事家，也是杰出的诗人。他的诗歌气魄雄健，情调苍凉，深沉悲壮。这首诗应该是用于宴会的歌辞，抒发了时光消逝的叹息和得贤才帮助他建立功业的希望。[2]几何：若干，多少。[3]慨当以慷：同“慷慨”，指因理想不能实现而产生的不平静的心情。忧思：忧愁的思绪。[4]杜康：传说为最早造酒的人，这里借指酒。[5]衿（jīn）：衣领。青衿是周代学子的服装，这里指代贤士。悠悠：长貌，形容思念之情。这两句出自《诗经·郑风·子衿》，用以表示对贤才的思念。[6]君：指所思念的贤才。沉吟：沉思吟咏。指整日在心头回旋。[7]呦呦（yōuyōu）：鹿鸣声。苹：艾蒿。[8]瑟、笙：两种乐器名。这四句是化用《诗经·小雅·鹿鸣》篇成句，用以表示优礼贤才的态度。[9]掇：采拾。一作“辍”，停止。明月是永不能拿掉的，它的运行也是永不能停止的，“不可掇”或“不可辍”都是比喻忧思不可断绝。以上两句形容人才难得。[10]“忧从”二句写未得贤才，忧思难断。[11]陌、阡：田间的道路，古谚有“越陌度阡，更为客主”的话，言客人远道来访。枉用相存：枉劳问候。枉：屈驾。用：以。存：问候。[12]契阔：契是投合，阔是疏远，这里是偏义复词，偏用契字的意义。“契阔谈宴”就是说两情契合，在一处谈心宴饮。一作“久别重逢”讲。旧恩：往日的情谊。这四句是说作者希望久别的朋友早日相聚，畅叙别情。[13]匝（zā）：周围。“三匝”即三圈，言其多。[14]“山不厌高”二句比喻贤才多多益善。[15]周公吐哺：周公为周武王之弟姬旦，以虚心纳才、治国有方而闻名于世。周公辅佐武王、成王，为周王朝的建立和巩固呕心沥血，作出了重大贡献。周公曾自谓：“一沐三捉发，一饭三吐哺，起以待士，犹恐失天下之贤人。”说明求贤建业的心思。作者以周公求贤若渴来说明自己渴望贤才、建功立业的迫切心情。

思考与练习：

一、这首诗表达了诗人怎样的思想感情？

二、诗中把现实与想象交错描写有何好处？

三、活用典故、巧用成句是本诗的一个特点，有什么作用？

四、背诵这首诗。

饮　酒（其五）

陶渊明[1]

阅读提示：陶渊明《饮酒》组诗共二十首，这一首描写的是陶渊明归隐田园后的人生态度和生活情趣。语言浅近，结构巧妙，写景如画，意境高远，表现了追求人与自然和谐的深刻哲理。

结庐在人境，而无车马喧[2]。
问君何能尔？心远地自偏[3]。
采菊东篱下，悠然见南山[4]。
山气日夕佳，飞鸟相与还[5]。
此中有真意，欲辨已忘言[6]。

注释：[1]陶渊明（365—427），东晋大诗人，名潜，字元亮，别号五柳先生，东晋浔阳柴桑（今江西省九江西南）人，晋孝武帝太元十八年（393）离家做官，任江州祭酒。后曾离任，晋安帝义熙之年（405），出任彭泽县令，不满三月，因不愿束带见督邮，弃官归田而终。田园生活是陶诗的重要题材，以极大的热情歌咏淳朴的农村生活情趣，描写恬静优美的农村自然景色，格调平和冲淡、淳厚隽永，从而开创了田园诗流派。[2]结庐在人境：构筑房舍在人聚居的地方。结：建造、构筑。庐：简陋的房屋。车马喧：车马喧哗，喻指世俗交往的喧扰。[3]“问君”二句：设为问答之辞，意谓思想远离尘世，虽处喧嚣之境也如同住在偏僻之地。君：陶渊明自谓。尔：如此、这样。心远：心远远地超脱世俗。[4]悠然：自得的样子。因采菊而见山，境与意会，最有妙处。[5]“山气”二句：意谓傍晚山色秀丽，飞鸟结伴而还。山气：指山间的景色气象。日夕：傍晚。相与：相交、结伴。[6]“此中”二句：在大自然的启示下，领会到真意，不可言说，也无须言说。

思考与练习：

一、本诗表现了什么样的人生态度？

二、“采菊东篱下”四句景语与“心远地自偏”之理，有什么内在意义上的联系？其中的“真意”是指什么？

三、“悠然见南山”的“见”，一本作“望”。结合本诗的意趣，你觉得用“见”好还是用“望”好？为什么？

四、背诵这首诗。

西洲曲

乐府民歌

阅读提示：选自北宋郭茂倩编的《乐府诗集》。乐府是西汉设立的音乐机构，经它采集并保留下来的民歌民谣被后人称为“乐府民歌”或“乐府”。南朝乐府以爱情题材为主，风格婉曲华丽，缠绵悱恻。《西洲曲》是乐府曲调名。这首诗是南朝乐府民歌的代表作。诗中描写了一位少女从初春到深秋，从现实到梦境，对钟爱之人的苦苦思念，洋溢着浓厚的生活气息，表现出鲜明的地域特色和纯熟的表达技巧。

忆梅下西洲，折梅寄江北[1]。单衫杏子红，双鬓鸦雏色[2]。
西洲在何处？两桨桥头渡[3]。日暮伯劳飞，风吹乌桕树[4]。
树下即门前，门中露翠钿[5]。开门郎不至，出门采红莲。
采莲南塘秋，莲花过人头。低头弄莲子，莲子青如水[6]。
置莲怀袖中，莲心彻底红[7]。忆郎郎不至，仰首望飞鸿[8]。
鸿飞满西洲，望郎上青楼[9]。楼高望不见，尽日栏干头[10]。
栏干十二曲，垂手明如玉[11]。卷帘天自高，海水摇空绿[12]。
海水梦悠悠，君愁我亦愁[13]。南风知我意，吹梦到西洲。

注释：[1]梅：梅花，下：去、往。江北：指男子所在的地方。[2]红：亦作“黄”，即杏黄色。双鬓黑得像小乌鸦羽毛的颜色。[3]“两桨”句：意谓西洲较远，要划动船的两只桨才可以到达。关于西洲、江南、江北的关系：先是女子居于江南，其情郎居于江北，这是肯定的。但西洲与江南、江北的关系是什么呢?一般据诗中“西洲在何处，两桨桥头渡”二句，认为西洲距女子居处不远，或谓即在江南，或谓距江南岸不远而两桨可渡。那么，西洲与江北便相距甚遥。但是，诗末却说：“南风知我意，吹梦到西洲。”这毫无疑义是女子自己说的话，明确地显示出西洲即这位女子的情郎所居之地，再者，如果西洲离女子居处不远，“吹梦”又有何必要？它正在江北。只有如此理解，才能真正确切把握“南风吹梦”的诗意。“两桨桥头渡”一般释为划两下桨就到了，所距很近。其实这是误解。南朝民歌的《西曲歌》中有《莫愁乐》二首，其一云：“莫愁在何处？莫愁石城西。艇子打两桨，催送莫愁来。”所谓“两桨”，指的就是船的两个桨；在《西洲曲》中，借以指船。其意是说，要到西洲去，需要乘船过江，此亦正说明西洲在江北。如此理解，则与下文正好贯通。[4]伯劳：鸟名，仲夏开始啼叫，暗喻女子孤单的处境。乌桕树：也作“乌臼”，落叶乔木，高约两丈，夏季开花，种子可榨油。[5]翠钿（diàn）：用翠玉做成或镶嵌的首饰。[6]莲子：双关语，谐音“怜子”，即爱你。莲子青如水：隐喻爱情的纯洁。[7]莲心：谐音“怜心”，即爱慕之心。彻底红：隐喻怜爱深厚。[8]望飞鸿：期盼书信的意思。古人有鸿雁传书的事，此为典故。[9]青楼：涂饰成青色的楼，汉魏六朝诗歌中常以青楼为女子居住的地方，与后世视青楼为妓院的含义不同。[10]尽日：

终日。[11]曲：支、根。垂手：扶着栏杆的手。明如玉：光润如玉。[12]摇空绿：指碧绿的江水摇动。[13]海水：指浩瀚如海的长江之水。悠悠：邈远。

思考与练习：

一、诗中江南少女对江北男子的思念之情描写是怎样展开的？

二、反复诵读，认真体会本诗顶真、双关等修辞手法的作用。

三、查找资料，搜集六朝采莲的风俗，进一步理解该诗有关采莲章句的意蕴。

将进酒

李　白[1]

阅读提示：这首诗大约作于天宝十一年（752），距诗人被唐玄宗“赐金放还”已达八年之久。当时他与友人岑勋在另一好友元丹丘嵩山的颍阳山居做客，三人登高饮宴，作者正值“抱用世之才而不遇合”之际，于是借酒兴诗情，来了一次淋漓尽致的抒发。诗篇具有震动古今的气势与力量，浪漫色彩极浓。“将进酒”为汉乐府旧题，意谓劝酒歌。

君不见，黄河之水天上来[2]，奔流到海不复回。
君不见，高堂明镜悲白发，朝如青丝暮成雪[3]。
人生得意须尽欢，莫使金樽[4]空对月。
天生我材必有用，千金散尽还复来[5]。
烹羊宰牛且为乐[6]，会须[7]一饮三百杯。
岑夫子，丹丘生[8]，将进酒[9]，杯莫停。
与君歌一曲[10]，请君为我倾耳听[11]。
钟鼓馔玉不足贵[12]，但愿长醉不愿醒[13]。
古来圣贤皆寂寞[14]，惟有饮者留其名。
陈王昔时宴平乐，斗酒十千恣欢谑[15]。
主人何为言少钱[16]，径须沽取对君酌[17]。
五花马、千金裘[18]，呼儿将出换美酒[19]，与尔同销万古愁[20]。

注释：[1]李白（701—762），字太白，号青莲居士。盛唐杰出诗人，也是我国文学史上继屈原之后又一伟大的浪漫主义诗人，素有“诗仙”之称。其诗想象丰富奇特，风格雄健奔放，语言清新自然，“飘逸”是其诗的特征。[2]君不见：你没有看见吗？是乐府体诗中提唱的常用语。天上来：黄河发源于青海，因那里地势极高，故称。[3]高堂：在高堂上。另解为“父母”。朝：早晨。青：黑色。[4]得意：适意高兴。须：应当，务必。尽欢：纵情欢乐。金樽：酒樽的美称。[5]千金：大量钱财。还（huán）复来：还会再来。[6]且为乐：姑且作乐。[7]会须：应当。[8]岑（cén）夫子：指岑勋，“夫子”是尊称。丹丘生：即元丹丘，“生”是平辈之称。二人均为李白的好友。[9]将（qiāng）：愿，请。杯莫停：一作“君莫停”。[10]与君：给你们，为你们。君：指岑、元二人。[11]倾耳听：一作“侧耳听”。倾耳：表示注意去听。[12]钟鼓：富贵人家宴会中奏乐使用的乐器。馔（zhuàn）玉：美好的食物，形容食物如玉一样精美。馔：食物。足：值得。贵：崇尚，重视，以为宝贵。[13]不愿醒：也有版本为“不用醒”或“不复醒”。[14]圣贤：有德行有才能的人。寂寞：不闻名于世。[15]“陈王”二句：曹植曾封陈王，他的《名都篇》诗云：“归来宴平乐，美酒斗十千。”平乐：平乐观，宫殿名，在洛阳西门外，为汉代富豪显贵的娱乐场所。斗十千：一斗酒值十千钱，极言酒美价昂。恣欢谑：尽情地欢娱戏谑。恣（zì）：放纵，无拘无束。谑（xuè）：玩笑。[16]言少钱：一作“言钱少”。[17]径须：干脆，只管，尽管。沽（gū）：买酒。[18]五花马：指名贵的马。一说毛色作五花纹，一说颈上长毛修剪成五瓣。千金裘（qiú）：价值千金的皮衣。[19]将出：拿出。[20]尔：你们，指岑夫子和丹丘夫。销：同“消”，消除。万古愁：无穷无尽的愁闷。

思考与练习：

一、开端两个排比长句表达了诗人怎样的情感？它和“人生得意”以下数句有什么联系？

二、诗的末句“与尔同销万古愁”在全诗中的意义与作用如何？

三、诗中哪些地方运用了夸张手法？它对诗人抒发情感具有什么作用？

四、背诵这首诗。

五、拓展阅读。

长风破浪会有时，直挂云帆济沧海。

——李白《行路难》

仰天大笑出门去，我辈岂是蓬蒿人。

——李白《南陵别儿童入京》

抽刀断水水更流，举杯销愁愁更愁。

——李白《宣州谢眺楼饯别校书叔云》

安能摧眉折腰事权贵，使我不得开心颜。

——李白《梦游天姥吟留别》

茅屋为秋风所破歌[1]

杜　甫

阅读提示：《茅屋为秋风所破歌》是杜甫于上元二年（761）旅居四川成都草堂期间创作的，诗中的茅屋即指成都草堂。诗中既描写了作者自身的现实遭遇，也抒发了作者的理想愿望，体现了诗人忧国忧民的崇高思想境界，是杜诗中的典范之作。

八月秋高风怒号，卷我屋上三重茅[2]。
茅飞渡江洒江郊，高者挂罥长林梢，下者飘转沉塘坳[3]。
南村群童欺我老无力，忍能对面为盗贼[4]。
公然抱茅入竹去，唇焦口燥呼不得，归来倚杖自叹息[5]。
俄顷风定云墨色，秋天漠漠向昏黑[6]。
布衾多年冷似铁，娇儿恶卧踏里裂[7]。
床头屋漏无干处，雨脚如麻未断绝[8]。
自经丧乱少睡眠，长夜沾湿何由彻[9]！
安得广厦千万间，大庇天下寒士俱欢颜[10]！风雨不动安如山？
呜呼！何时眼前突兀见此屋，吾庐独破受冻死亦足[11]！

注释：[1]歌，是古代歌曲的一种形式，后成为古体诗歌的一种体裁，其音节、格律一般比较自由。杜甫（712—770），字子美，诗中常自称少陵野老，世称杜少陵、杜工部，唐代伟大的现实主义诗人。其诗大胆揭露当时社会矛盾，对穷苦人民寄予深切同情，许多优秀作品显示了唐代由盛转衰的历史过程，被称为“诗史”。尤长于律诗，风格多样，而以沉郁为主。继承《诗经》以来注重反映社会现实的优良传统，成为古代诗歌艺术的又一高峰，对后世影响巨大，宋以后被尊为“诗圣”。[2]秋高：秋深。怒号（háo）：大声吼叫。三重（chóng）茅：几层茅草。三：不定词，表示多。[2]挂罥（juàn）：挂住，缠绕。罥：悬挂，缠绕。长（cháng）：高。塘坳（ào）：池塘。[4]老无力：年老体弱。忍能对面为盗贼：竟忍心这样当面做“贼”。忍能：忍心如此。对面：当面。[5]入竹去：进入竹林。呼不得：喝止不住。倚（yǐ）杖：拄着手杖。[6]俄顷（qǐng）：不久，一会儿。秋天漠漠向昏黑：指秋季的天空浓云密布，一下子就昏暗下来了。漠漠：阴沉迷蒙的样子。向：渐近。[7]布衾（qīn）：棉被。衾：被子。娇儿恶卧踏里裂：指儿子睡觉时双脚乱蹬，把被里都蹬坏了。恶（è）卧：睡相不好。[8]雨脚如麻：形容雨点不间断，像麻线一样密集。雨脚：雨点。[9]丧（sàng）乱：战乱，指安史之乱。沾湿：潮湿不干。何由彻：如何才能熬到天亮呢？彻：彻晓，天亮。[10]安得：如何能得到。安：怎么。广厦（shà）：宽敞的大屋。大庇：全部遮盖、掩护起来。寒士：此指贫寒的读书人。欢颜：喜笑颜开。[11]突兀（wù）：高耸的样子，这里形容屋的高大。见：通“现”。庐：房子。足：满足，甘心。

思考与练习：

一、诗中是怎样描绘风雨肆虐情景的？诗人为什么要作这样的描绘？

二、怎样理解“安得广厦千万间，大庇天下寒士俱欢颜”的深刻含义。

三、简要分析“呜呼！何时眼前突兀见此屋，吾庐独破受冻死亦足”表达的思想感情。

四、解释下列各句中加点词语的意思。

1. 八月秋高风怒号

2. 高者挂罥长林梢

3. 秋天漠漠向昏黑

4. 娇儿恶卧踏里裂

5. 何时眼前突兀见此屋

五、背诵这首诗。

六、拓展阅读。

为人性僻耽佳句，语不惊人死不休。

——杜甫《江上值水如海势聊短述》

读书破万卷，下笔如有神。

——杜甫《奉赠韦左丞丈二十二韵》

随风潜入夜，润物细无声。

——杜甫《春夜喜雨》

会当凌绝顶，一览众山小。

——杜甫《望岳》

无边落木萧萧下，不尽长江滚滚来。

——杜甫《登高》

感时花溅泪，恨别鸟惊心。

——杜甫《春望》

钱塘湖春行

白居易[1]

阅读提示：钱塘湖是西湖的别名。这首诗通过对西湖早春明媚风光的描绘，抒发了作者早春游湖的喜悦和对西湖风景的喜爱，表达了对西湖的自然风光的热爱之情，是历代吟咏西湖的名篇。

孤山寺北贾亭[2]西，水面初平云脚低[3]。
几处早莺争暖树[4]，谁家新燕啄春泥[5]。
乱花渐欲迷人眼[6]，浅草[7]才能没马蹄。
最爱湖东行不足[8]，绿杨阴里白沙堤[9]。

注释：[1]白居易（772—846），字乐天，号香山居士，今陕西渭南人，是中唐继杜甫后的又一伟大现实主义诗人，现存诗近三千首，为唐代诗人之冠。他的诗深入浅出，通俗易懂，因此流传极广，影响深远。《新乐府》《秦中吟》与杜甫的“三吏”“三别”同为著名的诗史，长篇叙事诗《长恨歌》《琵琶行》等则代表他艺术上的最高成就。在文学创作上提出了著名的“文章合为时而著，歌诗合为事而作”的主张。[2]孤山寺：南北朝时期陈文帝（559—566）初年建。孤山：在西湖的里、外湖之间，因与其他山不相接连，所以称孤山。贾亭：又叫贾公亭。唐贞元（785—804）中，贾全出任杭州刺史，于钱塘湖建亭。白居易写此诗时，其亭尚在，是西湖的一处名胜。[3]水面初平：湖水才同堤平，即春水初涨。初：刚刚。云脚低：白云重重叠叠，同湖面上的波澜连成一片，看上去浮云很低，所以说“云脚低”。[4]早莺：初春时早来的黄莺。莺：黄莺，又称黄鹂、仓庚，叫声婉转动听。争暖树：争着飞到向阳的树枝上去。[5]新燕：刚从南方飞回来的燕子。啄：衔取。[6]乱花：纷繁的花。渐：渐渐地。欲：将要，就要。迷人眼：使人眼花缭乱。[7]浅草：刚刚长出地面，还不太高的春草。[8]不足：不够，不充足。[9]阴：同“荫”，树荫。白沙堤：即白堤，又称沙堤、断桥堤，在西湖东畔，白居易任杭州刺史时所筑。

思考与练习：

一、诗人抓住哪些景物来描写西湖早春景色的？

二、全诗以游踪为线索，题目以____为着眼点，从______起，到_____终，写出了____________的明媚风光。

三、请赏析下面诗句中加点词语的表达效果。

1. 几处早莺争暖树，谁家新燕啄春泥。

2. 乱花渐欲迷人眼，浅草才能没马蹄。

四、背诵这首诗。

无 题

李商隐[1]

阅读提示：诗以“无题”命篇，是李商隐的创造，这部分诗作并非成于一时一地，多数描写爱情，此诗即其中一首。其内容或因不便明言，或因难用一个恰当的题目表现，所以命为“无题”。该诗“别”字为诗眼，描写了一对情人离别的痛苦和别后的思念，抒发了无比真挚的相思离别之情。

相见时难别亦难，东风无力百花残[2]。
春蚕到死丝方尽，蜡炬成灰泪始干[3]。
晓镜但愁云鬓改，夜吟应觉月光寒[4]。
蓬山此去无多路，青鸟殷勤为探看[5]。

注释：[1]李商隐（813—858）：字义山，号玉溪生，怀州河内（今河南沁阳）人，祖辈迁荥（xíng）阳（今河南郑州荥阳市）。其诗构思新奇，富于文采，风格色彩浓丽，多用典，意旨比较隐晦。尤其是一些爱情诗写得缠绵悱恻，为人传诵。[2]东风：春风。残：凋零。[3]丝：与“思”谐音双关，相思，思念。蜡炬：蜡烛。泪：意义双关，既指蜡泪，又指相思的眼泪。[4]晓镜：早晨起来梳妆照镜。但：只。云鬓：女子多而美的头发，这里比喻青春年华。夜吟：夜晚吟诗。[5]蓬山：即蓬莱山，传说中的海上仙山，此指所思念的对象的住处。青鸟：传说中西王母的使者，有意为情人传递消息。后人将“青鸟”作为信使、使者的代称。殷勤：情深意厚。探看：这两个字都是探望的意思。

思考与练习：

一、请你根据诗的内容或情感为本诗拟写一个诗题。

二、“东风无力百花残”这句景物描写在诗中有什么作用？

三、请赏析“春蚕到死丝方尽，蜡炬成灰泪始干”一联。

四、该诗尾联的描写角度有无变化？有什么表达效果？

五、背诵这首诗。

临安春雨初霁

陆　游[1]

阅读提示： 这首诗写于淳熙十三年（1186），此时陆游已六十二岁，在家乡山阴（今浙江绍兴）赋闲了五年。诗人少年时的意气风发与壮年时的裘马轻狂，都随着岁月的流逝一去不返。虽然他光复中原的壮志未衰，但对偏安一隅的南宋小朝廷的软弱与黑暗，日益见得明白。这一年春天，陆游又被起用为严州知府，赴任之前，先去安觐（jìn）见皇帝，在西湖边上客栈里听候召见的百无聊赖中，写下了这首广为传诵的名作。

世味年来薄似纱，谁令骑马客京华[2]？
小楼一夜听春雨，深巷明朝卖杏花[3]。
矮纸斜行闲作草，晴窗细乳戏分茶[4]。
素衣莫起风尘叹，犹及清明可到家[5]。

注释： [1]陆游（1125—1210），字务观，号放翁，越州山阴（今浙江绍兴）人，南宋著名诗人。12 岁即能诗文，一生著述丰富，存诗 9000 多首，是我国现有存诗最多的诗人。陆游具有多方面文学才能，尤以诗的成就为最，风格雄奇奔放，沉郁悲壮，洋溢着强烈的爱国主义激情，临安：南宋都城，今浙江杭州。霁（jì）：雨雪停止，天气放晴。[2]世味：人情世态。骑马：暗示被召做官。客：客居。京华：指京城临安。[3]深巷：狭长的街巷。[4]矮纸：就是短纸、小纸。草：草书。陆游客居京华，闲极无聊，所以写草书消遣。细乳：沏茶时水面呈白色的小泡沫。分茶：指鉴别茶的等级，这里就是品茶的意思。[5]素衣：语出陆机“京洛多风尘，素衣化为缁（zī）。”不仅指羁旅风霜之苦，又寓有京中恶浊，久居为其所化的意思。明写羁旅之苦，实际上是说官场的浊恶及归乡避世的愿望。

思考与练习：

一、本诗的颔联是千古名句，试作赏析。

二、诗中最能反映诗人孤寂心境及聊以自遣的诗句是哪些？请找出并加以分析。

三、“素衣莫起风尘叹”一句表现了诗人怎样的情感？

四、背诵这首诗。

八声甘州

柳　永[1]

阅读提示：八声甘州，词牌名，是从唐教坊大曲《甘州》截取一段改制的。因全词前后片共八韵，故名八声。此词大约作于作者游宦江浙时，抒写了作者漂泊江湖的愁思和仕途失意的悲慨，表达了强烈的思归情绪。苏东坡曾称赞："'渐霜风凄紧，关河冷落，残照当楼'，不减唐人高处。"

对潇潇暮雨洒江天[2]，一番洗清秋[3]。渐霜风凄紧[4]，关河冷落[5]，残照当楼。是处红衰翠减[6]，苒苒物华休[7]。唯有长江水，无语东流。

不忍登高临远，望故乡渺邈[8]，归思难收。叹年来踪迹，何事苦淹留[9]。想佳人，妆楼颙望[10]，误几回天际识归舟[11]。争知我倚栏杆处[12]，正恁凝愁[13]！

注释：[1]柳永：生卒年不详，原名三变，字耆（qí）卿，崇安（今属福建）人，宋仁宗朝进士，官至屯田员外郎，排行第七，世称柳屯田或柳七。为人放荡不羁，终身潦倒。其词多描绘城市风光与歌妓生活，尤长于抒写羁旅行役之情。词作甚丰，是北宋第一个专力写词的词人。词作流传极广，有"凡有井水饮处皆能歌柳词"之说。[2]潇潇：风雨之声。[3]一番洗清秋：一番风雨，洗出一个凄清的秋天。[4]霜风凄紧：秋风凄凉紧迫。霜风：秋风。凄紧，一作"凄惨"。[5]关河：山河。[6]是处红衰翠减：到处花草凋零。是处：到处。红、翠：指代花草树木，语出李商隐《赠荷花》诗："翠减红衰愁杀人。"[7]苒苒（rǎnrǎn）：时光逐渐消逝。物华休：景物凋残。[8]渺邈（miǎomiǎo）：遥远。[9]淹留：久留。[10]颙（yóng）望：凝神远望。[11]误几回天际识归舟：多少次错把远处驶来的船当作心上人回家的船。语出谢朓《之宣城郡出新林浦向板桥》："天际识归舟，云中辩江树。"[12]争：怎。[13]恁（nèn）：如此。凝愁：忧愁凝结不解。

思考与练习：

一、词的上片主要是写景，你认为这些景象有什么特点？有什么作用？

二、"惟有长江水，无语东流。"一句放在上片的结尾有何作用？

三、下片描写了哪三个画面？主要采用的表现手法是什么？

四、背诵这首词。

念奴娇·赤壁怀古

苏　轼[1]

阅读提示:《念奴娇·赤壁怀古》是苏轼的代表作之一。这首词作于神宗元丰五年(1082),作者当时因“乌台诗案”被贬黄州任团练副使已两年余。词以怀古为题,借古抒怀,抒发对古代英雄的向往和自己未能建立功业的感慨。

大江东去,浪淘尽[2],千古风流人物[3]。故垒西边[4],人道是,三国周郎赤壁[5]。乱石穿空[6],惊涛拍岸,卷起千堆雪。江山如画,一时多少豪杰!

遥想公瑾当年,小乔初嫁了[7],雄姿英发[8]。羽扇纶巾[9],谈笑间,樯橹灰飞烟灭[10]。故国神游[11],多情应笑我,早生华发[12]。人生如梦,一尊还酹江月[13]。

注释:[1]苏轼(1037—1101),字子瞻,号东坡居士,北宋眉山(今四川眉山市)人,著名文学家。诗、词、散文、书法,都独具风格,自成一家,与其父苏洵、弟苏辙并称“三苏”。这首词是苏轼贬官为黄州(现在湖北省黄冈市)团练副使时游赤壁所作。赤壁:苏轼所游的赤壁在黄州城外的赤壁矶,而三国古战场的赤壁,一般认为在现在湖北省蒲圻(qí)市。后人称前者为文赤壁,又叫东坡赤壁,称后者为武赤壁,又叫周郎赤壁。[2]淘:冲洗。[3]千古:久远的年代。风流:风采特异,功绩突出。[4]故垒:古代的堡垒,旧堡垒。[5]周郎:周瑜,字公瑾,作吴国将领时年仅二十四岁,吴中皆呼为“周郎”。[6]穿空:插入天空,又作“崩云”。[7]小乔:乔玄的小女儿,嫁给周瑜。[8]英发:英俊勃发。[9]羽扇纶(guān)巾:手摇羽扇,头戴纶巾,这是古代儒将的装束,形容周瑜从容娴雅。纶巾:配有青丝带的头巾。[10]樯橹:这里指曹操的水军。樯:挂帆的桅杆。橹:一种摇船的桨。[11]故国神游:神游于故国。这里想象当年周瑜破曹的情景。故国,旧国,这里指旧地,指古战场。[12]华发:花白的头发。[13]尊:通“樽”,酒杯。酹(lèi):以酒浇地,表示祭奠,这里指洒酒酬月,寄托自己的感情。

思考与练习:

一、词的上阕写景,写出了赤壁景色的哪些特点?

二、这首词抒发了作者怎样的思想感情?是怎样结合写景和怀古来抒发这种感情的?

三、背诵这首词。

青玉案·元夕

辛弃疾[1]

阅读提示：此词从极力渲染元宵节绚丽多彩的热闹场面入手，反衬出一个孤高淡泊、超群拔俗、不同于金翠脂粉的女性形象，寄托着作者政治失意后，不愿与世俗同流合污的孤高品格。构思精妙，含蓄婉转，余味无穷。

东风夜放花千树[2]。更吹落、星如雨[3]。宝马雕车香满路[4]。凤箫声动[5]，玉壶光转[6]，一夜鱼龙舞[7]。

蛾儿雪柳黄金缕[8]。笑语盈盈暗香去[9]。众里寻他千百度，蓦然回首，那人却在，灯火阑珊处[10]。

注释：[1]辛弃疾（1140—1207），字幼安，号稼轩，历城（今山东历城县）人，南宋爱国词人。其词题材广阔，气势纵横，不拘格律。词风以豪放为主，沉郁、明快、激励、妩媚，兼而有之。在苏轼的基础上，大大开拓了词的思想意境，提高了词的文学地位，后人遂以“苏辛”并称。元夕：阴历正月十五日为上元节、元宵节，此夜称元夕或元夜。[2]花千树：形容灯火之多如千树花开。[3]星：比喻灯。一说：星如雨，形容满天的焰火。[4]宝马雕车：豪华的马车。[5]凤箫声动：指音乐演奏。《神仙传》卷四载弄玉有吹箫引凤的故事。[6]玉壶：比喻月亮。一说：指精美的灯。[7]鱼龙舞：舞鱼舞龙，是元宵节的表演节目。[8]蛾儿雪柳黄金缕：皆古代妇女元宵节时头上佩戴的各种装饰品，这里指盛装的妇女。[9]盈盈：仪态美好的样子。暗香：本指花香，此指女性们身上散发出来的香气，亦借指美人。[10]他：泛指，当时亦用于代指女性。蓦（mò）然：忽然，猛然。阑珊：零落稀疏的样子。

思考与练习：

一、试简析这首词的主旨。

二、简析这首词中对比衬托手法的运用。

三、王国维在《人间词话》中，把“众里寻他千百度，蓦然回首，那人却在，灯火阑珊处”列为“古今成大事业、大学问者”所必须经历的三种境界中的第三种境界。查找资料，列出王国维所言的另外两种境界，并作简要评述。

四、背诵这首词。

[双调]大德歌[1](节选)

关汉卿

阅读提示:《大德歌》是元代伟大戏曲家关汉卿创作的散曲作品,包括四支小令,分别写春、夏、秋、冬四个季节。这里选取“春”和“秋”两支。

《大德歌·春》以一位闺中女子的口吻抒发其盼望离人归来而久久未归的哀怨情愫。全篇紧紧围绕一个“春”字,从各个侧面描绘,突出了少妇的思念。行文上惜墨如金,不蔓不枝。

《大德歌·秋》描写女主人公因怀念远人而引起的烦恼。作者抓住一个“声”字,通过描写风声、雨声、蝉鸣蟋蟀声、雨打芭蕉声,不绝于耳,渲染了女主人公“懊恼伤怀”“泪点抛”的愁肠怨绪。

春

子规啼,不如归[2]。道是春归人未归。几日添憔悴,虚飘飘柳絮飞。一春鱼雁无消息[3],则见双燕斗衔泥[4]。

秋

风飘飘,雨潇潇,便做陈抟睡不着[5],懊恼伤怀抱,扑簌簌泪点抛[6]。秋蝉儿噪罢寒蛩儿叫[7],淅零零细雨打芭蕉[8]。

注释:[1]双调:宫调名。大德歌:曲牌名。关汉卿(约1234—1300),元代杂剧作家,是中国古代戏曲创作的代表人物,与马致远、郑光祖、白朴并称为“元曲四大家”。以杂剧的成就最大,最著名的是《窦娥冤》,被誉“曲家圣人”。[2]子规啼,不如归:子规啼声很像人说“不如归”,容易引起离人的乡愁。[3]鱼雁:书信的代称。[4]则见双燕斗衔泥:只见一对对燕子争相衔泥筑巢,喻相思相爱。斗,竞相,争着。[5]便做陈抟(tuán)睡不着:即使做了陈抟也难以入睡。陈抟:五代宋初著名道士,相传能一睡百日不醒。[6]扑簌簌:流泪的样子。[7]秋蝉、寒蛩(qióng):秋天里容易唤起人们愁思的两种昆虫,诗人们往往用它们来形容和点染离人的秋思。寒蛩即蟋蟀。[8]“淅零零”句:取李煜《长相思》“秋风多,雨相和,帘外芭蕉三两窠(kē)。夜长人奈何”的语意。

思考与练习:

一、《大德歌·春》这首元曲表现了主人公怎样的思想感情?“虚飘飘柳絮飞”一句运用了什么艺术手法?表达了怎样的情感?与曲中哪一句起到了反衬作用?

二、《大德歌·秋》这首元曲景物描写的特点是什么?其作用是什么?

三、背诵这两支曲词。

沁园春·长沙

毛泽东

阅读提示：毛泽东于1925年晚秋离开故乡韶山，去广州主持农民运动讲习所，途经长沙，重游橘子洲，感慨万千。词中通过对长沙橘子洲之从秋景的描绘和对青年时代革命斗争生活的回忆，抒写出革命青年对国家命运的感慨和以天下为己任，蔑视反动统治者、改造旧中国的豪情壮志。

独立寒秋[1]，湘江北去[2]，橘子洲头[3]。看万山红遍，层林尽染[4]；漫江碧透[5]，百舸争流[6]。鹰击长空，鱼翔浅底[7]，万类霜天竞自由[8]。怅寥廓[9]，问苍茫大地，谁主沉浮[10]？

携来百侣曾游[11]，忆往昔峥嵘岁月稠[12]。恰同学少年，风华正茂；书生意气[13]，挥斥方遒[14]。指点江山，激扬文字[15]，粪土当年万户侯[16]。曾记否，到中流击水[17]，浪遏飞舟[18]！

注释：[1]寒秋：就是深秋、晚秋。秋深已有寒意，所以说是寒秋。[2]湘江：一名湘水，经过长沙，北入洞庭湖。所以说是湘江北去。[3]橘子洲：地名，又名水陆洲，是湘江中一个狭长小岛。[4]层林尽染：山上一层层的树林经霜打变红，像染过一样。[5]漫：满，遍。[6]舸（gě）：大船。这里泛指船只。争流：争着行驶。[7]击：搏击，这里形容鹰飞得矫健有力。翔：盘旋飞翔，这里形容鱼游得轻快自由。[8]万类：指一切生物。霜天：指深秋。[9]怅（chàng）寥廓：面对广阔的宇宙惆怅感慨。[10]主：主宰。沉浮：同“升沉”，这里指兴衰。[11]百侣：很多的伴侣。侣：这里指同学和战友。[12]峥嵘：卓越，不平凡。稠：多。[13]书生：这里指青年学生。意气：志向和气概。[14]挥斥：奔放。方：正。遒：强劲有力。[15]指点江山，激扬文字：评论国家大事，用文字来抨击丑恶的现象，赞扬美好的事物，写出激浊扬清的文章。激扬：激浊扬清。[16]粪土当年万户侯：把军阀官僚看得同粪土一样。粪土：视……如粪土。万户侯：享有万户农民赋税的侯爵，此借指大军阀、大官僚。[17]中流：江心水深流急的地方。击水：这里指游泳。[18]遏（è）：阻止。

思考与练习：

一、用自己的话陈述上阕描写的景色，并思考哪些词语突出了秋色之深。

二、这首词运用铺陈排比手法的地方有哪些？有什么效果？

三、这首词借景抒情，使抒情具有充实的内容，试把情景交融的地方找出来。

四、联系词上下句，品味下面带点词语的意味。

1. 独立寒秋

2. 万类霜天竞自由

3. 怅寥廓，问苍茫大地

4. 恰同学少年

5. 粪土当年万户侯

五、背诵这首词。

夜之歌

李金发[1]

阅读提示：李金发是中国现代诗坛上独树一帜的象征派诗歌的创始者，其诗歌呈现出忧伤哀凉的沉郁氛围，具有颓废、苦闷、晦涩和朦胧以及不讲章法等特点。内容多是伤春悲秋，哀风叹雨，充满消极厌世，抑郁凄凉的愁苦情绪和颓废色彩。表现手法大量运用象征、暗示、通感、隐喻、联想等手法，打破现实主义和浪漫主义的诗学准则，营造出具有朦胧和神秘色彩的氛围和情境。这首诗写失恋的悲愤，他把悲愤情绪意象化，写“枯草”“朽兽”“泥污”和“死尸”，描写这些丑陋的事物，表达悲愤之情，认为人生不是永恒，在丑的极处也许就会转换成美，强烈表现了失恋者的对人世痛苦、绝望和悲哀的理解。

我们散步在死草上，
悲愤纠缠在膝下。

粉红之记忆
如道旁朽兽，发出奇臭，

遍布在小城里，
扰醒了无数甜睡。

我已破之心轮，
永转动在泥污下。

不可辨之辙迹，
惟温爱之影长印着。

噫吁！数千年如一日之月色，
终久明白我的想象，

任我在世界之一角，
你必把我的影儿倒映在无味之沙石上。

但这不变之反照，衬出屋后之深黑，
亦太机械而可笑了。

大神!起你的铁锚，
我烦厌诸生物之污气。

疾步之足音，
扰乱心琴之悠扬。

神奇之年岁，

[1]李金发（1900—1976），原名李淑良，笔名金发，广东梅县人。1919年赴法勤工俭学，在法国象征派诗歌特别是波德莱尔《恶之花》的影响下，开始创作格调怪异的诗歌，在中国新诗坛引起一阵骚动，被称为“诗怪”，成为我国第一位象征主义诗人。著作有《微雨》《为幸福而歌》《食客与凶年》等。

我将食园中香草而了之；

彼人已失其心，
在混杂在行商之背而远走。

大家辜负，
留下静寂之仇视。

任“海誓山盟”，
“溪桥人语”，

你总把灵魂儿，
遮住可怖之岩穴，

或一齐老死于沟壑，
如落魄之豪士。

但我们之躯体，
既遍染硝磺。

枯老之池沼里，
终能得一休息之藏所么？

思考与练习：

一、通感是象征派诗人惯用的修辞手法，本诗将感觉、视觉、嗅觉、听觉世界的观念或修饰语，故意交错搭配，营造出强烈的失恋者心态，使诗歌具有一种陌生化效果。试举例分析诗歌的陌生化效应。

二、“死草”“香草”“池沼”分别象征什么？为什么？

三、阅读下面这首诗，选出理解正确的答案。【　　】

断　章

卞之琳

你站在桥上看风景，看风景人在楼上看你。
明月装饰了你的窗子，你装饰了别人的梦。

A. 第一节写“你”在桥上看风景，不自觉地成了从楼上看风景的人的一道“风景”.

B. 第二节写皎洁的月亮成了“你”的窗子的装饰品，而“你”成了别人（楼上的人）的梦境的装饰品。

C. 两幅生动优美的画面隐喻、暗示了深刻的哲理：在同一时空中，作为主体的人或物，有可能变成客体。客体有可能变成主体。人们只要不被世俗观念所束缚，不计较一时的得失哀乐，就可以获得精神的自由和超越。

D. 作为一首象征诗，这首诗用朴实单纯的语言，展现出一幅明丽的生活画面；语言明白如画，内涵却丰富深邃，达到了明与隐、实与虚、具体与抽象的和谐统一。

红　烛

闻一多[1]

阅读提示：1923年诗人写下了这首名诗《红烛》，将它作为同名诗集《红烛》的序诗。这首诗有浓重的浪漫主义和唯美主义色彩。诗歌在表现手法上注重幻想和主观情绪的渲染，大量使用抒情感叹词，以优美的语言表达了心中强烈的情感。“红烛”这一传统诗歌文化的原型意象，在闻一多诗歌创作中依然被作为人生追求象征的同时，也充满时代与文化的矛盾冲突：诗人赞叹于红烛的“红”、困惑于红烛的自焚、振奋于红烛的创造能量、追问红烛的伤心流泪、欣喜于红烛的伟绩……最后，掂量着“灰心”与“创造”各自的分量时，感伤之情又隐隐透出，但全诗的收束却又是昂扬向上的，四扬三抑，线索清晰，形成了全诗特有的情绪型节奏。

红烛啊！
这样红的烛！
诗人啊！
吐出你的心来比比，
可是一般颜色？

红烛啊！
是谁制的蜡——给你躯体？
是谁点的火——点着灵魂？
为何更须烧蜡成灰，
然后才放光出？
一误再误；
矛盾！冲突！
红烛啊！
不误，不误！
原是要“烧”出你的光来——
这正是自然的方法。

红烛啊！
既制了，便烧着！
烧罢！烧罢！
烧破世人的梦，

[1] 闻一多（1899—1946），现代诗人、学者，著名的民主战士。湖北浠水下巴河镇人。1923年9月印行第一本新诗集《红烛》后，闻一多开始致力于新诗创作，他要求新诗具有“音乐的美”（音节）、绘画的美（辞藻），并且还有建筑的美（节的匀称和句的均齐）。1928年1月，第二本诗集《死水》出版。闻一多的诗具有极强烈的民族意识和民族气质，爱国主义精神贯穿于他的全部诗作，成为他诗歌创作的基调。

烧沸世人的血——
也救出他们的灵魂，
也捣破他们的监狱！
红烛啊！
你心火发光之期，
正是泪流开始之日。

红烛啊！
匠人造了你，
原是为烧的。
既已烧着，
又何苦伤心流泪？
哦！我知道了！
是残风来侵你的光芒，
你烧得不稳时，
才着急得流泪！

红烛啊！
流罢！你怎能不流呢？
请将你的脂膏，
不息地流向人间，
培出慰藉的花儿，
结成快乐的果子！

红烛啊！
你流一滴泪，灰一分心。
灰心流泪你的果，
创造光明你的因。

红烛啊！
“莫问收获，但问耕耘。”

思考与练习：

一、这首诗是典型的托物言志之作，通过红烛意象的分析，概括作者之“志”。

二、闻一多倡导中国新诗格律化和音乐性的主张，在本诗中有何体现？

你的长夏永远不会凋谢[1]

莎士比亚

阅读提示：本诗是莎士比亚创作的十四行诗，主要是歌颂友谊、爱情，表达对真善美的追求，风格清新、感情真率，既有生活气息，又富于哲理性，被后人称为“莎士比亚体”。

本诗将自然界的夏天与人的青年时代的“夏天”对比来写，既有热情的夸赞，又蕴藏深刻的哲理。诗中夸赞“你”的可爱、温婉，夸赞“你”的芳颜，褒扬“你”的美与善。进而预言，由于将“你”写在诗里，“你”便“在不朽的诗里与时同长”，表现出诗人对人类艺术创造力的歌颂。这首诗包含了美在人类、美在艺术的深刻哲理，形象生动地阐释了人文主义的命题。阅读时要认真体会。

我怎么能够把你来比作夏天？
你不独比他可爱也比他温婉；
狂风把五月宠爱的嫩蕊作践，
夏天出赁[2]的期限又未免太短；
天上的眼睛有时照得太酷烈，
他那炳耀的金颜又常遭掩蔽；
给机缘[3]或无常的天道[4]所摧残，
没有芳颜不终于凋残或销毁。
但你的长夏将永远不会凋落，
也不会损失你这皎洁的红芳；
或死神夸口你在他影里漂泊，
当你在不朽的诗里与时同长[5]。
只要一天有人类，或人有眼睛，
这诗将长在，并且赐给你生命[6]。

（梁宗岱 译）

注释：[1]这里所选的是莎士比亚十四行诗中的一首，标题是后人加的。十四行诗是13世纪从意大利起源的一种抒情格律诗体，文艺复兴时期盛行于欧洲各国。它以十四行为一首，用对比、类比、引申、烘托方式抒发感情，运用方便，深受欢迎。莎士比亚对十四行诗的结构形式进行了大胆创新，把传统的四四三三的意大利分段改为四四四二（从韵脚转换能看出来），优化了起承转合的章法，最后两句画龙点睛，往往成为名言警句。威廉·莎士比亚（1564—1616），是欧洲文艺复兴时期最重要的作家，杰出的戏剧家和诗人，也是西方文艺史上最杰出的作家之一，全世界最卓越的文学家之一，马克思称莎士比亚为“人类最伟大的天才之一”。他在欧洲文学史上占有特殊的地位，被喻为“人类文学奥林匹克山上的宙斯”。他共写有 37 部戏剧，154 首十四行诗，两首长诗和其他诗歌。戏剧代表作是“四大悲剧”：《哈姆雷特》《奥赛罗》《李尔王》《麦克白》。莎士比亚与古希腊三大悲剧家（埃斯库勒斯、索福克里斯、欧里庇得斯）合称戏剧史上四大悲剧家。[2]出赁（lìn）：意为出租。[3]机缘：指巧合的时机，带有偶然性。[4]无常的天道：指自然界新陈代谢的规律，具有必然性。[5]以上两句意思是：即使死神夸口说，人的生死命运随时操纵在他手里，但只要你被写进不朽的诗篇，就可以与时间共存不灭。[6]以上两句意思是：你的青春之美将会随着诗篇永传人世，为人们所赏识。

思考与练习：

一、本诗所表达的中心，应该是什么？怎样表达的？

二、本诗用了对比和衬托手法，试作简要分析。

三、诗中“或死神夸口你在他影里漂泊”一句，怎样理解？

假如生活欺骗了你

普希金[1]

阅读提示：本诗写于普希金被沙皇流放的日子里。那时俄国革命如火如荼，诗人却被迫与世隔绝。在这样的处境下，诗人仍没有丧失希望与斗志，他热爱生活，执着地追求理想，相信光明必来、正义必胜。

诗中阐明了这样一种乐观坚强、积极向上的人生态度：当生活欺骗了你时，不要悲伤，不要心急；在苦恼之时要善于忍耐，一切都会过去，未来是幸福、美好的；生活中不可能没有痛苦与悲伤，欢乐不会永远被忧伤所掩盖，快乐的日子终会到来。这首诗问世后，因它的乐观向上，许多人把它记于自己的笔记本上，成为激励自己勇往直前、永不放弃的座右铭。

假如生活欺骗了你，
不要忧郁，也不要愤慨！
不顺心的时候暂且容忍：
相信吧，快乐的日子就会到来。
我们的心永远向前憧憬，
尽管生活在阴沉的现在：
一切都是暂时的，转瞬即逝，
而那逝去的将变为可爱。

（查良铮 译）

注释：[1]普希金（1799—1837），19 世纪俄国的伟大诗人。在俄罗斯文学中，他是积极浪漫主义的开创者，也是批判现实主义文学的奠基人。他诸体皆擅，在诗歌、小说、戏剧乃至童话等文学领域都给俄罗斯文学提供了典范。普希金对俄罗斯文学的发展有很大的影响，被高尔基誉为“俄国文学之始祖”。在诗歌方面，他写了不少形式多样、题材广泛的作品，诗体小说《叶甫盖尼·奥涅金》是他的代表作。

思考与练习：

一、联系诗的内容，说说“假如生活欺骗了你”指的是什么，此诗表达了诗人怎样的人生态度？

二、本诗的两部分各表现了怎样的内容？

三、在表达形式上，与一般诗歌相比，这首诗有什么不同？试作简要分析。

第八单元　散　文

散文赏析要点

散文指与诗歌、小说、戏剧等并称的不讲究韵律的散体文学样式。它重在表情言志，抒发感悟。具有篇幅短小、题材广泛、形式多样、行文自由、文辞优美、情感浓郁、联想和想象丰富等特点。

一、形散神聚

形散神聚是大多数散文的重要特点。“形”是外在的形式，“神”是内在的本质。“神”既是指贯穿全文的主题和情感脉络，也是指灌注于全篇的意蕴、气韵、理趣、性情等。

散文率性自然，没有形式格套，在内容上可纵横开阖，自由铺展；行文上从容自由，意到笔随；结构上既可以像小说那样娓娓道来，也可以像诗歌那样大幅度跳跃，还可以像戏剧那样以人物对话的方式进行场景组合，甚至可以加以蒙太奇组接；表现手法上也如行云流水，舒卷自如，或状物，或叙事，或抒情，或议论，变化多端。以上是指散文的“形散”。

“神聚”主要是从散文的立意方面说的。材料与中心思想有内在联系，结构上有一定的线索贯穿始终。也就是说，散文的主题都是鲜明的、意气都是贯通的，无论怎样“散”，总有一个线索、一个焦点、一个主题。它既撒得开，又收得拢，是为“神聚”。

如《故都的秋》一文，无论从选材，还是结构、表现手法上，都表现出明显的形散神聚的特点。首先，它选用的材料是零散的。文章细致描绘了众多房前屋后、街头巷尾常见景物：小院里有碧绿的天色，训鸽的飞声，还有牵牛花和秋草；其他场景又有槐蕊、秋蝉、秋雨、清秋佳日里的枣树，等等。它们之间并没有明显的时空联系，但都因清、静、悲凉之氛围、格调而连在了一起，共同为营造出一个“清、静、悲凉”的世界而服务。而且，文章本来要写故都的秋却在开头结尾都将南方之秋纳入其中，目的是通过对比愈加突出故都的秋“色彩浓，回味永”的特点。文中还在描述秋景之后横向插入了一大段关于中外文人和其写秋作品的议论，说明了那种深沉、幽远、严厉、萧索的真正的秋味，非要在北方，才感受得到底，从而强调故都的秋味更为纯粹，更为彻底。总之，作者对文章各方面的处理，无不是围绕故都秋的“清”“静”“悲凉”和“色彩浓，回味永”的特点进行，显示了文章形散神聚的特点。

“形散神聚”，可以说是散文鉴赏的钥匙。可以通过“形散神聚”分析作者思路，把握作品主旨。由微观至宏观，找出作者笔下一个个散的材料，分析其内在的含义，便能把握作者的思路，把握作品的主题“神”。可以通过“形散神聚”分析形象，抓住景物特征，把握作者感情倾向。景物描写无论由宏观至微观或由微观至宏观，只要我们抓住散文“形散神聚”这一基本特征，就能抓住作者笔下景物的特点，领悟作者的感情倾向。也可以通过“形散神聚”分析作品语言，把握作品的艺术技巧。无论是单纯以物为对象的散文，还是带着哲理或文化思考的散文，无论是人物与景物交相辉映的散文，还是具有双关意义的散文，只要我们抓住“形散神聚”这一基本特点，就不仅可以找出作品外在“形”的联系点，把握作者思路，领会文章主旨，而且很容易理解作品所运用的双关、比喻、拟人、借代、衬托、象征等艺术手法及其作用。

二、联想深远、想象丰富

散文往往通过生活中偶发的、片段的事（现）象，去反映其复杂的背景和深广的内涵。在这个过程中，联想和想象是一个重要环节。所谓联想，就是从某一事物想到与之有一定联系的别的事物。所谓想象，是人在头脑里对已储存的表象进行加工改造形成新形象的心理过程，它能突破时间和空间的束缚。联想和想象是散文活的灵魂，缺少联想和想象的散文是僵化的、死板的。展开联想和想象，作家就有可能“思接千载，视通万里”。借助联想和想象，往往可以使天地山川、日月风云、花草树木、鸟兽虫鱼以及历史故事、神话传说，齐齐奔赴笔下，用一条思想和感情的线牵连起一个个故事，或一幅幅图画，或一件件事例，借以抒写作者的情怀。在散文创作中，联想、想象使感受加深，使思想升华，有着增强作品艺术魅力的功效。借助联想和想象的翅膀，作者才能酣畅淋漓地表达喷涌的激情；通过联想和想象的铺展，文章才能够生发开去，丰满起来，作品才显得内容厚重、境界开阔。如余秋雨的散文就善于以丰富的文化背景和历史资料为基础，在丰富的文化联想与想象中完成对所表现的对象的理性阐释，展开思想和感情的双翼，落笔如行云流水，引导读者跟着他上溯历史河流、极目穹苍、稽考兴亡，充溢着对文化的、历史的以及人性的深沉思考与探寻，从而挖掘出深刻的思想主题。鉴赏散文，也就需要读者展开想象的翅膀，跟随作者文思的跳跃，去探求作品的思想内容和情感倾向。

三、情景交融

“诗情画意”，是许多散文作家刻意追求的境界。一篇散文既要有“景”，又要有“情”，而且能将二者水乳般地交融在一起，方能称得上是佳作。

“文章不是无情物”，“一切景语皆情语”。散文中的情与景是自然地融合在一起的，情是景的魂，景是情的形。在自然界，在人类社会，“景”和“物”的自身并不带有感情色彩；但景物被写进了作品，就会烙上作者感情的印记而获得了生命，并表现出鲜明的倾向性。散文中写什么景物，从什么角度或截取哪一部分、选择哪一侧面写景物，以及景物与景物如何安排，它们都受到作者主观感情的支配，而绝不是客观景物的自然“翻印”或“实录”。

情景交融，具体景象和主观情感相融合，形成具有丰富内涵的审美境界或艺术形象，就是意境。这时，那些具体景象便往往具有了某种象征意义。鉴赏散文，需要根据文中具体景象的描写，追寻作者的思想情感，感受作品的意境，从而全面深刻地理解作品，获得深层次的审美享受。

四、虚实描写

这是一种技巧性比较强的手法，但文学作品中却常用，尤其是散文。古人评论虚实说：有者为实，无者为虚；有据为实，假托为虚；客观为实，主观为虚；具体为实，抽象为虚；显者为实，隐者为虚；有行为实，徒言为虚；当前为实，未来为虚；已知为实，未知为虚……文学作品常用的“虚”是指由文学创作中有形或真实的部分所引起的无形或虚构的部分。作为一种写作手法，经常借助比喻、夸张或象征等的作用，给读者提供更多联想的空间，造就文学作品强烈而感人的艺术氛围。虚实结合、虚实相生，是指虚与实二者之间互相联系，互相渗透与互相转化，以达到虚中有实、实中有虚的境界。虚实结合可以增加各类文体的容量，也可以增强文字的含蓄性和表现力。诗歌、散文等文学作品中常用的借景抒情、托物言志手法，“景、物”是实，“情、志”是虚。诗歌、散文讲究意象、意境，“意”即作者主观的思想感情，是虚；“象”与“境”是指作品中所描绘的具体的生活画面，是实。“白日依山尽，黄河入海流。欲穷千里目，更上一层楼。”诗句借助落日、黄河这样雄浑画面的描写（实），表达了“站得高才能看得远”的人生哲理（虚）。诗作从实处着笔，凭虚传神，虚实结合使思想内容的表达既形象又深刻。鉴赏散文，也要注意散文中虚实结合手法的运用，利用联想和想象去组接生活的画面，对作品的形象、意境进行独到的补充扩展和再创造，得到审美发现的满足和艺术欣赏的美感。

五、文辞优美、情感浓郁

优美的语言是散文美感的重要因素。对于散文的语言美，作家们有不少独到精辟的见解。秦牧说：“文采，同样产生艺术魅力和文笔情趣。丰富的词汇，生动的口语，铿锵的音节，适当的偶句，色彩鲜明的描绘，精彩的叠句……这些东西的配合，都会增加文笔的情趣。”佘树森说：“散文的语言，似乎比小说多几分浓密和雕饰，而又比诗歌多几分清淡和自然。它简洁而又潇洒，朴素而又优美，自然中透着情韵。可以说，它的美，恰恰就在这浓与淡、雕饰与自然之间。”散文语言的朴素美，并不排斥华丽美。在散文作品里，我们往往看到朴素和华丽两副笔墨并用。该浓墨重彩的地方，尽意渲染，该朴素的地方，轻描淡写，朴素与华丽是“淡妆浓抹总相宜”。散文是重在表“情”的文学样式，其语言的真美来自作家的真知、真见、真性、真情。因此，不论是朴素还是华丽，若不建立在真挚感情的基础上，就只是肤浅地玩弄技巧的文字游戏而已。当作者的感情、心声与客观事物交融相和谐时，文字中就渗透进了一种美的情调和韵味。

象征、托物言志、对比烘托、欲扬先抑、寓情于景、借物喻人、联想想象、设置悬念、借景抒情、渲染等是散文常用的表现手法，阅读中应准确把握，深入赏析；写作中也应有意识地运用，从而提高作品的质量。

阅读散文、写作散文还需注意文体特点。比如，叙事散文，讲求以小见大，形与神的关系是重点；写景散文，注意情景交融，情与景的契合是关键；咏物散文，托物言志，尽可能体味象征手法，等等。

选　文

陈情表

李　密[1]

阅读提示：“表”是一种文体，为古代奏章的一种，多用于陈情谢贺。本文是西晋李密写给晋武帝的奏章。晋武帝征召李密为太子洗马，李密不愿应诏，就写了这篇表文以申诉自己不能应诏的苦衷。叙述委婉，辞意恳切，简洁生动，感染力强，被认为是古代抒情散文的代表作之一，因此有“读诸葛亮《出师表》不流泪不忠，读李密《陈情表》不流泪者不孝”的说法。《古文观止》说：“晋武览表，嘉其诚款，赐奴婢二人，使郡供祖母奉膳。”

臣密言[2]：臣以险衅[3]，夙遭闵凶[4]。生孩六月，慈父见背[5]；行年四岁，舅夺母志[6]。祖母刘悯臣孤弱，躬亲抚养[7]。臣少多疾病，九岁不行，零丁孤苦，至于成立[8]。既无伯叔，终鲜兄弟[9]，门衰祚薄，晚有儿息[10]。外无期功强近之亲[11]，内无应门五尺之僮[12]，茕茕孑立，形影相吊[13]。而刘夙婴疾病，常在床蓐[14]，臣侍汤药，未曾废离[15]。

注释：[1]李密（224—287），字令伯，西晋犍为武阳（今四川彭山）人。幼年丧父，母何氏改嫁，由祖母抚养成人。李密为人刚直，有文名。曾仕蜀汉，屡次出使东吴，有辩才。蜀亡后，以奉养祖母为由，陈情晋武帝暂缓应征；祖母死后，丧服期满，才出任太子洗马，官至汉中太守。终因不合权贵之意，怀怨免官，卒于家中。[2]臣密言：开头先写上表人的姓名，是表文的格式。当时的书信也是这样的。[3]险衅：灾难祸患。[4]夙（sù）：早时，这里指年幼的时候。闵（mǐn）：通“悯”，指可忧患的事，多指疾病死丧。凶：这里指家中不幸的事。[5]见背：弃我而死去，即“死”的委婉说法。见：用在动词前面表示对我怎么样。[6]行年四岁：年纪到了四岁。行年：经历的年岁。舅夺母志：舅父强行改变了母亲守节的志向，指母亲改嫁。[7]悯：怜悯。孤：幼而丧父。躬亲：亲自。[8]不行：走不了路。零丁：即“伶仃”。成立：成人自立。[9]终：到底，总归。鲜（xiǎn）：少，这里是指没有。[10]门衰祚（zuò）薄：家门衰微，福分浅薄。门：家门。祚：福分。息：子女。[11]期（jī）功强近之亲：指比较亲近的亲戚。古代丧礼制度以亲属关系的亲疏规定服丧时间的长短，服丧一年称“期”。“期功”意为“穿一周年孝服的人”，指关系比较近的亲属。强近：勉强算是接近的。[12]应门：照应门户。僮：童仆。[13]茕茕（qióng）孑（jié）立：孤独伶仃，无依无靠。形影相吊：只有和影子相伴，形容非常孤单寂寞。[14]婴：缠绕，这里指疾病缠身。蓐（rù）：通“褥”，垫子。[15]废：废止，停止服侍。离：离开。

逮奉圣朝，沐浴清化[1]。前太守臣逵察臣孝廉[2]；后刺史臣荣举臣秀才[3]。臣以供养无主，辞不赴命[4]。诏书特下，拜臣郎中[5]，寻蒙国恩，除臣洗马[6]。猥以微贱，当侍东宫[7]，非臣陨首所能上报[8]。臣具以表闻[9]，辞不就职。诏书切峻，责臣逋慢[10]；

郡县逼迫，催臣上道[11]；州司临门，急于星火[12]。臣欲奉诏奔驰，则刘病日笃，欲苟顺私情，则告诉不许[13]。臣之进退，实为狼狈[14]。

注释：[1]逮：及，到。奉：承奉。圣朝：指晋朝。沐浴清化：恭维之辞，指蒙受清平的政治教化。清化，清明的政治教化。[2]太守：郡的地方长官。察：考察和推举。孝廉：汉代以来选拔人才的一种察举科目，即每年由地方官考察当地的人物，向朝廷推荐孝顺父母、品行廉洁的人出来做官。孝，指孝顺父母。廉，指品行廉洁。[3]刺史：州的地方长官。举：推举。秀才：汉代开始与孝廉并为举士的科名。[4]辞：辞谢。赴命：受命应召。[5]拜：授予官职。郎中：官名，晋时各部有郎中。[6]寻：不久。除：拜官受职。洗（xiǎn）马：即太子洗马，太子的侍从官。[7]猥（wěi）：自谦之词，犹“鄙”。微贱：卑微低贱。当：担任。东宫：指太子，因太子居住在东宫，这里是借代。[8]陨（yǔn）首：丧命。[9]臣具以表闻：我都写了奏表上报。闻：使君主听见，谓向君主报告，亦泛指向上级或官府报告。[10]切峻：急切而严厉。逋（bū）慢：有意回避，怠慢上命。[11]上道：动身。[12]州司：州官。于：比。星火：流星的光。指催逼的十分紧迫。[13]奔驰：指奔走效劳。笃：病重。苟顺：姑且迁就。告诉：申诉。[14]狼狈：形容进退两难的情形。

伏惟圣朝以孝治天下[1]，凡在故老，犹蒙矜育[2]，况臣孤苦，特为尤甚。且臣少仕伪朝[3]，历职郎署[4]，本图宦达[5]，不矜名节[6]。今臣亡国贱俘，至微至陋[7]，过蒙拔擢[8]，宠命优渥[9]，岂敢盘桓[10]，有所希冀[11]！但以刘日薄西山[12]，气息奄奄[13]，人命危浅[14]，朝不虑夕。臣无祖母，无以至今日，祖母无臣，无以终余年。母孙二人，更相为命[15]，是以区区不能废远[16]。

注释：[1]伏惟：俯状思量。旧时奏疏、书信中下级对上级常用的敬语。[2]故老：遗老，年老而德高的旧臣。蒙：承蒙。矜（jīn）育：怜惜养育。[3]伪朝：蔑称，指被灭亡的蜀朝。[4]历职：连续任职。郎署：郎官的衙署。李密在蜀国曾任郎中和尚书郎。署：官署，衙门。[5]图：希图。宦达：官职显达。宦，做官；达，显贵。[6]不矜：不夸耀，不看重。[7]至：极。[8]过：过分，太甚。拔擢（zhuó）：提拔。[9]宠命：恩命，指拜郎中、洗马等官职。优渥（wò）：优厚。[10]盘桓（huán）：犹疑不决的样子，指拖延不就职。[11]希冀：企图，这里指非分的愿望。[12]但：只不过。以：表示原因。日薄西山：太阳接近西山，喻人的寿命即将终了。薄：迫近。[13]奄奄：气息微弱。[14]人命危浅：指生命垂危。[15]更（gēng）相：相互。[16]是以：因此。区区：即拳拳，形容自己私情，诚恳深切的样子。废远：停止供养，远离刘氏。

臣密今年四十有四，祖母今年九十有六，是臣尽节于陛下之日长[1]，报养刘之日短也。乌鸟私情，愿乞终养[2]。臣之辛苦[3]，非独蜀之人士及二州牧伯所见明知[4]，皇天后土[5]，实所共鉴[6]。愿陛下矜悯愚诚[7]，听臣微志[8]，庶刘侥幸[9]，保卒余年[10]。臣生当陨首，死当结草[11]。臣不胜犬马怖惧之情，谨拜表以闻[12]。

注释：[1]尽节：尽心竭力，保全节操，多指赴义捐生。[2]乌鸟私情：乌鸦反哺之情，比喻人的孝心。终养：养老至终。[3]辛苦：辛酸悲苦。[4]二州牧伯：指梁州（今陕西省汉中地区）、益州（今四川省）刺史。牧伯：刺史。先秦时州郡长官称牧，一方诸侯之长称方伯，后代以牧、方伯称刺史。[5]皇天后土：天神地祇（qí）。[6]鉴：审察，识别。[7]矜悯：怜恤。

愚诚：愚拙至诚之心。[8]听：准许、成全。微志：谦词，微小的志愿。[9]庶：或许，表示希望或推测。[10]保：安。卒：终。[11]结草：指报恩。据《左传·宣公十五年》记载，春秋时，晋将魏颗没有按照父亲的遗言把遗妾杀死殉葬。后来魏颗跟秦将杜回作战，看见一个老人结草把杜回绊倒，杜回因此被擒。夜里魏颗梦见结草的老人，他自称是没有被杀死的魏武子遗妾的父亲，是来报答不令其女殉葬之恩的。后代就以“结草”，表示死后报恩。[12]不胜（shēng）：禁不住。胜：能承受，能承担。犬马怖惧之情：这是臣子谦卑的话，用犬马自比表示谦卑。拜表：拜上表章。

思考与练习：

一、李密写《陈情表》是为了请求终养祖母，但直到文章末了才明确提出，这样处理有什么好处？

二、下面六句话分别编为四组，全能够表现李密孝敬祖母的一项是（　　）。

① 祖母刘悯臣孤弱，躬亲抚养

② 臣侍汤药，未曾废离

③ 则刘病日笃，欲苟顺私情

④ 但以刘日薄西山，气息奄奄

⑤ 凡在故老，犹蒙矜育

⑥ 是臣尽节于陛下之日长，报刘之日短也

⑦ 乌鸟私情，愿乞终养

⑧ 母孙二人，更相为命，是以区区不能废远

A. ①④⑥⑦　　B. ②③⑦⑧　　C. ①③⑤⑥　　D. ②④⑤⑧

三、解释下列语句中加点的词语。

1. 臣以险衅，夙遭闵凶

2. 生孩六月，慈父见背

3. 门衰祚薄，晚有儿息

4. 寻蒙国恩，除臣洗马

5. 是以区区不能废远

6. 臣欲奉召奔驰

7. 则告诉不许

8. 谨拜表以闻

四、背诵全文。

五、拓展阅读。

身体发肤，受之父母，不敢毁伤，孝之始也。立身行道，扬名于后世，以显父母，孝之终也。夫孝，始于事亲，忠于事君，终于立身。

——《孝经》

滕王阁序

王　勃[1]

阅读提示：本文选自《王子安集》，全称为《秋日登洪府滕王阁饯别序》。滕王阁是唐高祖之子滕王李元婴任洪州都督时所修建，旧址在今江西省南昌市赣江之滨。唐高宗时，洪州都督阎公重修此阁，并于上元二年（675）重阳节在滕王阁大宴宾客。王勃南下探亲，路过洪州，也参加了这次盛会，即席赋诗，并写了这篇序。序中描写滕王阁壮美的景色，铺叙宴会的盛况，借以抒发自己怀才不遇、愤懑悲凉而又不甘于沉沦的复杂感情，是王勃骈体文的代表作。

豫章故郡，洪都新府[2]。星分翼轸，地接衡庐[3]。襟三江而带五湖，控蛮荆而引瓯越[4]。物华天宝，龙光射牛斗之墟[5]；人杰地灵，徐孺下陈蕃之榻[6]。雄州雾列，俊采星驰[7]。台隍枕夷夏之交，宾主尽东南之美[8]。都督阎公之雅望，棨戟遥临；宇文新州之懿范，襜帷暂驻[9]。十旬休假，胜友如云[10]；千里逢迎，高朋满座[11]。腾蛟起凤，孟学士之词宗[12]；紫电清霜，王将军之武库[13]。家君作宰，路出名区；童子何知，躬逢胜饯[14]。

注释：[1]王勃（650—676），字子安，绛州龙门（今山西省河津县）人。初唐文学家。少有才名，被举为神童，不到二十岁就出仕。后因罪除名，其父也受株连而贬为交趾（治所在今越南河内西北）令。王勃在省（xǐng）父的途中写了《滕王阁序》，两个月后，渡海溺水，英年早逝。他与杨炯、卢照邻、骆宾王并称“初唐四杰”。他们的诗气象浑厚，音律谐畅，开初唐新风。在“四杰”之中，王勃才气最高，有《王子安集》二十卷。[2]这两句是介绍滕王阁的所在地。豫章为汉代郡名，所以称为“故郡”，唐代改为“洪州”，故而称作“新府”。[3]“星分翼轸”二句：洪州在翼、轸分野之内，连接着衡州和江州。翼、轸（zhěn）：星宿名，属二十八星宿。古人把星宿的分布与地面的区域对应划分，称为分野。衡庐：衡州和江州。衡：衡山，此代指衡州（治所在今湖南省衡阳市）。庐：庐山，此代指江州（治所在今江西省九江市）。[4]襟、带：意动用法，以……为襟、带。三江：泛指长江中下游的江河。五湖：泛指长江流域的鄱阳湖等大湖泊。控：控制。蛮荆：古楚地，今湖北、湖南一带。引：连接。瓯越：古东越王都东瓯（今浙江永嘉县），故称瓯越。[5]“物华天宝”两句：物有光华，天有珍宝，宝剑的光气直射天上的牛、斗二星所在的区域。龙光：宝剑的光芒。墟：位置。据《晋书·张华传》，晋初，牛、斗二星之间常有紫气照射，据说是宝剑之精，上彻于天。张华命人寻找，果然在丰城（今江西省丰城县，古属豫章郡）牢狱的地下，掘出龙泉、太阿二剑。后来这对宝剑入水化为双龙。[6]“人杰地灵”两句：人物杰出，山川灵秀，陈藩特为徐孺子安置卧榻。徐孺：徐孺子的省称，名稚，东汉豫章南昌人，当时隐士，德行为时人所景仰。东汉名士陈蕃为豫章太守，不接宾客，惟徐稚来访时，才设一坐榻，徐稚去后又悬置起来。事见《后汉书》。[7]这两句意为：雄伟的大州像雾一样涌起，俊美的人才像流星一样飞驰。[8]这两句意为：南昌处在荆楚和扬州接壤的地方，这次宴会的主人和宾客都是东南地区的才俊。台隍：城池，这里指南昌城。夷夏：少数民族地区和内地，分别指荆楚和扬州。枕：临，靠近。[9]这四句是说，有崇高声望的都督阎公远道来临，有美好德行的新州刺史宇文氏在此地暂时停留。都督：掌管督察诸州军事的官员。阎公，名未详。棨戟（qǐjǐ）：这里代指仪仗。宇文：复姓，新州（在今广东境内）刺史，名未详。懿（yì）：美好。襜（chān）帷：车上的帷幕，这里代指车马。[10]“十旬休假”两句：恰好赶上十日休假的日子，才华出众的友人云集。唐制，十日为一旬，遇旬日则官员休息一天，称为“旬休”。[11]逢迎：迎接，接待。高朋：犹贵宾。[12]此两句意为：文坛上众望所归的孟学士，文章的辞采有如蛟龙腾空凤凰飞起那样灿烂夺目。孟学士：名未详。学士：掌管文学撰述的官。词宗：文词的宗主。[13]这两句意为：王将军的兵器库里藏有紫电、青霜那样锋利的宝剑。紫电：古宝剑名。青霜：亦指剑。《西京杂记》：“高祖（刘邦）斩白蛇剑，刃上常带霜雪。”王将军：名未详。[14]这四句的意思是说，家父作交趾县的县令，自己因探望父亲路过这个有名的地方；我年幼无知，却有幸参加这场盛大的宴会。胜饯（jiàn）：盛会。宰：县令。出：经过。

时维九月，序属三秋[1]。潦水尽而寒潭清，烟光凝而暮山紫[2]。俨骖騑于上路，访风景于崇阿[3]；临帝子之长洲，得天人之旧馆[4]。层峦耸翠，上出重霄；飞阁翔丹，下临无地[5]。鹤汀（tīng）凫渚（fúzhǔ），穷岛屿之萦回[6]；桂殿兰宫，即冈峦之体势[7]。披绣闼，俯雕甍[8]，山原旷其盈视，川泽纡其骇瞩[9]。闾阎扑地，钟鸣鼎食之家[10]；舸舰弥津，青雀黄龙之轴[11]。云销雨霁，彩彻区明[12]。落霞与孤鹜齐飞，秋水共长天一色[13]。渔舟唱晚，响穷彭蠡之滨；雁阵惊寒，声断衡阳之浦[14]。

注释：[1]维：为，是。序：时序（春夏秋冬）。三秋：古人称七、八、九月为孟秋、仲秋、季秋，这里的三秋即九月。[2]“潦（lǎo）水”两句：雨后积水已经干涸，冷冽的潭水十分清澈。落日的余晖宛如凝结，傍晚的山色一片幻紫。潦水：蓄积的雨水。[3]俨：通“严”，整治。骖騑（fēi）：驾车的马。上：高。崇阿（ē）：高大的丘陵。[4]这两句都是说到滕王阁来观赏。帝子、天人：都指滕王。长洲：滕王阁前的沙洲。旧馆：指滕王阁。[5]“层峦”四句：重叠的峰峦耸起一片苍翠，上达重霄；凌空架起的阁道，像飞翔在空中的红色彩带，下面没有地面的依托。[6]“鹤汀”两句：仙鹤野鸭栖止的水边平地和水中小洲，极尽岛屿曲折回环的景致。凫（fú）：野鸭。汀渚（tīngzhǔ）：水边平地或水中小洲。穷：极尽。[7]“桂殿”两句：华丽的宫殿，按照冈峦的形势设计安排。桂、兰：桂木和木兰，都是香木。即：按照。[8]“披绣闼”二句：打开精美的阁门，俯瞰雕饰的屋脊。闼（tà）：泛指门。甍（méng）：屋脊。[9]“山原”两句：放眼远望，辽阔的山岭、平原充满人们的视野，纡回的河流、湖泊则使人看了吃惊。盈视：极目遥望，满眼都是。纡：曲折。骇瞩：对所见的景物感到惊异。[10]闾阎：里门，这里代指房屋。扑：满。钟鸣鼎食之家：指大家世族，因古代贵族鸣钟列鼎而食。[11]舸：船。弥：满。青雀黄龙：船的装饰形状。轴（zhú）：通“舳”（zhú），船尾把舵处，这里代指船只。[12]云销雨霁，彩彻区明：雨过天晴，云彩消散，阳光普照，天空明朗。霁（jì）：雨过云散。彩：指日光。彻：贯通。区：天空。[13]鹜：野鸭。[14]这四句的意思是：傍晚时响起的渔歌，响彻彭蠡的湖滨；雁群感到寒意而发出的惊叫，回荡在衡阳的水边。彭蠡（lǐ）：古大泽名，即鄱阳湖。断：止。衡阳：今属湖南省，境内有回雁峰，相传秋雁到此就不再南飞，待春而返。浦：水滨。

遥襟甫畅，逸兴遄飞[1]。爽籁发而清风生，纤歌凝而白云遏[2]。睢园绿竹，气凌彭泽之樽[3]；邺水朱华，光照临川之笔[4]。四美具，二难并[5]。穷睇眄于中天，极娱游于暇日[6]。天高地迥，觉宇宙之无穷；兴尽悲来，识盈虚之有数[7]。望长安于日下，目吴会于云间[8]。地势极而南溟深，天柱高而北辰远[9]。关山难越，谁悲失路之人[10]？萍水相逢，尽是他乡之客。怀帝阍而不见，奉宣室以何年[11]？

注释：[1]遥襟甫畅，逸兴遄飞：远望的胸怀因登高顿时舒畅，飘逸脱俗的兴致油然而出。襟：胸怀。甫：刚刚，顿时。遄（chuán）：迅速。飞：飞动。[2]爽：清朗。籁：排箫。纤歌：轻细的歌声。白云遏（è）：形容音响优美，能驻行云。遏：阻止。[3]这两句的意思是：今日的宴会很像是当年睢园竹林的聚会，在座的诗人文士狂饮的气概压过了陶渊明。睢（suī）园：西汉梁孝王在睢水旁修建的竹园，他常和一些文士在此饮酒赋诗。凌：超过。彭泽：指陶渊明，他曾做过彭泽县令，喜好饮酒。樽：酒器。[4]这两句的意思是：又有邺水的曹植咏荷花那样的才气，文采可以直射南朝诗人谢灵运。邺（yè）水：在邺下（今河北省临漳县），是曹魏兴起的地方。曹植曾在这里作过《公宴诗》，诗中有“秋兰被长坂，朱华冒绿池”的句子。光照，光芒普照。临川：指南朝山水诗人谢灵运，他曾任临川（今属江西）内史。[5]四美：指良辰、美景、赏心、乐事。二难：指贤主、嘉宾难得。[6]“穷睇眄”两句：放远远望半空中，在亲暇的日子里尽情欢乐。睇眄（dìmiǎn）：斜视，顾盼。[7]识盈虚之有数：认识到盛衰自有定数。盈虚：盈满和亏损。[8]“望长安”两句：远望长安，遥看吴会。日下：指唐朝的国都长安。云间：吴地的古称。[9]天柱：《山海经·神异经》：“昆仑之山，有铜柱焉。其高入天，所谓天柱也。”北辰：北极星，这里暗指国君。[10]失路：比喻不得志。[11]帝阍（hūn）：原指天帝的守门人，这里指皇帝的宫门。奉宣室：汉未央宫正殿叫宣室。汉文帝曾坐宣室接见贾谊，谈到半夜。这里用来自比。

嗟乎！时运不齐，命途多舛[1]；冯唐易老，李广难封[2]。屈贾谊于长沙，非无圣主[3]；窜梁鸿于海曲，岂乏明时[4]？所赖君子见机，达人知命[5]。老当益壮，宁移白首之心[6]？穷且益坚，不坠青云之志[7]。酌贪泉而觉爽，处涸辙以犹欢[8]。北海虽赊，扶摇可接[9]；东隅已逝，桑榆非晚[10]。孟尝高洁，空余报国之情[11]；阮籍猖狂，岂效穷途之哭[12]？

注释：[1]不齐：有蹉跌，有坎坷。舛（chuǎn）：乖违，不顺。[2]冯唐：西汉人，有才能却一直不受重用。汉武帝时选求贤良，有人举荐冯唐，可是他已九十多岁，不能再做官了。李广：汉武帝时名将，多次与匈奴作战，军功卓著，却终生没有封侯。[3]这两句的意思是：把贾谊贬谪到长沙，不是没有圣贤的君主。屈：压抑，屈抑。贾谊：西汉著名思想家、文学家。圣主：这里指汉文帝。[4]这两句的意思是：让梁鸿到海角避居，难道缺乏清明的时代？屈、窜：都是使动用法，使……委屈，使……逃窜。梁鸿，东汉人，因作诗讽刺君王，得罪了汉章帝，被迫逃到齐鲁一带躲避。海曲：即滨海之地，指齐鲁一带临海的地方。[5]机：先兆，征兆。达人：通达事理的人。命：天命，命运。[6]这两句的意思是：年纪老迈而情怀更加豪壮，哪能因年老而改变心志？宁（nìng）：哪能。[7]这两句的意思是：处境困难应该更加坚强，决不放弃高远的志向。穷：困厄，处境艰难。[8]这两句的意思是：喝下贪泉的水，仍觉得心境清爽。处在穷困的境地，仍然乐观开朗。贪泉：在广州附近的石门，传说饮此水会贪得无厌。涸辙：比喻困厄的处境。《庄子·外物》有鲋鱼在干涸的车辙中求活的寓言。[9]这两句的意思是：北海虽然遥远，乘着旋风还可以到达。北海：就是《庄子·逍遥游》中说的“北溟”。赊（shē）：远。扶摇：猛烈的旋风。[10]这两句的意思是：早年的时光虽然已经失去，珍惜将来的岁月，为时还不晚。东隅：日出的地方，表示早晨，引申为早年。桑榆：日落的地方，表示傍晚，引申为晚年。《后汉书·冯异传》有“失之东隅，收之桑榆”之语。[11]这两句的意思是：孟尝品行高洁，却空有一腔报国的热情。孟尝：东汉人，以廉洁奉公著称，但始终没被重用，后来归田。[12]这两句的意思是：怎能效法阮籍不拘礼法，在无路可走时便恸哭而还呢？阮籍：晋朝诗人，佯狂不羁，有时驾车独游，等到路走不通了，便痛哭而返。猖狂：狂放，不拘礼法。

勃，三尺微命，一介书生[1]。无路请缨，等终军之弱冠[2]；有怀投笔，慕宗悫之长风[3]。舍簪笏于百龄，奉晨昏于万里[4]。非谢家之宝树，接孟氏之芳邻[5]。他日趋庭，叨陪鲤对[6]；今兹捧袂，喜托龙门[7]。杨意不逢，抚凌云而自惜[8]；钟期既遇，奏流水以何惭[9]？

注释：[1]三尺微命：指地位低下。三尺，士佩三尺长的绅（古代礼服上束带的下垂部分）。微命：谦词，卑微的性命。王勃做过虢（guó）州参军，所以这样说。一介：谦词，一个。[2]这两句的意思是：自己和终军当年的年龄相同，却没有请缨报国的机会。请缨：请求皇帝赐给长缨（长绳），后来用“请缨”指投军报国。《汉书·终军传》：终军在武帝时出使南越，自请“愿受长缨，必羁南越王而致之阙下”，当时年仅二十余岁。等：相同。弱冠：古代男子二十岁行冠礼，表示成年，因体犹未壮，故称弱冠。[3]投笔：指投笔从戎，这里用班超投笔从戎的典故。宗悫（què）：南朝宋人，少年时很有抱负，说“愿乘长风破万里浪”。[4]“舍簪笏”两句：自己宁愿舍弃一生的功名富贵，到万里以外去朝夕侍奉父亲。簪笏（hù）：簪是束发戴冠用来固定帽子的，笏是朝见皇帝时用来记事的手版，这里代指官职。百龄：百年，即一生。[5]这两句的意思是：自己并不是谢玄那样出色的人才，却能在今日的宴会上结识各位名士。谢家之宝树：指谢玄。《晋书·谢玄传》：谢安曾问子侄们，为什么人们总希望自己的子弟好？侄子谢玄回答：“譬如芝兰玉树，欲使其生于庭阶耳。”接：结交。孟氏之芳邻：这里借孟子的母亲为寻找好邻居而三次搬家的故事，来指赴宴的嘉宾。[6]他日趋庭，叨陪鲤对：过些时候自己将到父亲那里聆听教诲。趋庭：快步走过庭院，这是表示对长辈的恭敬。叨（tāo）：谦词，惭愧地承受。鲤：孔鲤，孔子的儿子。有一次孔鲤快步走过庭前，孔子问他学《诗》没有，他回答没有。孔子教导他说，不学《诗》，说话时就没有依据。于是他便回去认真学《诗》。又有一次过庭，孔子问他学《礼》没有，他回答没有。孔子又告诉他说，不学《礼》，就没有立身的准则。于是他便认真学习《礼》。事见《论语·季氏》。后来“趋庭”“鲤对”就用来表示亲聆父训的意思。[7]捧袂（mèi）：举起双袖作揖，指谒见阎公。喜托龙门：（由于受到阎公的接待）十分高兴，好像登上龙门一样。托：依靠，寄托。《后汉书·李膺传》记载，东汉李膺，声望极高，当时的读书人能够得到接近他的机会，便称为登龙门。[8]这两句意思是：没有遇到杨得意那样引荐的人，司马相如只能抚弄着自己的赋独自叹惋。杨意：杨得意的省称，任掌管天子猎犬的官，司马相如是由他引荐给汉武帝的。凌云：指司马相如的《大人赋》。《史记·司马相如列传》说，“相如既奏《大人》之颂，天子大悦，飘飘有凌云之气，似游天地之间。”[9]这两句意思是：既然遇到钟子期那样的知音，演奏高山流水的乐曲又有什么羞惭的呢？钟期：即钟子期，《列子·汤问》记载，俞伯牙善于弹琴，钟子期是他的知音，能听出他“志在高山”还是“志在流水”。

呜呼！胜地不常，盛筵难再[1]；兰亭已矣，梓泽丘墟[2]。临别赠言[3]，幸承恩于伟饯；登高作赋，是所望于群公[4]。敢竭鄙怀，恭疏短引[5]；一言均赋[6]，四韵俱成。请洒潘江，各倾陆海云尔[7]。

注释：[1]胜地：名胜之地。不常：不能长存。再：第二次。[2]兰亭已矣，梓（zǐ）泽丘墟：当年兰亭宴集的盛况已成为陈迹，繁华的金谷园也已变为荒丘废墟。兰亭：在今浙江省绍兴市附近，晋时王羲之等曾在此聚会，饮酒赋诗，王羲之写了《兰亭序》一文记叙这次盛会。梓泽：即晋朝石崇的别墅金谷园，故址在今河南省洛阳市西北。[3]赠言：指留下这篇序文。[4]这两句意思是：登高作赋，那是在座诸公的事了。《韩诗外传》：“孔子曰：君子登高必赋。”[5]恭疏短引：恭敬地写此小序。疏：撰写。引：序。[6]一言：一个字，指分韵时所得的字。古时众人作诗选一句话，各人分一字，按这个字的韵写诗。四韵指一首律诗的四个韵。赋：动词，铺陈。[7]这两句意思是：请各位宾客竭尽文才，写出像潘岳、陆机那样的好作品。潘岳、陆机都是晋朝人，南朝梁人钟嵘的《诗品》说：“陆（机）才如海，潘（岳）才如江。”云尔：语气助词，用在句末，表示述说完了。

思考与练习：

一、这篇序包含了哪几个方面的内容？作者情感经历了怎样的起伏变化？

二、解释下列各句中加点的词。

1. 襟三江而带五湖
2. 人杰地灵，徐孺下陈蕃之榻
3. 雄州雾列，俊采星驰
4. 兴尽悲来，识盈虚之有数
5. 时运不齐，命途多舛
6. 云销雨霁，彩彻区明

三、指出下列典故的出处和含义。

1. 酌贪泉而觉爽，处涸辙以犹欢
2. 东隅已逝，桑榆非晚
3. 无路请缨，等终军之弱冠
4. 有怀投笔，慕宗悫之长风

四、骈文追求形式之美，句法对称，词语对偶，词采华美，音韵和谐，多用典故、借代、谦辞，学习中认真体会这些特点。

五、熟读全文，背诵第一、二、四段。

始得西山宴游记

柳宗元[1]

阅读提示：本文是柳宗元在顺宗永贞元年（805）秋被贬永州司马后作，是他著名的《永州八记》的第一篇。全文从“始得”二字着意，写西山的奇特和始游时的心情。作者把自己的满腹感慨，融入山水游乐之中，表现了他“心凝形释”，把一切置之度外的感情。情景交融，扣人心弦。

自余为僇人[2]，居是[3]州，恒惴栗[4]。其隟[5]也，则施施[6]而行，漫漫[7]而游，日与其徒[8]上高山，入深林，穷[9]回溪，幽泉怪石[10]，无远[11]不到。到则披[12]草而坐，倾[13]壶而醉；醉则更相枕以卧[14]，卧而梦，意有所极，梦亦同趣[15]；觉[16]而起，起而归。以为凡是州之山水有异态者，皆我有也[17]，而未始知西山之怪特[18]。

注释：[1]柳宗元（773—819），字子厚，河东（山西永济）人，唐代著名的文学家和思想家。在文学上与韩愈同是当时古文运动的倡导者。他创作的散文丰富多样，其中尤以寓言讽刺文和山水游记著名。《永州八记》是他游记中的代表作。西山：在永州（今零陵）西五里，自朝阳岩至黄茅岭北，绵亘数里。[2]僇（lù）人：受过刑辱的人。谬：同“戮”，刑辱的意思，这里指遭贬谪。[3]是：这。[4]恒：常常。惴栗：忧惧不安。[5]隟（xì）：“隙”的异体字，空隙，闲暇。[6]施施（yíyí）：漫步走着的样子。[7]漫漫：随意地、没有目的地。[8]其徒：我的同党，我的朋友。徒：同类，志同道合的人。[9]穷：穷尽。[10]幽：清幽。怪：奇特。[11]远：这里指遥远的地方。[12]披：分开。[13]倾：尽，倾尽。[14]更：交互，交替。[15]意有所极，梦亦同趣：心里想到哪里，梦中也就到了哪里。极，至，到达。趣（qū）：通“趋”，前往，赴。[16]觉：睡醒。[17]这两句意为：我以为凡是这个州里有奇异情态的山水，我都游览过了。以为：认为。凡：凡是。[18]而：表示转折。未始：未曾，未尝。怪特：怪异奇特。

今年九月二十八日，因坐法华西亭[1]，望西山，始指异之[2]。遂[3]命仆人过湘江，缘染溪[4]，斫榛莽[5]，焚茅茷[6]，穷山之高而止[7]。攀援而登，箕踞而遨[8]，则凡数州之土壤，皆在衽席[9]之下。其高下之势，岈然、洼然[10]，若垤、若穴[11]，尺寸千里[12]，攒蹙累积[13]，莫得遁隐[14]；萦青缭白[15]，外与天际[16]，四望如一。然后知是山之特立[17]，不与培塿为类[18]。悠悠乎与颢气俱[19]，而莫得其涯；洋洋乎与造物者游，而不知其所穷[20]。引觞满酌[21]，颓然就醉，不知日之入。苍然暮色，自远而至，至无所见，而犹不欲归[22]。心凝形释[23]，与万化冥合[24]。然后知吾向[25]之未始游，游于是乎始[26]。故为之文以志[27]。是岁，元和四年也。

注释：[1]法华：寺名。寺西有亭，为作者所建。[2]指异之：指点着（西山），认为它很奇异。[3]遂：于是。[4]缘：顺，沿。染溪：在零陵西南，亦名冉溪，柳宗元命名为愚溪。

[5]斫（zhúo）：砍伐。榛（zhēn）莽：丛生的草木。[6]茅茷（fá）：指茅草之类。[7]穷：穷尽。高：高处。[8]箕（jī）踞（jù）：一种放松的坐姿，两足伸直，形状如箕。遨：遨游，这里指纵目眺望。[9]衽（rèn）席：坐席。[10]岈（xiā）然：形容山峰高耸。洼然：形容山谷低凹。[11]垤（dié）：小土堆。穴：小洞。[12]尺寸千里：登高望远，收千里于尺寸间。[13]攒（cuán）：聚、积。蹙（cù）：收缩。[14]遁：逃避。隐：隐匿。[15]萦（yíng）：萦系。缭：缠绕。青、白：形容山水的颜色。[16]际：际会，会合。[17]然：代词"这"。特立：奇特独立。[18]培塿（pǒulóu）：小土堆。[19]"悠悠乎"两句：悠悠然然地与天地之气融为一体，却不知道它的边际。颢（hào）气：即浩气，大自然之气。[20]"洋洋乎"两句：兴致洋洋地与造物者同游，却不知道它的尽头。造物者：即大自然。穷：尽，完。[21]引：举。觞（shāng）：酒杯。[22]这四句意为：苍茫的暮色，从远方到来，一直到什么都看不见，但是仍然不想回去。犹：仍然。[23]心凝形释：精神凝聚，形体消释。[24]万化：指万物。天地生成万物叫做"化"。冥合：暗合。[25]向：从前。[26]这句是说真正的游览从西山开始。于：介词，从。是：代词，这，指西山。[27]故：所以，因此。为：创作，写作。之：代词，这。以：表目的，用来。志：记录。

思考与练习：

一、此文以寓情于景、托物言志的手法表达了作者怎样的人生情怀和追求？

二、作者为什么说"然后知吾向之未始游，游于是乎始"？文章前后两个部分之间有何关系？

三、试归纳概括文中词类活用、古今异义、一词多义的现象。

四、背诵全文。

巴金短文三篇[1]

巴　金

阅读提示：巴金的这三篇短文都写于抗日战争时期。《做一个战士》创作于1938年。当时被日军包围下的上海已是一座十足的“孤岛”，在这座“孤岛”上还生活着一些继续用“灯红酒绿”的生活来麻醉自己、逃离现实生活的人。但还有更多的青年人，由于当时国家和社会的境遇，苦于人生找不到光明的发展道路而处在彷徨和苦闷之中。巴金为了鼓励这些青年坚持自己的信仰，创作了这篇鼓舞青年斗志的散文，其内容至今仍能给人以深刻的启迪。

《日》和《月》是写于1942年的两篇散文诗。当时抗战正进入一个比较艰苦的阶段，全国人民包括巴金都在企盼胜利的到来。文中无论是扑向灯火的飞蛾，或是渴死在旸谷的夸父，还是希望可以用一己之力改变现状的姮娥，他们都代表着一种力，一种向上的、不屈不挠的力，是作者对人生、对生活的一种希望和信念。作者借这些意象来歌颂光明，赞美那些为了追求光和热不惜牺牲自己的爱国之士。

做一个战士

一个年轻的朋友写信问我：“应该做一个什么样的人？”我回答他：“做一个战士。”

另一个朋友问我：“怎样对付生活？”我仍旧答道：“做一个战士。”

《战士颂》[2]的作者曾经写过这样的话：

“我激荡在这绵绵不息、滂沱四方的生命洪流中，我就应该追逐这洪流，而且追过它，自己去造更广、更深的洪流。

我如果是一盏灯，这灯的用处便是照彻那多量的黑暗。我如果是海潮，便要鼓起波涛去洗涤[3]海边一切陈腐的积物。”

这一段话很恰当地写出了战士的心情。

在这个时代，战士是最需要的。但是这样的战士并不一定要持枪上战场。他的武器也不一定是枪弹。他的武器还可以是知识、信仰和坚强的意志。他并不一定要流仇敌的血，却能更有把握地致敌人的死命。

战士是永远追求光明的。他并不躺在晴空下享受阳光，却在暗夜里燃起火炬，给人们照亮道路，使他们走向黎明。驱散黑暗，这是战士的任务。他不躲避黑暗，却要面对黑暗，跟躲藏在阴影里的魑魅、魍魉[4]搏斗。他要消灭它们而取得光明。战士是不知道妥协的。他得不到光明便不会停止战斗。

[1] 选自《巴金散文精编》(浙江文艺出版社1991年版)。巴金(1904—2005)，原名李尧棠，字芾(fú)甘，四川成都人，祖籍浙江嘉兴。现代文学家、翻译家、出版家，“五四”新文化运动以来最有影响的作家之一，中国现代文坛的巨匠。代表作有《激流三部曲》(《家》《春》《秋》)、《爱情三部曲》(《雾》《雨》《电》)、《寒夜》和散文集《随想录》等。

[2] 《战士颂》：作者陈范予(1901—1941)，教育家、科学家、文化战士，巴金挚友。散文《战士颂》热烈歌颂人生，歌颂人生的美、爱和力量。他坚信知识、信仰和意志，就是科学工作者作为战士的武器。

[3] 洗涤(dí)：清洗，洗刷。

[4] 魑魅(chīmèi)魍魉(wǎngliǎng)：古代传说中害人的鬼怪的统称，比喻形形色色的坏人。

战士是永远年轻的。他不犹豫，不休息。他深入人丛中，找寻苍蝇、毒蚊等等危害人类的东西。他不断地攻击它们，不肯与它们共同生存在一个天空下面。对于战士，生活就是不停的战斗。他不是取得光明而生存，便是带着满身伤疤而死去。在战斗中力量只有增长，信仰只有加强。在战斗中给战士指路的是“未来”，“未来”给人以希望和鼓舞。战士永远不会失去青春的活力。

战士是不知道灰心与绝望的。他甚至在失败的废墟上，还要堆起破碎的砖石重建九级宝塔。任何打击都不能击破战士的意志。只有在死的时候他才闭上眼睛。

战士是不知道畏缩的。他的脚步很坚定。他看定目标，便一直向前走去。他不怕被绊脚石摔倒，没有一种障碍能使他改变心思。假象绝不能迷住战士的眼睛，支配战士的行动的是信仰。他能够忍受一切艰难、痛苦，而达到他所选定的目标。除非他死，人不能使他放弃工作。

是我们现在需要的战士。这样的战士并不一定具有超人的能力。他是一个平凡的人。每个人都可以做战士，只要他有决心。所以我用“做一个战士”的话来激励那些在彷徨、苦闷中的年轻朋友。

1938 年 7 月 16 日在上海

日

为着追求光和热，将身子扑向灯火，终于死在灯下，或者浸在油中，飞蛾是值得赞美的。在最后的一瞬间它得到光，也得到热了。

我怀念上古的夸父，他追赶日影，渴死在旸谷[1]。

为着追求光和热，人宁愿舍弃自己的生命。生命是可爱的。但寒冷的、寂寞的生，却不如轰轰烈烈的死。

没有了光和热，这人间不是会成为黑暗的寒冷世界么？

倘使有一双翅膀，我甘愿做人间的飞蛾。我要飞向火热的日球，让我在眼前一阵光、身内一阵热的当儿，失去知觉，而化作一阵烟，一撮灰。

1941 年 7 月 21 日

月

每次对着长空的一轮皓月，我会想：在这时候某某人也在凭栏望月么？

[1] 夸父追日：古代神话传说故事，相传在黄帝时代，夸父与太阳竞跑，想摘下太阳，放到人的心里，使人如太阳永远光明向上，温暖不息。一直追赶到太阳落下的地方，他感到口渴，喝干了黄河、渭水之后，奔于大泽途中渴死。他遗弃的手杖，化成桃林，成为人类的桃花源。旸（yáng）谷：古书上指日出的地方；一说“禺谷”（传说中日落的地方），《山海经》：“夸父不量力，欲追日景（yíng），逮之于禺谷。”

圆月有如一面明镜，高悬在蓝空。我们的面影都该留在镜里罢，这镜里一定有某某人的影子。

寒夜对镜，只觉冷光扑面。面对凉月，我也有这感觉。

在海上，山间，园内，街中，有时在静夜里一个人立在都市的高高露台上，我望着明月，总感到寒光冷气侵入我的身子。冬季的深夜，立在小小庭院中望见落了霜的地上的月色，觉得自己衣服上也积了很厚的霜似的。

的确，月光冷得很。我知道死了的星球是不会发出热力的。月的光是死的光。

但是为什么还有姮娥奔月[1]的传说呢？难道那个服了不死之药的美女便可以使这已死的星球再生么？或者她在那一面明镜中看见了什么人的面影罢。

1941 年 7 月 22 日

思考与练习：

一、用简洁的语言概括《做一个战士》中战士应该具有的品质。

二、《做一个战士》中所说的魑魅魍魉、苍蝇、毒蚊等指什么？

三、《日》中并没有写“日”，作者为什么这样拟题呢？

四、试简析《日》中写“飞蛾”“夸父”的寓意。

五、对《月》中写“姮娥奔月”的典故，有人认为作者借姮娥奔月，作为追求光和热、创造美好未来生活的象征，姮娥是作者理想精神的化身；有人却认为“月”是冷与死的代言者，在姮娥的意识中长生不死高于光和热，因此她不敢于死亡，哪怕失去自由，失去热的、活的光，也忍住寒冷与寂寞苟活下去。你是怎样认为的呢？根据文章的内容谈谈。

六、拓展阅读。

读书是在别人思想的帮助下，建立起自己的思想。

生命的意义在于付出，在于给予，而不在于接受，也不在于索取。

让我做一块木柴吧。我愿意把我从太阳那里受到的热放散出来，我愿意把自己烧得粉身碎骨给人间添一点点温暖。

——巴金

[1] 姮（héng）娥：即嫦娥，神话中帝喾的女儿，后羿之妻，美貌非凡，因偷食后羿自西王母处所求得的不死药而奔月成仙，居住在月中广寒宫，与玉兔为伴。本称姮娥，因西汉时为避汉文帝刘恒的讳而改称嫦娥。

笑

冰 心[1]

阅读提示：本文发表于 1921 年 1 月，是作者对“爱的哲学”的礼赞，是“冰心体”散文的代表作，也是现代散文史上第一篇用白话写作的抒情散文。作品以三个微笑为线索和艺术聚焦，连缀编织三幅图画。三幅画都以初夜的静谧、雨晴的清新、新月的淡光为背景，烘托人物抱花微笑的主景，把三个微笑叠印成爱和美的和谐意境。笔致秀婉淡雅，文字清新隽丽，感情澄澈细腻，结构单纯完整。这些都需要我们认真体会。

雨声渐渐的住了，窗帘后隐隐的透进清光来。推开窗户一看，呀！凉云散了，树叶上的残滴，映着月儿，好似萤光千点，闪闪烁烁的动着。——真没想到苦雨孤灯之后，会有这么一幅清美的图画！

凭窗站了一会儿，微微的觉得凉意侵人。转过身来，忽然眼花缭乱，屋子里的别的东西，都隐在光云里；一片幽辉，只浸着墙上画中的安琪儿。——这白衣的安琪儿，抱着花儿，扬着翅儿，向着我微微的笑。

“这笑容仿佛在哪儿看见过似的，什么时候，我曾……”我不知不觉的便坐在窗口下想，——默默的想。

严闭的心幕，慢慢的拉开了，涌出五年前的一个印象。——一条很长的古道。驴脚下的泥，兀自[2]滑滑的。田沟里的水，潺潺的流着。近村的绿树，都笼在湿烟里。弓儿似的新月，挂在树梢。一边走着，似乎道旁有一个孩子，抱着一堆灿白的东西。驴儿过去了，无意中回头一看。——他抱着花儿，赤着脚儿，向着我微微的笑。

“这笑容又仿佛是哪儿看见过似的！”我仍是想——默默的想。

又现出一重心幕来，也慢慢的拉开了，涌出十年前的一个印象。——茅檐下的雨水，一滴一滴的落到衣上来。土阶边的水泡儿，泛来泛去的乱转。门前的麦垄和葡萄架子，都濯[3]得新黄嫩绿的非常鲜丽。——一会儿好容易雨晴了，连忙走下坡儿去。迎头看见月儿从海面上来了，猛然记得有件东西忘下了，站住了，回过头来。这茅屋里的老妇人——她倚着门儿，抱着花儿，向着我微微的笑。

这同样微妙的神情，好似游丝一般，飘飘漾漾的合了拢来，绾[4]在一起。

这时心下光明澄静，如登仙界，如归故乡。眼前浮现的三个笑容，一时融化在爱的调和里看不分明了。

---

[1] 冰心（1900—1999），原名谢婉莹，福建闽侯人。她全部文学创作的主题是“爱的哲学”。主要作品有诗集《繁星》《春秋》，散文集《寄小读者》《往事》，小说散文集《超人》，儿童文学作品集《小橘灯》等。

[2] 兀自：仍然，还是。

[3] 濯（zhuó）：洗。

[4] 绾（wǎn）：把长条形的东西盘绕起来打成结。

思考与练习：

一、文章第一自然段里写雨后月夜呈现出“一幅清美的图画”，这在全文中起什么作用？

二、文章的最后一段，作者写道“这时心下光明澄静，如登仙界，如归故乡”，而“眼前浮现的三个笑容，一时融化在爱的调和里看不分明了”。表现出作者怎样的感情？

三、联系上下文，体会下列句子中加点的动词在状物表意上的作用。

1. 凭窗站了一会儿，微微的觉得凉意侵人。

2. 屋子里别的东西，都隐在光云里；一片幽辉，只浸着墙上画中的安琪儿。

四、正确运用标点符号，要从语句的结构和意义两方面去考虑。请读下边的句子，回答问题。

“—— 一条很长的古道。驴脚下的泥，兀自滑滑的。田沟里的水，潺潺的流着。近村的绿树，都笼在湿烟里。弓儿似的新月，挂在树梢。”

1. 请联系上下文，谈谈文段中破折号的作用。
2. 把第一个句号改为冒号妥否？为什么？
3. 能否将第二、三、四个句号改为逗号或分号？谈谈你的看法。

故都的秋

郁达夫[1]

阅读提示：郁达夫的游记散文以清婉胜，但也时露愤激之音，这“充分表现了一个富有才情的知识分子，在动乱的社会里的苦闷情怀”（阿英语）。像《故都的秋》一篇，评论界大多认为当时郁达夫因被左联开除及国民党白色恐怖等原因思想苦闷，在文章中流露出了低沉、伤感的格调。实际上，它并非像一般人认为的那样，是忧郁伤感的悲秋情怀。作者一反常规，以别样的秋境写出了清醒、卓立、素朴、沉静的人生境界，是一服“山水的清凉散”（郁达夫语）。

秋天，无论在什么地方的秋天，总是好的；可是啊，北国的秋，却特别地来得清，来得静，来得悲凉。我的不远千里，要从杭州赶上青岛，更要从青岛赶上北平来的理由，也不过想饱尝一尝这“秋”，这故都的秋味。

江南，秋当然也是有的；但草木凋得慢，空气来得润，天的颜色显得淡，并且又时常多雨而少风；一个人夹在苏州上海杭州，或厦门香港广州的市民中间，浑浑沌沌地过去，只能感到一点点清凉，秋的味，秋的色，秋的意境与姿态，总看不饱，尝不透，赏玩不到十足。秋并不是名花，也并不是美酒，那一种半开半醉的状态，在领略秋的过程上，是不合适的。

不逢北国之秋，已将近十余年了。在南方每年到了秋天，总要想起陶然亭的芦花，钓鱼台的柳影，西山的虫唱，玉泉的夜月，潭柘寺的钟声[2]。在北平即使不出门去罢，就是在皇城人海之中，租人家一椽[3]破屋来住着，早晨起来，泡一碗浓茶，向院子一坐，你也能看得到很高很高的碧绿的天色，听得到青天下驯鸽的飞声。从槐树叶底，朝东细数着一丝一丝漏下来的日光，或在破壁腰中，静对着像喇叭似的牵牛花（朝荣）的蓝朵，自然而然地也能够感觉到十分的秋意。说到了牵牛花，我以为以蓝色或白色者为佳，紫黑色次之，淡红者最下。最好，还要在牵牛花底，叫长着几根疏疏落落的尖细且长的秋草，使作陪衬。

北国的槐树，也是一种能使人联想起秋来的点缀。像花而又不是花的那一种落蕊，早晨起来，会铺得满地。脚踏上去，声音也没有，气味也没有，只能感出一点点极微细极柔软的触觉。扫街的在树影下一阵扫后，灰土上留下来的一条条扫帚的丝纹，看起来既觉得细腻，又觉得清闲，潜意识下并且还觉得有点儿落寞，古人所说的梧桐一叶而天下知秋[4]的遥想，大约也就在这些深沉的地方。

---

[1] 郁达夫（1896—1945），原名郁文，字达夫，浙江富阳人，现代著名小说家、散文家，是中国现代浪漫主义主观抒情小说的重要开拓者。曾在南洋从事抗日工作，1945 年 9 月 17 日被日军宪兵杀害于苏门答腊。1952 年，中央人民政府追认为革命烈士。代表作短篇小说《沉沦》在当时有很大影响。郁达夫创作甚丰，但最能显示其特色和艺术成就的是他的游记散文。

[2] 陶然亭、钓鱼台、西山、玉泉、潭柘（zhè）寺：都是北京的旅游胜地。

[3] 椽（chuán）：椽子，安在梁上支架屋面和瓦片的木条，此处作房间数的代称。

[4] 梧桐一叶而天下知秋：民间认为立秋时梧桐开始落叶，见《淮南子·说山》：“以小明大，见叶落而知岁之将暮。”《太平御览》卷二十四引作“一叶落而知天下秋”。

秋蝉的衰弱的残声，更是北国的特产；因为北平处处全长着树，屋子又低，所以无论在什么地方，都听得见它们的啼唱。在南方是非要上郊外或山上去才听得到的。这秋蝉的嘶叫，在北平可和蟋蟀耗子一样，简直像是家家户户都养在家里的家虫。

还有秋雨哩，北方的秋雨，也似乎比南方的下得奇，下得有味，下得更像样。在灰沉沉的天底下，忽而来一阵凉风，便息列索落地下起雨来了。一层雨过，云渐渐地卷向了西去，天又晴了，太阳又露出脸来了；著[1]着很厚的青布单衣或夹袄的都市闲人，咬着烟管，在雨后的斜桥影里，上桥头树底下去一立，遇见熟人，便会用了缓慢悠闲的声调，微叹着互答着的说：

“唉，天可真凉了——”（这了字念得很高，拖得很长。）

“可不是么？一层秋雨一层凉啦！”

北方人念阵字，总老像是层字，平平仄仄起来[2]，这念错的歧韵，倒来得正好。

北方的果树，到秋来，也是一种奇景。第一是枣子树；屋角，墙头，茅房边上，灶房门口，它都会一株株地长大起来。像橄榄又像鸽蛋似的这枣子颗儿，在小椭圆形的细叶中间，显出淡绿微黄的颜色的时候，正是秋的全盛时期；等枣树叶落，枣子红完，西北风就要起来了，北方便是尘沙灰土的世界，只有这枣子、柿子、葡萄，成熟到八九分的七八月之交，是北国的清秋的佳日，是一年之中最好也没有的 Golden Days[3]。

有些批评家说，中国的文人学士，尤其是诗人，都带着很浓厚的颓废色彩，所以中国的诗文里，颂赞秋的文字特别的多。但外国的诗人，又何尝不然？我虽则外国诗文念得不多，也不想开出账来，做一篇秋的诗歌散文钞[4]，但你若去一翻英德法意等诗人的集子，或各国的诗文的 Anthology[5]来，总能够看到许多关于秋的歌颂与悲啼。各著名的大诗人的长篇田园诗或四季诗里，也总以关于秋的部分，写得最出色而最有味。足见有感觉的动物，有情趣的人类，对于秋，总是一样的能特别引起深沉、幽远、严厉、萧索的感触来的。不单是诗人，就是被关闭在牢狱里的囚犯，到了秋天，我想也一定会感到一种不能自已的深情；秋之于人，何尝有国别，更何尝有人种阶级的区别呢？不过在中国，文字里有一个“秋士”[6]的成语，读本里又有着很普遍的欧阳子的秋声与苏东坡的赤壁赋[7]等，就觉得中国的文人，与秋的关系特别深了。可是这秋的深味，尤其是中国的秋的深味，非要在北方，才感受得到底。

南国之秋，当然是也有它的特异的地方，譬如廿四桥的明月[8]，钱塘江的秋潮[9]，普陀

---

[1] 著（zhuó）：同“着”（zhuó），（穿）衣。

[2] 平平仄仄起来：意即推敲起字的韵律来。若把“阵”念作“层”，正符合律诗中平仄交互的原则，读起来有一种声律美。

[3] Golden Days：英语“黄金般的日子”。

[4] 钞：同“抄”。

[5] Anthology：英语（诗、文、曲、画等的）选集。

[6] 秋士：古时指到了暮年仍不得志的知识分子。《淮南子·谬称训》：“春女思，秋士悲。”注：“春女感阳则思，秋士见阴而悲。”

[7] 欧阳子的秋声与苏东坡的赤壁赋：指欧阳修的《秋声赋》和苏轼的《前赤壁赋》，都是写秋的名作。

[8] 廿四桥的明月：“廿四桥”，借指扬州。传说扬州城里原有二十四座桥。一说“廿四桥”即扬州吴家砖桥，因古时有二十四位美人吹箫于桥上而得名。杜牧《寄扬州韩绰判官诗》：“青山隐隐水迢迢，秋尽江南草未凋。二十四桥明月夜，玉人何处教吹箫？”

[9] 钱塘江的秋潮：杭州湾钱塘江口海潮倒灌时，潮头壁立，气象壮观，形成著名的“钱塘潮”。

山[1]的凉雾，荔枝湾[2]的残荷等等，可是色彩不浓，回味不永。比起北国的秋来，正像是黄酒之与白干，稀饭之与馍馍，鲈鱼之与大蟹，黄犬之与骆驼。

秋天，这北国的秋天，若留得住的话，我愿把寿命的三分之二折去，换得一个三分之一的零头。

一九三四年八月，在北平

思考与练习：

一、本文在景物选取方面有哪些特点？文中描述北京秋天的基本特色是什么？作者是怎样围绕这一基本特色谋篇布局的？分析说明本文“形散神聚”的艺术特色。

二、南方之秋有什么特点？文章本来是着力表现北京的秋的，为什么重复地提到了南方的秋？

三、本文虽为游记散文，但作者并非单纯写景。郁达夫自已曾说：“欣赏山水及自然景物的心情，就是欣赏艺术的人生的心情。”（语见郁达夫《展痕处处》）其笔下清、静、悲凉的故都的秋映照出作者怎样的内心情趣及人生追求？

四、本文以情驭景，以景显情，秋中有情的眷念，情中有秋的韵味。试结合课文具体谈谈本文抒情的特点。

五、作者以疏朗不羁的行文，精到细腻的笔触和清新朴实的语言，在清淡、流畅、细腻的描写中，透过清秋的幽静将故都秋的韵味传达得十分深远。请仔细阅读课文，并从中找出富有形象美、节奏美的精彩句段背诵。

六、收集古典诗词中关于写秋的名篇佳句进行赏析背诵，制作资料小卡片。在班上开展以含有“秋”字的诗词名句的“飞花令”活动。

---

[1] 普陀山：在浙江普陀县，佛教四大名山之一，游览胜地。

[2] 荔枝湾：又名荔枝州，在广州市西郊，岸多红荔，风景幽胜。

听听那冷雨

余光中[1]

阅读提示：本文借雨声雨景，回忆生平往事，以寄托对故国河山与传统文化的向往思慕之情。文章以听雨为主线，天马行空，信手拈来。抒写地域感，从美国写到台湾，又写到大陆；感叹历史，从太初有字到亡宋之痛，又到公寓时代。但无论是写到美国、还是台湾，最后的落脚点都回到中国，回到大陆，充分地表现了难遣的家园之思和难舍的文化恋慕。文中屡引古人诗词，衬托出对故国河山与传统文化的追思向往之情。行文时空交错，语言优美，句式多变，修辞灵活多样，情感丰富。

惊蛰一过，春寒加剧。先是料料峭峭，继而雨季开始，时而淋淋漓漓，时而淅淅沥沥，天潮潮地湿湿，即使在梦里，也似乎把伞撑着。而就凭一把伞，躲过一阵潇潇的冷雨，也躲不过整个雨季。连思想也都是潮润润的。每天回家，曲折穿过金门街到厦门街迷宫式的长巷短巷，雨里风里，走入霏霏令人更想入非非。想这样子的台北凄凄切切完全是黑白片的味道，想整个中国整部中国的历史无非是一张黑白片子，片头到片尾，一直是这样下着雨的。这种感觉，不知道是不是从安东尼奥尼那里来的。不过那一块土地是久违了，二十五年，四分之一的世纪，即使有雨，也隔着千山万山，千伞万伞。二十五年，一切都断了，只有气候，只有气象报告还牵连在一起，大寒流从那块土地上弥天卷来，这种酷冷吾与古大陆分担。不能扑进她怀里，被她的裾边扫一扫吧也算是安慰孺慕之情吧。

这样想时，严寒里竟有一点温暖的感觉了。这样想时，他希望这些狭长的巷子永远延伸下去，他的思路也可以延伸下去，不是金门街到厦门街，而是金门到厦门。他是厦门人，至少是广义的厦门人，二十年来，不住在厦门，住在厦门街，算是嘲弄吧，也算是安慰。不过说到广义，他同样也是广义的江南人，常州人，南京人，川娃儿，五陵少年[2]。杏花春雨江南，那是他的少年时代了。再过半个月就是清明。安东尼奥尼[3]的镜头摇过去，摇过去又摇过来。残山剩水犹如是，皇天后土犹如是。纭纭黔首纷纷黎民从北到南犹如是。那里面是中国吗？那里面当然还是中国，永远是中国。只是杏花春雨已不再，牧童遥指已不再，剑门细雨渭城轻尘也都已不再。然则他日思夜梦的那片土地，究竟在哪里呢？

在报纸的头条标题里吗？还是香港的谣言里？还是傅聪的黑键白键马思聪的跳弓拨弦？还是安东尼奥尼的镜底勒马洲的望中？[4]还是呢，故宫博物院的壁头和玻璃橱内，京

---

[1] 余光中：当代著名诗人、作家、文学评论家和翻译家。1928 年生于南京，祖籍福建，1949 年随父母去香港，1950 年迁居台湾。之后一直在台湾、香港和美国之间辗转漂泊。1974 年，他到香港中文大学任教，并写下散文《听听那冷雨》，正如文章中所说，他离开大陆已经 25 年了。1992 年，他终于得以回到思念已久的大陆。

[2] 五陵少年：指京都富豪子弟。五陵：汉代五个皇帝的陵墓，即长陵、安陵、阳陵、茂陵、平陵，在长安附近。当时富家豪族和外戚都居住在五陵附近，因此后世诗文常以五陵为富豪人家聚居长安之地。

[3] 安东尼奥尼：意大利导演，也是公认在电影美学上最有影响力的导演之一。1972 年，他到中国拍摄了一部纪录片，名为《中国》，影片讲述文革时期，城乡民众的生活情况，在当时引起很大轰动。

[1] 勒马洲的望中：勒马洲又名落马洲，邻近深圳河，形成香港与中国内地之间的边界。望中：视野之中。

戏的锣鼓声中太白和东坡的韵里？

杏花。春雨。江南。六个方块字，或许那片土就在那里面。而无论赤县也好神州也好中国也好，变来变去，只要仓颉的灵感不灭，美丽的中文不老，那形象那磁石一般的向心力当必然长在。因为一个方块字是一个天地。太初有字，于是汉族的心灵他祖先的回忆和希望便有了寄托。譬如凭空写一个“雨”字，点点滴滴，滂滂沱沱，淅沥淅沥淅沥，一切云情雨意，就宛然其中了。视觉上的这种美感，岂是什么 rain 也好 pluie 也好所能满足？翻开一部《辞源》或《辞海》，金木水火土，各成世界，而一入“雨”部，古神州的天颜千变万化，便悉在望中，美丽的霜雪云霞，骇人的雷电霹雳，展露的无非是神的好脾气与坏脾气，气象台百读不厌门外汉百思不解的百科全书。

听听，那冷雨。看看，那冷雨。嗅嗅闻闻，那冷雨，舔舔吧，那冷雨。雨在他的伞上这城市百万人的伞上雨衣上屋上天线上雨下在基隆港在防波堤在海峡的船上，清明这季雨。雨是女性，应该最富于感性。雨气空濛而迷幻，细细嗅嗅，清清爽爽新新，有一点点薄荷的香味，浓的时候，竟发出草和树沐发后特有的淡淡土腥气，也许那竟是蚯蚓和蜗牛的腥气吧，毕竟是惊蛰了啊。也许地上的地下的生命也许古中国层层叠叠的记忆皆蠢蠢而蠕，也许是植物的潜意识和梦吧，那腥气。

第三次去美国，在高高的丹佛他山居住了两年。美国的西部，多山多沙漠，千里干旱，天，蓝似安格罗·萨克逊人的眼睛，地，红如印第安人的肌肤，云，却是罕见的白鸟。落基山簇簇耀目的雪峰上，很少飘云牵雾。一来高，二来干，三来森林线以上，杉柏也止步，中国诗词里“荡胸生层云”，或是“商略黄昏雨”的意趣，是落基山上难睹的景象。落基山岭之胜，在石，在雪。那些奇岩怪石，相叠互倚，砌一场惊心动魄的雕塑展览，给太阳和千里的风看。那雪，白得虚虚幻幻，冷得清清醒醒，那股皑皑不绝一仰难尽的气势，压得人呼吸困难，心寒眸酸。不过要领略“白云回望合，青霭入看无”的境界，仍须来中国。台湾湿度很高，最饶云气氤氲雨意迷离的情调。两度夜宿溪头，树香沁鼻，宵寒袭肘，枕着润碧湿翠苍苍交叠的山影和万籁都歇的岑寂，仙人一样睡去。山中一夜饱雨，次晨醒来，在旭日未升的原始幽静中，冲着隔夜的寒气，踏着满地的断柯折枝和仍在流泻的细股雨水，一径探入森林的秘密，曲曲弯弯，步上山去。溪头的山，树密雾浓，蓊郁的水气从谷底冉冉升起，时稠时稀，蒸腾多姿，幻化无定，只能从雾破云开的空处，窥见乍现即隐的一峰半壑，要纵览全貌，几乎是不可能的。至少入山两次，只能在白茫茫里和溪头诸峰玩捉迷藏的游戏。回到台北，世人问起，除了笑而不答心自闲，故作神秘之外，实际的印象，也无非山在虚无之间罢了。云缭烟绕，山隐水迢的中国风景，由来予人宋画的韵味。那天下也许是赵家的天下，那山水却是米家的山水。而究竟，是米氏父子[1]下笔像中国的山水，还是中国的山水上纸像宋画，恐怕是谁也说不清楚了吧？

雨不但可嗅，可观，更可以听。听听那冷雨。听雨，只要不是石破天惊的台风暴雨，在听觉上总是一种美感。大陆上的秋天，无论是疏雨滴梧桐，或是骤雨打荷叶，听去总有一点凄凉，凄清，凄楚，于今在岛上回味，则在凄楚之外，再笼上一层凄迷了，饶你多少豪情侠气，怕也经不起三番五次的风吹雨打。一打少年听雨，红烛昏沉。两打中年听雨，

---

[2] 米氏父子：指宋代书法家、画家米芾（fú）及其长子书法家、画家米友仁，并以姓氏称其山水画。

客舟中，江阔云低。三打白头听雨在僧庐下，这便是亡宋之痛，一颗敏感心灵的一生：楼上，江上，庙里，用冷冷的雨珠子串成。十年前，他曾在一场摧心折骨的鬼雨[1]中迷失了自己。雨，该是一滴湿漓漓的灵魂，窗外在喊谁？

雨打在树上和瓦上，韵律都清脆可听。尤其是铿铿敲在屋瓦上，那古老的音乐，属于中国。王禹偁[2]在黄冈，破如椽的大竹为屋瓦。据说住在竹楼上面，急雨声如瀑布，密雪声比碎玉，而无论鼓琴，咏诗，下棋，投壶[3]，共鸣的效果都特别好。这样岂不像住在竹筒里面，任何细脆的声响，怕都会加倍夸大，反而令人耳朵过敏吧。

雨天的屋瓦，浮漾湿湿的流光，灰而温柔，迎光则微明，背光则幽暗，对于视觉，是一种低沉的安慰。至于雨敲在粼粼千瓣的瓦上，由远而近，轻轻重重轻轻，夹着一股股的细流沿瓦槽与屋檐潺潺泻下，各种敲击音与滑音密织成网，谁的千指百指在按摩耳轮。“下雨了”，温柔的灰美人来了，她冰冰的纤手在屋顶拂弄着无数的黑键啊灰键，把晌午一下子奏成了黄昏。

在古老的大陆上，千屋万户是如此。二十多年前，初来这岛上，日式的瓦屋亦是如此。先是天暗了下来，城市像罩在一块巨幅的毛玻璃里，阴影在户内延长复加深。然后凉凉的水意弥漫在空间，风自每一个角落里旋起，感觉得到，每一个屋顶上呼吸沉重都覆着灰云。雨来了，最轻的敲打乐敲打这城市。苍茫的屋顶，远远近近，一张张敲过去，古老的琴，那细细密密的节奏，单调里自有一种柔婉与亲切，滴滴点点滴滴，似幻似真，若孩时在摇篮里，一曲耳熟的童谣摇摇欲睡，母亲吟哦鼻音与喉音。或是在江南的泽国水乡，一大筐绿油油的桑叶被啮于千百头蚕，细细琐琐屑屑，口器与口器咀咀嚼嚼。雨来了，雨来的时候瓦这么说，一片瓦说千亿片瓦说，说轻轻地奏吧沉沉地弹，徐徐地叩吧挞挞地打，间间歇歇敲一个雨季，即兴演奏从惊蛰到清明，在零落的坟上冷冷奏挽歌，一片瓦吟千亿片瓦吟。

在旧式的古屋里听雨，听四月，霏霏不绝的黄梅雨，朝夕不断，旬月绵延，湿黏黏的苔藓从石阶下一直侵到他舌底，心底。到七月，听台风台雨在古屋顶上一夜盲奏，千㖊[4]海底的热浪沸沸被狂风挟来，掀翻整个太平洋只为向他的矮屋檐重重压下，整个海在他的蜗壳上哗哗泻过。不然便是雷雨夜，白烟一般的纱帐里听羯鼓一通又一通，滔天的暴雨滂滂沛沛扑来，强劲的电琵琶忐忐忑忑忐忑忑，弹动屋瓦的惊悸腾腾欲掀起。不然便是斜斜的西北雨斜斜，刷在窗玻璃上，鞭在墙上打在阔大的芭蕉叶上，一阵寒濑泻过，秋意便弥漫日式的庭院了。

在旧式的古屋里听雨，春雨绵绵听到秋雨潇潇，从少年听到中年，听听那冷雨。雨是

---

[1] 鬼雨：一九六三年冬天，余光中刚诞生的儿子仅三天即夭折。作者写了《鬼雨》，以哀悼殇子控诉死亡阴影对生命的威胁，以沉郁凝重的悲惘慨叹追溯古今中外。在本文中是对文化凄迷感的人生化，也就是说，游子被迫远离文化母体之伤一如父亲遭遇幼子夭折之痛，正是在这共同的骨肉分离的伤痛上，作者写尽了“文化乡愁”的切肤感。

[2] 王禹偁：北宋诗文革新运动的先驱，在诗、文两方面的创作较为突出。直言敢谏，曾被贬黄州（今湖北黄冈）。其散文《黄州新建小竹楼记》有竹屋听雨的文句：“夏宜急雨，有瀑布声；冬宜密雪，有碎玉声。宜鼓琴，琴调虚畅；宜咏诗，诗韵清绝；宜围棋，子声丁丁然；宜投壶，矢声铮铮然：皆竹楼之所助也。”虚畅，高扬流畅。清绝，高亢美妙。

[3] 投壶：古代一种用箭投酒壶来代替请客人射箭的宴宾的娱乐。

[4] 㖊：古代长度单位，八尺为一㖊。

一种单调而耐听的音乐是室内乐是室外乐，户内听听，户外听听，冷冷，那音乐。雨是一种回忆的音乐，听听那冷雨，回忆江南的雨下得满地是江湖下在桥上和船上，也下在四川在秧田和蛙塘下肥了嘉陵江下湿布谷咕咕的啼声，雨是潮潮润润的音乐下在渴望的唇上，舐舐那冷雨。

因为雨是最最原始的敲打乐，从记忆的彼端敲起。瓦是最最低沉的乐器灰蒙蒙的温柔覆盖着听雨的人，瓦是音乐的雨伞撑起。但不久公寓的时代来临，台北你怎么一下子长高了，瓦的音乐竟成了绝响。千片万片的瓦翩翩，美丽的灰蝴蝶纷纷飞走，飞入历史的记忆。现在雨下下来下在水泥的屋顶和墙上，没有音韵的雨季。树也砍光了，那月桂，那枫树，柳树和擎天的巨椰，雨来的时候不再有丛叶嘈嘈切切[1]，闪动湿湿的绿光迎接。鸟声减了啾啾，蛙声沉了阁阁，秋天的虫吟也减了唧唧。七十年代的台北不需要这些，一个乐队接一个乐队便遣散尽了。要听鸡叫，只有去诗经的韵里寻找。现在只剩下一张黑白片，黑白的默片。

正如马车的时代去后，三轮车的时代也去了。曾经在雨夜，三轮车的油布篷挂起，送她回家的途中，篷里的世界小得多可爱，而且躲在警察的辖区以外，雨衣的口袋越大越好，盛得下他的一只手里握一只纤纤的手。台湾的雨季这么长，该有人发明一种宽宽的双人雨衣，一人分穿一只袖子，此外的部分就不必分得太苛。而无论工业如何发达，一时似乎还废不了雨伞。只要雨不倾盆，风不横吹，撑一把伞在雨中仍不失古典的韵味。任雨点敲在黑布伞或是透明的塑胶伞上，将骨柄一旋，雨珠向四方喷溅，伞缘便旋成了一圈飞檐。跟女友共一把雨伞，该是一种美丽的合作吧。最好是初恋，有点兴奋，更有点不好意思，若即若离之间，雨不妨下大一点。真正初恋，恐怕是兴奋得不需要伞的，手牵手在雨中狂奔而去，把年轻的长发和肌肤交给漫天的淋淋漓漓，然后向对方的唇上颊上尝凉凉甜甜的雨水。不过那要非常年轻且激情，同时，也只能发生在法国的新潮片里吧。

大多数的雨伞想不会为约会张开。上班下班，上学放学，菜市来回的途中，现实的伞，灰色的星期三。握着雨伞，他听那冷雨打在伞上。索性更冷一些就好了，他想。索性把湿湿的灰雨冻成干干爽爽的白雨，六角形的结晶体在无风的空中回回旋旋地降下来。等须眉和肩头白尽时，伸手一拂就落了。二十五年，没有受故乡白雨的祝福，或许发上下一点白霜是一种变相的自我补偿吧。一位英雄，经得起多少次雨季？他的额头是水成岩削成还是火成岩？他的心底究竟有多厚的苔藓？厦门街的雨巷走了二十年与记忆等长，一座无瓦的公寓在巷底等他，一盏灯在楼上的雨窗子里，等他回去，向晚餐后的沉思冥想去整理青苔深深的记忆。前尘隔海。古屋不再。听听那冷雨。

一九七四年春分之夜

[1] 嘈嘈切切：象声词，形容杂乱的声音。也形容重浊与轻细的乐器声错杂喧响。白居易《琵琶行》："大弦嘈嘈如急雨，小弦切切如私语。嘈嘈切切错杂弹，大珠小珠落玉盘。"

思考与练习：

一、阅读全文，思考作者为何要选“雨”作为自己的情感寄托？为什么要加“冷”字？

二、这篇散文以听雨为主线，表现的主题是什么？

三、文中写到少年听雨、中年听雨和白头听雨，这三次听雨的内心感受有何不同？

四、这篇文章的语言很有特色，为人称道，请试做分析。

五、生命如此珍贵，有谁期盼死亡；除非可以带着灵魂回故乡。常人把死亡与痛苦相系，游子诗人把死亡与满足相提并论，只因为，他有这样的一系列假想……请诵读余光中的《当我死时》，体味诗歌抒发的爱国深情和思乡愁绪。

当我死时

当我死时，葬我，在长江与黄河之间，
枕我的头颅，白发盖着黑土。
在中国，最美最母亲的国度，
我便坦然睡去，睡整张大陆，
听两侧，安魂曲起自长江，黄河
两管永生的音乐，滔滔，朝东。
这是最纵容最宽阔的床，
让一颗心满足地睡去，满足地想，
从前，一个中国的青年，
曾经在冰冻的密西根向西了望，
想望透黑夜看中国的黎明，
用十七年未餍中国的眼睛，
饕餮地图，从西湖到太湖，
到多鹧鸪的重庆，代替回乡。

时　钟[1]

高尔基

阅读提示：本文针对一般人由于时光流逝而可能出现的各种消极、片面、错误的思想，从各个不同角度表明了对生活、对人生正确的认识和积极的态度。

本文是形象性强的说理散文，运用比喻、拟人等手法使说理形象化，同时寄寓深刻的人生哲理。文章语言洗练、形象、生动，洋溢着炽热的激情。

一

滴答，滴答！

夜阑人静，独自一人谛听着钟摆在冷漠地、不停地摆动，不禁毛骨耸然：这简单而精确的声音总是一成不变地表明一点：生命在不息地运动。黑夜与睡梦笼罩着大地，万籁俱寂，只有时钟在冷冷地、响亮地计量着那逝去的分分秒秒……钟摆滴滴答答地响着，每响一声，生命就缩短一秒，即我们每个人所拥有的时间中的一个微小部分，而逝去的这一秒就不再回到我们手中。

这分分秒秒来自哪里？它们逝向何方？这一点谁也回答不上来……还有许多问题，其他许多更加重要的、决定着我们能否得到幸福的问题也尚未得到解答。怎样活着才能意识到自己为生活所需，怎样活着才能不丧失信念和希望，怎样活着才能使每一秒都不浑浑噩噩地白白流逝？无休止地走动着的时钟能回答这所有的问题吗？对此它能说些什么呢？

二

滴答，滴答！

世上再也没有比时钟更加冷漠的东西了：在您出生的那一刻，在您尽情地摘取青春幻梦的花朵的时刻，它都是同样分秒不差地滴答着。人自生下那天起就一天天地接近死亡。而到了您在临终前喑哑地呻吟的时候，时钟也还将枯燥而平静地计算着分分秒秒。在时钟的冷冰冰的计时声中——您仔细听听吧——有一种无所不知而又对所知的东西感到厌倦的意味。无论什么东西，什么时候，都不能使时钟为之动情或感到可贵。它是那样无动于衷，所以我们若要生活，就该为自己建造另一种充满感受、思索和行动的时钟，用它来代替这个枯燥、单调、以愁闷来扼杀心灵、带有责备意味和冷冷地滴答着的时钟。

[1] 选自《高尔基文集》第三卷。最初发表于1896年11月22日的《尼日戈罗德报》。张佩文译。高尔基（1868—1936），全名马克西姆·高尔基，苏联作家。生于木工家庭，早年丧父，11岁开始独立谋生，流浪俄国各地。早年不平凡的经历在他著名的自传体三部曲（《童年》《在人间》《我的大学》）中有生动记述。1901发表了著名散文诗《海燕》，以这篇豪情洋溢的革命檄文，迎接了20世纪无产阶级的革命风暴。1906年发表长篇小说《母亲》，反映了俄国工人阶级的革命斗争，被认为是第一部社会主义现实主义文学作品。高尔基是苏联社会主义文学的奠基人，列宁称他为“无产阶级艺术的最杰出的代表”。

三

滴答，滴答！

在时钟的不息的运动中没有静止之点，——我们能把什么称作“现在”呢？头一秒钟产生之后，第二秒随即接踵而来，把第一秒推进未知数的无底深渊……

滴答！您成为幸福的了。滴答！痛苦又犹如烈性毒药注入了您的心中。倘若您不努力用某种清新活泼的东西来充实您生命中的每一秒钟的话，这痛苦就可能伴随您一生，乃至您的有生之年的时时刻刻。忧愁是有诱惑力的；它是一种危险的优先权；有了它，我们往往就不再去寻觅别的更高、更符合人的称号的权利了。而忧愁又是如此之多，以致便宜得几乎无人问津了。所以忧愁未必值得宝贵，倒是应该用比较新颖和更有价值的东西来充实自己，不该这样吗？忧愁是贬了值的资本，不要对任何人埋怨生活吧，因为安慰之词很少能包含一个人所要追求的东西。当一个人同妨碍他生活的事物进行斗争时，生活便会比什么都更加充实，更有意义。在斗争中，苦闷无聊的时刻便会不知不觉地飞驰而去。

四

滴答，滴答！

人的生命短暂到了荒谬可笑的程度。该如何生活呢？一些人逃避生活，另一些人则全心全意地献身于它。前一种人到了晚年精神贫乏而且缺少值得回忆的往事，而后一种人则在这两方面都是富有的。两种人都是要死的，倘若谁也不把自己的才智和心血无私地献给生活，那么就没有人会在死后留下什么东西……这样，在您临终之日，时钟将要冷漠地，一秒秒地计量着您弥留的时刻——滴答！而在这几秒钟里还会有新人出世，一秒钟内会有几个新人出世，而您已不复存在了！除去您那将要发散着臭气的躯体外，生活里不会留下你的任何东西。难道您的自尊心能够容忍这种只是把您抛进生活，随后又硬把您拉出去，使您身不由己地听任摆布而毫不愤慨吗？倘若你有自尊心，并由于屈从时间的暗中左右而甚感羞耻的话，那么您就在生活中留下能对您永志不忘的东西吧。想想您在生活中的作用吧，譬如，一块砖头制成了，随后它便一动不动地被砌在一幢房子里，然后又化为尘土而消失了……当一块砖头是既枯燥而又卑俗的，不是吗？您若富于理智与感情，而且想要在生活中体验到许多思想感情充盈、奋发有为的美好时刻的话，您就不要像一块砖头那样吧。

五

滴答，滴答！

倘若您深入地思索一下，您在时间的无限运动中是个什么角色的话，您将会由于意识到自己是那样无足轻重而十分沮丧。这种认识定会让您感到屈辱！也定会激发您的自尊，从而使您仇视把您贬低的生活，而您一定将会与它斗争。为了什么而斗争呢？当大自然剥夺了人类用四肢走路的本领时，它就授予他一根拐杖，那就是理想！从那时起，人便开始不自觉地、本能地追求着美好的事物，目标越来越高！让这种追求变为自觉的行动吧，让人们懂得，只有在对美好事物的自觉追求中才会有真正的幸福。不要埋怨自己的力量菲薄吧，什么也不要埋怨。您的牢骚所能给您的唯一东西只是精神贫乏者的怜悯和施舍。所有的人都很不幸，但是最不幸的是那些用不幸来装饰自己的人。就是这些人最希望别人关心他，而同时又最不值得别人关心。追求进步，这才是真正的生活目的。让整个一生都在追求中度过吧，那么在这一生里必定会有许多顶顶美好的时刻。

六

滴答，滴答！

“一个走投无路又被你用黑暗围困的人要那光明又有何用呢？”这是年老的约伯[1]向上帝提出的质问。如今这种仍记得自己是上帝的孩子、是上帝照他本身的模样创造出来的、敢于像约伯那样质问上帝的人已经没有了，而且一般地说，现在人们对自己估价甚低。他们不太热爱生活，甚至也不善于自爱。与此同时，他们又非常怕死，尽管尽人皆知，谁也不免一死。凡属不可避免的就是理所当然的。须知自从有人类出世以来就一直存在死亡，应该习惯这一点了，是时候了。对已竟事业的觉悟能消除对死亡的恐惧，走正直诚实的生活道路，必定会有一个问心无愧的归宿。滴答……一个人身后留下的只是他的事业。在他的时辰连同他的愿望一起告终以后，另一种时刻，一种严峻的、评价此人一生的时刻即将到来。

七

滴答，滴答！

其实，在这个矛盾重重、尔虞（yú）我诈、互相交恶的世界上一切都很简单。如若人们彼此能作深入的了解，每个人都拥有知己的话，就会更简单些。

一个人，即使他很伟大，可归根结缔还是渺小的。互相了解是必要的，因为我们讲出来的比我们想到的要模糊些、欠缺些。一个人要向别人打开心扉，往往缺少足够的言语，因此许多对生活有重大意义和至关重要的想法，由于未能及时找到恰当的表达形式而无声无息地消逝了。往往一个思想产生之后很想用言词，用坚定而明确的言语表达出来……可是却找不到字眼儿。

多多重视思想吧！促进思想产生出来吧，思想永远不会辜负您的劳动。思想是无所不在的，如果您愿意，甚至在石头缝里您也会发现思想的。如果人们愿意，他们将得到一切；如果他们愿意，他们将成为生活的主宰，而不是像现在这样的奴隶。只要有生活的愿望和对自身力量的自信，那么整个一生将会是一座庄丽的时钟，一座洋溢着精神力量，并以其崇高的业绩使人震惊的、伟大的时钟。

---

[1] 约伯：《圣经·旧约·约伯记》中的主人公，虔诚的信徒，敢于质问上帝，并同上帝辩论，曾受惩罚，最后又得到宽恕。

八

滴答，滴答！

精神强大和勇敢刚毅的人——为真理、正义与美服务的人万岁！我们往往不了解他们，因为他们是自豪的、不要求报偿的；我们往往看不见，他们是在如何心甘情愿地呕心沥血。他们用灿烂的光辉照耀着生活，甚至使盲人也见到光明。应该让如此众多的盲人都见到光明，应该让所有人都怀着沉痛与憎恶的心情来认识他们的现实生活有多么粗鲁、不义和丑恶。作为自身愿望的主宰的人万岁！整个世界装在他的心中，人世间的一切痛苦和一切苦难藏在他的心头。生活中的凶暴与污秽、虚伪与残忍是他的死敌；他把自己的年华慷慨地付与斗争的需要，他的生活充满难以驾驭的欢乐、壮丽的义愤和豪迈的顽强精神……不怜惜自己，这是世界上最值得骄傲，最绚丽的智慧。不会怜惜自己的人万岁！只有两种生活方式：腐烂或燃烧。胆怯（qiè）而贪婪的人选择前者，勇敢而胸怀博大的人选择后者；每个热爱美好事物的人都明白伟大寓于何处。

我们的生活时钟是一座空虚、枯燥的时钟，让我们不要怜惜自己，用壮丽的业绩把它填满吧，这样，我们就会度过许许多多充满激荡身心的欢乐和灼热的自豪的美丽时光！不会怜惜自己的人万岁！

思考与练习：

一、题目“时钟”的意义是什么？

二、明确各部分的中心内容，并说明本文的结构特点。

三、课文的思想内容博大精深，极富人生哲理，但读来并不觉得深奥、空洞，这是什么原因？请结合课文写法和语言特点说说。

四、文中有许多富有人生哲理的警句，找出来认真领会。

五、拓展阅读。

天才出于勤奋。

我读的书愈多，就愈亲近世界，愈明了生活的意义，愈觉得生活的重要。

人的天才只是火花，要想使它成熊熊火焰，那就只有学习，学习！

一个人如果单靠自己，如果置身于集体的关系之外，置身于任何团结民众的伟大思想的范围之外，就会变成怠惰的、保守的、与生活发展相敌对的人。

——高尔基

像山那样思考

奥尔多·利奥波德[1]

阅读提示：山，是永恒的，它沉稳、冷峻、阔大包容，是大自然智慧的化身；它纵览古今，深刻而冷静地见证着地球上的一切。我们怎样像大山那样去思考呢？本文是一篇文笔简洁洗练的说理性散文，作者选取个性化的角度，以小见大，借对狼的嗥叫内涵的思考去表现人类如何与自然相处这样一个重大主题，从中可以体验到哲人的深刻，又可以领略到诗人的激情和想象。

一声深沉的、骄傲的嗥叫，从一个山崖回响到另一个山崖，荡漾在山谷中，渐渐地消失在漆黑的夜色里。这是一种不驯服的、对抗性的悲哀，和对世界上一切苦难的蔑视情感的迸发。

每一种活着的东西（大概还有很多死了的东西），都会留意这声呼唤。对鹿来说，它是死亡的警告；对松林来说，它是半夜里在雪地上混战和流血的预言；对郊狼来说，是就要来临的拾遗的允诺；对牧牛人来说，是银行里赤字的坏兆头（指入不敷出）；对猎人来说，是狼牙抵制弹丸的挑战。然而，在这些明显的、直接的希望和恐惧之后，还隐藏着更加深刻的含义，这个含义只有这座山自己才知道。只有这座山长久地存在着，从而能够客观地去听取一只狼的嗥叫。

不过，那些不能辨别其隐藏的含义的人也都知道这声呼唤的存在，因为在所有有狼的地区都能感到它，而且，正是它把有狼的地方与其他地方区别开来的。它使那些在夜里听到狼叫，白天去察看狼的足迹的人毛骨悚然。即使看不到狼的踪迹，也听不到它的声音，它也是暗含在许多小小的事件中的：深夜里一匹驮马的嘶鸣，滚动的岩石的嘎啦声，逃跑的鹿的砰砰声，云杉下道路的阴影。只有不堪教育的初学者才感觉不到狼是否存在，和认识不到山对狼有一种秘密的看法这一事实。

我自己对这一点的认识，是自我看见一只狼死去的那一天开始的。当时我们正在一个高高的峭壁上吃午饭。峭壁下面，一条湍急[2]的河蜿蜒流过。我们看见一只雌鹿——当时我们是这样认为——正在涉过这条急流，它的胸部淹没在白色的水中。当它爬上岸朝向我们，并摇晃着它的尾巴时，我们才发觉我们错了：这是一只狼。另外还有六只显然是正在发育的小狼也从柳树丛中跑了出来，它们喜气洋洋地摇着尾巴，嬉戏着搅在一起。它们确确实实是一群就在我们的峭壁之下的空地上蠕动和互相碰撞着的狼。

---

[1] 奥尔多·利奥波德（1887—1948），美国著名生态学家和环境保护主义的先驱，被誉为“美国新环境理论的创始者”“生态伦理之父”。

[2] 湍（tuān）急：水势急。

在那些年代里，我们还从未听说过会放过打死一只狼的机会那种事。在一秒钟之内，我们就把枪弹上了膛，而且兴奋的程度高于准确：怎样往一个陡峭的山坡下瞄准，总是不大清楚的。当我们的来复枪[1]膛空了时，那只狼已经倒了下来，一只小狼正拖着一条腿，进入到那无动于衷的静静的岩石中去。

当我们到达那只老狼的所在时，正好看见在它眼中闪烁着的、令人难受的、垂死时的绿光。这时，我察觉到，而且以后一直是这样想，在这双眼睛里，有某种对我来说是新的东西，是某种只有它和这座山才了解的东西。当时我很年轻，而且正是不动扳机就感到手痒的时期。那时，我总是认为，狼越少，鹿就越多，因此，没有狼的地方就意味着是猎人的天堂。但是，在看到这垂死的绿光时，我感到，无论是狼，或是山，都不会同意这种观点。

自那以后，我亲眼看见一个州接一个州地消灭了它们所有的狼。我看见过许多刚刚失去了狼的山的样子，看见南面的山坡由于新出现的弯弯曲曲的鹿径而变得皱皱巴巴。我看见所有可吃的灌木和树苗都被吃掉，先变成无用的东西，然后则死去。我看见每一棵可吃的、失去了叶子的树只有鞍角那么高。这样一座山看起来就好像什么人给了上帝一把大剪刀，并禁止了所有其他的活动。结果，那原来渴望着食物的鹿群的饿殍[2]，和死去的艾蒿丛一起变成了白色，或者就在高于鹿头的部分还留有叶子的刺柏下腐烂掉。这些鹿是因其数目太多而死去的。

我现在想，正像当初鹿群在对狼的极度恐惧中生活着那样，那一座山将要在对它的鹿的极度恐惧中生活。而且，大概就比较充分的理

由来说，当一只被狼拖去的公鹿在两年或三年就可得到补替时，一片被太多的鹿拖疲惫了的草原，可能在几十年里都得不到复原。

牛群也是如此，清除了其牧场上的狼的牧牛人并未意识到，他取代了狼用以调整牛群数目以适应其牧场的工作。他不知道像山那样来思考。正因为如此，我们才有了尘暴，河水把未来冲刷到大海去。

我们大家都在为安全、繁荣、舒适、长寿和平静而奋斗着。鹿用轻快的四肢奋斗着，牧牛人用套圈和毒药奋斗着，政治家用笔，而我们大家则用机器、选票和美金。所有这一切带来的都是同一种东西：我们这一时代的和平。用这一点去衡量成就，全部是很好的，而且大概也是客观的思考所不可缺少的，不过，太多的安全似乎产生的仅仅是长远的危险。也许，这也就是梭罗的名言潜在的含义。这个世界的启示在荒野。大概，这也是狼的嗥叫中隐藏的内涵，它已被群山所理解，却还极少为人类所领悟。

---

[1] 来复枪：是一种比较重而且用起来不是很灵便的手持式枪械。它的精确度较高，射程较远。

[2] 饿殍（piǎo）：饿死的人。这里指饿死的鹿。

思考与练习：

一、“我”对狼的认识态度经过了四个阶段，请分别在文章找到相关提示并进行概括。

二、自然界一旦失去了狼会怎么样呢？请用生物链展示。

三、“山那样思考”究竟是怎样的思考？“人的思考”和“山的思考”有什么不同？据此概括文章主题。

四、分小组收集有关中国当代生态现状的资料，了解日本、美国等西方早发国家生态文明理论与实践发展史，制作PPT，派小组代表课堂上进行讲解。

五、课外查找以下资料进行阅读或观看，在此基础上以生态环境保护为主题，写一篇短文（500字以内），文体不限。

1.《流血的狼》，美国歌手马修·连恩创作的歌词。

2.《小鸟在天空消失的日子》，日本诗人谷川俊太郎的诗歌。

3.《瓦尔登湖》，美国作家亨利·戴维·梭罗创作的散文集。

4. 影片《后天》。

第九单元　小　说

小说赏析要点

小说是一种以刻画人物形象为中心，通过描述具体的环境和相对完整的故事情节来反映社会生活的叙事性文学体裁。在我国，上古的神话传说和先秦的寓言故事促成了小说的孕育和形成，到魏晋南北朝时期，出现了志人、志怪小说（如干宝的《搜神记》和刘义庆的《世说新语》），已形成了小说的萌芽期。唐代传奇的出现（如李朝威的《柳毅传》和元稹的《莺莺传》），标志着中国古代小说的成熟。宋代话本（如《错斩崔宁》）和明代拟话本《杜十娘怒沉百宝箱》的出现，推动了古代小说的发展。明代拟话本“三言二拍”（冯梦龙的《警世通言》《醒世恒言》《喻世明言》和凌蒙初的《初刻拍案惊奇》《二刻拍案惊奇》）已反映出我国古代白话短篇小说的最高成就。明清章回体小说将古代小说逐渐推向了顶峰，如《三国演义》（罗贯中）、《水浒传》（施耐庵）、《西游记》（吴承恩）、《聊斋志异》（蒲松龄）、《儒林外史》（吴敬梓）、《红楼梦》（曹雪芹）等。

小说在反映生活的广度和深度、描写和表现生活的容量方面，都长于其他体裁的文学作品。而且，由于它是以塑造人物形象为中心的一种文学样式，在性格刻画、环境描写、情节叙述、结构安排、语言运用等方面都有突出的特点，与诗歌、散文相比有明显的区别。由于这些原因，小说这一体裁在世界各国都获得了高度的发展，成为最流行的一种文学体裁。

人物、情节、环境是小说的三个基本要素，小说需在三者的有机融合中，充分展示广阔丰富的社会生活。

人物是小说的核心要素。小说反映社会生活的主要手段就是塑造人物形象。细致而多方面地刻画人物形象，是小说的首要特点。小说中那些具有鲜明特点的个性，同时又能反映出特定社会生活的普遍性，揭示出社会关系发展的某些规律性和本质方面的人物形象，我们称为典型人物。常见的塑造人物形象的方法有肖像描写、语言描写、行动描写、心理描写。人物描写还有正面描写和侧面描写、细描与白描等。作家可以灵活自由地运用多种表现手法，多角度地、精细地刻画人物典型性格，为主题思想服务。

小说主要是通过故事情节来展现人物性格、表现中心的。所谓情节，是指小说中用于表现人物性格发展变化的事件，它既是生活片段的剪辑，又是小说中矛盾冲突发生、发展的过程。具有生动丰富的情节是小说的一大特点。通过它，小说才能细致地刻画人物性格，充分展示人物之间、人物与环境之间的复杂关系，从而反映深广的社会生活。情节的基本组成部分是开端、发展、高潮、结局，有的还包括序幕、尾声。情节的叙述方法主要有顺叙、倒叙、插叙、平叙等。

小说中的环境是形成人物性格、驱使其行动的特定场所，包括自然环境和社会环境。其中，社会环境是重点，主要交代作品的时代背景，揭示种种复杂的社会关系，从而充分地刻画人物和表现作品的社会意义。环境既是人物生活的背景，也是小说艺术的重要描写对象。充分而具体地展示人物活动的环境，是小说的又一特点。

鉴赏小说也应从人物、情节、环境这三方面入手。

一、鉴赏典型性格

鉴赏小说，主要是鉴赏典型性格。因此，分析小说中的人物，尤其是分析典型人物的性格特征，是鉴赏小说的核心内容。分析人物，首先可以分析人物外貌、动作、细节、语言、心理活动的直接描写，从多方面准确地把握人物形象的特征。当然小说也常用间接描写的方法塑造典型性格，以其他人物来衬托、表现主要人物的性格特征。其次应联系作品背景，着重分析人物与人物、人物与环境的矛盾冲突。最后还应联系作家的思想倾向和创作特色等，思考和发掘人物形象的思想意义，感受作品的思想内容。

二、把握故事情节

引人入胜的情节和尖锐激烈的矛盾冲突最能凸显人物的性格，展示人物的内心世界。因此，把握住情节是分析人物的前提。分析情节，既要掌握情节发展的连贯性和完整性，从开端、发展、高潮、结局的全过程来全面地理解作品的思想内容，又要重点分析情节的发展和高潮这两个部分。鉴赏小说的故事情节，要紧紧联系人物的典型性格，因为小说的任何一个情节都是为塑造人物和表现主题服务的。应着意体会故事情节中体现的矛盾斗争，为鉴赏典型性格作好铺垫。要扣住故事情节的发展，着意体会作品对人物所作诸多描写的表现力量，着意体会典型人物在这矛盾斗争中的语言、行动等的表现意义，深刻理解典型人物的性格特征。这是鉴赏故事情节的目的，也是鉴赏典型性格的前提条件。

三、分析环境描写

小说中的人物与环境有着密切的关系。人物所处的时代背景、阶级关系、社会风貌以及自然景物等，都是通过环境描写展现出来的。分析环境描写，可以加强对人物性格的理解和把握，从而更好地理解作品的思想意义。即使是自然景物的描写，也与人物的心理状态乃至性格特征相对应的。因此，分析环境描写，不应当孤立地进行，而应当与人物形象的分析结合在一起。

另外，鉴赏小说还应从作品的章法结构、作家独特的语言风格及表现手法等方面进行。总之，对于一部好的小说，我们既要清楚它的人物性格、故事情节、社会环境、主题思想等基本要素，也要学习到它独具特色的优秀之处。

选　文

青梅煮酒论英雄

罗贯中[1]

阅读提示：本文选自《三国演义》第二十一回。《三国演义》的情节是以曹、刘、孙三个集团的斗争为主线而展开的。《青梅煮酒论英雄》是这场斗争的起始。当时各个军事集团各据一方，其中曹操兵力强盛，被汉献帝召至洛阳平定祸乱，任为丞相。此后曹操挟持汉献帝迁都许都，汉献帝感到威胁，密诏国舅董承联合力量谋杀曹操，刘备在讨曹义状上签了名。刘备此前居于小沛，因受吕布所迫投奔曹操。助曹灭吕之后，被安排在相府左近宅院，受到曹操监视。他目睹曹操跋扈，又感到安全受到威胁，所以秘密参加了董承讨曹之举。青梅煮酒论英雄的故事就是在这种情况下发生的。

课文节选的这部分，篇幅短小，却让两个人物跃然于纸上。曹操如升龙，腾于云上，虎视天下，视天下于无物。而刘备似隐龙，因为时机未到，羽翼未丰，还要借助他人的力量，在谈吐中步步后退，在危急时刻又能急中生智，巧渡难关。

文章采用对比映衬手法，语言简练、流畅，文白相间，句句文采斐然。

却说董承等问马腾曰："公欲用何人？"马腾曰："见有豫州牧刘玄德在此，何不求之？"承曰："此人虽系皇叔[2]，今正依附曹操，安肯行此事耶？"腾曰："吾观前日围场之中，曹操迎受众贺之时，云长在玄德背后，挺刀欲杀操，玄德以目视之而止。玄德非不欲图操，恨操牙爪[3]多，恐力不及耳。公试求之，当必应允。"吴硕曰："此事不宜太速，当从容商议。"众皆散去。次日黑夜里，董承怀诏，径往玄德公馆中来。门吏入报，玄德迎出，请入小阁坐定。关、张侍立于侧。玄德曰："国舅夤夜[4]至此，必有事故。"承曰："白日乘马相访，恐操见疑，故黑夜相见。"玄德命取酒相待。承曰："前日围场之中，云长欲杀曹操，将军动目摆头而退之，何也？"玄德失惊曰："公何以知之？"承曰："人皆不见，某独见之。"玄德不能

[1] 罗贯中（约 1330—约 1400），名本，字贯中，山西并州太原人，别号湖海散人。他是元末明初著名小说家、戏曲家，是中国章回小说的鼻祖，代表作《三国演义》(全称《三国志通俗演义》)。《三国演义》是我国第一部章回体的长篇历史小说，是历史演义小说的经典之作。小说描写了从汉灵帝建宁二年（169）至晋武帝太康元年（280）这百余年间的历史故事，展现了波澜壮阔的社会生活画面。在政治、军事谋略方面，对后世产生了深远的影响。成功地塑造了曹操、诸葛亮、刘备、关羽、张飞等典型形象，对智慧和勇武精神作了出色的描写，积累了古代政治、军事斗争的知识和经验。它的出现，结束了中国长篇小说创作离不开"说话人"底本的时代，在我国小说发展史上具有划时代的意义。它与之后问世的《水浒传》(施耐庵)、《西游记》(吴承恩)、《红楼梦》(曹雪芹）合称为中国古典四大名著。

[2] 皇叔：因为刘备是汉中山靖王的后裔，论辈分是当时汉帝的叔辈，所以被叫作刘皇叔。

[3] 牙爪：古意指得力帮手，此比喻勇士或武将。

[4] 夤（yín）夜：深夜。

隐讳，遂曰：“舍弟见操僭越[1]，故不觉发怒耳。”承掩面而哭曰：“朝廷臣子，若尽如云长，何忧不太平哉！”玄德恐是曹操使他来试探，乃佯言曰：“曹丞相治国，为何忧不太平？”承变色而起曰：“公乃汉朝皇叔，故剖肝沥胆以相告，公何诈也？”玄德曰：“恐国舅有诈，故相试耳。”于是董承取衣带诏令观之，玄德不胜悲愤。又将义状出示，上止有六位：一，车骑（jì）将军董承；二，工部侍郎王子服；三，长水校尉种辑；四，议郎吴硕；五，昭信将军吴子兰；六，西凉太守马腾。玄德曰：“公既奉诏讨贼，备敢不效犬马之劳。”承拜谢，便请书名。玄德亦书“左将军刘备”，押了字，付承收讫[2]。承曰：“尚容再请三人，共聚十义，以图国贼。”玄德曰：“切宜缓缓施行，不可轻泄。”共议到五更，相别去了。

玄德也防曹操谋害，就下处后园种菜，亲自浇灌，以为韬晦[3]之计。关、张二人曰：“兄不留心天下大事，而学小人[4]之事，何也？”玄德曰：“此非二弟所知也。”二人乃不复言。

一日，关、张不在，玄德正在后园浇菜，许褚（chǔ）、张辽引数十人入园中曰：“丞相有命，请使君[5]便行。”玄德惊问曰：“有甚紧事？”许褚曰：“不知。只教我来相请。”玄德只得随二人入府见操。操笑曰：“在家做得好大事！”吓得玄德面如土色。操执玄德手，直至后园，曰：“玄德学圃[6]不易！”玄德方才放心，答曰：“无事消遣耳。”操曰：“适见枝头梅子青青，忽感去年征张绣时，道上缺水，将士皆渴；吾心生一计，以鞭虚指曰：‘前面有梅林。’军士闻之，口皆生唾，由是不渴。今见此梅，不可不赏。又值煮酒正熟，故邀使君小亭一会。”玄德心神方定。随至小亭，已设樽俎[7]：盘置青梅，一樽煮酒。二人对坐，开怀畅饮。

酒至半酣，忽阴云漠漠，骤雨将至。从人遥指天外龙挂[8]，操与玄德凭栏观之。操曰：“使君知龙之变化否？”玄德曰：“未知其详。”

操曰：“龙能大能小，能升能隐；大则兴云吐雾，小则隐介藏形[9]；升则飞腾于宇宙之间，隐则潜伏于波涛之内。方今春深，龙乘时变化，犹人得志而纵横四海。龙之为物，可比世之英雄。玄德久历四方，必知当世英雄。请试指言之。”玄德曰：“备肉眼安识英雄？”操曰：“休得过谦。”玄德曰：“备叨[10]恩庇，得仕于朝。天下英雄，实有未知。”操曰：“既不识其面，亦闻其名。”玄德曰：“淮南袁术，兵粮足备，可为英雄？”操笑曰：“冢（zhǒng）中枯骨，吾早晚必擒之！”玄德曰：“河北袁绍，四世三公，门多故吏；今虎踞冀州之地，部下能事者极多，可为英雄？”操笑曰：“袁绍色厉胆薄，好谋无断；干大事而惜身，见小利而忘命：非英雄也。”玄德曰：“有一人名称八俊，威镇九州——刘景升可为英雄？”操曰：“刘表虚名

---

[1] 僭（jiàn）越：超过了封建礼法的等级规定。
[2] 收讫（qì）：收清。讫，完结，终了。
[3] 韬（tāo）晦：“韬光隐晦”的省写，指把光芒收敛起来；有意隐蔽才能和意图，避免人注意和猜疑。
[4] 小人：封建统治阶级对劳动人民的蔑称。
[5] 使君：汉代称呼太守刺史，汉以后用作对州郡长官的尊称，可以通俗地理解为先生。
[6] 学圃：学习种菜。
[7] 樽俎（zǔ）：古代盛酒肉的器皿。樽以盛酒，俎以盛肉。后来常用作宴席的代称。
[8] 龙挂：即龙卷风。
[9] 隐介藏形：隐藏形体，使人看不见。介：鳞甲。
[10] 叨（tāo）：有承受的意思，为谢人款待的话。

无实，非英雄也。”玄德曰：“有一人血气方刚，江东领袖——孙伯符乃英雄也？”操曰：“孙策藉父之名，非英雄也。”玄德曰：“益州刘季玉，可为英雄乎？”操曰：“刘璋虽系宗室，乃守户之犬耳，何足为英雄！”玄德曰：“如张绣、张鲁、韩遂等辈皆何如？”操鼓掌大笑曰：“此等碌碌小人，何足挂齿！”玄德曰：“舍此之外，备实不知。”操曰：“夫英雄者，胸怀大志，腹有良谋，有包藏宇宙之机，吞吐天地之志者也。”玄德曰：“谁能当之？”操以手指玄德，后自指，曰：“今天下英雄，惟使君与操耳！”玄德闻言，吃了一惊，手中所执匙箸（chízhù），不觉落于地下。时正值天雨将至，雷声大作。玄德乃从容俯首拾箸曰：“一震之威，乃至于此。”操笑曰：“丈夫亦畏雷乎？”玄德曰：“圣人迅雷风烈必变[1]，安得不畏？”将闻言失箸缘故，轻轻掩饰过了。操遂不疑玄德。后人有诗赞曰：

“勉从虎穴暂趋身，说破英雄惊杀人。

巧借闻雷来掩饰，随机应变信如神。”

天雨方住，见两个人撞入后园，手提宝剑，突至亭前，左右拦挡不住。操视之，乃关、张二人也。原来二人从城外射箭方回，听得玄德被许褚、张辽请将去了，慌忙来相府打听；闻说在后园，只恐有失，故冲突而入。却见玄德与操对坐饮酒。二人按剑而立。操问二人何来。云长曰：“听知丞相和兄饮酒，特来舞剑，以助一笑。”操笑曰：“此非‘鸿门会’[2]，安用项庄、项伯乎[3]？”玄德亦笑。操命：“取酒与二‘樊哙[4]’压惊。”关、张拜谢。须臾席散，玄德辞操而归。云长曰：“险些惊杀我两个！”玄德以落箸[5]事说与关、张。关、张问是何意。玄德曰：“吾之学圃，正欲使操知我无大志；不意操竟指我为英雄，我故失惊落箸。又恐操生疑，故借惧雷以掩饰之耳。”关、张曰：“兄真高见！”

思考与练习：

一、刘备“韬晦之计”的具体内容是什么？此计有何用意？为什么不将此事告诉结拜兄弟？

二、文中曹刘两人论天下谁是英雄的情节中，突出了二人怎样的性格特征？

三、文中有不少自然环境描写的句子，如：“忽阴云漠漠，骤雨将至”“时正值天雨将至，雷声大作”等，请简要分析其作用。

---

[1] 迅雷风烈必变：语出《论语·乡党》，说孔子遇到疾雷暴风，必定要改变容色，表示对上天的敬畏。迅雷风烈，即迅雷烈风。

[2] 鸿门会：即鸿门宴，指在公元前206年两支抗秦军的领袖项羽及刘邦于秦朝都城咸阳郊外的鸿门举行的一次宴会。这次宴会被认为是项羽的霸业由盛到衰的转折点。后人常用“鸿门宴”比喻充满阴谋和杀机的宴会。

[3] 项庄：据说为项羽的堂弟。“项庄舞剑”发生在鸿门宴上，其目的是刺杀刘邦，故有项庄舞剑意在沛公之说。项伯，是项羽最小的叔父，曾在鸿门宴中保护刘邦。

[4] 樊哙（kuài）：刘邦之壮士。在鸿门宴闯帐保救了刘邦。

[5] 箸（zhù）：筷子。

迟桂花

郁达夫

阅读提示：《迟桂花》写于 1932 年，小说以“我”应邀到杭州满觉垅翁家山参加朋友的婚礼为线索，歌颂了芬香不衰的“迟桂花”精神。小说以一封来自昔日同窗翁则生的长信开头，信里邀约“我”去参加他的婚礼，同时讲述了二人的同窗往事、因病辍学回家后的世事变迁。在此“我”与新寡而被迫回到娘家的则生妹妹翁莲游五云山时，为她纯朴的举止和丰满的体态而动心，不禁产生“一念邪心”。但当触及翁莲那像“高山上的深雪”般的纯洁，心灵就得到了净化。文章给我们展示了一个纯朴自然，有着儿童般的活泼天真，极具原始美的女性形象。这种近似佛教般的清静很是令人神往，营造了一个景美、人美、情美的美好世界。小说构思精巧，富有诗意，被誉为郁达夫在艺术上最精致成熟的小说。

山中的清晓，又是一种特别的情景。我因为昨天夜里多喝了一点酒，上床去一睡，就同大石头掉下海里似的，一直就酣睡到了天明。窗外面吱吱唧唧的鸟声喧噪得厉害，我满以为还是夜半，月明将野鸟惊醒了，但睁开眼掀开帐子来一望，窗内窗外已饱浸着晴天爽朗的清晨光线，窗子上面的一角，却已经有一缕朝阳的红箭射到了。急忙滚出了被窝，穿起衣服，跑下楼去一看，他们母子三人，也已梳洗得妥妥贴贴，说是已经在做了个把钟头的事情之后，平常他们总是于五点钟前后起床的。这一种日出而作，日入而息的山中住民的生活秩序，又使我对他们感到了无穷的敬意。四人一道吃过了早餐，我和则生的妹妹，就整了一整行装，预备出发。临行之际，他娘又叫我等一下子，她很迅速地跑上楼去取了一支黑漆手杖下来，说，这是则生生病的时候用过的，走山路的时候，用它来撑扶撑扶，气力要省得多。我谢过了她的好意，就让则生的妹妹上前带路，走出了他们的大门。

早晨的空气，实在澄鲜得可爱。太阳已经升高了，但它的领域，还只限于屋檐，树梢，山顶等突出的地方。山路两旁的细草上，露水还没有干，而一味清凉触鼻的绿色草气，和入在桂花香味之中，闻了好像是宿梦也能摇醒的样子。起初还在翁家山村内走着，则生的妹妹，对村中的同性，三步一招呼，五步一立谈的应接得忙不暇给。走尽了这村子的最后一家，沿了入谷的一条石板路走上下山的斜面的时候，遇见的人也没有了，前面的眺望，也转换了一个样子。朝我们去的方向看去，原又是冈峦的起伏和别墅的纵横，但稍一住脚，掉头向东面一望，一片同呵了气的镜子似的湖光，却躺在眼下了。远远从两山之间的谷顶望去，并且还看得出一角城里的人家，隐约藏躲在尚未消尽的湖雾当中。

我们的路先朝西北，后又向西南，先下了山坡，后又上了山背，因为今天有一天的时间，可以供我们消磨，所以一离了村境，我就走得特别的慢。每这里看看，那里看看的看个不住。若看见了一件稍可注意的东西，那不管它是风景里的一点一堆，一山一水，或植物界的一草一木与动物界的一鸟一虫，我总要拉住了她，寻根问底的问得它仔仔细细。说也奇怪，小时候只在村里的小学校里念过四年书的她——这是她自己对我说的——对于我所问的东西，却没有一样不晓得的。关于湖上的山水古迹，庙宇楼台哩，那还不要去管它，大约是生长在西湖附近的人，个个都能够说出一个大概来的，所以她知道得那么详细，倒还在情理之中，但我觉得最奇怪的，却是她的关于这西湖附近的区域之内的种种动植物的知识。无论是如何小的一只鸟，一个虫，一株草，一棵树，她非但各能把它们的名字叫出来，并且连几时孵化，几时他迁，几时鸣叫，几时脱壳，或儿时开花，几时结实，花的颜色如何，果的味道如何等，都说得非常有趣而详尽，使我觉得仿佛是在读一部活的桦候脱的《赛儿鹏自然史》（G. White's *Natural History and Antiquities of Selborne*）。而桦候脱的书，却决没有叙述得她那么朴质自然而富于刺激，因为听听她那种舒徐清澈的语气，看看她那一双天生成像饱使过耐吻胭脂棒般的红唇，更加上以她所特有的那一脸微笑，在知识分子之外还不得不添一种情的成分上去，于书的趣味之上更要兼一层人的风韵在里头。我们慢慢的谈着天，走着路，不上一个钟头的光景，我竟恍恍惚惚，像又回复了青春时代似的完全为她迷倒了。

她的身体，也真发育得太完全，穿的虽是一件乡下裁缝做的不大合式的大绸夹袍，但在我的前面一步一步的走去，非但她的肥突的后部，紧密的腰部，和斜圆的胫部的曲线，看得要簇生异想，就是她的两只圆而且软的肩膊，多看一歇，也要使我贪鄙起来。立在她的前面和她讲话哩，则那一双水汪汪的大眼，那一个隆正的尖鼻，那一张红白相间的椭圆嫩脸，和因走路走得气急，一呼一吸涨落得特别快的那个高突的胸脯，又要使我恼杀。还有她那一头不曾剪去的黑发哩，梳的虽然是一个自在的懒髻，但一映到了她那个圆而且白的额上，和短而且腴的颈际，看起来，又格外的动人。总之，我在昨天晚上，不曾在她身上发见的康健和自然的美点，今天因这一回的游山，完全被我观察到了。此外我又在她的谈话之中，证实了翁则生也和我曾经讲到过的她的生性的活泼和天真。譬如我问她今年几岁了？她说，二十八岁。我说这真看不出，我起初还以为你只有二十三四岁，她说，女人不生产是不大会老的。我又问她，对于则生这一回的结婚，你有点什么感触?她说，另外也没有什么，不过以后长住在娘家，似乎有点对不起大哥和大嫂。像这一类的纯粹真率的谈话，我另外还听取了许多许多，她的朴素的天性，真真如翁则生之所说，是一个永久的小孩子的天性。

爬上了龙井狮子峰下的一处平坦的山顶，我于听了一段她所讲的如何栽培的茶叶，如何的摘取焙烘，与那时候山家的生活的如何紧张而有趣的故事之后，便在路旁的一块大岩石上坐下了。遥对着在晴天下太阳光里躺着的杭州城市，和近水遥山，我的双眼只凝视着苍空的一角，有半晌不曾说话。一边在我的脑里，却只有在回想着德国的一位名延生（Jenson）的作家所著的一部小说《野紫薇爱立喀》（*Die Braune Erika*）。这小说后来又有一位英国的作家哈特生（Hodson）摹仿了，写了一部《绿荫》（*Green Mansions*）。两部小说里所描写的，都是一个极可爱的生长在原野里天真的女性，而女主人公的结果，后来都是不大好的。我沉默着痴想了好久，她却从我背后用了她那只肥软的右手很自然地搭上了我的肩膀。

"你一声也不响的在那里想什么?"

我就伸上手去把她的那只肥手捏住了，一边就扭转了头微笑着看入了她的那双大眼，因为她是坐在我的背后的。我捏住了她的手又默默对她注视了一分钟，但她的眼里脸上却丝毫也没有羞惧兴奋的痕迹出现，她的微笑，还依旧同平时一点儿也没有什么的笑容一样。看了我这一种奇怪的形状，她过了一歇，反又很自然地问我说：

"你究竟在那里想什么?"

倒是我被她问得难为情起来了,立时觉得两颊就潮热了起来。先放开了那只被我捏住在那儿的她的手,然后干咳了两声,最后我就鼓动了勇气,发了一声同被绞出来似的答语:

"我……我在这儿想你!"

"是在想我的将来如何的和他们同住么?"

她的这句反问,又是非常的率真而自然,满以为我是在为她设想的样子。我只好沉默着把头点了几点,而眼睛里却酸溜溜的觉得有点热起来了。

"啊,我自己倒并没有想得什么伤心,为什么,你,你却反而为我流起眼泪来了呢?"

她像吃了一惊似的立了起来问我,同时我也立起来了,且在将身体起立的行动当中,乘机拭去了我的眼泪。我的心地开朗了,欲情也净化了,重复向南慢慢走上岭去的时候,我就把刚才我所想的心事,尽情告诉了她。我将那两部小说的内容讲给了她听,我将我自己的邪心说了出来,我对于我刚才所触动的那一种自己的心情,更下了一个严正的批判,末后,便这样的对她说:

"对于一个洁白得同白纸似的天真小孩,而加以玷污,是不可赦免的罪恶。我刚才的一念邪心,几乎要使我犯下大罪了。幸亏是你的那颗纯洁的心,那颗同高山上的深雪似的心,却救我出了这一个险。不过我虽则犯罪的形迹没有,但我的心,却是已经犯过罪的。所以你要罚我的话,就是处我以死刑,我也毫无悔恨。你若以为我是那样卑鄙,而将来永没有改善的希望的话,那今天晚上回去之后,向你大哥母亲,将我的这一种行为宣布了也可以。不过你若以为这是我的一时糊涂,将来是永也不会再犯的话,那请你相信我的誓言,以后请你当我做你大哥一样那么的看待,你若有急有难,有不了的事情,我总情愿以死来代替着你。"

当我在对她做这些忏悔的时候,两人起初是慢慢在走的,后来又在路旁坐下了。说到了最后的一节,倒是她反同小孩子似的发着抖,捏住了我的两手,倒入了我的怀里,呜呜咽咽的哭了起来。我等她哭了一阵之后,就拿出了一块手帕替她揩干了眼泪,将我的嘴唇轻轻地搁到了她的头上。两人偎抱着沉默了好久,我又把头俯了下去,问她,我所说的这段话的意思,究竟明白了没有。她眼看着了地上,把头点了几点。我又追问了她一声:

"那么你承认我以后做你的哥哥了不是?"

她又俯视着把头点了几点,我撒开了双手,又伸出去把她的头捧了起来,使她的脸正对着了我。对我凝视了一会,她的那双泪珠还没有收尽的水汪汪的眼睛,却笑起来了。我乘势把她一拉,就同她搀着手并立了起来。

"好,我们是已经决定了,我们将永久地结作最亲爱最纯洁的兄妹。时候已经不早了,让我们快一点走,赶上五云山去吃午饭去。"

我这样说着,搀着她向前一走,她也恢复了早晨刚出发的时候的元气,和我并排着走向了前面。

两人沉默着向前走了几十步之后,我侧眼向她一看,同奇迹似地忽而在她的脸上看出了一层一点儿忧虑也没有的满含着未来的希望和信任的圣洁的光耀来。这一种光耀,却是我在这一刻以前的她的脸上从没有看见过的。我愈看愈觉得对她生起敬爱的心思来了,所以不知不觉,在走路的当中竟接连着看了她好几眼。本来只是笑嘻嘻地在注视着前面太阳光里的五云山的白墙头的她，因为我的脚步的迟乱，似乎也感觉到了我的注意力的分散了，将头一侧，她的双眼，却和我的视线接成了两条轨道。她又笑起来了，同时也放慢了脚步。再向我看了一眼，她才腼腆地开始问我说：

“那我以后叫你什么呢?”

“你叫则生叫什么，就叫我也叫什么好了。”

“那么——大哥!”

大哥的两字，是很急速的紧连着叫出来的，听到了我的一声高声的“啊!”的应声之后，她就涨红了脸，撒开了手，大笑着跑上前面去了。一面跑，一面她又回转头来，“大哥!”“大哥!”的接连叫了我好几声。等我一面叫她别跑，一面我自己也跑着追上了她背后的时候，我们的去路已经变成了一条很窄的石岭，而五云山的山顶，看过去也似乎是很近了。仍复了平时的脚步，两人分着前后，在那条窄岭上缓步的当中，我才觉得真是成了她的哥哥的样子，满含着慈爱，很正经地吩咐她说：

“走得小心，这一条岭多么险啊!”

走到了五云山的财神殿里，太阳刚当正午，庙里的人已经在那里吃中饭了。我们因为在太阳底下的半天行路，口已经干渴得像旱天的树木一样，所以一进客堂去坐下，就教他们先起茶来，然后再开饭给我们吃。洗了一个手脸，喝了两三碗清茶，静坐了十几分钟，两人的疲劳兴奋，都已平复了过去，这时候饥饿却抬起头来了，于是就又催他们快点开饭。这一餐只我和她两人对食的五云山上的中餐，对于我正敌得过英国诗人所幻想着的亚历山大王的高宴。若讲到心境的满足，和谐，与食欲的高潮亢进，那恐怕亚历山大王还远不及当时的我。

思考与练习：

一、小说在“我”和翁莲上山一段，集中笔墨为我们描绘了多彩的景致和细腻的感情，创造了引人入胜的优美情境。品味小说的意境美并分析自然环境如何为衬托人物性格、表现主题服务的。

二、结合翁莲的形象谈谈小说定名为“迟桂花”的寓意。

三、面对“迟桂花”纯净的品性，“我”有怎样微妙而自然的情感变化?

四、小说创造了一个令人神往的美的世界，请从“景美”“人美”“情美”三个方面谈谈你的理解。

变形记

卡夫卡[1]

阅读提示：《变形记》是西方现代主义文学的奠基人之一弗兰兹·卡夫卡的中篇小说代表作。该小说讲述了推销员格雷戈尔·萨姆沙在生活的重负下，有一天早晨醒来发现自己竟变成一只甲虫，从此丧失了劳动力，陷入恐惧、痛苦、孤独和无助中，同时给家人招来了很大的不幸，人们也为之惊倒。格雷戈尔遭受生理和精神的双重折磨，最后被社会和家人所厌倦、唾弃，在饥饿中死去的荒诞故事。

该小说想象荒诞，描写真实，语言冷漠，内涵深奥，主要以象征手法，深刻反映了当时社会的动荡和人民的生活，暴露了资本主义社会人与人之间赤裸裸的利害关系，世人对真情和人性不屑一顾；底层人民被所处社会奴役、挤压，人被物质捆绑，人的内在精神出现严重扭曲等。文章把“异化”文学主题推向了另一高峰。

一天清晨，格雷戈尔·萨姆沙从一串不安的梦中醒来时，发现自己在床上变成一只硕大的虫子。他朝天仰卧，背如坚甲，稍一头就见到自己隆起的褐色腹部分成一块块弧形硬片，被子快要盖不住肚子的顶部，眼看就要整个滑下来了。他那许多与身躯比起来细弱得可怜的腿正在他眼前无助地颤动着。

“我出什么事了？”他想。这不是梦，他的房间，一间一点儿也不假的人住的房间，只不过稍微小了一点，仍稳稳当当地围在四片他熟悉的墙壁之间，桌上摊开着货品选样——萨姆沙是一个旅行推销员——，桌子上方的墙上挂着那张他不久前从一本画报上剪下来装在一个漂亮的金色镜框里的画，画上画着一位戴着裘皮帽围着裘皮围巾的女士，她端坐着，前臂整个插在厚重的裘皮手筒里，抬着手臂要将皮手筒递给看画的人。

格雷戈尔接着又将目光转向窗户，阴霾的天气——窗檐上雨滴声可闻——使他全然陷于忧郁之中。“如果我再继续睡一会儿，将所有这些蠢事忘个干净，这样会不会好一些呢？”他想，但他根本办不到，平时他习惯于向右侧躺着睡觉，在现在的状况下，他无法翻身侧卧，无论他用多大的气力翻向右侧，他总是又摇摇晃晃地转回仰卧的姿势。他试了大概有一百次，眼睛也闭上，以免看见那些动个不停的腿，直到在腰侧感到一种前所未有的轻微的钝痛他才停止。

“天啊，”他想，“我选了个多么累人的职业啊！日复一日奔波于旅途之中。生意上的烦

[1] 弗兰兹·卡夫卡（1883—1924），奥地利作家，被认为是现代派文学的鼻祖，表现主义文学的先驱，主要作品有小说《审判》《城堡》《变形记》等，对社会的陌生感、孤独感与恐惧感是卡夫卡创作的永恒主题。著名英国作家奥登评价道：“就作家与其所处时代的关系而论，卡夫卡完全可以与但丁、莎士比亚和歌德等相提并论。”

人事比在家坐店多得多，还得忍受旅行带来的痛苦，倒换火车老得提着心，吃饭不定时，饭菜又差，交往的人经常变换，相交时间不长，感情无法深入。让这一切都见鬼去吧！”他感到肚子上有点痒，便用背将身躯蹭到靠近床柱处，这样才比较容易起头来看。他看见发痒的地方布满白色小点，说不出那是些什么东西，想用腿去摸摸，但立刻就缩回来了，因为一接触全身就起一阵寒战。

他又滑回原来的地方。“这种提早起床的事，”他想，“会把人弄傻的。人需要睡眠。别的旅行推销员过的是后妃般的生活。譬如说，上午当我找好订户回旅馆来抄写订单时，这些先生们才坐在那儿吃早餐；若是我敢和老板也来这一套的话，会马上就被炒鱿鱼的。谁知道呢，说不定那样的话对我倒好，如果不是为了父母而强加克制的话，我老早就辞职不干了，我会到老板那儿去把心底话一吐为快，他听了定会从桌子上摔下来！那也真是一种怪异做法，自己高高地坐在桌子上对底下的职员说话，而他又耳背，人家不得不靠到他跟前去。还好，我还没有完全失去希望，一旦把父母欠他的钱存够了——大概还得五六年时间吧——我一定要做这事，到时候会有个大转机的，不过暂时还是得起床，我的火车五点就要开了。”

他看看柜子上滴滴答答响着的闹钟。“天哪！”他想，时间是六点半，而指针还在毫不迟疑地向前走着，六点半已过了，已经接近六点三刻了。闹钟难道没有响？从床上看到闹钟是拨到四点钟的，这没错：它肯定是响过了，是的，但他怎么可能在那震耳欲聋的闹声中安静地睡着呢？噢，他睡得并不安宁，但可能因此睡得更熟吧。只是，现在该怎么办呢？下一班火车七点开，想搭上它，他就必须火速行动，而样品还没有收拾好，他自己也感到不怎么有精神，并且不怎么想动。就算他赶得上这班车，老板照样会大发雷霆，因为公司的差役等在五点那班车旁，早把他没赶上车的事报告上去了，那人是老板的走狗，没脊梁也没头脑。那么，请病假好不好呢？那将会很尴尬，而且也显得可疑，因为格雷戈尔工作五年以来还没生过一次病，老板一定会带着医疗保险公司的特约医生来，还会为他的懒惰而责怪他的父母。所有的借口都会因为医生的在场而被反驳掉，对这位医生而言，世界上根本就只有磨洋工泡病号的极为健康的人，况且，今天这事如果他这么认为的话，是不是就完全不对呢？除了昏昏欲睡，而这一点在睡了这么久之后简直是多余的，格雷戈尔感觉极佳，甚至感到特别饿。

他脑子里快速地想着这一切，下不了起床的决心——闹钟正敲六点三刻——这时靠他床头那边的门上传来小心翼翼的敲门声。“格雷戈尔，”有人叫他——那是妈妈——，“六点三刻了，你不是还得赶火车吗？正是那柔和的声音！格雷戈尔听见自己的回答的声音时吓了一跳，这明明是他原来的声音，可是里面夹杂着一种好像是来自下面的、压制不了的痛苦的尖声，正是这高音使得他说出的话只有初时还听得清，紧接着就被搅乱了，使人不知道自己到底听对了没有。格雷戈尔本想详细回答，还想一一解释，但是在这种情况下，他只说了：“是的，是的，谢谢，妈妈，我这就起床。”格雷戈尔声音的改变在木门外大概听不出来，因为母亲听了这一解释也就放心了，她踢踢踏踏地走开了，但是家里其他人由于这简短的对话注意到格雷戈尔还在家，这是出乎他们意料的。父亲这时已经在敲侧面那扇门了，轻轻敲，但用的是拳头。“格雷戈尔！格雷戈尔！”他叫道，“你怎么啦？”过了一会儿他用比较低沉的声音再次催促他：“格雷戈尔！格雷戈尔！”从另一侧的那扇门传来妹妹轻轻的带着担心的声音：“格雷戈尔？你是不是不舒服？你需要什么吗？”格雷戈尔同时回答着两边的话说：“我这就好了。”他极为小心地注意发音，每个字之间停顿得比较久，竭力使话听不出有什么异常。父亲也回去接着吃他的早餐了，妹妹却低声地说：“格雷戈尔，开开门，我求你了。”格雷戈尔却一点也不想开门，反而高兴自己由于经常旅行养成小心的习惯，晚上在家也锁上所有通向他房间的门。

首先他想安静而不受打扰地起床穿衣，最要紧的是吃早饭，然后，好好地想想下一步怎么做，因为他很清楚，躺在床上想是想不出什么好结果的。他想起，或许是由于睡觉姿势不对，平时他躺在床上时，身上常有隐隐作痛的感觉，起床之后就明白那只不过是想象的，他很想知道，今天的幻想会如何渐渐地消失。他的变声不是因为什么别的原因，而是重感冒的先兆，这是旅行推销员的职业病，对此他深信不疑。

将被子掀掉并不难，他只须涨大肚子，被子就会自动滑下去，个过下一步就难了，特别是因为他的身躯非同一般的宽，想坐起来就得用手和肘来撑，但他只有好多细小的腿，它们不停地乱动，而他又控制不住它们，当他想屈起某一条腿时，这条腿首先就是伸直；如果他成功地让这条腿听自己指挥了，这时所有其他的腿也就都好似被释放了，痛苦地在极度兴奋中扑腾起来。“可千万别无所事事地呆在床上，”格雷戈尔对自己说道。

起初，他想下半身先下床，可是他还没见过自己的下半身，想象不出他是什么样子，结果它是那么难以移动，整个进度十分缓慢，简直快把他急疯了。最后，当他不顾一切用尽全力向前冲去时，他选错了方向，重重地撞在床尾的柱子上。身上的灼痛让他明白，目前他身体最敏感的地方也许就是他的下半身。

因此他就设法让上半身先下床，他小心地把头转向床沿。这是倒容易，而且身躯虽然又宽又重，终于也跟着转过来了。但是当他终于能够把头伸到床外时，他不敢继续这样往前挪动了，因为如果他最后让自己就这样掉下床的话，脑袋不摔伤才怪呢，恰恰是现在，他是无论如何不能丧失知觉的；他觉得还是呆在床上比较好。

他又费尽力气恢复原来的姿势，喘着气躺着，当他看着自己那些细腿扑腾得更厉害，而他又毫无办法使这些胡来的东西安静下来时，他就再次告诉自己，不能就这么留在床上，最理智的做法是，只要有一线希望就要不顾一切离开床铺。同时他也不忘记不时提醒自己，冷静地、极其冷静地思考要远比乱拼瞎决定好。在这种时刻，他尽力注意看着窗外，可惜晨雾不能带给他多少信心和鼓励，它连窄窄街道对面的一切都遮住了。“已经七点了，”当闹钟又响起时，他对自己说，“已经七点了，雾还这么大。”他缓慢地呼吸着，静静地躺了一会儿，好似在这完全的寂静中或许可以期待一切恢复真实和自然的正常状态。

但是接着他又对自己说：“七点一刻之前我一定得下床。反正到那时候公司也一定会有人来找我的，因为公司在七点前开门。”现在他开始将整个身体完全均衡地向床边摇晃过去。如果以这种方式翻下床，而他在掉下去的一刹那用力抬起头的话，那么头部将不至于受伤。背部似乎是坚硬的，掉到地毯上大概也不会出事。他最大的顾虑是掉下地时会有很大的响声，这如果不使门外的人大吃一惊，也会令他们担忧的。不过也只好硬着头皮一试了。

当格雷戈尔半个身子伸出床外时——这新方法与其说是苦工，倒不如说是一种游戏，他只须一摇一晃地挪动就行——他忽然想到，如果有人来帮忙的话，一切会多么简单易行。只要两个强壮的人就够了——他想到他的父亲和女佣——他们只须将手臂伸到他隆起的背部下边，拉他离床，弯腰放下重负，然后小心而有耐心地等待他在地上翻个身就行了，但愿他的那些细腿到时会变得懂事。那么，先不说门都是锁着的，他是否真该叫人帮忙呢？虽然境况那么遭，但一想到这里，他就忍不住微微笑起来了。

当他用力摇晃时，身体已经快要失去平衡了，而他也必须马上作出最后的决定，因为还差五分就是七点一刻了——这时大门的门铃响起来了。“公司来人了，”他对自己说，身子几乎僵住了，而那些细腿却挥舞得更慌乱了。片刻之间家中一点声音也没有。“他们不去开门，”格雷戈尔怀着一种毫无道理的希望自言自语地说。但是，女佣自然还像往常一样踏着坚定的步子去开门。听到来客第一声问好的话，格雷戈尔马上就知道来的是谁了——法律全权代理亲自来了。怎么格雷戈尔就这么命定得到这么家公司干活，在这儿出了最小的差错马上就会遭受最大的怀疑。难道所有职员全都是无赖？难道在他们当中就没有一个忠心耿耿的，早上几小时没有为公司干活就受尽良心的折磨，并真的是下不了床的？难道叫个学徒来问问就真的不够吗？——假如真有必要来问的话——难道非得法律全权代理亲自前来，因而让无辜的全家都看到，这可疑的事情只有交给他这样有头脑的人才能调查清楚？格雷戈尔越想越激动，出于这激动而不是经由正确的决定，他一用力将自己甩下床去。声音很大，但也不是那种震耳欲聋的响声，地毯使他跌落的声音减弱了，另外，他背部的弹性也比他想的要好些，因此，发出的声音是那种不引人注意的钝声。只是他不够小心，没把头抬好，头给撞了，他又气又疼，转转头在地毯上磨蹭着。

“房里有东西掉下来了，”全权代理在左边的房间说。格雷戈尔努力想象，今天发生在他身上的事，是不是有朝一日也会发生在全权代理身上呢？严格说来，人们该承认是有这种可能的。但是，犹如给他的提问一个粗暴的回答，全权代理在隔壁房间走了几步，他的步子坚定有力，漆皮靴子在地板上踩得嘎嘎直响。妹妹在右边房间小声向他报信：“格雷戈尔，全权代理来了。”“我知道，”格雷戈尔喃喃自语着，但他不敢说让妹妹听得见。

“格雷戈尔，”现在父亲在左边的房间里说，“全权代理先生来了。他是来问，为什么你没有搭早班火车走，我们不知道该怎么回答，况且，他要和你亲自谈，你就把门打开吧，他会宽宏大量原谅你房间的凌乱的。”“早安，萨姆沙先生，”全权代理也很友好地插话叫他。“他不舒服，”当父亲还在门旁说话时，母亲对全权代理说。“他不舒服，相信我吧，代理先生，要不然他怎会误车呢！这孩子脑子里装的只有公司的生意。晚上从不外出娱乐，我都快为这生气了。最近这八天他都在城里，但他每天晚上都呆在家。他和我们在一起，安静地坐在桌旁看报，要不然就研究火车时刻表，做做木工活对他已经就是消遣了。譬如说，他用了两三个晚上刻了一个小镜框；它真漂亮，您看到了也一定会惊奇的；镜框就挂在他房里；等格雷戈尔开了门您马上就可以看到了。您来了真使我高兴，先生：我们自己真是没法叫他开门；他太固执了，他一定是不舒服，虽然早晨他否认有病。”“我马上就来，”格雷戈尔缓慢而谨慎地说，可是他一步不动，这样才能听清谈话中的每个字。“如果不是生病就无法解释了，”全权代理说，“希望不是什么大病。虽然另一方面我得说，我们生意人为了顾及生意往往顾不得一些小病，——这是福是祸，就看人们怎么想了。”“全权代理现在可以进去了吗？”父亲不耐烦地问着，又敲起门来了。“不行，”格雷戈尔说。左边房间出现了一阵尴尬的静默，右边房里妹妹啜泣起来了。

妹妹为什么不和别人在一起呢？或许她是才起床还没有穿衣服吧。她为什么哭呢？是因为他不起床，不让全权代理进屋吗？因为他有失去工作的危险，而老板又会来向父母讨债吗？大概眼前还不必担心这些吧，格雷戈尔人还在这儿，他根本就没有离家出走的念头。眼下他躺在地毯上，如果人家知道他的状况，是不会真的要他开门让全权代理进来的。可是格雷戈尔不会因为这点小小的失礼行为马上就被辞退的，今天这事以后总会找到合适的借口解释过去的。在格雷戈尔看来，如果现在让他安静，不用眼泪和劝说来打扰他，是比较理智的做法。可是大家不明详情，他们这么做也是无可厚非的。

“萨姆沙先生，”全权代理提高嗓门喊道，“到底是怎么回事？您将自己关在房里，只用行或不行来回答，引起您父母的极大担忧，这是毫无必要的。您还疏忽了——这只是顺便提提——您在公司的职责，您的做法事实上是闻所未闻的。我以您双亲和您老板的名义对您说话，十分严肃地请您马上把事情解释清楚。真叫我惊讶，真叫我惊讶。我一向认为您是位冷静有理智的人，而现在看来，您似乎突然闹起莫名其妙的情绪来了，今早老板已暗示过我，您旷职的原因可能是什么——指的是不久前交给您管的收账权——，但是，我真是差不多是用我的名誉为您担保了，我说这是不可能的，而现在我亲眼看到您执拗得不可理喻，再也不会有兴趣为您说任何话了。您在公司的职位并不是那么牢固的，原本我打算私下里把这些事告诉您，但您既然在这儿白白浪费我的时间，我就看不出有什么理由不让您的父母也知道这些事。近来您的成绩令人非常不满意；虽说这不是特别好做生意的季度，这点我们承认，但是整整一个季度没有生意，根本是不可能的，萨姆沙先生，是不允许的。”

“但是，代理先生，”格雷戈尔焦急万分地喊道，他太激动了，忘记了其他一切，“我马上，立刻来开门。一点点不舒服，一阵晕眩，使我起不了床。我现在还躺在床上。不过现在我又感觉有精神了。我正在下床呢。请耐心地稍等片刻！看来状况没有我想的那么好，不过我已经感到能行了。一个人怎么就突然发生这样的事呢！昨晚我还好好的，我的父母亲是知道的，或者说得准确些，昨晚我已稍稍有些预感了，是该看得出来的，为什么我偏偏就没有去向公司报告呢！只是，人一般总是想，一点小病能够顶过去，不需要留在家里休息。代理先生！体谅体谅我的父母吧！您刚才对我的那些指责是没有什么理由的：没人告诉过我这些事。您大概还没看到我最近寄回公司的那些订单吧。我还要搭八点的火车出差呢，休息了几个钟头我精神好多了。别让我耽误您的时间了，代理先生；一会儿我就会上班去的，劳您驾先去说一声，还请您代我问候老板！"

格雷戈尔一面慌乱而快速地说着这些话，其实自己都不知道说的是什么，一面不费什么力气就靠近了柜子，这大概是因为有了床上的那些练习，现在他想撑着柜子站起来。他是真的想打开门，想露面，想和代理说说话；人家现在这么急于见到他，看到他的样子后他们会怎么说呢，这他很想知道。如果他们大吃一惊，那么责任就不再在他这边了，他可以心安理得；如果他们镇定自若接受一切，那么他就没有理由慌张，动作快一点的话，还真能赶上八点那趟火车。柜子很滑，起先他滑下来好几次，但是最后用力一提劲，终于站起来了；下身灼痛得厉害，但他顾不得那么多了。现在他将身体靠在旁边的椅背上，用他的细腿紧抓住椅背的边。这么一来他就把握住自己的身体了，他一言不发，因为这时他听见全权代理的声音了。

"您二位听懂一个字了吗？"代理问他的父母，"他不至于把我们当傻瓜吧？""天啊，"母亲声泪俱下地喊起来了，"说不定他病得很厉害，而我们还在折磨他。葛蕾特！葛蕾特！"接着她大叫着。"什么事，妈妈？"妹妹从另一边喊道。她们就隔着格雷戈尔的房间对讲起来了。"你得马上去请医生，格雷戈尔病了，快去找医生。你听见他说话的声音了吗？""那是动物发出的声音，"全权代理说。他的声音同母亲的尖叫相比，显得特别低。"安娜！安娜！"父亲对着前厅朝厨房那边喊着，还拍手叫人，"立刻找个锁匠来！"话刚说出口，两个姑娘就已穿过门厅，她们的裙子嗖嗖地响——妹妹怎么这么快就穿好衣服了？——，接着猛然打开单元门出去了，听不见关门的声音；她们大概是让门就这么开着，发生重大事故的人家总是这样让门开着的。

格雷戈尔现在则镇静多了。人家是听不懂他的话了，他自己听自己的话倒是很清楚，甚至比以前更加清楚，或许是因为耳朵适应了，不过至少现在人家相信他不完全对劲，而且准备来帮助他了。他们作这些初步的安排时显得很有把握，也充满信心，这使他感到舒服。他觉得自己重又被纳入人类圈子，但愿医生和锁匠能做出不寻常的成绩。事实上他并没有准确分清两者的差别。为了使在就要来到的关键性谈话中自己的声音尽可能地清晰，他清了清嗓子，自然是努力压低声音，因为很可能这声音听起来也不像人的咳嗽声了。这一点连他自己也没信心去分辨了。隔壁房里一片静默，或许是父母和代理正坐在桌旁低声谈话，或许大家都靠在门上听他的动静。

格雷戈尔撑着椅子移身向门口走去，到了门旁，放开椅子，将身体靠向门，借着门撑住自己——他那细腿的脚底有些粘性——，就这么休息了一会儿，接着他开始用嘴去转动锁孔中的钥匙，糟糕的是，他像是没有真正的牙齿——不用牙齿他能用什么去抓住钥匙呢？——不过下颚倒自然是很结实的；借助下颚他也真的转动钥匙了，但他肯定受了什么伤，因为从他嘴里流出了一些棕色液体，流过钥匙，滴到地上，对这，他一点也没去注意。“您二位听听，”代理在隔壁房里说，“他在转动钥匙。”这对格雷戈尔是个极大的鼓励；但是大家，连父亲母亲在内，都该为他高呼助威才对：“加油，格雷戈尔，”他们应该这样高喊，“不要放松，坚持弄开门锁！”他想象他们都聚精会神地在注视着他的努力，便用尽力气不顾一切昏昏然地咬住钥匙，随着钥匙转动，他也绕着锁转动，现在他只用嘴撑住身体站立着；他根据需要，时而将自己贴靠着钥匙，时而用全身的重量去压下钥匙。锁终于打开了，响亮的咔哒声使格雷戈尔清醒过来。他松了一口气自言自语地说：“那么我不用锁匠就打开锁了。”他把头靠在门把上去，想把门整个打开。

因为是用这种方式开的门，所以门已经开得很大而人家还看不到他，他得先慢慢地从那扇门后转出来，并且得十分小心，以免人们进房之前自己就四脚朝天摔倒在地。他还在忙于艰难地挪动，顾不上管别人，就听到代理“啊”地一声大叫起来——声音像刮风声——现在他也看得见他了。他靠门最近，手遮着张开的嘴正在慢慢地后退，好似有一股看不见的力量有规律地推动着他。母亲——虽然全权代理在场，她还披头散发——先是双手合起看着父亲，接着朝格雷戈尔走了两步就昏倒在地，她的裙子摊开在她的四周，脸垂到胸前完全看不见了。父亲充满敌意地握紧拳头，像是想把格雷戈尔推回房里，接着又疑惑不定地看看起居室，然后用手遮着眼睛哭了起来，哭得他壮实的胸膛也颤动起来了。

格雷戈尔并不进房去，他在里头靠在那半扇扣紧的门上，所以只能见到他半个身体和那侧探出来的头，他对着他们看。这时天亮了，可以清楚地看见街对面那幢没尽头的灰黑色房子——这是一家医院——房子临街的一边突出一排整齐一律的窗子；雨还在下着，不过只是一滴滴可见的落在地上的大雨点。桌上摆了许多早餐的杯盘，因为早餐是父亲最重要的一顿饭，他在早餐时看好几份报纸，一坐就是几小时。对面墙上挂着一张格雷戈尔服兵役时的照片，他穿着少尉军装，看他手握着剑，面带无忧无虑的微笑，样子像在要求人家尊敬他的姿势与制服。通往门厅的门是开着的，因为大门也开着，所以可以看到门前平台和通往下面的几级楼梯。

“好吧，”格雷戈尔说，他很明白他是惟一保持镇静的人，“我会马上穿好衣服，收拾好样品，然后动身上路。您愿意，您愿意让我去吗？是啊，代理先生，您看，我并非冥顽不化，我是很愿意工作的；出差旅行是苦差事，但我不出差就无法生活。您上哪儿去，代理先生？去公司吗？是吗？您会将所有事都照实报告上去吧？一个人可能暂时失去工作能力，但这时也是想着他以前做出的成绩的时候，还可以考虑到，当他排除障碍之后，他会比先前更加勤快更加尽力工作的。我对老板真是忠心耿耿，这您是很清楚的。另一方面我还得操心父母和妹妹。我还陷于困境中，但我会重新挣扎出来的。我已十分为难了，请不要再雪上加霜。在公司里请站在我这一边吧！我知道，公司里大家都不喜欢旅行推销员，以为他赚钱多日子美，他们没有什么特别的理由和机会可以比较仔细地去考虑这种成见的对错。但是，代理先生，您不同，您比其他同事更能全面掌握情况，私下说说，比老板本人更能通观全局，公司是老板的，因而他容易受误导而做出对职员不利的判断。您知道得很清楚，旅行推销员一年到头不在公司里，很容易成为流言蜚语和偶然事件的牺牲品，很容易受到无中生有的责怪，而他是根本不可能辩解自卫的，因为他对这些事一无所知，等到他精疲力竭结束旅行回到家里，这才亲身领会到那些可怕的后果，而原因是再也看不清摸不透了。代理先生，您先别走啊！总得说句话表示您觉得我还有一点儿是对的再走啊！”

可是全权代理才听了开头的几句话就转过身去了，他张大着嘴，颤抖着肩，侧过头去看格雷戈尔。在格雷戈尔说话时，他一刻也没站定，而是眼盯着格雷戈尔一小步一小步地朝门口走去，好像有一道神秘的禁令不准他离开房间似的。已经走入前厅了，他最后一脚踏离起居室时那种突然的快速动作，真让人以为他脚底着火了。在前厅，他把手长长地伸向楼梯，好像那儿有神灵等着救他似的。

格雷戈尔清楚，如果不想让自己的职位受到最严重的危害，无论如何是不能让代理带着这种情绪离开的。父母亲对这一切是不太清楚的，他们在这些年里已经建立起信心，以为格雷戈尔呆在这家公司，生活一辈子都有保障，何况他们眼下还有那么多叫人忧虑的事得应付，一点也无力去想将来的事了。但是格雷戈尔有先见之明。必得留下代理，安慰他，说服他，最后赢得他的信任；格雷戈尔和全家人的前途就在此一举了！如果妹妹在这儿就好了！她很聪明；当格雷戈尔还镇静地仰躺在地上时，她就已经哭了。而且，代理是个色鬼，他肯定会听她指挥的；她肯定会关上大门，在前厅里对他说话，说得他不再惊恐。但是妹妹偏偏不在，格雷戈尔必须自己采取行动了。他对自己目前的活动能力根本心中无数，也没有去想，人家可能，甚至相当肯定又会听不懂他的话，这些他都没想，就离开了那扇门，挤身过去，想要走到代理那儿去，代理这时正在屋前平台上可笑地用双手紧紧抓住楼梯栏杆；格雷戈尔刚这么一动就立刻倒下，一边找着可以支撑的东西一边轻轻叫了一声，那许多细腿已着地了，还没有整个趴下，他就感到身体舒适了，在今天早上这还是第一次；细腿在地下站得很稳，他十分高兴地注意到，它们完全听话，努力带他朝他想去的地方走去；他已相信，根本好转的时候已经到来了，但是就在这时，当他在离母亲不远的地方，趴在她对面的地板上，摇晃着想慢慢动作起来时，原先看起来一动不动的母亲，突然一下子跳了起来，伸开手臂，张开手指，喊了起来："救命啊，天啊，救命啊！"她低下头，好像想把格雷戈尔看得更仔细些，但却又事与愿违不知不觉地后退，忘了她后面有张摆满杯盘的桌子，到了桌旁，又恍恍惚惚地慌忙坐上去，似乎根本没有注意到桌上大咖啡壶已打翻，咖啡正在地她身后大股地流到地毯上去。

“妈妈，妈妈，”格雷戈尔轻声地叫她，朝上望着她。此刻他已完全忘了全权代理：相反地，看到流下的咖啡时，他忍不住用嘴巴向空中咂了咂。这使他母亲重又尖叫起来，她逃离桌子，倒在急忙跑过来的父亲的怀里。但是格雷戈尔现在顾不上他的父母了；全权代理已踏上往下去的楼梯，下巴靠在栏杆上，还回头看了最后一眼。格雷戈尔想跑动起来，好尽可能追上他；代理一定是预感到什么，因为他一跳就跳下好几级楼梯，接着就消失了，但他还在发着“呼！”声，声音穿过整个楼梯过道。糟糕的是，到现在为止一直比较镇定的父亲由于代理的逃离也显得慌乱了，因为他不但自己不去追赶代理，或者至少不要阻挡格雷戈尔去追赶，反而右手抓住代理连同帽子、大衣和留在沙发上的手杖，左手抓起桌上的一大张报纸，一面跺着脚，一面挥动手杖和报纸要将格雷戈尔赶回房里去。格雷戈尔的恳求一点用也没有，他的恳求也不被理解，他再谦卑地转着头也没用，父亲反而把脚跺得更重。那边，母亲不管天气寒冷，用力打开一扇窗子，探身窗外，用手掩住脸。巷子和楼道之间刮起一阵穿堂风，窗帘吹起了，桌上的报纸簌簌地响，一张张被刮到地下去。父亲毫不松懈地赶着他，发出嘘嘘的叫声，像一个野人似的，只是格雷戈尔还没学过如何后退走路，实在走得很慢。假如情况允许他转身的话，他会马上退回到房间，但是转身很缓慢，他害怕这会使父亲不耐烦，而父亲手中那手杖随时都可能对着他背上或者头上给他致命的一击。最后格雷戈尔一点别的法子也没有，只有转身了，因为他惊恐地注意到，后退时连方向都弄不准，这样他就一边不断偷偷惶恐地侧眼盯着父亲，一边开始尽可能地快速掉转身体，事实上却转得很慢。也许是父亲注意到他良好的意愿了，因为他掉转身体时父亲不干扰他，而且还远远地用手杖尖端不时指挥他转身的动作。如果父亲不发出这无法忍受的嘘嘘声该多好啊！格雷戈尔快被这声音弄疯了。他一直用心地听着这嘘声，当他快要整个地转过身时，甚至于搞错了！又转回了一点。当他终于把头转到门口时，发现身躯太宽，要通过可不那么容易。父亲处在眼下这种心理状态中，自然一点也不会想到将另一扇门打开让格雷戈尔有足够的地方通过去。他心中只有一个念头，格雷戈尔必须尽快地进他自己的房间去，让他站立起来或许就进得去。但这得做许多麻烦的准备，父亲是绝不会允许的。他倒反而用更大的声音驱赶格雷戈尔向前走，好像什么障碍也不存在似的，在格雷戈尔后面的声音，听起来已一点也不像仅仅只是一个父亲发出的了；这可真不是闹着玩的了。于是格雷戈尔不顾一切挤进门去。他身躯的一边抬高起来，斜着身体躺在门洞里，身体的一侧擦伤了，白色的门上留下难看的斑迹，很快他就被夹紧了，靠他自己是一点也动弹不得了，向上一边的细腿挂在空中颤抖着，另一边的则被压在地上，十分疼痛——这时，父亲从后面重重地给了他解脱性的一脚，他跌进房间中间，身上流着血。门用手杖给关上了，屋里终于安静下来了。

思考与练习：

一、细读课文，归纳导致格雷戈尔异化为非人的原因。为什么“格雷戈尔”变成了一只甲虫？怎样理解作者对“变形”这一荒诞情节的构思意图和巧妙之处？

二、结合课文中描写格雷戈尔的心理描写与细节描写解读主人公格雷戈尔及其父亲的形象，

三、分析文中“门”的意象。

四、比较阅读课文与契诃夫的《小公务员之死》，探究两个小人物生存环境和性格内涵的异同。

五、观看卓别林《摩登时代》中工人们在机器大生产中加式流水线上，变异为机器的片段。理解现代主义文学在思想内容方面的典型特征：在人与社会、人与人、人与自然和人与自我四种关系上所表现出来的全面的扭曲和严重的异化。

最后的常春藤叶

欧·亨利[1]

阅读提示：《最后的常春藤叶》，也译为《最后一片叶子》，讲述了老画家贝尔曼为了鼓励贫病交加的青年画家顽强地活下去，在风雨之夜以付出自己的生命为代价往墙上画了一片永不凋零的常春藤叶。文中作者着力挖掘和赞美小人物的伟大人格和高尚品德，展示他们向往人性世界的美好愿望。

欧·亨利善于戏剧性地设计情节，埋下伏笔，作好铺垫，勾勒矛盾，尤其是结尾的巧妙设置。

华盛顿广场西面的一个小区，街道仿佛发了狂似地，分成了许多叫做“巷子”的小胡同。这些“巷子”形成许多奇特的角度和曲线。一条街本身往往交叉一两回。有一次，一个艺术家发现这条街有它可贵之处。如果一个商人去收颜料、纸张和画布的账款，在这条街上转弯抹角、兜圈子的时候，突然碰上一文钱也没收到，空手而回的他自己，那才有意思呢！

因此，搞艺术的人不久都到这个古色天香的格林威治村[2]来了。他们逛来逛去，寻找朝北的窗户，18世纪的三角墙，荷兰式的阁楼，以及低廉的房租。接着，他们又从六马路买来了一些锡蜡杯子和一两只烘锅，组成了一个“艺术区”。

苏艾和琼珊在一座矮墩墩（dūndūn）的三层砖屋的顶楼设立了她们的画室。“琼珊”是琼娜的昵称。两人一个是从缅因州来的，另一个的家乡是加利福尼亚州。她们是在八马路上一家“德尔蒙尼戈饭馆”里吃客饭时碰到的，彼此一谈，发现她们对于艺术、饮食、衣着的口味十分相投，结果便联合租下那间画室。

那是五月间的事。到了十一月，一个冷酷无情，肉眼看不见，医生管他叫“肺炎”的不速之客，在艺术区里潜蹑（niè）着，用他的冰冷的手指这儿碰碰那儿摸摸。在广场的东面，这个坏家伙明目张胆地走动着，每闯一次祸，受害的人总有几十个。但是，在这错综复杂，狭窄而苔藓遍地的“巷子”里，他的脚步却放慢了。

“肺炎先生”并不是你们所谓的扶弱济困的老绅士[3]。一个弱小的女人，已经被加利福尼亚的西风吹得没有什么血色了，当然经不起那个有着红拳头，气吁吁（xū）的老家伙的赏识。但他竟然打击了琼珊；她躺在那张漆过的铁床上，一动也不动，望着荷兰式小窗外对面砖屋

[1] 欧·亨利：美国著名短篇小说家。亨利一生穷困潦倒，接触过多种多样的人物，掌握了丰富的创作素材，写下了三百多篇短篇小说。他的小说以情节取胜，故事颇多偶然巧合，结局往往出人意料。这种写作方法对后人影响颇大，被誉为美国现代短篇小说的创始人。他同情普通小市民，憎恨压迫者，自觉为小人物立言。他创作的艺术特色是常以使人发噱的幽默，启发人们深思。他的佳作常能在鞭挞资本主义社会的腐朽之余，引出人们“含泪的微笑”，抚慰受创伤的小人物的心灵，因而深受读者的欢迎。代表作有《麦琪的礼物》《警察与赞美诗》《最后的常春藤叶》等。他与法国的莫泊桑、俄国的契诃夫被人们誉为世界三大短篇小说巨匠。

[2] 格林威治村：美国纽约市西区的一个地名，住在这里的多半是作家、艺术家等。

[3] 绅士：绅士一词源于英国。一般指心地善良、举止优雅的男士。现在有“绅士风度”之说。

的墙壁。

一天早晨，那位忙碌的医生扬扬他那蓬松的灰眉毛，招呼苏艾到过道上去。

“依我看，她的病只有一成希望。”他说，一面把体温表里的水银甩下去。“那一成希望在于她自己要不要活下去。人们不想活，情愿照顾殡仪馆的生意，这种精神状态使医药一筹莫展。你的这位小姐满肚子以为自己不会好了。她有什么心事吗？”

“她——她希望有一天能去画那不勒斯海湾[1]。”苏艾说。

“绘画？——别扯淡了！她心里有没有值得想两次的事情——比如说，男人？”

“男人？”苏艾像吹小口琴似地哼了一声说，“难道男人值得——别说啦，不，大夫，根本没有那种事。”

“那么，一定是身体虚弱的关系。”医生说，“我一定尽我所知，用科学所能达到的一切方法来治疗她。可是每逢我的病人开始盘算有多少辆马车送他出殡的时候，我就得把医药的治疗力量减去百分之五十。要是你能使她对冬季大衣的袖子式样发生兴趣，提出一个问题，我就可以保证，她恢复的机会准能从十分之一提高到五分之一。”

医生离去之后，苏艾到工作室里哭了一场，把一张日本纸餐巾擦得一团糟。然后，她拿起画板，吹着拉格泰姆音乐[2]调子，昂首阔步地走进琼珊的房间。

琼珊躺在被窝里，脸朝着窗口，一点儿动静也没有。苏艾以为她睡着了，赶紧停止吹口哨。

她架起画板，开始替杂志画一幅短篇小说的钢笔画插图。青年画家不得不以杂志小说的插图来铺平通向艺术的道路，而这些小说则是青年作家为了铺平文学道路而创作的。

苏艾正为小说里的主角，一个爱达荷州的牧人，画上一条在马匹展览会里穿的漂亮的马裤和一片单眼镜，忽然听到一个微弱的声音重复了几遍。她赶紧走到床边。

琼珊的眼睛睁得大大的。她望着窗外，在计数——倒数上来。

“十二”，她说，过了一会儿，又说“十一”；接着是“十”“九”；再接着是几乎连在一起的“八”和“七”。

苏艾关切地向窗外望去。有什么可数的呢？外面见到的只是一个空荡荡、阴沉沉的院子，和二十英尺外的一幢砖屋的墙壁。一株极老极老的常春藤，纠结的根已经枯萎，攀在半墙上，秋季的寒风把藤上的叶子差不多全吹落了，只剩下几根几乎是光秃秃的藤枝依附在那堵松动残缺的砖墙上。

“怎么回事，亲爱的？”苏艾问道。

“六。”琼珊说，声音低得像是耳语，“它们现在掉得快些了。三天前差不多有一百片，数得我头昏眼花。现在可容易了。喏，又掉了一片，只剩下五片了。”

---

[1] 那不勒斯海湾：位于意大利南部，以风景优美著名，是意大利最美丽的港口。它悠久的历史，美丽的自然风光，成为地中海最著名的风景区之一，被人们称为“阳光和快乐之城”。

[2] 拉格泰姆音乐：美国流行音乐形式之一。产生于1900年前后美国经济十分繁荣时期，通常是较慢的2/4拍节奏。人们把这种只注重节奏变化而不注重旋律、情绪欢快而别具一格的钢琴音乐称为拉格泰姆，意思是令人发笑的拍子。

"五片什么，亲爱的？告诉你的苏艾。"

"叶子，常春藤上的叶子。等最后一片掉落下来，我也得去了。三天前我就知道了。难道大夫没有告诉你吗？"

"哟，我从没听到这样荒唐的话。"苏艾装出满不在乎的样子数落地说，"老藤叶同你的病有什么相干？你一向很喜欢那株常春藤，得啦，你这淘气的姑娘，别发傻啦。我倒忘了，大夫今天早晨告诉我，你很快康复的机会是——让我想想，他是怎么说的——他说你好的希望是十比一！哟，那几乎跟我们在纽约搭街车或者走过一幢新房子的工地一样，碰到意外的时候很少。现在喝一点儿汤吧。让苏艾继续画图，好卖给编辑先生，换了钱给她的病孩子买点儿红葡萄酒，再买些猪排给自己解解馋。"

"你不用再买什么酒啦。"琼珊说，仍然凝视着窗外。"又掉了一片。不，我不要喝汤。只剩四片了。我希望在天黑之前看到最后的藤叶飘下来。那时候我也该去了。"

"琼珊，亲爱的，"苏艾弯着身子对她说，"你能不能答应我，在我画完之前，别睁开眼睛，别瞧窗外？那些图画我明天得交。我需要光线，不然我早就把窗帘拉下来了。"

"你不能到另一间屋子里去画吗？"琼珊冷冷地问道。

"我要呆在这儿，跟你在一起。"苏艾说，"而且我不喜欢你老盯着那些莫名其妙的藤叶。"

"你一画完就告诉我。"琼珊闭上眼睛说，她脸色惨白，静静地躺着，活像一尊倒塌下来的塑像，"因为我要看那最后的藤叶掉下来。我等得不耐烦了。也想得不耐烦了。我想摆脱一切，像一片可怜的、厌倦的藤叶，悠悠地往下飘，往下飘。"

"你争取睡一会儿。"苏艾说，"我要去叫贝尔曼上来，替我做那个隐居的老矿工的模特儿。我去不了一分钟。在我回来之前，千万别动。"

老贝尔曼是住在楼下底层的一个画家。他年纪六十开外，有一把像米开朗基罗[1]的摩西雕像上的胡子，从萨蒂尔[2]似的脑袋上顺着小鬼般的身体卷垂下来。贝尔曼在艺术界是个失意的人。他耍了四十年的画笔，还是同艺术女神隔有相当距离，连她的长袍的边缘都没有摸到。他老是说就要画一幅杰作，可是始终没有动手。除了偶尔涂抹了一些商业画或广告画之外，几年没有画过什么。他替"艺术区"里那些雇不起职业模特儿的青年艺术家充当模特儿，挣几个小钱。他喝杜松子酒总是过量，老是唠唠叨叨地谈着他未来的杰作。此外，他还是个暴躁的小老头儿，极端瞧不起别人的温情，却认为自己是保护楼上两个青年艺术家的看家凶狗。

苏艾在楼下那间灯光黯淡的小屋子里找到了酒气扑人的贝尔曼。角落里的画架上绷着一幅空白的画布，它在那儿静候杰作的落笔，已经有了二十五年。她把琼珊的想法告诉了他，又说她多么担心，唯恐那个虚弱得像枯叶一般的琼珊抓不住她同世界的微弱牵连，真会撒手

[1] 米开朗基罗：意大利文艺复兴时期伟大的绘画家、雕塑家、建筑师和诗人，文艺复兴时期雕塑艺术最高峰的代表。他在罗马教皇朱利二世的墓上雕刻了摩西像（摩西是旧约圣经中记载的极为重要的先知）。

[2] 萨（sà）蒂尔：古希腊神话中半人半兽的森林之神，长着马耳马尾或羊角羊尾。

去世。

老贝尔曼的充血的眼睛老是迎风流泪，他对这种白痴般的想法大不以为然，连讽带刺地咆哮了一阵子。

“什么话！”他嚷道，“难道世界上竟有这种傻子，因为可恶的藤叶落掉而想死？我活了一辈子也没有听到过这种怪事。不，我没有心思替你当那无聊的隐士模特儿。你怎么能让她脑袋里有这种傻念头呢？唉，可怜的小琼珊小姐。”

“她病得很厉害，很虚弱，”苏艾说，“高烧烧得她疑神疑鬼，满脑袋都是希奇古怪的念头。好吧，贝尔曼先生，既然你不愿意替我当模特儿，我也不勉强了。我认得你这个可恶的老——老贫嘴。”

“你真女人气！”贝尔曼嚷道，“谁说我不愿意？走吧。我跟你一起去。我已经说了半天，愿意替你效劳。天哪！像琼珊小姐那样好的人实在不应该在这种地方害病。总有一天，我要画一幅杰作，那么我们都可以离开这里啦。天哪！是啊。”

他们上楼时，琼珊已经睡着了。苏艾把窗帘拉下，一直遮住窗台，做手势让贝尔曼到另一间屋子里去。他们在那儿担心地瞥（piē）着窗外的常春藤。接着，他们默默无言地对瞅了一会儿。寒雨夹着雪花下个不停。贝尔曼穿着一件蓝色的旧衬衫，坐在一口翻转过来的权充岩石的铁锅上，扮作隐居的矿工。

第二天早晨，苏艾睡了一个小时醒来的时候，看到琼珊睁着无神的眼睛，凝视着放下来的绿窗帘。

“把窗帘拉上去，我要看。”她用微弱的声音命令着。

苏艾困倦地照着做了。

可是，看哪！经过了漫漫长夜的风吹雨打，仍旧有一片常春藤的叶子贴在墙上。它是藤上最后的一片了。靠近叶柄的颜色还是深绿的，但那锯齿形的边缘已染上了枯败的黄色，它傲然挂在离地面二十来英尺的一根藤枝上面。

“那是最后的一片叶子。”琼珊说，“我以为昨夜它一定会掉落的。我听到刮风的声音。它今天会脱落的，同时我也要死了。”

“哎呀，哎呀！”苏艾把她困倦的脸凑到枕边说，“如果你不为自己着想，也得替我想想呀。我可怎么办呢？”

但是琼珊没有回答。一个准备走上神秘遥远的死亡道路的心灵，是全世界最寂寞、最悲哀的了。当她与尘世和友情之间的联系一片片地脱离时，那个玄想似乎更有力地掌握了她。

那一天总算熬了过去。黄昏时，她们看到墙上那片孤零零的藤叶仍旧依附在茎上。随夜晚同来的是北风的怒号，雨点不住地打在窗上，从荷兰式的低屋檐上倾泻下来。

天色刚明的时候，狠心的琼珊又吩咐把窗帘拉上去。

那片常春藤叶仍在墙上。

琼珊躺着对它看了很久。然后她喊苏艾，苏艾正在煤气炉上搅动给琼珊喝的鸡汤。

"我真是一个坏姑娘，苏艾，"琼珊说，"冥冥中有什么使那最后的一片叶子不掉下来，启示了我过去是多么邪恶。不想活下去是个罪恶。现在请你拿些汤来，再弄一点掺（chān）葡萄酒的牛奶，再——等一下；先拿一面小镜子给我，用枕头替我垫高，我想坐起来看你煮东西。"

一小时后，她说："苏艾，我希望有朝一日能去那不勒斯海湾写生。"

下午，医生来了，他离去时，苏艾找了个借口，跑到过道上。

"好的希望有了五成。"医生抓住苏艾瘦小的、颤抖的手说，"只要好好护理，你会胜利。现在我得去楼下看看另一个病人。他姓贝尔曼——据我所知，也是搞艺术的，也是肺炎。他上了年纪，身体虚弱，病势来得很猛。他可没有希望了，不过今天还是要把他送进医院，让他舒服些。"

第二天，医生对苏艾说："她已经脱离危险了。你赢啦。现在只要营养和调理就行啦。"

那天下午，苏艾跑到床边，琼珊靠在那儿，心满意足地在织一条毫无用处的深蓝色肩巾，苏艾连枕头把她一把抱住。

"我有些话要告诉你，小东西。"她说，"贝尔曼在医院里去世了。他害肺炎，只病了两天。头天早上，看门人发现他在楼下自己那间房里痛得动弹不了。他的鞋子和衣服都湿透了，冰凉冰凉的。他们想不出，在那种凄风苦雨的夜里，他究竟是到什么地方去了。后来，他们找到了一盏还燃着的灯笼，一把挪动过地方的梯子，还有几支散落的画笔，一块调色板，上面和了绿色和黄色的颜料。还有，亲爱的，瞧瞧窗子外面，瞧瞧墙上那最后的一片叶子。你不是觉得纳闷，为什么风刮得那样厉害，它却从来不摇一摇、动一动呢？啊，亲爱的，那是贝尔曼的杰作——那晚最后的一片叶子掉落时，他画在墙上的。"

思考与练习：

一、试按小说的情节结构"开端、发展、高潮、结局"及序幕把文章分为四部分。其中最震撼人心的情节是什么？为什么？

二、值得赞美、讴歌的美好情感有很多，本文所要赞美的是哪一种？表达的主题思想是什么？

三、本文标题的含义是什么？为什么说"最后的常春藤叶"是贝尔曼的杰作？

四、贝尔曼画常春藤叶这一重要情节是借苏艾的口说出来的，说说这样写的好处。

第十单元　戏剧影视文学

戏剧与影视文学赏析要点

戏剧与影视文学指电影、舞台剧（戏曲、话剧，小品等）、电视剧的文学剧本。

戏剧是一种综合运用文学（主要指剧本）、音乐（主要指戏剧演出中的音响、插曲、配乐等，在戏曲、歌剧中还包括曲调、演唱等）、舞蹈（主要指舞剧、戏曲艺术中包含的舞蹈成分，在话剧中转化为演员的表演动作艺术）、美术（又称造型艺术，主要指布景、灯光、道具、服装、化妆）等艺术手段，来反映社会生活中各种冲突的艺术，是一种通过舞台演出而诉诸观众感官的艺术形式，即通过演员装扮角色，在舞台上表演故事，塑造生动的舞台艺术形象，以达到直接感染观众、发挥社会作用的目的。

中国戏剧历史悠久，艺术技巧精湛、独特，具有鲜明的民族特色。古代戏剧和现代戏剧却有很大的不同。古代戏剧因以“戏”和“曲”为主要因素，所以称作“戏曲”。主要包括元杂剧、宋元南戏和明清传奇，也包括近代的京戏和川剧、越剧等各种地方戏曲。剧本由曲词、宾白（对话和独白）和科泛（动作和表情）三部分组成。元杂剧的角色主要分扮女性的“旦”和扮男性的“末”（后来一般称为“生”）。关汉卿的《窦娥冤》、马致远的《汉宫秋》、王实甫的《西厢记》等，都是元杂剧中的优秀作品。明清传奇是宋元时期南戏的进一步发展，也兼用一些北曲。代表作有汤显祖的《牡丹亭》、洪升的《长生殿》和孔尚任的《桃花扇》等。

在中国，现代戏剧主要指的是20世纪以来从西方传入的话剧、歌剧、舞剧等，其中话剧是主体。郭沫若、田汉、曹禺、夏衍、老舍等都是中国现代杰出的剧作家；《屈原》《丽人行》《雷雨》《上海屋檐下》《茶馆》等都是著名的剧作。

外国戏剧一般专指话剧。莎士比亚、莫里哀、易卜生等都是世界著名的剧作家；《哈姆雷特》《罗密欧与朱丽叶》《威尼斯商人》《伪君子》《悭吝人》《玩偶之家》等都是世界名作。

戏剧在长期发展中，形成了很多种类。以表演形式划分，有话剧、歌剧、舞剧、歌舞剧等；以内容性质划分，有悲剧、喜剧、正剧等；以作品反映的时代划分，有现代剧、历史剧、科幻剧等；以结构形式划分，有独幕剧、多幕剧，等等。

戏剧文学，通常指剧本。它是舞台演出的依据。剧本作为戏剧文学，是和诗歌、散文、小说并列的一种文学体裁。戏剧文学的主要特色表现在三个方面：

一要适合舞台表演。戏剧以创造完整的舞台艺术形象为目的，剧本必须把人物、故事、时间、场景高度集中在有限的舞台空间和时间里，以较短的篇幅，较少的人物，较省的场景和较单纯的故事，艺术地再现于舞台上，突出地刻画人物形象，凝练地揭示生活矛盾。

二要有强烈的戏剧冲突。“没有冲突就没有戏剧。”在戏剧作品中，人物与人物之间，由于性格所追求的目的不同，而展开的矛盾斗争叫戏剧冲突。戏剧作品总是由一个冲突的提出、发展和解决而完成的。戏剧冲突是戏剧成败的关键，所谓戏剧性正是由于戏剧冲突解决的独特、新颖、有丰富内涵而形成的。在戏剧作品中，只有通过这样或那样的冲突，人物性格才能鲜明地塑造出来，也只有在矛盾冲突的旋涡中，剧情的展开才能生动的表现出来。戏剧文学中各种性质的社会矛盾具体表现为剧中人物的性格冲突。它是现实生活中人与人、人与环境以及人物内心的矛盾冲突在剧本中的反映。《牡丹亭》的戏剧矛盾表现为“情”与“理”的矛盾，表现为封建礼教和封建家长对青年一代婚姻自由的束缚。戏剧冲突的表现形式是一系列的戏剧动作。戏剧动作既指能够看得见的人物外部形体动作，又指人物内心动作（往往通过外部动作和语言动作来表现）。戏剧冲突形成了剧情发展的线索和剧情结构，一般包括开端、发展、高潮、结局等部分。由于受演出的时间、空间和观众的限制，戏剧的矛盾冲突应当更集中、更简练、更尖锐地反映现实生活中的矛盾的冲突。

三要有鲜明生动的戏剧语言。在戏剧综合体中，演员的表演艺术居于主导地位，是戏剧艺术的本体。表演艺术的手段是形体动作和台词，这是戏剧艺术的基本手段。戏剧语言包括人物语言和舞台说明。舞台说明包括场景说明、背景介绍、人物动作和神态描写，以及画外音等叙述性文字。它是剧本中不可缺少的组成部分，但仅是一种辅助手段。对于戏剧文学而言，重要的是人物语言——台词。剧中情节的进展，人物性格的揭示和剧作家对人物事件的评价、态度，一般都依靠人物语言来完成。戏剧语言包括人物对话、独白、旁白、曲词。人物语言要能推动剧情的发展，要有高度的个性化和充分的表现力，要精练，有丰富的潜台词。

影视文学是电影文学和电视文学的合称，是指通过电影、电视等声画媒介，以听觉和视觉传达设计为着眼点，运用文学创作的一般规律建构情节、塑造形象、营造气氛、抒发感情，给受众以文学审美情趣的文学类型，成为当代文学的一个重要分支。

电影是一门综合艺术，它把绘画与戏剧、音乐与雕塑、建筑与舞蹈、风景与人物、视觉形象与有声语言联结成为统一的综合体。电影艺术以电影技术为手段，以画面和音响为媒介，在荧幕上把运动的时间和空间创造出来，是再现和反映生活的一门艺术。电影艺术的基本构成元素是影像、声音和色彩。世界第一部有声电影片是 1927 年美国的《爵士歌王》；中国第一部无声黑白电影是 1905 年摄制的京剧片《定军山》，第一部有声黑白电影是 1931 年诞生的《歌女红牡丹》；中国第一部彩色电影是 1948 年拍摄的戏曲片《生死恨》。

电视是现代科技的产物。1925 年英国人贝尔德试制电视接收机成功，标志着电视时代的到来。电视像电影一样视听兼备，是最具综合性的艺术门类。电视艺术的构成要素有画面、音响、音乐、解说、字幕等。电影的审美媒介是“银幕”，而电视是“屏幕”；电影是用摄影机先将被摄体拍摄在条状胶片上，然后经过洗印、剪辑等工艺过程，制成影片，而电视是用摄像机将被摄体拍摄在录像带上，经过较简单的工艺，制成电视片；电影是大集体的欣赏方式，而电视主要是家庭欣赏方式。

影视文学的基本特征是视觉性、动作性和蒙太奇结构。视觉性，指影视文学剧本所描写的形象能够鲜明地体现出视觉形象，具有具体、实在的视象性；动作性，即影视文学剧本对人物具有清晰、丰富的动作描写；蒙太奇结构方式，即镜头的剪辑组接，把许多内容不同、场景各异的画面，按照创作的意图予以组接，使之产生连贯、对比、联想、衬托、悬念和节奏等艺术效果的特殊结构方式。

影视艺术和文学艺术不同。一是文学以语言文字为手段塑造形象，艺术形象具有极大的想象性和模糊性，而影视以空间画面和声音为手段塑造形象，形象具体直观。二是小说等文学可以对人物的内心世界进行细致的描写，而影视文学却不允许作过长的心理描述，只能用高度浓缩的简洁的性格化语言。

影视文学的拍摄方式有固定镜头和运动镜头。运动镜头有“推、拉、摇、移、跟、升、降”等拍摄方法。由于不同的拍摄方法的运用，便产生不同的景别及艺术手段。如远景（拍摄全身人像及人物周围广阔的空间、环境、自然景色或场面，主要用于交代环境和气氛）、全景（拍摄人物与其周围环境或自然景色，表现一个景的全部）、中景（表现人物膝部以上的活动情形的景）、近景（表现人物胸部以上的活动情形和面部表情的景）、特写（两肩以上的头部活动，或突出地把所要强调的“物”占满银幕或屏幕）。

选 文

游 园

汤显祖[1]

阅读提示：《牡丹亭》全名为《牡丹亭还魂记》，是汤显祖的代表作，共五十五出。戏中描写了宋时南安太守杜宝之女杜丽娘和广州贫寒书生柳梦梅的爱情故事。剧本通过离奇曲折的情节，揭露了封建礼教与青年男女爱情生活的矛盾，歌颂了青年渴望摆脱封建礼教束缚，执着追求自由美好生活的斗争精神。是我国戏曲史上一部浪漫主义杰作。

《游园》节选自《牡丹亭》第十出《惊梦》的前部分，在整个故事中是最具艺术魅力的精华部分。主要写杜丽娘为大好春光所吸引，私自跟婢女春香，离开深闺，到后花园欣赏春景的心境。这部分曲子通过对思春、迎春、伤春、赏春、惜春的描述，表现了杜丽娘对爱情、幸福生活的渴求。由六支曲子组成，前三支曲子主要写杜丽娘游园前的心理活动，后三支曲子主要写杜丽娘游园中的所见所感。曲文优美典雅，富有诗情画意，而又意味深长。

阅读时要注意理解杜丽娘内心的情感，认识到她的“叛逆”情绪和喜爱自由的天性，以及她为爱情而苦闷的心态。学习抒情、写景和刻画人物心理活动有机结合的艺术手法，了解有关戏曲的一些常识。

[商调引子] [绕池游][2]〔旦上〕梦回莺啭，乱煞年光遍[3]。人立小庭深院。

〔贴[4]〕炷尽沉烟[5]，抛残绣线，恁今春关情似去年[6]?

〔乌夜啼[7]〕〔旦〕“晓来望断梅关[8]，宿妆残[9]。”〔贴〕“你侧着宜春髻子[10]恰凭栏。”〔旦〕“剪不断，理还乱[11]，闷无端。”〔贴〕已吩咐催花莺燕借春看[12]。”〔旦〕春香，可曾叫人扫除花径?〔贴〕吩咐了。〔旦〕取镜台衣服来。〔贴取镜台衣服上〕“云髻罢梳还对镜，罗衣欲换更添香[13]。”镜台衣服在此。〔旦〕好天气也!

注释：[1]汤显祖（1550—1616），字义仍，号海若、若士，江西临川人，明代杰出戏曲家。他政治上开明，反对程朱理学，要求个性解放。在文艺创作上反对拟古，主张“文以意、趣、神、色为主”。《紫钗记》《牡丹亭》《南柯记》《邯郸记》最为著名，合称“临川四梦”。[2]商调引子：“商调”是宫调名。“引子”是南曲中专用的曲调，凡角色上场，一般先唱引子，“绕池游”（有版本作“绕地游”）属于引子的曲牌名。[3]乱煞年光遍：到处都是撩人心弦的春天景象。[4]贴：“贴旦”的省称。主要女角色为“旦”，次要女角色为“贴”。[5]炷尽沉烟：沉香的香炷烧尽了。炷：焚烧。沉烟：熏用的名贵香料，即下文提到的沉水香。[6]恁：“恁么”的省文，即为什么。关情：牵动人的情怀。全句的意思是，为什么今年的春情比去年来得浓呢?[7]乌夜啼：词牌名。明清传奇有时说白中也采用诗词的形式，交替吟诵。[8]望断：望尽。梅关：江西的大庾岭（南安府南面），从宋代开始，设有梅关，这里是虚指。[9]宿妆残：隔夜的梳妆已有残乱的样子。此处用来表现无心梳理。[10]宜春髻子：饰有宜春彩燕的发髻。相传立春那天，妇女剪彩绸为燕形，贴“宜春”字，戴在髻上。[11]“剪不断”两句：

借用李煜词《相见欢》(一名《乌夜啼》)中的两句，形容空虚、寂寞、无聊的苦闷心情。[12]“已吩咐”句：已经吩咐催促花开的莺燕将春色借来观赏。[13]“云髻”两句：形容认真梳洗打扮。云髻：发髻卷曲如云。更添香：再熏些香料。

[步步娇[14]]袅晴丝[15]吹来闲庭院，摇漾春如线。停半晌，整花钿[16]，没揣菱花，偷人半面，迤逗的彩云偏[17]。〔行介[18]〕我步香闺怎便把全身现!〔贴〕今日穿插[19]的好。

注释：[14]步步娇：与上文“绕池游”同是曲牌名。[15]袅晴丝：春天晴空中的游丝在随风飘曳。[16]花钿（diàn）：泛指古代妇女戴的嵌有金花珠宝的首饰。[17]没揣：“没揣的”省文，不料，蓦然。菱花：背面铸有菱花的镜子，借指铜镜。迤（tuó）逗：挑逗、引诱。彩云：妇女发髻的美称。这三句的意思是说，想不到镜子偷偷地照见了她，挑逗得她羞答答地把发卷也弄歪了。表现少女含情脉脉的微妙心理。[18]介：戏曲里称角色的动作为“科”，又称为“介”。[19]穿插：穿戴。

[醉扶归]〔旦〕你道翠生生出落的裙衫儿茜[20]，艳晶晶花簪八宝填[21]，可知我常一生儿爱好[22]是天然。恰三春好处[23]无人见，不提防沉鱼落雁[24]鸟惊喧，则怕的羞花闭月花愁颤。〔贴〕早茶时了，请行。〔行介〕你看：“画廊金粉半零星，池馆苍苔一片青。踏草怕泥[25]新绣袜，惜花疼煞小金铃[26]。”〔旦〕不到园林，怎知春色如许!

注释：[20]翠生生：形容光洁鲜艳。出落的：衬托出、显示出。茜：鲜红色。[21]花簪八宝填：镶嵌着各种宝石的簪子。填：镶嵌。全句的意思是，戴着嵌有各种珍宝的光彩灿烂的簪子。[22]爱好是天然：爱美是天性。天然：指天性。[23]三春好处：比喻自己的青春美貌和情思。“三春”指孟春、仲春和季春。[24]沉鱼落雁：小说、戏剧中常用来形容女人的美貌。下文“羞花闭月”同。[25]泥：玷污。这里用作动词。[26]“惜花”句：因为惜花而常拉小金铃驱赶鸟鹊，把小金铃弄得很痛。形容极端珍惜花草。典出《开元天宝遗事》：“天宝初，宁王……于后园中纫红丝为绳，密缀金铃，系于花梢之上，每有鸟雀翔集，则令园吏掣铃索以惊之，盖惜花之故也。”

[皂罗袍] 原来姹紫嫣红开遍，似这般都付与断井颓垣[27]。良辰美景奈何天，赏心乐事谁家院[28]？恁般景致，我老爷和奶奶再不提起。〔合〕朝飞暮卷，云霞翠轩；雨丝风片，烟波画船[29]——锦屏人忒看的这韶光贱[30]!〔贴〕是[31]花都放了，那牡丹还早。

注释：[27]断井颓垣：枯竭的井，倒塌的墙，形容破败冷寂的庭院。[28]“良辰”两句：大好春光，美丽景色，无人欣赏，有负苍天；赏心悦目，快意当前，又在哪家呢?意思是，虚度美好春光，赏心快意的事又在哪儿呢？[29]“朝飞”四句：概括地描写了春天的景色宜人。朝飞暮卷：借用王勃《滕王阁诗》“画栋朝飞南浦云，朱帘暮卷西山雨”诗意，形容楼台亭阁的壮丽。翠轩：华丽的楼台亭阁。雨丝风片：微风细雨。下句的“烟波”形容水汽弥漫的情状。[30]锦屏人：幽居深闺，不能领略自然美景的女子。一说“锦屏人”当指那些封建家长。忒（tuī，又 tēi）：太，即过于的意思。韶光：春光。[31]是：凡是、所有的。

[好姐姐]〔旦〕遍青山啼红了杜鹃[32]，荼蘼[33]外烟丝[34]醉软。春香啊，牡丹虽好，他

春归怎占的先[35]!〔贴〕成对儿莺燕啊。〔合〕闲凝眄[36]，生生燕语明如剪[37]，呖呖莺歌溜的圆。

〔旦〕去罢。〔贴〕这园子委是观之不足[38]也。〔旦〕提他怎的!〔行介〕

注释：[32]啼红了杜鹃：开遍了红色的杜鹃花。由杜鹃泣血联想起来的。啼：开放。[33]荼蘼（túmí）：花名，晚春时开放。[34]烟丝：即游丝。[35]“牡丹”两句：牡丹在春末时才开花，故有此反问。意思是说，牡丹虽美，但它开得那么迟，怎能占春花中的第一呢？这里包含了杜丽娘对青春被耽误的幽怨和伤感。[36]凝眄（miǎn）：注视。[37]“生生”句：乳燕柔美的叫声明快如剪。生生：燕子清脆的叫声。[38]观之不足：看不厌。

[隔尾] 观之不足由他缱，便赏遍了十二亭台是枉然[39]。到不如兴尽回家闲过遣。

注释：[39]缱（qiǎn）：缠绵，留恋。十二：虚指，即所有的意思。

思考与练习：

一、《游园》这出戏表现出来的杜丽娘的思想性格在当时具有怎样的社会意义？

二、《游园》写的是杜丽娘为大好春光所吸引，私自与婢女春香走出深闺，到后花园欣赏春景的心境。曲词优美典雅，具有强烈的抒情性。认真阅读，并思考以下问题：

1. 这部分由六支曲子组成，前三支与后三支各描写了杜丽娘怎样的思想感情？

2. 面对大好春光，杜丽娘为何会生出惆怅?其根源是什么？

3. 这六支曲子的语言清丽含蓄，富有情采。请举例分析其情景交融的艺术特点。

三、解释下列各句中加点的词。

1. 梦回莺啭，乱煞年光遍

2. 恁今春关情似去年

3. 遍青山啼红了杜鹃

4. 袅晴丝吹来闲庭院

5. 可知我常一生儿爱好是天然

城南旧事（节选）[1]

原著 林海音　改编 伊明

阅读提示：剧本通过一个小姑娘的眼睛，反映了20世纪20年代旧北京的几个小人物的命运，寄寓着作者“淡淡的哀愁，浓浓的相思”。

电影《城南旧事》蕴涵着的是一种怀旧的基调，它将其自身包含的多层次的情绪色彩，以一种自然的、不着痕迹的手段精细地表现出来，导演没有刻意追求直接的所谓“戏剧性”效果，而是把力量放在影片那个无言的结尾。本片于1983年获第三届中国电影金鸡奖最佳导演奖、最佳女配角奖和最佳音乐奖，菲律宾第二届马尼拉国际电影节最佳故事片金鹰奖等多项大奖。

院子里，爸爸在观赏盆景，妈妈在收衣服。英子一边念着“我们看海去，我们看海去”跳进院子，又跳进房间。宋妈抱着小妹妹进了院子，她把街上听来的事讲给英子妈听。

宋　　妈　太太，说个事儿你听听。

房间里，英子坐在书桌前演算算术习题，画外传来了院子里宋妈和妈妈的说话。

宋　　妈　斜对门张家闹贼了。

妈　　妈　丢了什么东西？

宋　　妈　有桌毯，还有自鸣钟。

妈　　妈　在白天还是夜间？

宋　　妈　不知道。

英子听着，突然想起了什么，草堆里，银盘下的桌毯和自鸣钟在她眼前闪了一下。

英子抬起头转着念头，突然，一阵“啪啪”的声音，她回过头去看到爸爸

[1] 选自电影文学剧本《城南旧事》（中国电影出版社1983年版），根据台湾作家林海音同名小说改编。20世纪20年代末，六岁的小姑娘林英子住在北京城南的一条小胡同里。经常痴立在胡同口寻找女儿的“疯”女人秀贞，是英子结交的第一个朋友。秀贞曾与一个大学生相爱，大学生后来因参加学生运动被军警抓走，而他们的女儿小桂子也被人扔到齐化门城根底下，至今生死未卜。后来，英子意外得知小伙伴妞儿竟然是秀贞失散的女儿小桂子，母女团聚后，秀贞带着妞儿去寻找小桂子的生父，结果两人惨死在火车轮下。后英子一家迁居新帘子胡同。英子认识了一个厚嘴唇的年轻人，他为了供弟弟上学，不得不去偷东西。英子觉得他很善良，但又分不清他是好人还是坏人。不久，英子在荒草地上捡到一个小铜佛，被警察局暗探发现，带巡警来抓走了这个年轻人，这件事使英子非常难过。在英子的眼里他并不是坏人，又一个朋友离她远去……英子九岁那年，宋妈来到林家。英子得知宋妈的儿子两年前掉进河里淹死，女儿也被丈夫卖给别人，英子听后十分伤心，扑倒在宋妈怀里痛哭起来。后来，英子的爸爸因肺病去世，英子和母亲、弟弟一起，把父亲埋在北京郊区山间的台湾义地里，他们要回台湾老家去了。宋妈被她乡下的丈夫用小毛驴驮走了。英子随家人乘上远行的马车，带着种种疑惑告别了童年。课文节选的是小英子与“厚嘴唇的人”离别的那一节故事。林海音（1918—2001），台湾现代女作家。原名林含英，小名英子，原籍台湾，生于日本大阪，在北平长大。林海音对北京有着深厚的情感。1953年开始文学创作，是台湾文学“祖母级的人物”。林海音一生创作颇丰，散文、小说、童话等都有涉及。《城南旧事》一书既是她童年生活的写照，更是当年北京平民生活的写真，也是她最具影响的作品。1998年荣获第三届世界华文作家大会荣获“终身成就奖”。

在旁门口用鞋掸子掸鞋。

英　　子　爸爸，什么叫做贼？

爸　　爸　偷人家东西的就叫贼。

英　　子　他干吗要偷人家的东西？

爸　　爸　他要吃饭，可是又没有钱。

英　　子　他为什么没有钱？

爸　　爸　嗨，你这孩子，你现在还不能懂，没有钱的原因多啦，比如说，不会做事，找不到生意，就没有钱，所以每个人都要学本事，懂么？

英　　子　懂的，贼是好人坏人？

爸　　爸　比起强盗来，他还是好人。

英　　子　梁山泊的强盗么？

爸　　爸　你从哪儿知道梁山泊？

英　　子　我积了好多洋画，（她奔到小床前的小柜，打开抽屉，取出一叠洋画）您看，这是武松，这是李逵，我已经有两张了，那是好汉，官兵才称他强盗呢。

爸　　爸　你这小脑瓜里已经藏了不少东西了。

英　　子　爸爸，贼也穿得这么好么？

爸爸笑了。

英　　子　您笑什么？

爸　　爸　贼连吃都吃不上，怎么能穿好？那是做戏。

英　　子　贼是什么样子？

爸　　爸　一个鼻子，两个眼睛，同我一样，别跟我缠了，你的功课做完没有？

英　　子　没有呢。

爸　　爸　快做功课吧。

英子唔了一声，回到桌子跟前坐下。

课堂里，韩老师踏着风琴。孩子们端端正正地坐在课桌前朗声唱着：小麻雀呀，小麻雀呀，你的母亲，哪里去了？我的母亲，打食去了……

校门口，放学时候，林英子背着书包，哼着《麻雀与小孩》的曲调，走在人行道上。

胡同里，卖冰糖葫芦的叫卖声。英子慢步走来，老远看到一副收买破烂的空挑子停在一旁，她走到那片长满了杂草的断垣残壁前，停住脚步往里看去。

英子跨过断垣，走进草丛中，突然惊奇地站住。她看到一双脚搁在地上，逐渐才看清楚是一个人，身子倚在树根上，双腿舒适地平放在地上。他听到声息，一骨碌转过身来，看到了英子。英子也看清楚了这个人，光头，圆圆的脸，嘴唇厚厚的，年约三十多岁，穿一件圆领短褂，系着裤腿，裤褂上都打了补丁。

厚嘴唇的人　小姑娘，你上这儿来干吗？

英　　　子　我呀，我来找皮球。

厚嘴唇的人　皮球？是不是这个？（他从身背后一堆东西里拿出一个皮球，英子接过球转身想走）嗯，小姑娘，你等等，咱们聊聊。你几岁啦，在哪儿上学？

英　　　子　八岁，在厂甸小学。

厚嘴唇的人　在厂甸小学？我弟弟也在那念书。

英　　　子　你弟弟几年级？

厚嘴唇的人　今年就毕业了。

英　　　子　我才一年级，你一个人在这干吗？

厚嘴唇的人　你说呢？

英　　　子　（摇摇头）你是来大便的吧？

厚嘴唇的人　大便？对啦。

英　　　子　你不讲卫生。

厚嘴唇的人　咱们这路人，讲不了什么卫生，（他从口袋里掏出一把玻璃球递给英子）这给你玩儿。

英　　　子　我不要。（厚嘴唇的人硬塞给她，她不拿，玻璃球落到了地上）我爸爸说人家给的不能随便要。

厚嘴唇的人　你家知道你来这里么？（英子摇摇头）你回去会说看到我了么？（英子又摇摇头）那好，千万别跟人说看见了我，我是好人，咱们交个朋友，往后我给你讲故事。

英　　　子　你会讲故事？（厚嘴唇的人点点头）你是小说家么？

厚嘴唇的人　小说家？写《封神榜》[1]的那种小说家么？我可当不起。

英　　　子　我有好几张《封神榜》的画片，姜子牙[2]，申公豹[3]……

厚嘴唇的人　回去吧，快黑了。

英　　　子　你呢？

厚嘴唇的人　我也就走了，咱们再见。

---

[1] 明朝小说《封神榜》又名《封神演义》《商周列国全传》《武王伐纣外史》《封神传》。是一部古代神魔小说，根据评话《武王伐纣》，再参考古籍和民间传说创作而成。其内容依托“周兴商灭”的历史背景，用武王伐纣为时空线索，从女娲降香开书，到姜子牙封三百六十五位正神结束。其中的哪吒闹海、姜子牙下山、文王访贤、三抢封神榜、众仙斗阵斗法等情节，展现了古人丰富的想象力。

[2] 姜子牙：西周政治家、军事家，因佐武王伐纣有大功，封为齐太公，成为齐国的开国君主，是赫赫有名的“千古一相”。

[3] 申公豹：是《封神榜》中的人物，他与姜子牙同拜于元始天尊门下，为姜子牙的师弟，一生与姜子牙为宿敌，法力高强。申公豹无视纣王的暴虐，全力维护纣王的残酷统治。

英　　子　再见。（返身走了）

院里，英子一边唱着“小麻雀呀，小麻雀呀”，一边跳着过来，走向北屋。

英　　子　妈妈，我告诉您一个好事儿。

妈　　妈　（在旁门口出现）什么好事儿？

英　　子　您猜。

妈　　妈　考了满分啦？

英　　子　才考过哪能又考啦？

宋　　妈　那就烤糊了。

英　　子　你别瞎胡说。

妈　　妈　快告诉我吧。

英　　子　韩老师说，欢送毕业同学的时候，要开游艺会，得早点准备。她从一、二、三年级选了几个人来表演《麻雀与小孩》，老师今天找了我，说“林英子，你当小麻雀”，我当是做梦，原来是真的，我高兴死了。韩老师还说，“回去叫妈妈给准备一件小麻雀的披风，当翅膀”。妈妈，啊，您不是有块淡青色的头纱么？借给我跳舞用好么？

妈　　妈　好，好，我找找看。

英　　子　现在就找。

妈妈开抽屉拿出一块纱巾，英子立刻抢过来，披到身上，走到穿衣镜前左看右看。

宋　　妈　这可不得了啦，英子要演戏啦，叫我去看么？

英　　子　不知道，不知道学校里让不让？

宋妈抱着小妹妹高兴地欣赏着。

妈　　妈　我给你四个角上缀上四个小铃儿，这就更好了。

英　　子　（高兴得拍手）妈妈真好，好妈妈！

课堂里，同学们的课桌都堆在一边。

韩老师踏着风琴，《麻雀与小孩》的旋律缭绕着，夹杂着悦耳的小铃儿的响声。

英子披着淡青色纱巾，装着小麻雀飞来飞去，周围站着几个参加演出的小学生，还有一些看热闹的同学。隐约有雷声，刮风了，窗外的树枝摇晃着。

小 同 学　（望望天）要下雨了，快走！

沙沙的雨立刻洒了下来，天空打着闪。

韩 老 师　不要乱，雷阵雨，很快会过去，练我们的。

课堂里的风琴声又嗡嗡响，“小麻雀呀”的歌声又唱了起来。

白云在飞奔，蓝色的天又露了出来，雷雨已过，又放晴了。

操场上，雨过天晴，天上有条虹。英子昂着头走了过来。后边，韩老师骑着辆女式自行车，微风吹拂着英子的童花[1]型的头发，好漂亮。韩老师的车赶上了英子，英子转过头去喊了声：“韩老师再见！”

胡同里。英子走进了胡同，她一面走，一面想起了草堆里的人。草堆里地上的包袱在眼前一闪。英子又走进了草堆，草叶还带着水，因为刚下过雨。那个人坐在那根横在地上的大梁上，嘴里咬了根青草。

厚嘴唇的人　放学啦？（招手让她坐到大梁上）怎么不回家？

英　　子　我猜你在这里。

厚嘴唇的人　你怎么就能猜出来？

英　　子　刚刚下过雨，我想你一定会来看看你的东西，另外，我想听你讲故事。

厚嘴唇的人　你的心真好，故事我一定会讲的，可是我还不知道你叫什么名儿呢。

英　　子　英子。

厚嘴唇的人　英子、英子，这名儿好听，可是功课好么，考第几？

英　　子　第十二名。

厚嘴唇的人　才考十二名？应当考第一名，准是爱玩儿。

英子不好意思地笑了。

厚嘴唇的人　我小时候就是贪玩，书没有念好，后悔也来不及了。我小兄弟是个好学生，年年考第一，有志气。他说小学毕业了还要进中学、大学，可凭我这没有出息的哥哥，什么能耐也没有，哪儿供得起呀？我们娘儿仨，奔窝头，还常常吃了上顿没有下顿，你们家吃窝窝头么？（英子摇摇头）我走这一步，也是事非得已，你明白我的话么？（英子似懂非懂地点点头又摇摇头）小英子，你说我是好人还是坏人？（英子摇摇头）不是好人？（指指自己的鼻子，英子又摇摇头）不是坏人？（他哭了，流出了眼泪）

英　　子　我不懂什么好人坏人，人太多了，挺难分。（她抬起头来）你分得清海跟天么？我分不清海跟天，我也分不清好人跟坏人。

厚嘴唇的人　小妹妹，你的头脑好，将来总有一天分得清楚的，我一定忘不了你。我的事别跟别人说，就连我的兄弟算上。

画外，一阵乱轰的脚步声和嘈杂声：“快，快，快去看——”“来了，已经过琉璃厂[2]了”……

英子侧着头在听。眼前闪过许多人的脚在石板地上奔过。

胡同口。人挤得水泄不通。英子找了空隙钻了进去。

通过英子的眼睛看到，马路上，监斩官骑着高头大马慢悠悠地走过。敞车

[1] 童花：即童花头，一般指女童留的短发。额前是齐密的刘海，紧贴脸颊，显得非常可爱。

[2] 琉璃厂：北京街市名，清乾隆年间开始在京城（今北京）形成的专卖古籍、古玩、古董、字画的文化街区。

上背着枪穿灰制服的兵押解着几个学生模样的人，有的穿大褂，有的穿西装，头发胡子都长得长长的，五花大绑，嘴里塞着一团纸，颈项上插了法条，上面用朱砂笔打着勾。英子惊讶地看着，她听到人们悄悄的说话声："又是学生，""这阵子枪毙的人真多，""他们犯了什么罪？""谁知道？"

房间里。英子坐在桌前，桌上摊着课本，她把胳膊平放在桌上，头枕着胳膊，没有读也没有写。英子的爸爸注意到了她的神情。

爸　　爸　英子，你在做功课么？

英　　子　没有。

爸　　爸　那么，你趴在桌上干什么？

英　　子　我在想。

爸　　爸　想什么？

英　　子　好好的人为什么要把他枪毙？

爸　　爸　你怎么忽然问这个？

英　　子　今天我看到出红差[1]了，听人说都是学生。

爸　　爸　一定是犯了罪。

英　　子　犯什么罪？

爸　　爸　你还太小，不会懂的。

英　　子　是分不清好人和坏人么？

爸　　爸　（苦笑了一下）唔。

英　　子　爸爸，您能分得清么？

爸　　爸　有的能，有的也不能。

英　　子　为什么？

爸　　爸　等你长大了再告诉你，你现在好好念你的书吧。

英　　子　爸爸，我想玩一会儿，行么？

爸　　爸　为什么不行？玩去吧。

英子拿起根绳子走出房间。

院子里。宋妈抱着小妹妹在葡萄架下喂奶糕，英子跳着绳。

宋　　妈　别在这儿跳，把地下的土都扬起来了。

门外，传来打糖锣的声音。英子一边跳，一边往外去。

胡同里。打糖锣的老头儿歇在一旁，旁边围着几个小孩。英子在胡同里跳着绳，一口气跳了好几十次。一个戴草帽的人称赞她跳得真好。英子一眼又

[1] 出红差（chāi）：去刑场枪毙。

看到了那块草地。她又跳过断垣，走了进去，忽然她发现地上有个闪亮的东西，捡起来一看，是一个小铜佛，就拿在手里了。同时她又看到草堆里有一个油布包袱，上面压了块大石头。英子对它看了一眼，就返身走了。

英子又到胡同里跳绳，那个戴草帽的人坐在人家台阶上吸烟。英子一边跳一边走，小铜佛捏在手里，一不小心，铜佛落到了地上。戴草帽的人立刻把它捡了起来。

戴草帽的人　小姑娘，这是哪儿来的？你们家的么？

英　　子　不是，（指指那块空地）喏，那里捡来的。（他听了点点头，又笑眯眯地把铜佛还给英子。）

英　　子　给你吧，我不要。

戴草帽的人　你拿去玩好了。

英　　子　不，给爸爸知道了会骂我的。

戴草帽的人　谢谢你呀，小姑娘。

英子笑嘻嘻地往回走了。

校门口。“长亭外，古道边，芳草碧连天”的歌声缭绕着。三个童子军拿着棍子把着大门，维持着秩序，来宾络绎进去。英子的爸爸妈妈一同来了。

学校礼堂里。四角交叉挂着万国旗，台上，正中悬挂着孙中山像和“革命尚未成功，同志仍须努力”的对联，上面是“天下为公”的匾额，三十来个少年排成三行，一位老师捧着一盘系着红绸带的毕业证书站在前面，校长走上前来拿起一卷毕业证书。

校　　长　本届毕业第一名学生×××。

一个眉目清秀的少年出列走到校长面前一鞠躬。全场响起了热烈的掌声。

英子打扮成小麻雀同参加游艺节目的同学们坐在一起，她鼓着掌回过头去望着来宾席，看到爸爸妈妈已经坐在那里。妈妈也看见她了，她举起一个苹果向英子示意，英子就过来了。这时正好那个考第一名的学生从台上下来，回到座位上去，他好像听到有人叫他，回过头去，走到来宾席旁。英子看到那个在草堆里认识的人笑嘻嘻地伸出手来，从学生手里接过了那份用红绸带系着的毕业证书。

爸　　爸　（对英子说）你以后也要考第一名才好，你看他爸爸多喜欢。

英　　子　不是他爸爸，是哥哥。

后景里，拿了毕业证书的小学毕业生陆续走回自己的座位。

英　　子　我们的节目快开始了。

妈　　妈　快走吧，别误了事。

英子离开了来宾席。奏着《麻雀和小孩》的风琴声嗡嗡地响了。

台上，刘平扮着小孩，他唱着“小麻雀呀，小麻雀呀，你的母亲，哪里去了？”

英子扮的小麻雀上台了，那块缀着小铃儿的淡青色包头纱，系在小拇指上当翅膀，随着她的跃动，发出很好听的声音。

英子的爸爸妈妈高兴地看着台上的英子。

那个厚嘴唇的人眼睛也盯着英子，认出了就是在草堆里认识的那个姑娘。

闪入一个画面：英子：我不懂什么好人坏人，人太多了，挺难分。厚嘴唇的人的脸上呈现出一副惭疚和尴尬的神情，目光落了下来。

草堆里。那个厚嘴唇的人双手支着下巴，一副垂头丧气的样子，英子站在他面前。

厚嘴唇的人　小英子，我问你，昨天你有没有动过这包袱？（英子摇摇头）我想着也不是你，要是你倒好了。

英　　子　不是我，我也搬不动那块石头。

厚嘴唇的人　这地方我不能久待了，你明白不？（拉过英子的手）往后你不要再到这儿来找我了。小妹妹，我忘不了你，又聪明，又厚道，咱们也是好朋友一场哪！

英　　子　你今天好像特别不高兴，你昨天看到你弟弟的文凭多高兴。

厚嘴唇的人　（苦笑着，拍拍英子的肩膀）回去吧，小英子，这两天别再来了。

英　　子　你还有故事没跟我讲呢。

厚嘴唇的人　过些天一定讲。

英　　子　再见，叔叔。

英子从断垣爬了出来，刚往前走了几步，对面碰见了那个戴草帽的人，英子朝他看了一眼，他好像没有看到英子。英子又看到他后面还跟了两个穿黑衣服的警察，一直往空地那边走去。

英子站在自家门口发着愣。画外，群杂声：“都在看什么？”“看捉贼，”“贼在哪里？”“就在里边，快出来了。”

断垣前围了不少看热闹的人，家家户户的门口也都站满了人。英子向空草地那边望去。一群人过来了，那个厚嘴唇的人低着头，他的手被捆上了白绳子，一个巡警牵着，一个巡警抱着那个油布包袱。戴草帽的人跟在后边。

英子的脸故意藏到妈妈身背后去了，她不愿意看。画外，群杂声：“这小子不像做贼的样，好人坏人真看不出来了。”“就是那个便衣破的案，他在这里憋了好几天。”“说是一个小姑她给他引的路才破的案。”

街上的人渐渐散去了，只剩下打糖锣的老头儿歇在那里打锣，可是没有一个孩子买糖吃。胡同显得分外寂静。

小学校的课堂里。

秋天了，窗外的落叶吹下来，落到了教室里，落到了林英子的课桌上。韩老师踏着风琴，小学生齐声唱着“长亭外，古道边，芳草碧连天……”

林英子一边唱，一边落下了泪珠。

韩老师走到英子身旁。

韩 老 师　为什么哭？

英　　子　我没有哭，我每次唱这支歌，眼睛都会发酸，眼泪就掉下来了，管也管不住。

韩老师点点头，拍了拍她的肩膀，走开了。

冬天了，操场周围和树枝上都积着雪。一年级学生正在排队，英子和一个同学争着前后。

同　　学　我比你高。

英　　子　我比你高。

韩 老 师　你们背靠背比比高低。

英子和同学比着，英子高出了半个头，高兴得又跳又笑。韩老师吹了一下哨子，又用哨子吹着“一、一、一二一 ……”的节奏。孩子们转圈跑着步。

思考与练习：

一、试分析课文的结构。

二、文中反复出现了《麻雀与小孩》和《送别》两首歌曲，有何作用？

三、剧本通过小女孩“英子”的眼光进行观察和叙述，这样处理有何好处？

四、请分析剧本是如何通过个性化的语言描写和心理描写来塑造人物形象的。

五、运用文学评论的相关写作知识，写影评。

参考文献

[1] 孙正华，春燕，宋芸. 四川省省属高校民族预科统编教材 · 阅读与写作[M]. 成都：西南交通大学出版社，2013.

[2] 佟自光，陈荣赋. 人一生要读的 60 首诗歌[M]. 北京：中国书籍出版社，2004.

[3] 范文瑚，钟仕伦. 大学语文[M]. 成都：四川大学出版社，2000.

[4] 高海夫，卜维萍，张海滨. 阅读与写作[M]. 天津：天津教育出版社，2000.

[5] 古诗十九首与乐府诗[M]. 西宁：青海人民出版社，2004.

[6] 朱东润. 中国历代文学作品选[M]. 上海：上海古籍出版社，1979.

[7] 人民教育出版社中学语文室. 全日制普通高级中学语文实验课本 · 文言读本：下册[M]. 北京：人民教育出版社，2000.

[8] 人民教育出版社语文室. 语文[M]. 北京：人民教育出版社，1990.

[9] 人民教育出版社中学语文室. 全日制普通高级中学语文实验课本 · 文学读本：下册[M]. 北京：人民教育出版社，2001.

[10] 陈运筹. 语文[M]. 北京：高等教育出版社，1994.

[11] 高中语文读本导读编写组. 高中语文读本导读：第一册[M]. 南京：南京师范大学出版社，2002.

[12] 中国社会科学院文学研究所现代文学研究室. 中国现代短篇小说选：1918—1949[M]. 北京：人民文学出版社，1980.

[13] 黄伯荣，廖序东. 现代汉语[M]. 兰州：甘肃人民出版社，1981.